James Lincoln Collier

Louis Armstrong

James Lincoln Collier

LOUIS ARMSTRONG

Mit einem Vorwort von Joachim-Ernst Berendt

Diskographie: Hans-Jochen Mundt

Aus dem Amerikanischen von Theo Kierdorf

Gustav Lübbe Verlag

Titel der Originalausgabe: Louis Armstrong. An American Genius
Originalverlag: Oxford University Press, New York
Aus dem Amerikanischen von Theo Kierdorf

Umschlaggestaltung: Roland Winkler, Bergisch Gladbach,
unter Verwendung eines Fotos
des Filmhistorischen Bildarchivs Dr. Karkosch,
Gilching bei München
Lektorat: Elmar Klupsch-Linsbauer
Texterfassung: Gisela Schluch, Bergisch Gladbach
Satz: ICS Communikations-Service GmbH, Bergisch Gladbach
Druck und Einband: Friedrich Pustet, Regensburg

Printed in West Germany
ISBN 3-7857-0453-4

BILDNACHWEIS:

Frank Driggs (S. 225, 230, 231 u, 234, 235 o, 236 u,
238 l, 239 o, 239 u, 240 o);
William Gottlieb (S. 238 r);
George Hoefer (S. 226);
Institute of Jazz Studies (S. 228, 236 o, 237 u, 240 u);
Hans-Jochen Mundt (S. 2);
Fred Ramsey, Jr. (S. 229);
William Ransom Hogan Jazz Archive (S. 227 o, 227 u, 237 o)

FRONTISPIZ:

Nobody Knows The Trouble I've Seen . . .
Louis Armstrong in der Stuttgarter Liederhalle
am 9. April 1962.

Für John L. Fell

Inhalt

Louis Armstrongs »Jahrhundertleistung«
Ein Vorwort von Joachim-Ernst Berendt

Ich muß zwölf oder dreizehn gewesen sein, als ich zum erstenmal – Mitte der dreißiger Jahre – Louis Armstrong singen hörte. In einer wohlbehüteten Kindheit hatte ich deutsche Volkslieder, Schubert-Lieder, evangelische Choräle gehört. Kaum Nazi-Lieder und nationale Marschmusik; mein Vater duldete sie nicht; das Radio mußte abgestellt werden, wenn sie erklangen. Und da hinein platzte nun Louis Armstrong! Ich konnte es nicht glauben, daß jemand »so« singen konnte. Zuallererst spürte ich den Mut – wohl auch die Frechheit: daß jemand es wagte, es sich einfach herausnahm, das, was er fühlte, in Töne zu verwandeln. In Töne, die das Gegenteil waren von allem, was ich damals mit Musik verband. Ich empfand sie als rauh, heiser, gequetscht, derb; wenn ich gewußt hätte, was obzön ist, gewiß auch als dies.

Ich weiß nicht, ob heutige junge Menschen dies nachfühlen können. Inzwischen gibt es Dutzende von Sängern, die ihre eigenen Empfindungen ausdrücken. Nicht bloß Jazz-Sänger. Jeder Rocksänger tut es. Fast jeder Schlagersänger. Damals aber drückten die Sänger in erster Linie die Gefühle der Komponisten aus, eigene mochten allenfalls hinzukommen.

Ich war sicher noch nicht in der Lage, meine Reaktion in Worte zu fassen, aber im Innern muß ich gewußt haben: Für Louis Armstrong war das Primäre das, was er selber fühlte. Das war der eigentliche Grund des Schocks, den ich empfand.

Daß heute niemand mehr schockiert ist, weil ein Sänger ausdrückt, was er selber fühlt, bezeichnet – mehr als alles andere – Louis Armstrongs Rang. Damals war Armstrong der einzige, heute gibt es Tausende, die das tun.

Heute sagen Psychologen und Therapeuten: Du mußt deine Gefühle ausdrücken. Du mußt sie »herauslassen«. Du wirst krank, wenn du das nicht tust. Du bist krank, weil du es schon lange nicht mehr getan hast. Unsere Eltern und Großeltern

– auch ich selbst noch – sind dagegen in einer Welt aufgewachsen, in der es verboten war, seine Gefühle auszudrücken. Allenfalls durfte man sie umschreiben, aber auch das hatte mit Vorsicht und Zurückhaltung zu geschehen, wenn man nicht anecken wollte.

In psychologischen Lehrbüchern kann man lesen, Freud habe uns gelehrt, unsere Gefühle auszudrücken. Das sei seine »Jahrhundertleistung«. Seit ihm wissen wir, wie verhängnisvoll es sich auswirkt, wenn jemand das, was er fühlt, verdrängt. Ganze Pathologien der Verdrängung sind entstanden. Aber wer hat schon Freud gelesen? Millionenfach mehr Menschen haben Louis Armstrong gehört. Und ein Vielfaches dieser Millionen ist durch eine Populärmusik geprägt worden, die ohne Louis Armstrong nicht denkbar ist. Wird Freud vielleicht eine Tat zugeschrieben, die in Wirklichkeit – für die jungen Menschen eines halben Jahrhunderts (mit Auswirkung auf dieses ganze Jahrhundert) – Louis Armstrong geleistet hat: die Befreiung unserer Gefühle? Intellektuelle suchen ja gern nach ihresgleichen, wenn sie die »Anstifter« weltweiter Trends ausmachen wollen; sie suchen bei Freud, Marx, Nietzsche, aber die entscheidenden Prozesse spielen sich meist in der Populärkultur ab, die von den Entwicklungen der Hochkultur kaum Kenntnis nimmt.

Louis Armstrong hat – mehr als irgendein anderer Musiker – das »Hörbild« unseres Jahrhunderts geprägt. Was immer wir heute Pop-Musik nennen, begann mit ihm. Vorher – so Bing Crosby – »gab es nur Krächzen und Grunzen«. Ich finde es verdienstvoll von James Lincoln Collier, daß er darauf hinweist, daß diese populäre Musik eine hochkommerzialisierte Musikindustrie ist, aber sie ist – noch in unserem Jahrhundert und gegen Ende des vergangenen – aus einer Volksmusik entstanden. Und diese Volksmusik ist nicht etwa bloß in die kommerzialisierte Musik eingemündet, sie hat sich parallel zu ihr weiterentwickelt und versetzt der Populärmusik nun schon neunzig oder hundert Jahre lang immer wieder neue Injektionen ihrer Kraft und Lebendigkeit. Großstädtische Volksmusik und kommerzialisierte Massenmusik gehen dabei so bruchlos ineinander über, daß man beide oft nicht voneinander unterscheiden kann.

Dieser riesige Komplex von Musik, der im 20. Jahrhundert

entstanden ist und dessen erste große und prägende schöpferische Persönlichkeit Louis Armstrong war – ein Komplex, der quantitativ umfangreicher ist als die gesamte Kunstmusik der westlichen Welt von der Gregorianik bis heute –, ist musikalisch dadurch gekennzeichnet, daß er »beat« hat und »off-beat« phrasiert ist; das hatte es vorher in der westlichen Musik nicht gegeben. Emotional aber ist er dadurch gekennzeichnet, daß persönliche Gefühle mit radikaler Intensität »herausgelassen« werden. Nicht mehr nur der Komponist artikuliert seine Gefühle und zwingt Generationen von Interpreten, diesen Gefühlen nachzuspüren, sondern der Musiker, der die Musik schafft und in dessen Persönlichkeit – dahin jedenfalls geht die Tendenz – Komponist, Improvisator und Interpret zusammenfallen, gibt seinen Gefühlen Ausdruck.

Louis Armstrong, so sagt Collier, ist der größte Musiker dieses Jahrhunderts. Wenn Größe an dem bemessen wird, was einer bewirkt und auslöst, und an der Kraft und dem Mut, die dazu gehören, dann, zweifellos, ist Louis Armstrong größer als Strawinsky und Schönberg und all die anderen, die die Konservatoriumsprofessoren für »die Größten« halten. Strawinsky und Schönberg führten eine überlieferte Kunst fort – so unmerklich, daß kaum ein Bruch besteht zwischen Strawinskys klassizistischen Werken und der Musik Haydns oder Pergolesis und noch weniger zwischen dem späten Richard Wagner und dem frühen Schönberg. Louis Armstrong aber hat eine neue Kunst geschaffen. Zwischen ihm und der Musik, die vorher weltweite Bedeutung hatte, besteht ein Bruch. Mit ihm begann etwas Neues.

Daß Louis Armstrong seine Gefühle auf so unmittelbare und großartige Weise auszudrücken lernte, hat (so meint auch Collier) damit zu tun, daß er in New Orleans aufgewachsen ist. New Orleans war – und ist in mancher Hinsicht noch immer – ein Fremdkörper auf dem nordamerikanischen Kontinent. Es gehörte zur leichtlebigen Welt der Karibik – der Franzosen, Spanier, Kreolen; zu ihnen hin, also nach Süden, war es geöffnet. Deshalb war es der »Hexenkessel der Völker und Rassen« geworden – wie keine andere Stadt auf dem nordamerikanischen Kontinent. Diese Stadt verschloß sich nach Norden. Sie war »die Stadt der Gefühle«. Die »Endstation der Sehnsucht«.

Zwischen New Orleans – der Stadt, in der rund die Hälfte der männlichen Bevölkerung sexuelle Erfahrungen mit schwarzen Frauen und Mädchen hatte, der Stadt, die so sehr wie auf dem Sumpf der Delta-Landschaft auf Leichtlebigkeit und Lust, auf Liebe und Sex, auf Toleranz und Laisser-faire gegründet war – zwischen dieser Stadt und dem Lande der WASPS, der Weißen Angel-Sächsischen Protestanten und Puritaner, gab es kaum eine Gemeinsamkeit.

Dennoch, die Stadt lag auf dem Kontinent der WASPS. Wie ein Stern, der ins falsche Sonnensystem geraten ist. Und gerade in den Jahren, in denen Louis Armstrong geboren wurde, wurde der Stern New Orleans' von diesem »falschen« System eingefangen. Die Stadt mußte sich drehen – um hundertachtzig Grad: von Süden nach Norden, nun nicht mehr nur aufnehmend – nämlich die karibischen, französischen, spanischen, kreolischen und Voodoo-Botschaften –, sondern ausstrahlend, hineinstrahlend in die Vereinigten Staaten von Nordamerika. Hineinstrahlend mit eben diesen Botschaften!

Die WASPS haben sich schwer getan mit New Orleans – und tun sich immer noch schwer mit dieser Stadt. Aber sie haben die Botschaft verstanden. Sie lautete: Zeig deine Gefühle. Es wurde eine Jahrhundertbotschaft.

Es ist möglich, daß diese Botschaft mehr für unser Jahrhundert getan hat als irgendeine andere – einschließlich der von Marx und Freud. Louis Armstrong konnte im Prostitutionsmilieu seiner Stadt nur überleben, weil er sich ganz und gar dieser Botschaft überließ – und es ist wahrhaftig ein Wunder, daß er überlebte (wie man in diesem Buch nachlesen kann). Es ist möglich, daß unser ganzes Jahrhundert überlebt hat, schlecht und recht seine Seele bewahrt hat (hat es das?) – in Materialismus und Rationalismus, in Kapitalismus und Marxismus, in zwei Welt- und Hunderten weiterer Kriege –, weil es sich der Botschaft von Louis Armstrong und der von New Orleans – der Botschaft der populären Musik des Jahrhunderts – überlassen hat. Jener Botschaft, die die Prostituierte Mayann ihrem Sohn Louis beigebracht hat: Zeig deine Gefühle. Damals brachten nordamerikanische Mütter ihren Kindern eher das Gegenteil bei: Ihre Gefühle, koste es was es wolle, zu unterdrücken.

Natürlich heißt »seine Gefühle zeigen« mehr als nur dies. Jeder Schreihals kann seine Gefühle ausdrücken. Louis Armstrong hat mehr getan. Er hat den Gefühlen, die er ausdrückt, einen Rahmen geschaffen. Weil das Ausdrücken von Gefühlen etwas Neuartiges und Revolutionäres war, mußte es ein neuartiger und revolutionärer Rahmen sein – eben die neue Kunst, die wir »Jazz« nennen. Das Wort – und jetzt endlich macht dieser Tatbestand Sinn – hatte noch ein paar Jahre zuvor eine ausschließlich sexuelle Bedeutung gehabt.

Auch das Wort »Kunst« hatte ursprünglich sexuelle Bedeutung. Die Wurzel *kun-* meint, wie der Paläolinguist Richard Fester gezeigt hat, ursprünglich das sexuelle Können, die Liebespotenz. Die mußte »gekonnt« werden! Und der Künstler, der Artist bezieht sich nicht erst in Ovids *Ars amandi*, sondern schon in dem griechischen Wort »ararisko«, von dem die »ars« herkommt, zuerst einmal und ursprünglich auf das Zusammenfügen und Aneinanderschmiegen im Liebesakt. Erst später hat man gesagt: »Kunst kommt von Können.« Eine Kunst müsse stimmen, um Kunst genannt werden zu können. Aber auch damit kann Louis Armstrong dienen: Er hat den Jazz »stimmend« gemacht. Man kann das auf den alten Aufnahmen noch gut nachprüfen. Da gab es alle paar Takte falsche Töne und falsche Harmonien, sogar der Rhythmus stolperte (obwohl wir doch heute meinen, die schwarzen New-Orleans-Musiker seien rhythmische Meister gewesen), und was später die Kritiker als »ausdrucksvoll« bezeichneten, waren ursprünglich oft nur falsche Noten.

Erst seit Louis Armstrong gibt es Regeln. Erst seit ihm werden diese Regeln eingehalten. Erst seit ihm kann man sagen: Das ist falsch. Oder: Das ist richtig. Das ist die Spannung, die in Louis Armstrong fruchtbar geworden ist – die Spannung der Stadt New Orleans. Das Ausdrücken der Gefühle kam aus der Karibik, die Regeln kamen aus dem Norden. Es könnte stimmen, daß Armstrongs Sklaven-Vorfahren nicht – wie die der meisten Schwarzen in New Orleans – aus der Karibik stammten, sondern (wie Collier annimmt) aus dem Norden. Vielleicht sind sie aus Georgia oder Carolina nach New Orleans gekommen. In einem übertragenen Sinn »stimmt« es auf jeden Fall.

Inzwischen haben wir erfahren: Der Norden – nicht nur seine Wirtschaft und seine militärische Kraft, auch sein Denken und sein Geist – ist stärker als der Süden. Auch im Jazz. Auch in der Musik. Für eine ganze Generation junger weißer (und auch einiger schwarzer) Jazz-Musiker in den heutigen USA haben die Regeln das Ausdrücken der Gefühle so sehr gezähmt, daß von Gefühlen oft kaum noch gesprochen werden kann. Das ist es, was die jungen europäischen – die deutschen zumal – Jazz-Musiker ihren amerikanischen Kollegen vorwerfen. Die lernen an den paar hundert Jazz-Schulen, die es in den USA gibt, Regeln und immer nur Regeln. Die beherrschen sie großartig. Sie spielen innerhalb eines Sets aus Regeln immer perfekter, immer schneller, immer höher, immer makelloser. Aber wo bleibt die andere Komponente? Was drücken sie aus? Könnte es sein, daß es im avantgardistischen Jazz dieser achtziger Jahre die Europäer sind, die für das Erbe von New Orleans und von Louis Armstrong – für ihr emotionales Erbe – eher sorgen als die Amerikaner?

Liegt ein Symbol darin, daß in der Perdido Street in New Orleans, wo Louis Armstrong aufgewachsen ist, heute der Supreme Court – der höchste Gerichtshof des Staates Louisiana, der »Regel-Setzer« par excellence – steht?

Mit Recht beanstandet Collier den »Mythos Louis Armstrong«. Mythos impliziert etwas Ungenaues, Vages und Vieldeutiges. Wir wissen zu wenig über Louis Armstrong. Satchmo ist Unrecht geschehen. Es gibt Berge von Büchern über Strawinsky, Schönberg, Bartók und alle anderen. Aber es gibt nichts oder fast nichts über Armstrong. Es ist wichtig zu sehen, daß dies Unrecht ist. Daß es eingeflochten ist in jene Kette aus Unrecht, die im Prostituierten-Milieu von New Orleans – und noch viel früher: mit der Deportation der Sklaven aus Afrika – begann und siebzig Jahre später auch noch den schwarzen Weltstar und Millionär Louis Armstrong gefesselt hat, als seien es Sklavenketten, Ketten, die auch nach seinem Tod die Auseinandersetzung mit ihm und dem, was er geschaffen hat, behindern.

Deshalb ist es wichtig, daß James L. Collier dieses Buch geschrieben hat. Collier lichtet den Mythos. Er zeigt auch, daß es ein Mythos ist, den Louis Armstrong wesentlich selbst gesponnen hat. Mit all dem, was er erzählt und verändert und vergessen hat, was er glorifiziert, zurechtbiegt und durch die eigene Brille gesehen hat – einschließlich seines falschen Geburtsdatums.

Auch dazu gehört Genie, sich ein solches Datum auszudenken – im ersten Jahr dieses Jahrhunderts am Geburtstag der Vereinigten Staaten: am 4. Juli 1900. Das Datum »stimmt« einfach. Wenn wir nun lernen, daß es in Wirklichkeit nicht stimmt und daß es überzeugende Gründe gibt, Louis Armstrong für älter zu halten, dann hat die tiefere Wahrheit längst die Wirklichkeit überholt, und keine noch so hurtige Entmystifizierung wird den Abstand je wieder verringern können. Trotzdem ist es gut, daß der Mythos durchlichtet wird. Aber es ist auch gut, daß er dennoch Mythos bleibt.

In früheren Veröffentlichungen (*Das Große Jazzbuch – von New Orleans bis Jazz Rock*) habe ich zu zeigen versucht, daß Armstrong nicht nur der größte Exponent des sogenannten New-Orleans-Jazz ist, sondern daß seine Größe eigentlich darin liegt, daß er den Jazz aus seiner Heimatstadt New Orleans überführt hat in die großstädtische Musik des Mittelwestens, des Nordens und Ostens – in die Populärmusik der dreißiger Jahre, den sogenannten »swing«. Er hat die freien Kontrapunkte der (meist) dreistimmigen New-Orleans-Bands hinübergeleitet in die vorwiegend solistische Improvisationsweise der späteren Stile, in denen ein einzelner Improvisator im Vordergrund steht. Er hat als erster an die Stelle der *two-beat*-orientierten Schlagweise des alten New-Orleans-Jazz die vier gleichmäßigen Schläge des Swing gesetzt.

Es gibt auch später im Jazz solche Persönlichkeiten, die den Stil, den sie vertreten, in den jeweils folgenden überführen. Aber das sind nie die Musiker, die gleichzeitig die bedeutendsten des betreffenden Stils sind. Nur bei Louis Armstrong fällt beides zusammen: Er ist der bedeutendste Exponent des New-Orleans-Jazz und hat ihn gleichzeitig transzendiert.

Aber er hat dies in einem noch umfassenderen Sinne getan, wie ich im *Jazzbuch* zu zeigen versuchte. Louis Armstrong hat Jazz in Populärmusik überführt. Gewiß war für viele das, was er gespielt hat, ein Inbegriff des Jazz, aber für noch viel mehr Hörer und Käufer seiner Schallplatten war es gleichgültig, ob es Jazz war oder nicht. Es war einfach wunderbare Musik.

Mit Recht macht Collier darauf aufmerksam, daß Armstrong nur selten von seiner Musik gesagt habe, sie sei Jazz, und daß er sich nicht wirklich als Jazz-Musiker gefühlt habe. Das Wort »Jazz« hat ihm nichts gesagt und nichts bedeutet. Armstrong war »weise« darin. Es ist nicht möglich, ihn einem bestimmten Stil zuzuordnen. Im Grund kann man nur sagen: Er war ein wunderbarer Melodiker, ein Melodiker vom Range Mozarts, Schuberts, Tschaikowskys. Nur daß er keine anderen brauchte, um seine Melodien spielen und singen zu lassen, sondern sie gleich auch noch selber spielte und sang – besser als irgendein anderer.

Die Höhepunkte seiner Laufbahn waren ihm nicht seine von den Kritikern bejubelten Jazz-Aufnahmen, sondern die Stücke, mit denen er in die Hitparade kam – Aufnahmen wie *Blueberry Hill* oder *C'est Si Bon*. Also gerade jene Stücke, die ihm die Jazz-Freunde übelnahmen und fast schon als Verrat ankreideten (aber auch das gehört ja zum Wunder Louis Armstrongs, daß man ihm nichts wirklich übelnehmen konnte).

Louis Armstrong hat sehr genau gewußt, was er wirklich ausdrücken wollte mit seiner Musik – und hat immer wieder davon gesprochen: Liebe. »I love you.« – »I love everybody out here.« Liebe in einem umfassenden Sinne. Von der Liebe zu seiner Mutter Mayann, an die er dachte, wenn er *When It's Sleepy Time Down South* sang, über die sexuelle Liebe, die die Bürger der zwanziger Jahre in seiner heiseren Stimme argwöhnten, bis zu jener umfassenden kosmischen Liebe, die man zu spüren meint, wenn er *Stars Fell On Alabama* spielte und sang. Da fällt Liebe wie ein Segen auf das geknechtete, blutdurchtränkte Land der Südstaaten.

Vielleicht wird am Beispiel des Pianisten und Sängers Nat King Cole am ehesten deutlich, was ich sagen will. King Cole hat den Jazz verlassen. Erst war er ein wunderbarer Jazz-Pianist, dann wurde er ein noch wunderbarerer und noch erfolgreicherer Sänger in der Populärmusik. Es gibt viele Musiker, die einen ähnlichen Weg gegangen sind. Louis Armstrong aber hat etwas Umfassenderes getan. Indem er den Jazz transzendierte, hat er als erster jene Einheit der populären Musik des 20. Jahrhunderts erahnbar gemacht, die wir heute erkennen.

Ich erinnere mich noch, wie die jungen Leute der sechziger Jahre entsetzt waren, wenn man sie darauf aufmerksam machte, daß ihre Musik – die der Beatles, der Rolling Stones und all der anderen - vom Jazz herkam. Wenn sie Aussprüche hörten wie den von Shelly Manne, daß es alles, was damals neu zu sein schien, auch schon im Jazz gegeben habe, oder von Mick Jagger, daß die Rolling Stones ihre Musik von schwarzen Blues-Musikanten aus Chicago übernommen hätten, dann zuckten sie verständnislos die Schultern. Ihnen schien eher das Gegenteil wahr zu sein: der Rock als ein Aufstand gegen den Jazz, als sein krasses Gegenteil.

Solche Aufstände hat es in diesem Jahrhundert alle zehn oder zwölf Jahre gegeben. Immer wieder schien es uns, daß die jeweils folgende Musik im Protest, oft geradezu in Wut und Zorn auf die vorhergehende entstanden sei. Für den, der sich diese Auffassung zu eigen machte, fiel die populäre Musik des 20. Jahrhunderts auseinander in viele verschiedene Einzelströme, die alle kaum etwas miteinander zu tun haben.

In Wirklichkeit ist das Gegenteil der Fall: Es gibt einen einzigen großen Strom, der sich – wie in einem Delta – verzweigt in viele verschiedene Flußläufe, aber dann auch wieder in den Hauptstrom einmündet, erneut sich verzweigend, Seitenströme bildend, die manchmal irgendwo versickern, aber meist wieder zurückführen und dem Hauptstrom verbunden bleiben. Viele Musiker haben schon sehr früh das Gefühl des »Stromes« entwickelt. Ausdrücke wie »main stream«, »third stream« etc. könnten sich daher erklären.

Es gibt keinen Musiker, der so sehr den Hauptstrom populärer Musik im 20. Jahrhundert symbolisiert – und verkörpert – wie Louis Armstrong. In ihm ist alles beisammen: New-Orleans-Jazz – ja bereits dessen Vor- und Seitenformen wie Ragtime und Dixieland – und Blues, Swing, Gospels, Spirituals, Soul, Funk, Rock und all das andere.

Louis Armstrong hat das gewußt – in der unintellektuellen Weise, in der er die Dinge »gewußt« hat. Nur einmal hat er gezögert: als in den vierziger Jahren der Bebop aufkam. Da empfand er den Protest und meinte, dagegen anprotestieren zu müssen. Aber es war von Anfang an ein zögerndes, ironisches Protestieren. Und dann spielte er *Mop Mop* und »scattete« (sang) Bop-Vocals – oder das, was er dafür hielt –, und setzte sich so auf seine Weise mit dem Bop auseinander. Er drückte Dizzy Gillespie lachend ans Herz und erzählte ihm, daß er letzte Woche, als er irgendwo in Südamerika gewesen sei, von ihm geträumt habe. »Was hast du geträumt?« fragte Dizzy. Satchmo lachend: »Oh, I better don't tell you, but you know I love you.« Ich sag's dir lieber nicht, aber du sollst wissen, ich liebe dich.

Einleitung

Als man mir vorschlug, eine Louis-Armstrong-Biographie zu schreiben, war ich zunächst überrascht. Ich war nämlich der Meinung, über diesen großen Jazz-Musiker müßte schon sehr viel geschrieben worden sein. Doch bald fand ich heraus, daß dem nicht so war. Viele Arbeiten über Armstrong beteten nur die bekannten Geschichten nach: von seiner Geburt am 4. Juli 1900, von der Besserungsanstalt und von der ersten Blüte des Jazz in den Bordellen von Storyville. Vieles davon war schlichtweg erfunden. Ernstzunehmende Arbeiten über Armstrong gab es so gut wie keine, und die wenigen vorhandenen konnten nur geschrieben werden, weil in den letzten Jahren viel neues Material über den Jazz aufgetaucht ist – mündlich Überliefertes, Biographisches, musikwissenschaftliche Abhandlungen.

Bei meinen Recherchen für diese Biographie wurde mir überdies noch etwas anderes klar: daß man nämlich die gesamte Jazz-Geschichte bislang falsch gedeutet hatte. Oder einfacher: Die Autoren der dreißiger und vierziger Jahre hatten den frühen Jazz als Folklore oder Volksmusik betrachtet, hauptsächlich von Schwarzen für Schwarze gespielt. Die eingehende Lektüre der Zeitschriften der zwanziger Jahre, der Interviews mit Musikern jener Zeit sowie die Auswertung mündlicher Berichte belegen jedoch, daß Jazz niemals eine Volksmusik, sondern stets Teil der Unterhaltungsindustrie gewesen ist. Um Armstrongs Rolle hierbei zu verstehen, muß man ihn anders betrachten, als das bisher geschehen ist.

Natürlich hätte ich dieses Buch niemals ohne die Hilfe anderer schreiben können. Ich kann zwar nicht all die fleißigen Jazz-Forscher aufzählen, die die Grundlagen zum Studium des Jazz gelegt haben, aber ich habe versucht, ihre Arbeit so weitgehend wie möglich zu würdigen. Besonders möchte ich an dieser Stelle Dan Morgenstern und den Mitarbeitern des Institute of Jazz

Studies an der Rutgers University (New Brunswick) und Curtis Jerde und seinen Mitarbeitern am William Ransom Hogan Jazz Archive an der Tulane University (New Orleans) danken. Auf Grund ihrer unermüdlichen Hilfe habe ich wichtiges Material finden können. Ich möchte auch Ron Welburn vom Oral History Progam am Institute of Jazz Studies danken, der mir ebenfalls sehr behilflich war. Außerdem gilt mein Dank den Jazz-Forschern Richard B. Allen, Jason Berry, R.D. Darrell, Alan Jaffe, Tad Jones, Don Marquis, Rosetta Reitz, William Russell, Phil Schaap, S. Frederick Starr und Richard Winder vom Milne Boys' Home, die mir großzügig ihr Wissen zur Verfügung stellten. Ich hatte auch das Glück, mich mit einer Reihe von Musikern unterhalten zu können, die auf irgendeine Weise mit Louis Armstrong in Verbindung gestanden haben, so mit Marshall Brown, Scoville Browne, Preston Jackson, George James, Andy Kirk und Tom Thibeau; in London mit Harry Francis und Harry Gold; in Paris mit Arthur Briggs. Weiterhin widmeten mir die folgenden Personen, die Louis Armstrong persönlich nahe standen, einen Teil ihrer kostbaren Zeit: Mrs. Lucille Armstrong, Dave Gold und Joe Sully von der Associated Booking Corporation, Milt Gabler, John Hammond, Dr. Alexander Schiff und Dr. Gary Zucker. Besonders dankbar bin ich Francis »Cork« O'Keefe, der mir nicht nur Zeit schenkte, sondern mir darüber hinaus zu wichtigen Kontakten verhalf. Auch John L. Fell sei gedankt, der mir Tonbandaufzeichnungen von seltenen Armstrong-Aufnahmen aus seiner Privatsammlung zur Verfügung stellte. Schließlich bin ich meinem Lektor, Sheldon Meyer, zu Dank verpflichtet, der mich zum Schreiben dieses Buches ermutigte, und außerdem Kim Lewis und Leona Capeless, die das Manuskript redigierten und viele hilfreiche Anregungen gaben.

Die Recherchen zu diesem Buch wurden weitgehend durch die National Foundation for the Humanities ermöglicht.

New York, Juni 1983
James L. Collier

New Orleans

Als Louis Armstrong am 6. Juli 1971 starb, hatten viele Millionen Freunde und Anhänger auf der ganzen Welt ihn als liebenswertes Naturkind in Erinnerung, das mit rauher Stimme so unglaubliche Songs wie *Hello Dolly* und *Blueberry Hill* sang. Armstrong war für sie der fröhliche, stets um die Publikumsgunst bemühte Entertainer, der Grimassen schnitt, ein wenig plauderte und gelegentlich auch Trompete spielte, ein Bühnenstar, der manchmal fatal einem Clown ähnelte.

Nur wenigen war klar, daß Louis Armstrong eine der größten Persönlichkeiten, wenn nicht gar *die* wichtigste Persönlichkeit in der Musik des 20. Jahrhunderts gewesen ist. Ein Musiker, der entscheidend all jene Musikarten beeinflußt hat, die sich aus dem Jazz entwickelten: den Rock und seine Varianten, die Film-, Fernseh- und Theatermusik, die Muzak, jene Hintergrundmusik, die uns ständig in den Supermärkten, Fabriken und Büros berieselt, und gar die »seriöse« Musik eines Copland, Milhaud, Poulenc, Honegger und anderer. Ohne Armstrong wäre nichts von alldem so, wie es ist.

Zunächst einmal war Armstrong Amerikaner, und die Welt sah in den Vereinigten Staaten das Ursprungsland neuer Ideen, neuer Denk- und Lebensmodelle. Dann lebte er als Schwarzer in einer Zeit, in der die Schwarzen überall auf der Welt um Gleichberechtigung kämpften. Und schließlich gehörte Armstrong einem Jahrhundert an, in dem subjektiver Ausdruck zur Lebensphilosophie wie zum Grundprinzip der gesamten Kunst wurde. Er war das kreative Genie, das die Möglichkeiten und den Reichtum improvisierter Musik vorführte. Zwar erfand er nicht die Improvisation – sie ist wahrscheinlich so alt wie die Menschheit –, doch spielte sie in der langen Geschichte der abendländischen Musik nie eine so zentrale Rolle wie im Jazz. Mehr als jeder andere spornte Louis Armstrong junge Musiker dazu an, zu improvisieren. Immer wieder gibt es Menschen, die die bei ihnen zusammenlaufenden Fäden aufnehmen und zu einem neuen Muster verweben. Louis Armstrong war solch ein Mensch.

Sein Leben verkörpert mindestens drei klassische amerikanische Dramen: zunächst die Geschichte Horacio Algers' vom Kind von der falschen Straßenseite, das zu Ruhm und Glück kommt. Armstrong wurde in ärmlichsten Verhältnissen geboren. Er verbrachte seine Kindheit und Jugend auf der untersten Stufe der sozialen Leiter. Als er starb, war er reich und eine der bekanntesten Persönlichkeiten der Welt. Die zweite Geschichte ist die des begabten Künstlers, der sich bis zum Ausverkauf seiner selbst im Dschungel des Showbusiness verstrickt. Und schließlich finden wir in Armstrongs Leben auch noch die Geschichte des einfachen, etwas unbeholfenen Jungen, der mit dem unerwarteten Phänomen Ruhm fertigzuwerden versucht.

Armstrongs Lebensgeschichte ist eine durch und durch amerikanische Geschichte, deren größter Teil leider nur umrißhaft klar ist. Die Geschichte der Anfänge des Jazz kennen wir nur aus den Erinnerungen alter Männer und Frauen. Und über die Existenz Louis Armstrongs gibt es bis zu seinem achtzehnten Lebensjahr nicht ein einziges Dokument: keine Geburtsurkunde, keine Schulzeugnisse, keine Familienbibel, keine Briefe, keine Tagebücher, keine Zeitungsnotizen. Was wir über ihn wissen, besteht aus dem, was er uns erzählt hat, was alte Freunde Jahrzehnte später noch über ihn wußten und was sich aus den Verhältnissen schließen läßt, unter denen er aufwuchs und arbeitete. Alle diese Quellen sind mehr oder weniger unzuverlässig. Die beiden Bücher, die unter Armstrongs Namen erschienen (wahrscheinlich schrieb er nur eines davon weitgehend selbst), sind mit Vorsicht zu genießen.[1]

Erinnerungen sind nie sonderlich zuverlässig: Alte Leute vergessen, verdrehen unbewußt die Tatsachen – und sie lügen. Wir müssen uns also mit den spärlichen Fakten über Armstrongs Leben zufriedengeben.

Zunächst einmal wurde Armstrong beeinflußt von der Atmosphäre seiner Geburtsstadt New Orleans. Diese Stadt ist Teil des Deep South der USA. Doch hier hatten sich andere Gewohnheiten und Verhaltensweisen entwickelt als zum Beispiel in St. Louis, Memphis oder Atlanta. New Orleans wurde von Jean Baptiste

Lemoyne, Sieur de Bienville, im Jahre 1718 an einer Biegung des Mississippi, nicht weit von der Mündung des Stroms, als Teil des aufstrebenden karibischen Imperiums gegründet, dessen Macht auf der Zuckerproduktion und auf der Arbeit der aus Afrika importierten Sklaven basierte. Von Anfang an orientierte sich die Stadt mehr am Süden als am Norden.

New Orleans unterhielt keine politischen, kulturellen und wirtschaftlichen Beziehungen zu den rasch wachsenden amerikanischen Kolonien an der Atlantikküste im Norden und Osten, sondern zu ihren französischen Schwesterkolonien in der Karibik. Die Stadt war katholisch, nicht protestantisch, man sprach Französisch, nicht Englisch, und man übernahm die Sitten und Gebräuche nicht aus London, sondern aus Paris, das zu jener Zeit intellektuell sehr stark von den Denkern der Aufklärung geprägt wurde. Deshalb stand New Orleans unter dem Einfluß der freizügigen, ja libertinen Einstellung des französischen Hofs, im Gegensatz zum pflichtbewußten, strengen Calvinismus der puritanischen Siedler, die nur langsam ihren starken Einfluß auf die nordamerikanischen Kolonien verloren. Die Franzosen in Louisiana waren der Ansicht, der Mensch solle sein Leben genießen. Sie liebten Wein und gutes Essen, Musik und Tanz, und sie hielten sich generell an die Devise: »Zuviel ist gerade genug.« Prostitution war in der Stadt schon immer akzeptiert, und harte Arbeit galt hier nicht – wie in New England – als kürzester Weg zum Himmel, sondern als notwendiges Übel. Die meisten Siedler von New Orleans waren aus der französischen Kolonie Canada geschickt worden, und ein zeitgenössischer Beobachter bezeichnete sie als »Abschaum«. Sie waren in der Regel faul, ohne jeden Ehrgeiz. So entwickelte sich zwischen der freisinnigen Einstellung der Kolonialherren und dem Gaunermilieu in der Stadt New Orleans eine Toleranz gegenüber allem, was an anderen Orten Nordamerikas als unmoralisch galt.

Dieser Umstand verhinderte zweifellos ein rasches Wachstum der Kolonie, obwohl der Mangel an Sklaven, die, kaum aus Afrika angekommen, von den Pflanzern der Karibischen Inseln weggeschnappt wurden, im Grunde weit hemmender war. Nach Ansicht des Sozialhistorikers und Jazz-Wissenschaftlers Curtis Jerde[2] erlebte New Orleans den größten Zustrom an Sklaven zur Zeit der Amerikanischen Revolution, als die Tory-Pflanzer aus

Angst vor der Rache der siegreichen Patrioten in die Kolonie Louisiana flohen und ihre Sklaven mitnahmen.[3] Es ist durchaus möglich, daß Armstrongs Vorfahren nicht von den karibischen Sklavenschiffen stammten, sondern aus Georgia oder aus Carolina nach New Orleans gekommen waren.

Im Jahre 1803 erwarben die Vereinigten Staaten New Orleans zusammen mit dem Staat Louisiana, womit in der Stadt der Prozeß der Amerikanisierung einsetzte. Risikofreudige Geschäftsleute aus dem Norden reisten an, um hier zu investieren; Pelzjäger, Waldarbeiter und Flußschiffer kamen, ihre Waren zu verkaufen und ihr Geld auszugeben. Viele der Neuankömmlinge wurden in die bestehende Kultur integriert. Sie lernten Französisch und paßten sich der liberalen Haltung der Stadt an, die ihnen wahrscheinlich anziehender erschien als der rückständige Calvinismus ihrer Heimat. In New Orleans trank man weiterhin Wein, veranstaltete Bälle und hielt sich Mätressen.

Die Stadt liegt am Schnittpunkt des großen amerikanischen Binnenwassersystems mit dem Meer. Im frühen 19. Jahrhundert war sie zu einer blühenden Hafenstadt aufgestiegen, mit einem der wichtigsten Häfen, in dem Baumwolle, Vieh und Zucker verschifft wurden. Hier entstanden riesige Vermögen, und imposante Villen wurden gebaut. Selbst nach dem Amerikanischen Bürgerkrieg ging es New Orleans auf Grund seiner vorteilhaften Lage noch relativ gut. Erst gegen Ende des 19. Jahrhunderts, als der Handel von den Kanälen und Flüssen abgezogen und zunehmend über die Eisenbahnen abgewickelt wurde, sank der Wohlstand der Stadt allmählich. Bei Armstrongs Geburt war die wirtschaftliche Situation schon wesentlich kritischer geworden, denn die Stadt lag nun abseits vom Haupthandelsstrom. Die Eisenbahn, die die reichen Ebenen des Westens mit den Märkten des Ostens verband, führte an New Orleans vorbei, die Stadt wurde provinziell und hielt nicht mehr Schritt mit der Entwicklung. Wie die meisten amerikanischen Städte litt New Orleans an Problemen, die infolge der ständigen Zuwanderung, des unkontrollierten Wachstums und durch eine schlechte Verwaltung entstanden waren.

New Orleans war auf einem Sumpf erbaut worden. An vielen Stellen in der Stadt stand das Grundwasser nur dreißig Zentimeter tief, was es schwierig und an einigen Orten sogar unmöglich machte, eine unterirdische Infrastruktur von Gasleitungen, Leitungstunnels und Abwasserkanälen zu bauen, wie das in den großen Städten des Nordens üblich war. New Orleans war die »einzige große Stadt in der ganzen westlichen Welt ohne Abwassersystem«[4]. Die erste Abwasserleitung wurde im Jahre 1892 gelegt, und der Klarinettist George Lewis konnte sich noch daran erinnern, daß in den Gossen des French Quarter das Wasser knöchelhoch stand. In den ärmeren Vierteln gab es zu Armstrongs Zeit immer noch Außenaborte.

Pops Foster, ein Pionier des Kontrabaßspiels im Jazz, sagte einmal: »New Orleans war in jenen Tagen eine einzige Schlammpfütze. Nur sehr wenige Straßen waren geschottert und die Canal Street als einzige gepflastert; die meisten anderen waren morastig.«[5] Verbrechen waren an der Tagesordnung, obgleich sich New Orleans in dieser Hinsicht von den übrigen amerikanischen Großstädten – und allen anderen Städten der damaligen industrialisierten Welt – kaum unterschied. Billiger Alkohol und Drogen (zu jener Zeit hauptsächlich Kokain), für viele Arme die einzige Befriedigung, die das Leben ihnen zu bieten hatte, erschütterten die gesellschaftlichen Strukturen. Die Polizei war hoffnungslos überfordert und außerdem korrupt. New Orleans war alles in allem »schmutzig, feucht, liederlich und schlecht verwaltet«[6]. Natürlich waren diese Zustände nicht nur für New Orleans charakteristisch; doch in dieser Stadt mit ihrer ständigen Hitze, ihrer hohen Luftfeuchtigkeit und ihrem mangelhaften Abwassersystem wirkten sie sich weit schlimmer aus als anderswo. Wenn wir also bei Armstrong einen leichten Hang zur Vulgarität bemerken (beispielsweise ließ er sich gerne öffentlich über seinen Stuhlgang aus, oder er verschickte Weihnachtskarten, die ihn auf der Toilette sitzend zeigten), so dürfen wir nicht vergessen, daß er in einem Milieu aufwuchs, in dem sich die primitivsten Lebensäußerungen in der Öffentlichkeit abspielten.

Obgleich die Stadt New Orleans schmutzig und gefährlich war, hatte sie doch auch eine andere Seite. Die Erinnerungen aller Jazz-Musiker, die in den ersten Jahrzehnten dieses Jahrhunderts in New Orleans wirkten, sind geprägt von Nostalgie. Natürlich waren sie damals alle arm. Oft reden sie über das Essen jener Jahre: Jambalaya, Gumboschoten, rote Bohnen mit Reis und Schweinefleisch-Sandwichs. Es war zwar nicht gerade

Haute Cuisine, aber es war gutes Essen, und wahrscheinlich kam für viele dieser Leute ein voller Bauch einem Fest gleich. Trotz der Armut genossen sie das Leben. Die Stadt forderte ihre Bewohner in diesem Sinne geradezu heraus.

Amüsierviertel gab es nicht nur in New Orleans, doch hier war das Bedürfnis nach Vergnügen in sämtlichen Bevölkerungsschichten so selbstverständlich wie in kaum einer anderen Stadt. An den Ufern des Lake Pontchartrain erstreckte sich nach Norden eine Kette von Erholungsorten, die teilweise auch von Schwarzen besucht werden durften. Hier konnten die Bewohner von New Orleans schwimmen, fischen, trinken, essen, spielen und Bands zuhören. In der Stadt selbst gab es Vergnügungszentren, zu denen Schwarze Zutritt hatten: den Lincoln- und den Johnson-Park. Der Lincoln-Park war ziemlich kostspielig ausgestattet. Es gab eine »riesige Haupthalle mit mehreren kleineren Nebenhallen und -räumen und einen offenen Pavillon«[7]. Man konnte picknicken, Rollschuh laufen und tanzen. An Sonntagen ließ man gelegentlich Heißluftballons steigen, oder man führte Stummfilme vor. Der Johnson-Park auf der anderen Straßenseite war einfacher. Aber in beiden Parks spielten Bands, und Louis Armstrong durfte als junger Musiker in diesen Bands manchmal mitmachen.

Für Armstrongs Lebensgeschichte ist von besonderer Bedeutung, daß New Orleans damals zweifellos die musikbesessenste Stadt der Vereinigten Staaten, vielleicht sogar der gesamten westlichen Welt war. Es gab Symphonieorchester, Marching Bands und unzählige Tanzkapellen. Zeitweise spielten in New Orleans gleichzeitig drei Opernensembles, und schon um 1830 veranstaltete eine Negro Philharmonic Society regelmäßig Konzerte für Schwarze.

Einer der wichtigsten Gründe für die Musikbegeisterung war die Rolle, die der Tanz im gesellschaftlichen Leben von New Orleans spielte. Im 18. und 19. Jahrhundert war der Tanz in Amerika und anderswo ein ebenso wichtiger Bestandteil des gesellschaftlichen Lebens wie im 20. Jahrhundert der Sport. Doch wurde in New Orleans »unglaublich exzessiv« getanzt, wie ein New-Orleans-Besucher aus dem Norden berichtete. »Weder strenger Frost noch große Hitze scheinen die Bewohner von diesem Vergnügen abzuhalten.«[8]

Doch in New Orleans begleitete Musik nicht nur den Tanz, sondern sie diente bei fast jedem Anlaß zur Untermalung. Musik gab es bei Hochzeiten wie bei Begräbnissen, nicht nur Orgelmusik, sondern häufig eine ganze Kapelle, die zuerst in der Kirche spielte, später am offenen Grab und schließlich auch noch beim Leichenschmaus. Kapellen, in Amerika auch Bands genannt, spielten bei Picknicks, Partys, Geschäftseröffnungen, bei sportlichen Ereignissen und natürlich auch ganz einfach zum allgemeinen Vergnügen. Der Gitarrist Danny Barker, der in New Orleans lebte, beschrieb die musikalische Atmosphäre der Stadt einmal folgendermaßen: »Eine der angenehmsten Erinnerungen an meine Kindheit in New Orleans hat mit Musik zu tun. Gelegentlich hörten wir als Kinder beim Spielen plötzlich von irgendwoher Musik. Es war wie eine Erscheinung, etwa so wie ein Nordlicht. Wir hörten ganz deutlich irgendwo Musikanten spielen, aber wir wußten nicht, woher die Musik kam. ›Dort ist es! Nein dort!‹ Manchmal konnten wir die Musikanten trotz langen Suchens nicht ausfindig machen. Ständig war Musik in der Luft. Die Stadt war voll von Musik.«[9]

Und Pops Foster sagte: »Sonntag war der große Tag am See. Am Ufer des Sees und in Milneburg spielten sonntags regelmäßig fünfunddreißig bis vierzig Bands. Alle Klubs hielten Picknicks ab und engagierten dazu eine Band. Den ganzen Tag lang wurde Chicken Gumbo mit roten Bohnen und Reis gegessen, gegrillt und Bier und Rotwein getrunken. Die Leute tanzten zur Musik der Bands oder hörten zu, sie schwammen im See, unternahmen Bootsfahrten oder flanierten auf den Piers. Montags gehörte der See den Zuhältern, Gaunern, Huren und Musikern. Wir trafen uns alle am See zum Picknick, abends wurde in den Pavillons draußen auf den Piers getanzt.«[10]

Louis Armstrong schwamm buchstäblich von seiner Geburt an in guter Livemusik, die von Musikern gespielt wurde, denen er nacheifern konnte. In den kalten Städten des Nordens war es wegen des Klimas nur in der warmen Jahreszeit möglich, im Freien zu musizieren. In New Orleans hingegen war das ganze Jahr über Saison.

Musik war besonders für die Schwarzen von Bedeutung. Für diese arme, ungebildete Bevölkerungsschicht war Musik meist die einzig erschwingliche Unterhaltung. Romane und Poesie kamen für sie nicht in Betracht, weil die meisten von ihnen gar nicht oder nur sehr schlecht lesen konnten. Auch Malerei, Oper, Theater und Ballett entfielen für sie, denn der Zutritt zu Museen und Theatern war ihnen verwehrt. Sie besaßen keine Radios, es gab für sie kein Kino, keine Illustrierten, nur selten Schallplatten und nur eine Lokalzeitung von der primitivsten Sorte. Die ernste wie auch die populäre Kunst, die für die meisten von uns heute eine so wichtige Rolle spielt, existierte für sie praktisch nicht. So war Musik für sie sehr wichtig.

Charakteristisch für New Orleans war ferner ein ausgeprägter Familiensinn. Überall herrschte das Gefühl vor, daß »wir«, die wir im gleichen Viertel wohnen, im gleichen Gewerbe arbeiten oder unter der gleichen Entwürdigung leiden, füreinander sorgen müssen. In und um New Orleans wohnten schwarze Familien, die schon seit Generationen dort gelebt hatten, und zu Armstrongs Zeit gab es Kreolen-Familien, die seit einem Jahrhundert in New Orleans ansässig waren. Außerdem gingen in dieser Stadt Geschäfte sehr oft vom Vater auf den Sohn über. Es war insbesondere bei den schwarzen Kreolen nicht ungewöhnlich, daß drei aufeinanderfolgende Generationen einer Familie gemeinsam musizierten. Die Familie Barbarin zum Beispiel hat seit dem 19. Jahrhundert immer wieder Musiker hervorgebracht.

Dieser Familiensinn war für Louis Armstrongs Entwicklung sehr wichtig, vielleicht sogar entscheidend. Zwar zeigte der Vater an dem Jungen nur wenig Interesse, und die Mutter ließ ihn häufig allein, aber auf die Frauen der Nachbarschaft war Verlaß – meist Prostituierte. Sie sorgten für ihn, wenn er allein war und nichts zu essen hatte. Er sprach einmal über »die alten Schwestern aus meiner Nachbarschaft, die mich großgezogen haben«. Der »Clan« gab ihm die Sicherheit, daß er sich trotz allem halbwegs normal entwickelte.

Louis Armstrong wuchs in einer Stadt großer Gegensätze auf, einer Stadt alten Reichtums und tiefer Armut, die provinziell, ein wenig altmodisch und doch ziemlich tolerant den körperlichen Genüssen gegenüber war. Die Sinnlichkeit, die in anderen amerikanischen Städten unter den Röcken des Viktorianischen Zeitalters versteckt blieb, wurde in New Orleans unverblümt ausgelebt. Prostitution war hier allgegenwärtig, Schnaps war Massenware, an Drogen war leicht heranzukommen, und obwohl in diesem Teil des Landes die Rassentrennung gesetzlich legitimiert war, hielten sich Männer aus den »besseren Kreisen« in aller Öffentlichkeit Mischlingsfrauen als Mätressen. In dieser Stadt konnten Männer aus alten, reichen Familien – Advokaten, Politiker und Kaufleute, die die Stadt quasi in Erbfolge regierten – ihre Samstagabende lärmend in feinen Bordells verbringen, dort Hunderte oder gar Tausende von Dollar ausgeben, um dann am Montagmorgen im Büro wieder ganz zwanglos über Geschäfte zu reden.

Man muß sich klarmachen, daß in Armstrongs Jugend Städte und ganze Landstriche Amerikas einen heute weitgehend verlorenen Eigencharakter hatten. Armstrong entfernte sich in den ersten zehn Jahren seines Lebens nie mehr als fünf Meilen von seinem heimatlichen Viertel, und er verließ New Orleans erst, als er schon zwanzig war. Außer den Schulbüchern las er kaum etwas, gelegentlich einmal eine Lokalzeitung. New Orleans war seine Welt, und diese Stadt prägte ihn wesentlich stärker, als ein Kind unserer Zeit von seiner Heimatstadt geprägt wird. Obgleich er nie wieder in der Stadt wohnte, die er 1922 verlassen hatte, fühlte Armstrong sich doch zeit seines Lebens als Bürger von New Orleans.

Es wäre übertrieben zu behaupten, daß nur New Orleans Louis Armstong zu jener starken Expressivität verholfen hat, die eine seiner wichtigsten künstlerischen Qualitäten war. Die Entwicklung einer Persönlichkeit ist zu komplex, als daß man sie auf eine solch einfache Wechselwirkung reduzieren könnte. Doch war es für seine musikalische Entwicklung sicherlich ausschlaggebend, daß er nicht in der verkrampften viktorianischen Atmosphäre aufwuchs, unter der so viele seiner Kollegen – wie »Fats« Waller und Bix Beiderbecke – gelitten hatten. Waller wuchs in einer tiefreligiösen Familie auf, Beiderbecke unter der Obhut einer »vornehmen« Familie aus der Mittelklasse. Auch sie waren begabte Musiker, möglicherweise sogar ebenso begabt wie Armstrong, aber beide lebten in ständigem Kampf gegen ihre Natur, tranken sich schon früh zu Tode und konnten ihr musikalisches Talent nur ansatzweise entwickeln. Armstrong wuchs im Einklang mit seinen Gefühlen auf. Er brauchte sich nicht vor sich selbst zu rechtfertigen. Wäre er in Davenport, Iowa, aufgewachsen, wie Beiderbecke, oder in New York, wie Waller, so hätte man ihm wahrscheinlich beigebracht, daß es gut sei, bestimmte Dinge zu fühlen oder auszusprechen und andere nicht.

Außerdem gab es in dieser Stadt hervorragende Musik aller Art. Armstrong hörte sie ständig, und sie wurde für ihn zu einem ganz natürlichen Mittel der Kommunikation wie für andere das Reden.

Sex und Rassismus

W*ay Down Yonder In New Orleans* enthält, wie viele populäre Songs, eine Halbwahrheit. Verglichen mit den Industriestädten des Nordens war New Orleans tatsächlich auf eine gewisse Art »heaven right here on earth« (der Himmel auf Erden). Doch andererseits wurde diese Stadt seit ihrer Gründung von zwei Phänomenen geplagt, die sie nie wirklich bewältigt hat: Rassismus und Sex.

Der Süden der USA war sicherlich nicht von vornherein dazu ausersehen, die Ungleichheit der Rassen zu propagieren. Einige europäische Nationen verfuhren beim Aufbau ihrer Kolonialimperien wesentlich schlimmer mit den Schwarzen als die Südstaaten. Auch in Afrika hatte es schon lange vor Ankunft der Weißen Sklaverei gegeben. Selbst in den Nordstaaten der USA mußten die Schwarzen erbittert um ihre Gleichstellung mit den Weißen kämpfen, und auch heute noch gibt es auf der ganzen Welt Rassenkonflikte. Louis Armstrong war ein Schwarzer, der in einer Kultur aufwuchs, in der die Schwarzen mit Hilfe von Recht und Gesetz in einer Art Halbsklaverei gehalten wurden. Für ihn war die Erfahrung, schwarz zu sein, ebenso prägend wie die Tatsache, daß er arm und vernachlässigt aufgewachsen war.

Nach dem Ende des Amerikanischen Bürgerkrieges, während des Wiederaufbaus, blieben die Truppen der Nordstaaten als Besatzungsarmee im Süden. Zur Politik der siegreichen Bundesregierung gehörte es, die Gleichstellung der Schwarzen per Gesetz durchzusetzen. Unter dem Schutz der Armee konnten sie Schulen besuchen, an Wahlen teilnehmen und sich um öffentliche Ämter bewerben. Eine ansehnliche Zahl von Schwarzen wurde in Regierungsämter bis hinein in den amerikanischen Senat gewählt.

Doch dann kam es, aus verschiedenen Gründen, zu einer Änderung der Politik der amerikanischen Bundesregierung. 1877 wurden die Truppen der Nordstaaten aus dem Süden abgezogen. Die Weißen rissen erneut die Macht an sich, und bald darauf wurden die Schwarzen wieder unterdrückt. Der Südstaatler William Ivy Hair sagte hierzu: »Die Verfechter der weißen Vorherrschaft waren der Ansicht, die Befreiung von der Sklaverei habe bei den Schwarzen gefährliche Ambitionen ausgelöst, die man bekämpfen müsse. Die Schwarzen sollten sich den Weißen gegenüber wieder unterwürfiger verhalten, sie sollten sich ihrer sozialen Unterlegenheit bewußt werden.«[1] Man trieb die Schwarzen durch Terror in die Sklaverei zurück. Versuchten sie zu wählen oder auf andere Weise ihre Rechte wahrzunehmen, wurden sie von Terrorbanden aus ihren Behausungen gezerrt und geschlagen, gehängt oder verbrannt. »Schon wieder ein Neger gegrillt«, lautete eine Zeitungsschlagzeile. Einem Weißen eine freche Antwort zu geben, konnte einem Schwarzen schlimme Prügel einbringen.

Natürlich prügelte und lynchte nur eine Minderheit der Weißen, wahrscheinlich sogar nur eine verschwindend kleine Minderheit. Viele Südstaatler waren erschüttert und empört über derartige Vorfälle. Doch die Mehrheit schwieg angesichts der Gewalt. Die Folge war: »Die meisten Schwarzen ertrugen die Unterwerfungsrituale der Weißen, um sich das Leben nicht noch schwerer zu machen. Viele schienen die untergeordnete Rolle ihrer Rasse fast freudig, ja geradezu begeistert zu akzeptieren.«[2]

Oft heißt es, die damaligen Lebensbedingungen der Schwarzen in New Orleans seien besser gewesen als überall sonst in den Südstaaten. Wegen der freizügigen Gesinnung in dieser Stadt und wegen des hohen Mischlingsanteils in der Bevölkerung sei es für die Weißen in New Orleans nichts Außergewöhnliches gewesen, daß ihre dunkelhäutigen Mitbürger sich relativ frei bewegten. Pops Foster berichtet über seine Jugend: »Die weißen und farbigen Musiker aus New Orleans und dem Umland kannten einander, und es gab unter den weißen keinen einzigen Jim Crow. Es war ihnen ziemlich egal, welche Hautfarbe man hatte, und ich habe mit vielen von ihnen gespielt.«[3] So traten hellhäutige Kreolen wie zum Beispiel Achille Baquet in weißen Bands auf. Doch Fotos aus jener Zeit zeigen keine rassisch gemischte Band. Hair meint: »Die Beziehungen zwischen den Rassen waren in New Orleans trotz des liberalen Rufs der Stadt nie wesentlich besser als in jeder anderen Stadt des Südens.«[4]

Louis Armstrong wuchs in einer Zeit auf, in der die Lage der Schwarzen in New Orleans schlechter war als je zuvor. Zur Zeit der offenen Sklaverei schlugen die Herren einen Sklaven zwar, sie hätten ihn aber kaum getötet, weil er einen in Dollar meßbaren Wert für sie hatte. Armstrong wuchs in eine Atmosphäre der Restriktion und verdeckten Repressalien hinein. Wirklich frei konnte er sich in seiner Heimatstadt nicht bewegen. Viele Orte durfte er nur betreten, wenn er dort arbeitete, zum Beispiel den Bordelldistrikt der Weißen: Storyville. Er durfte nicht in für Weiße bestimmten Restaurants essen, ganz gleich, wie schäbig sie waren, und er durfte auch nicht in für Weiße reservierten Bars einen Drink nehmen, so verkommen sie auch sein mochten.

An eine gute Ausbildung, eine berufliche Karriere oder einen »anständigen« Beruf, geschweige denn an eine akademische Laufbahn war nicht zu denken. Von Geburt war ihm vorgegeben, das Leben eines armen Hilfsarbeiters zu führen, der nie wußte, ob er am nächsten Tag noch Arbeit haben oder ob man ihn um seinen Lohn prellen würde. Sicher war nur: Im Alter würde er auf die Mildtätigkeit seiner Freunde und seiner Familie angewiesen sein. Oder er würde verhungern.

Als New Orleans im Jahre 1917 offiziell den Red Light District abteilte, zwängte man die Schwarzen damit noch stärker unter die Jim-Crow-Gesetze. Armstrongs oft zitierte Äußerung, jeder Schwarze brauche einen weißen Boß, der sagt: »Das ist mein Nigger«, wird verständlich, wenn man bedenkt, daß er unter der Herrschaft von Jim Crow aufwuchs. Viele Jahre später sagte er einmal zu einem Reporter: »Wer damals keinen weißen Boß hatte, der ihn beschützte, war ein verdammt trauriger Nigger. Wenn ein Schwarzer einen ›guten‹ Weißen hatte, der dem Gericht sagen konnte: ›Was fällt euch ein, *meinen* Nigger einzusperren?‹, dann ließ die Justiz ihn natürlich frei. Aber wenn man *ohne* einen weißen Boß ins Gefängnis kam, dann war man geliefert. Damals waren die Schwarzen überall und ständig in Gefahr.«[5]

Eine Gruppe von vermeintlich freieren Schwarzen, die jedoch in Wahrheit unter den Repressionen der Nachkriegszeit besonders stark litt, waren die schwarzen Kreolen. Über die genaue Definition des Begriffs Kreole streitet man sich noch heute. Fest steht, daß sich der Begriff gegen Ende des 19. Jahrhunderts auf die Subkultur der ersten katholischen Siedler dieses Gebiets bezog, die einen französischen Dialekt sprachen und sich kulturell an Paris orientierten. Im Gegensatz zur Ansicht vieler Jazz-Publizisten waren diese Kreolen Weiße. Außerdem gab es – und gibt es auch heute noch – eine Gruppe von Mischlingen, die als Kreolen bezeichnet werden, größtenteils ehemalige Freigelassene, die im 19. Jahrhundert *gens de couleur libres* (freigelassene Farbige) genannt wurden.

Obgleich Rassenmischung in Louisiana ebenso verbreitet war wie überall im Süden, stammten die schwarzen Kreolen in New Orleans fast ausschließlich von Mulattinnen ab, die im Jahre 1809 mit einer großen Einwandererwelle in die Stadt gekommen waren. Sie waren infolge einer Reihe von Sklavenaufständen und der Napoleonischen Kriege von ihren heimatlichen Inseln in der Karibik geflohen.

Diese Frauen hatten ihren gesamten Besitz verloren und waren gezwungen, sich in ihrer neuen Heimat irgendwie durchzuschlagen. Für eine hübsche junge Mulattin gab es da eine einfache Möglichkeit, und so entwickelte sich unter den weißen Männern in New Orleans schon bald der Brauch, sich Mulattinnen als Mätressen zu nehmen. »Ein Mann, der ein Mädchen gefunden hatte, besuchte ihre Familie und traf mit dieser eine Vereinbarung, was stets mit der Zahlung einer Geldsumme oder der Schenkung eines Hauses verbunden war . . . Dann gab die junge Frau eine Party für ihre Freunde und lebte fortan mit ihrem Gönner.«[6]

Dieser Brauch wurde sehr offen gehandhabt. Acht- bis zehnmal im Jahr wurden die berühmten Quadroon Balls veranstaltet, die offiziell *Bals du Cordon Bleu* hießen. Dort konnten weiße Männer junge Mulattinen kennenlernen.

Viele dieser Männer heirateten weiße Frauen ihrer eigenen Klasse, doch kümmerten sie sich oft auch um die Kinder ihrer Mätressen, ermöglichten ihnen eine Schulbildung und bedachten sie sogar in ihrem Testament. So entstand mit der Zeit eine ansehnliche Klasse von Mulatten, die in der alten französisch-karibischen Kultur verwurzelt waren. Meist waren die schwarzen Kreolen Handwerker und kleine Geschäftsleute, doch einige von ihnen wurden reich, hielten sich manchmal sogar eigene Sklaven und beschäftigten sich mit Kunst und Literatur.

Dieser schillernden Halbwelt war jedoch nur ein kurzes Leben vergönnt. Im Jahre 1894 zeigte man den Schwarzen in Louisiana wieder, wer der Herr im Hause war. Ein Gesetz wurde verabschiedet, demzufolge jeder, der auch nur einen einzigen Tropfen schwarzes Blut in den Adern hatte, als Schwarzer galt. Von diesem Zeitpunkt an waren die schwarzen Kreolen wieder genauso rechtlos wie die schwarzen Hafen- und Baumwollarbeiter, die sie vorher als Pöbel verachtet hatten. Die Kreolen versuchten zwar, ihre ehemalige Position zu verteidigen, wurden jedoch bald in die Masse der Schwarzen zurückgedrängt, und zu Beginn unseres Jahrhunderts waren sie ganz in der Klasse der schwarzen Arbeiter aufgegangen.

Die schwarzen Kreolen akzeptierten ihren neuen Status nur widerwillig und hielten auch weiterhin verbittert an ihrer eigenständigen Kultur fest, um sich von den Schwarzen abzugrenzen. Paul Dominguez, ein schwarzer kreolischer Musiker, der zu Anfang unseres Jahrhunderts lebte, umriß die Haltung der schwarzen Kreolen einmal folgendermaßen: »Die Leute aus der Uptown [die gewöhnlichen Schwarzen] waren alle Rohlinge mit Narbengesichtern. Sie verluden Baumwolle im Hafen, das war alles, was sie konnten. Ich bin ›keinen einzigen Tag in meinem Leben‹ am Fluß gewesen . . .«[7]

So sehr sich die schwarzen Kreolen widersetzten, ihre Vermischung mit den Schwarzen war nicht aufzuhalten. Zur Zeit Armstrongs war New Orleans ein riesiger Schmelztiegel der verschiedensten Rassen. Die Schwarzen durften nicht wohnen, wo sie wollten, sondern lebten in ghettoartigen Wohnvierteln mit überwiegend schwarzer Bevölkerung. Allerdings war die Trennung in New Orleans nicht so streng wie in vielen Städten des Nordens, wo die Schwarzen generell nur in bestimmten Wohngebieten leben durften. In New Orleans konnte es sogar vorkommen, daß Schwarze mit einer weißen Familie ein Doppelhaus teilten, wenngleich selbst dann nicht viel Kontakt zwischen den Hausnachbarn bestand. Es gab jedoch eine Reihe alltäglicher Kontakte zwischen den verschiedenen Bevölkerungsgruppen der Stadt. Armstrong konnte wie jeder junge Schwarze nur überleben, weil er sehr schnell gelernt hatte, wie man mit Weißen umgehen mußte. Weiße waren immer und überall zugegen, sie hatten Macht und Geld und auch sonst fast alles, was das Leben lebenswert macht. Für Armstrong waren die Weißen die natürliche Umgebung, in der man seinen Lebensunterhalt verdienen konnte.

Neben dem Rassismus war vor allem die Prostitution ein ernstzunehmendes Problem in New Orleans. Natürlich wurde sie nicht hier erfunden, aber sie entwickelte sich gleichsam zu einem Wahrzeichen der Stadt. Als New Orleans noch nicht viel mehr als ein Hüttendorf war, schickte die französische Regierung eine Schiffsladung Prostituierte, in der Hoffnung, die ansässigen Männer würden sie heiraten und so den Fortbestand der Kolonie sichern. Da diese Männer jedoch zum Abschaum gehörten, dachten sie gar nicht an Heiraten, und die Frauen gingen schon bald wieder ihrem alten Gewerbe nach. Seitdem gab es fast ohne Unterbrechung irgendwo in der Stadt oder in den Außenbezirken einen von Seeleuten, Flußschiffern, Farmern und Touristen gutbesuchten Red Light District.

Obgleich die Prostituierten immer wieder versuchten, an bestimmten Stellen der Stadt einen zusammenhängenden Red Light District zu schaffen, gab es gegen Ende des 19. Jahrhunderts in ganz New Orleans Bordelle. Oft lebten »anständige« Bürger direkt neben einem Puff mit all seiner Betriebsamkeit und dem Gegröle Betrunkener, und die Kinder begannen, lästige Fragen zu stellen. Doch alle Versuche, das Gewerbe abzuschaffen, scheiterten. Angebot und Nachfrage waren einfach zu groß.

Schließlich beschloß die Stadtverwaltung, das Treiben zumindest auf einen bestimmten Teil der Stadt zu begrenzen, damit die ehrbaren Bürger sich nicht länger belästigt fühlten. Man hoffte außerdem, die Situation auf diese Weise leichter unter Kontrolle halten zu können. So entstand 1899 der Bordelldistrikt Storyville, benannt nach Joseph Story, der sich im Stadtrat für diese Lösung eingesetzt hatte.

Immer wieder hat man versucht, Storyville mit einem falschen Glanz zu umgeben. In Wirklichkeit war es ein schäbiges Viertel, wo man die Kunden so schnell wie möglich abfertigte, wo zwölfjährige Mädchen zur allgemeinen Belustigung versteigert wurden und wo sich die Cribgirls, wenn das Geschäft schlecht ging, für ein paar Cents an Zeitungsjungen verkauften. Zwar gab es einige wenige »vornehme« Salons, die mit orientalischen Teppichen, Spiegeln in Goldbronzerahmen und überladenem viktorianischem Mobiliar aufgedonnert waren, wie es dem Geschmack der Prostituierten jener Zeit entsprach. Doch der größte Teil des Gewerbes spielte sich in den winzigen »Cribs« ab, kleinen Häusern mit zwei oder drei Mädchen, viele von ihnen noch im Teenageralter, jenen »pretty babies«, von denen in den Songs jener Zeit immer wieder die Rede ist. Ihre Hauptkundschaft waren Arbeiter, Farmer, reisende Geschäftsleute und Tausende von Seeleuten, die jedes Jahr auf Handelsschiffen aus allen Ländern der Welt nach New Orleans kamen. Mit Sicherheit waren die ersten Europäer, die Jazz hörten, Seeleute, die in New Orleans an Land gingen.

Storyville hat zur Legendenbildung rund um den Jazz sehr viel beigetragen. Die frühen Jazz-Autoren glaubten, die ersten Jazz-Bands hätten in den Bordellen gespielt, und es hieß, die Schließung des Distrikts im Jahre 1917 habe viele Musiker zur Abwanderung nach St. Louis und Chicago veranlaßt. Eine Studie von Al Rose[8] zeigt jedoch, daß es in Wahrheit zwei Storyvilles gab. Schließlich wäre es undenkbar gewesen, daß ein Weißer sich die Dienste von Frauen, insbesondere von weißen Frauen, mit Schwarzen geteilt hätte. Die Mehrheit der Prostituierten in Storyville war weiß. Dem Blauen Buch zufolge, einem Verzeichnis der in Storyville tätigen Dirnen, war etwa ein Drittel der Prostituierten in Storyville farbig; darunter allerdings auch viele hellhäutige Frauen mit Mischlingsblut.[9] Nur zwei Etablissements hatten sich auf Mulattinnen spezialisiert. Die »Madams« (die Bordellwirtinnen) waren Weiße, ebenso die Barmixer, die Klubbesitzer und die Entertainer in den Cabarets, die überall im Distrikt zu finden waren. Schwarze arbeiteten zwar als Diener, Kellner, Laufburschen und dergleichen, aber Storyville war im wesentlichen ein Unternehmen der Weißen.

Einige wenige Jazz-Pioniere arbeiteten tatsächlich im Distrikt, aber erst viel später und überdies nur in zwei oder drei Cabarets im Südosten des Viertels. Pops Foster meint: »Die meisten Musiker aus New Orleans arbeiteten nicht im Distrikt.«[10] Und Roy Carew, der als junger Weißer zwischen 1910 und 1915 herumlungerte, berichtete, nur in drei Etablissements hätten überhaupt Bands gespielt. Schwarze Männer durften sich im weißen Storyville nicht blicken lassen, wenn sie dort keiner Arbeit nachgingen.

Das schwarze Storyville war drei Straßenblocks von seinem weißen Gegenstück entfernt und umfaßte vier Häuserblocks zwischen der Perdido, Gravier, Locust und Franklin Street. Dieses zweite Amüsierviertel und das umliegende Gebiet waren im Grunde ein schwarzes Ghetto, das von alten Jazz-Musikern als »Uptown« bezeichnet wird, im Gegensatz zur »Downtown«, dem hauptsächlich von Kreolen bewohnten French Quarter. Black Storyville war ein verrufenes, gefährliches Pflaster mit vielen »Cribs«, »Honky-Tonks« (Bumslokalen, Spelunken) und primitiven Dance Halls, wie etwa der berühmten Funky Butt Hall, wo der legendäre Buddy Bolden gespielt hat. Dieses schwarze Storyville war vielleicht die wichtigste Wiege des Jazz. Hier wurde der Blues für die Slow Drags, die Schiebetänze der Zuhälter und Huren, gespielt. Hier wuchs Louis Armstrong auf, und hier lernte er, Jazz zu spielen.

Die Kindheit

Nach einer der ältesten Legenden im Jazz, zu deren Entstehung Armstrong wesentlich beigetragen hat, wurde Daniel Louis Armstrong am 4. Juli 1900 in der James Alley geboren. Dies ist mit ziemlicher Sicherheit falsch. Armstrong wurde weder am 4. Juli noch im Jahre 1900 geboren, und wahrscheinlich hieß er auch nicht Daniel Louis.

Verläßliche Angaben zu Armstrongs Geburt und Kindheit gibt es so gut wie keine. Was wir darüber wissen, stammt fast ausnahmslos von ihm selbst, und seine Äußerungen sind höchst widersprüchlich und decken sich nicht mit anderen Tatsachen. Als sich alle Welt für seine Lebensgeschichte zu interessieren begann, war er ein Star, und die Lebensläufe von Stars enthalten selten die Wahrheit. Armstrong sprach offener über seine Vergangenheit als viele andere Berühmtheiten, doch er kam nur ungern auf das Thema Jim Crow zu sprechen.

Zu Anfang unseres Jahrhunderts kümmerten die Schwarzen sich nur wenig um ihre Lebensdaten. Während der Zeit der Sklaverei, als sie einen Besitz darstellten, hatten zumindest ihre Herren über ihre Geburt und ihren Tod Buch geführt. In der Wiederaufbauphase nach dem Sezessionskrieg versuchten dann zwar viele Schwarze, den Makel des Analphabetentums loszuwerden: Voller Stolz schrieben sie eigenhändig die wichtigen Daten ihres Lebens auf. Doch schon in Armstrongs Kindheit breitete sich das Analphabetentum erneut aus. Armstrongs Mutter konnte nur sehr schlecht lesen und schreiben, sein Vater wahrscheinlich überhaupt nicht. Außerdem mieden die Schwarzen jener Zeit die weiße Bürokratie, der sie ihre Lebensdaten nicht anvertrauen wollten.

Gelegentlich hieß es, Armstrongs Eltern seien als Sklaven geboren worden. Das ist mit Sicherheit falsch. Tatsächlich wurden sie erst lange nach der Sklavenbefreiung geboren. Allerdings war seine Großmutter väterlicherseits, die ihn aufzog, eine ehemalige Sklavin. Sie hieß Josephine Armstrong, lebte noch im Jahre 1949 und soll damals einundneunzig Jahre alt gewesen sein. Demzufolge müßte sie im Jahre 1858 geboren sein, und dieses Datum dürfte wohl auch im großen ganzen zutreffen.

Dagegen wissen wir nichts über ihren Ehemann – falls sie überhaupt einen hatte. Ihr Sohn, Willie Armstrong, später Louis' Vater, wurde um 1875 geboren, wenn die übrigen verfügbaren Daten zutreffen. Über Willie Armstrong läßt sich nur soviel sagen, daß er seine Frau gleich nach Louis' Geburt verließ, vielleicht auch schon früher, und jahrelang nicht den geringsten Versuch unternahm, seinen Sohn zu treffen. Als er ihn schließlich zum erstenmal sah, brachte er ihm nicht einmal ein kleines Geschenk mit. So wird verständlich, daß Armstrong von seinem Vater nicht sonderlich gut sprach und daß er, wenn er überhaupt von ihm redete, kein gutes Haar an ihm ließ. »Von meinem Vater habe ich nichts gehabt; er war zu sehr damit beschäftigt, hinter irgendwelchen Flittchen herzulaufen«, sagte Armstrong in seinen Jugenderinnerungen unter dem Titel *Satchmo*.[1]

Armstrong schleppte diesen Groll bis zu seinem Tode mit sich herum. Noch mit siebenundsechzig Jahren, als er weltberühmt war, erzählte er dem Reporter Larry L. King: »Als mein Vater starb, war ich auf einer Europatournee. Ich fuhr weder zu seiner Beerdigung, noch schickte ich ein Beileidsschreiben. Warum auch? Er hatte doch nie Zeit für mich oder meine Mutter Mayann.«[2]

Seiner zweiten Familie war Willie Armstrong offenbar ein zuverlässiger und verantwortungsbewußter Ehemann und Vater. Obgleich damals in New Orleans Gelegenheitsarbeit die Regel und ein guter Job für Schwarze kaum zu bekommen war, arbeitete Willie Armstrong ungefähr dreißig Jahre lang in ein und derselben Terpentinfabrik – zunächst als Heizer. Später konnte er als Vorarbeiter anderen Schwarzen nach eigenem Gutdünken Arbeit geben oder sie entlassen. Nach Louis' Aussage war er »ziemlich clever, groß und gutaussehend. Die Chicks waren hingerissen, wenn er als Grand Marshall in der Odd Fellows Parade mitmarschierte.«[3]

Über Louis' Mutter, Mary Ann oder Mayann, wie sie genannt wurde, wissen wir mehr.[4] Sie wurde Anfang der achtziger Jahre des vorigen Jahrhunderts in Boutte (die Familie sprach es »Buhtie« aus) geboren, einer winzigen Stadt zirka fünfzehn Meilen westlich von New Orleans. Möglicherweise lautete ihr Mädchenname Miles, denn Louis hatte einen Onkel namens Isaac Miles. Sie kam mit vielen anderen Schwarzen schon in ihrer frühesten Jugend nach New Orleans. Mit fünfzehn hatte sie ein Verhältnis mit Willie Armstrong, möglicherweise heiratete sie ihn. Wenig später wurde Louis geboren.

Mayann war äußerst unzuverlässig. Manchmal überließ sie ihre Kinder tagelang der Fürsorge anderer. Dennoch hatte sie zu Louis bis zu ihrem Tod im Jahre 1927 eine gute Beziehung. Mayann hat zeitlebens versucht, im Rahmen ihrer Möglichkeiten das Beste für ihren Sohn zu tun. Als Armstrong nach Chicago umgesiedelt war, wo er in Lincoln Gardens, einer Dance Hall, arbeitete, hörte sie, er sei erkrankt und recht unglücklich. Kurzerhand fuhr sie mit dem Zug nach Chicago. Man kann sich gut vorstellen, wie verblüfft Armstrong war, als er die kleine, etwas pummelige Gestalt seiner Mutter zielstrebig durch das Meer der Tänzer auf das Podium zusteuern sah.

Mayann nannte ihren Sohn Louis, nicht Louie, und auch er selbst bevorzugte sein Leben lang diese Version seines Namens. Doch nur wenige hielten sich an diesen Wunsch, nicht einmal seine Ehefrau. Er war immer Louie. Die Beziehung zwischen Mutter und Sohn glich wohl mehr der von Geschwistern. Gelegentlich gingen sie sogar gemeinsam auf Sauftour. Mayann ließ Louis in jeder Hinsicht sein eigenes Leben führen. Sie war ihm gegenüber immer nachsichtig. Sein Vertrauen in sie war vielleicht ausschlaggebend dafür, daß seine Entwicklung halbwegs normal verlief. Er erzählte, nur ein einziges Mal in seinem Leben geweint zu haben: Als der Sarg über der toten Mayann geschlossen wurde. Doch vielleicht ist auch das übertrieben – Armstrong lag das Weinen nicht. Er liebte Mayann wirklich, und als er in Chicago gutes Geld verdiente, holte er sie öfter für längere Zeit zu sich.

Mehr wissen wir über Armstrongs Familie nicht. Max Jones und John Chilton erwähnen in ihrer Biographie *Louis* eine Urgroßmutter, die im Jahre 1802 oder 1803 geboren sein soll, als Louisiana noch französisch war. Das ist zwar möglich, aber unwahrscheinlich.

Wann aber wurde Louis Armstrong geboren? Heute, in unserer modernen Industriegesellschaft, ist genaue Buchführung in allen Lebensbereichen eine Selbstverständlichkeit. Die meisten Amerikaner früherer Zeiten hingegen kannten nicht einmal ihr Geburtsdatum, oft auch nicht das Geburtsjahr. Wenn eine Frau damals mit Hilfe einer Hebamme und der Nachbarinnen zu Hause ein Kind bekam und gleichzeitig andere Kinder versorgen mußte – möglicherweise sogar ohne die Unterstützung eines Ehemannes –, hatte sie Wichtigeres zu tun, als den Tag der Geburt in der Familienbibel zu vermerken. In Armstrongs Fall kommt noch der Analphabetismus seiner Eltern hinzu. Wurde ein Kind von der Großmutter oder von anderen Verwandten aufgezogen, so waren oft zu dem Zeitpunkt, als es selbst anfing, sich über seinen Geburtstag Gedanken zu machen, nicht nur der genaue Tag seiner Geburt, sondern auch der Monat und das Jahr vergessen.

Nun muß jeder Mensch bei bestimmten Anlässen das genaue Datum seines Geburtstags wissen. Curtis Jerde berichtet, daß im 19. Jahrhundert viele Leute aus Bequemlichkeit den 4. Juli als ihr Datum angegeben hätten. Frank Lastie, ein Insasse der Besserungsanstalt, in die auch Armstrong später geschickt wurde, gab den 4. Juli als seinen Geburtstag an, und es ist gut möglich, daß Armstrong diesen Brauch von ihm übernahm.[5]

Es sprechen jedoch noch andere Dinge gegen den 4. Juli 1900. Zutty Singleton, lange Zeit Armstrongs bester Freund, berichtete dem Jazz-Forscher Phil Schaap: »Louis und ich waren ungefähr gleich alt; doch irgendwann war er plötzlich zwei Jahre jünger als ich.«[6]

Ein noch älterer Musiker aus New Orleans, der Schlagzeuger Christopher »Happy« Goldston, behauptete, in seiner Jugendzeit mit Armstrong und zwei anderen Musikern in einer Band gespielt zu haben. Nach Goldston war Armstrong im Jahre 1894 geboren, und die anderen in der Band waren zwei bis vier Jahre jünger als er.[7] Außerdem sagte Armstrongs zweite Frau, Lil Hardin, in einem Interview mit William Russell, daß sie ein wenig jünger als Louis sei. Sie wurde im Februar 1898 geboren. Unterstellt man ihr normale menschliche Eitelkeit, kann Louis nicht viel später als 1898 geboren sein.[8]

Es gibt noch einen weiteren Grund dafür, von einem früheren Datum auszugehen. Im Jahre 1918 wurde Armstrong gemustert.

Beim Ausfüllen des Formulars wollte der Beamte Armstrongs Geburtstag offenbar zunächst als 4. Juli 18 . . eintragen; doch dann überschrieb er die 8 mit einer 9 und machte 1900 daraus. Dies könnte zwar ein Fehler des Beamten gewesen sein; wahrscheinlicher ist jedoch, daß Armstrong ihn selbst korrigierte. Er könnte sein Alter niedriger angegeben haben, um nicht im Ersten Weltkrieg als Soldat dienen zu müssen.

Somit spricht alles eher für das Geburtsjahr 1898 als für das legendäre Datum 4. Juli 1900. Aus diesem Grund basieren meine sämtlichen Zeitberechnungen in diesem Buch auf dem berichtigten Datum.

Ähnlich schwierig ist es, Armstrongs Geburtsort zu lokalisieren. In *Satchmo* sagt er, er sei in der »James Alley – nicht der Jane Alley, wie manche sie nennen«[9], geboren. Es existieren jedoch Bilder von der Straße, auf denen das Straßenschild »Jane Alley« deutlich zu erkennen ist. Unter Analphabeten schleichen sich häufig falsche Namensbezeichnungen ein. So nannten die ersten Jazz-Musiker Abadies Café stets Aberdeens.

Über seinen eigenen Namen sagte Armstrong einmal, Daniel habe er nie geheißen, und er wisse nicht, wie er zu diesem Beinamen gekommen sei. Er selbst benutzte nur den Namen Louis Armstrong.

Das Viertel, in dem Armstrong seine ersten Lebensjahre verbrachte, lag ungefähr achtzehn Häuserblocks vom schwarzen Storyville entfernt. In diesem Viertel standen vor allem heruntergekommene hölzerne Baracken und Shotgun Houses – so genannt, weil man mit einer Schrotflinte von der Eingangstür bis zur Hausrückseite schießen konnte, ohne irgend etwas zu treffen. Die Straßen waren bei Hitze staubig und bei Regen schlammig. Hier wohnten vor allem Schwarze, und die Häuser waren vollgestopft mit Menschen. Die sanitären Anlagen waren äußerst primitiv: Außenaborte waren die Regel, das Regenwasser wurde in Zisternen gesammelt, und die Wäsche oder das Körperbad fand gewöhnlich in Zubern im Hinterhof statt. Es gab auch ein paar kleine Läden und Fabriken, darunter die erwähnte Terpentinfabrik, in der Willie Armstrong arbeitete.

In diesem Viertel ging es oft ziemlich rauh zu; nach Armstrongs eigener Aussage genoß es den Ruf eines »Schlachtfeldes«. Messerstechereien und Schießereien waren keine Seltenheit, und manchmal gab es auch Tote. Wie im schwarzen Storyville gehörten Betrunkene und Drogensüchtige zum Straßenbild. Allerdings gab es in dieser Gegend keine Prostitution. Trotzdem kann man es kaum die ideale Umgebung für heranwachsende Kinder nennen.

Armstrong wurde in den ersten Jahren nicht von Mayann erzogen. *Swing That Music*, eine sehr unzuverlässige frühe Biographie, und *Satchmo* enthalten voneinander abweichende Darstellungen über das Kommen und Gehen seiner Eltern. Doch fest steht, daß sich zur Zeit seiner Geburt der Vater, Willie Armstrong, mit einer anderen Frau davonmachte. Als Louis noch ein Baby war, verließ auch Mayann ihn, und seine Großmutter Josephine kümmerte sich um ihn. Mayann zog in die Perdido Street, ins Herz des schwarzen Storyville, und zwar genau zu dem Zeitpunkt, als ein städtischer Erlaß die schwarzen Prostituierten zwang, ihr Gewerbe ausschließlich in diesem Gebiet auszuüben. Deshalb liegt der Schluß nahe, daß Mayann dorthin zog, um der Prostitution nachzugehen, und es ist wahrscheinlich, daß sie dies auch schon vorher getan hatte. Möglich, daß Willie Armstrong daraufhin vermutete, Louis sei gar nicht sein Sohn – was einiges an seinem Verhalten erklären würde. Armstrong gab später zu, seine Mutter sei möglicherweise »anschaffen« gegangen, er habe es allerdings nie mit eigenen Augen gesehen. Vielleicht war dies für Mayann tatsächlich die einzige Möglichkeit, Geld zu verdienen, um ihr Kind zu unterstützen.

Jedenfalls wurde Louis in den ersten Jahren nahezu ausschließlich von seiner Großmutter aufgezogen. Sie lebte mit ihrem Enkel in einer einstöckigen Hütte, deren Bretterwände nicht gestrichen waren, deren Grundfläche acht mal sieben Meter betrug – etwa die Größe eines großen modernen Wohnzimmers – und die vermutlich in zwei oder drei Räume unterteilt war. Hinter dem Haus lagen die Zisterne und der Abort. Josephine verdiente sich ihren Unterhalt mit Wäschewaschen bei sich zu Hause oder in den Häusern ihrer Kundschaft. Armstrong erinnerte sich später, mit ihr zusammen Häuser besucht zu haben, die ihm unglaublich groß und prächtig vorgekommen seien.

Josephine Armstrong hat offenbar Louis strenger erzogen, als seine »tolerante« Mutter es je getan hätte. Wenn er unartig gewesen war, mußte er seiner Großmutter eigenhändig eine Gerte vom Chinaball oder Chinabeerenbaum abschneiden – wozu, braucht wohl nicht näher erläutert zu werden. Sie nahm ihn auch regelmäßig mit in die Kirche und schickte ihn, als er älter war, sowohl zur Schule als auch zur Sonntagsschule.

Etwa zwei Jahre nach Louis' Geburt bekam Mayann ein zweites Kind, ein Mädchen, das sie Beatrice nannte und das den Spitznamen Mama Lucy erhielt. Drei Jahre danach wurde Mayann krank und schickte eine Nachbarin zur Jane Alley, um Louis zu holen. Er sollte sie pflegen und sich um das Kind kümmern. Armstrong behauptet in *Satchmo*, zu jener Zeit gerade fünf Jahre alt gewesen zu sein. Seine Mutter habe ihn als erstes zur mehrere Blocks entfernten Rampart Street geschickt, um ein paar Lebensmittel zu kaufen. Auf dem Rückweg habe ihn eine Bande von Straßenjungen angegriffen und mit Dreck beworfen. Er will sich erfolgreich zur Wehr gesetzt und sie vertrieben haben; völlig verdreckt, aber als Sieger sei er zu seiner Mutter zurückgekehrt.

Diese Episode klingt recht abenteuerlich. Man wird einem Fünfjährigen wohl kaum die Sorge für ein dreijähriges Kind und die bettlägerige Mutter anvertrauen. Außerdem würde wohl niemand ein Kind zum Einkaufen in eine gefährliche Gegend schikken. Es klingt auch wenig glaubhaft, daß dieses Kind von einer Bande von Straßenjungen angegriffen worden sein soll. Die Geschichte macht nur dann einen Sinn, wenn man davon ausgeht, daß Armstrong in Wahrheit älter als fünf war. Der Verdacht drängt sich auf, daß er in diesem Bericht sein Alter dem geänderten Geburtsdatum angepaßt hat. Wir werden in Armstrongs Erinnerungen und Aussagen noch öfter auf Ungereimheiten bei den Zeitangaben stoßen.

Um das Jahr 1907, als Louis etwa sieben Jahre alt war, zog er von der Jane Alley zu seiner Mutter ins schwarze Storyville. Sein Musterungsbescheid gibt Mayanns Adresse als 1233 Perdido Street an, und wahrscheinlich hat Louis die weiteren Jahre hier gelebt, da es keinen Hinweis auf einen Umzug der Familie gibt. Das Viertel ist nun zwar schon lange abgerissen, aber das Haus lag wohl in der Nähe jener Stelle, wo heute das Gebäude des Supreme Court of Louisiana steht. Armstrong beschreibt es als »einen Ort, der Brick Row genannt wurde – viel Beton, eine Art

Motel mit Zimmervermietung«[10]. Es war ein langgestreckter, zweistöckiger Betonbau, der in eine Anzahl von Mietwohnungen unterteilt war. Die Eingangstüren zu den Parterrewohnungen hatten kleine Vordächer; zu den oberen Wohnungen gelangte man über Holztreppen und Balkone, die am ganzen Haus entlangliefen. Diese Balkone haben Armstrong wohl auf den Vergleich mit heutigen Motels gebracht. Das Appartement der Familie Armstrong lag im zweiten Stock und bestand aus zwei oder drei Räumen.

Das schwarze Storyville war ein recht buntes Viertel mit zahllosen Dance Halls, Cribs und Honky-Tonks an fast jeder Straßenecke. Die berühmte Funky Butt Hall – offiziell Union Son's Hall genannt –, wo Bolden und andere frühe Jazz-Musiker spielten, lag in Armstrongs Wohnblock.[11] Die Odd Fellows Hall, ein Lokal, in dem Bolden auch aufgetreten ist, lag ein paar Blocks weiter an der Perdido und der South Rampart Street. Diese Dance Halls waren so berüchtigt, daß in einigen von ihnen die Bands nur auf Emporen spielten, um vor Prügeleien sicher zu sein. Im näheren Umkreis von Armstrongs Wohnung gab es ein halbes Dutzend Honky-Tonks, in denen Louis später lernte, Jazz zu spielen: Spanos, Matrangas, Joe Segrettas (oder Segrettos), Kid Browns und Ponces.

Die Tonks und Dance Halls befanden sich in uralten, verfallenen Gebäuden. Armstrong erzählte einmal, er habe durch die Ritzen der Funky Butt Hall gelugt, um der Musik zuzuhören und den Huren beim Slow Drag zuzuschauen, einem Tanz, der an eine Kopulation im Stehen erinnert. Armstrong sagte, es habe in dieser Gegend nicht ein einziges »anständiges« Haus gegeben, womit er meinte, daß sich in jedem Haus Tonks, Dance Halls oder Bordelle befanden. Es gab auch nicht viele Läden, denn die Bewohner gingen in der nahegelegenen South Rampart Street einkaufen. Hier hatten sich Kleider- und Gemischtwarenläden, Schuh- und Möbelgeschäfte etabliert, meist Secondhandläden.

Das Viertel lebte davon, seine Besucher auszunehmen, Arbeiter vom Hafen, aus den Baumwollmühlen, von den Zuckerrohrfeldern oder der Eisenbahn, die ein wenig Spaß haben wollten. Vor allem samstags herrschte reger Betrieb. Die Männer kamen zum Saufen, Spielen, Schnupfen, Tanzen, Huren – oder einfach wegen der Musik. Es war geradezu ein Sport, ihnen so schnell wie möglich das Geld aus der Tasche zu ziehen und sie dann davonzujagen.

Armstrongs Viertel war eine schmutzige, verkommene Gegend. Hier lebte die unterste soziale Schicht von New Orleans. Niemand, der hier wohnte, hatte die Hoffnung, daß sich je in seinem Leben etwas zum Positiven wenden würde. Es gab zwar auch Ausnahmen wie Willie Armstrong, der es zum Vorarbeiter eines weißen Chefs gebracht hatte. Doch so etwas war selten.

Das Leben in vollen Zügen zu genießen, schien die einzig vernünftige Haltung. »In der Liberty und Perdido Street ging es 1912 hoch her . . . Die Frauen tanzten auf den Tresen, mit Dollarnoten in den Strümpfen, und manchmal tanzten sie auch nackt. Sie legten sich auf den Boden und schüttelten ihre Bäuche, und die Männer fütterten sie mit Konfekt. Jeder konnte im schwarzen Storyville arbeiten. Im weißen Storyville wurde zwar mehr Geld verdient, aber man mußte auch mehr Schmiergelder bezahlen. Im weißen Storyville mußte man sich feinmachen, was einige Mädchen nicht mochten. Im schwarzen Storyville konnte man tun und lassen, was man wollte.«[12]

Louis Armstrong hat sich seines Heimatviertels nie geschämt. Vielmehr behielt er es aus drei Gründen in guter Erinnerung: wegen der Musik, wegen des Gemeinschaftsgefühls, und weil dies seine Heimat war.

Louis hatte zwar keinen Vater, dafür aber eine Menge Stiefväter. Mayann, obgleich klein und rundlich, war offenbar eine recht attraktive Frau, der es nie an Liebhabern mangelte. In den zwölf Jahren, in denen Louis mit ihr zusammen in der Perdido Street lebte, zogen mindestens sechs Männer ein und wieder aus. Manche von ihnen behandelten Louis freundlich, die meisten jedoch scheinen sich mit Mayann geprügelt zu haben. Louis fehlte also fast während seiner gesamten Jugend ein männliches Vorbild, bei dem er Rat und Hilfe hätte finden können.

Schon bald, nachdem Louis zu seiner Mutter gezogen war, bekam Mayann eine Stelle als Haushaltshilfe bei einer weißen Familie in der nahen Canal Street. Er erinnerte sich, daß sie im Hinterhof an einem Waschzuber arbeitete. Louis ging in die nahegelegene Fisk School auf der South Franklin Street (Nr. 507), einen halben Block von seiner Wohnung entfernt und genau gegenüber einer anderen »Schule«: der Funky Butt Hall.

Wie Armstrong berichtet, wurde die Fisk School von einer Mrs. Martin geleitet. Sie war offenbar eine schwarze Kreolin, hatte selbst einige Kinder, darunter Henry Martin, der später in New Orleans ein bekannter Schlagzeuger wurde. Die Schulakten der Fisk School gibt es nicht mehr, doch Armstrong lernte hier Lesen, Schreiben und Rechnen. Er behauptete, er habe schon bald alten Leuten aus der Nachbarschaft die Zeitung vorgelesen.

Louis trug blaue Baumwolljumper und hochgekrempelte Hosen, die ihm Mayanns Freunde überließen, oder kurze Hosen; in New Orleans trugen auch ältere Jungen noch Shorts. Er besaß wahrscheinlich nie mehr als drei oder vier Kleidungsstücke. Das ganze Jahr über lief er barfuß herum.

Die Familie ernährte sich in erster Linie von roten Bohnen, Reis, Gumbo und Fischköpfen – einer köstlichen lokalen Spezialität, wenn man den romantischen Beschreibungen aus dem alten New Orleans Glauben schenken will. Armstrong aß zeitlebens gern rote Bohnen mit Reis. Rote Bohnen mit Reis und Fischkopfeintopf waren Armeleute-Essen, und selbst Armstrongs Zeitgenossen sahen das so. Der Trompeter Lee Collins aus New Orleans sagte: »Viele schämten sich, irgend jemand könnte erfahren, daß sie sonntags nur rote Bohnen mit Reis aßen, weil dies als Essen der ärmeren Familien galt.«[13] Bei den Armstrongs gab es gelegentlich auch Fleisch, aber kaum Milch, und sicherlich mußte der junge Louis ohne Kuchen, Torten und Plätzchen auskommen. Einmal hatte Mayann einen Freund namens Tom, der im Desoto Hotel an der Ecke Barrone und Perdido Street arbeitete. Tom brachte regelmäßig Essensreste von dort mit – Koteletts, Hühnerfleisch und Eier –, und Mayann belegte damit Louis' Schulbrote. Noch als Erwachsener erinnerte Armstrong sich an diese Köstlichkeiten. Louis war als Kind vermutlich nicht unterernährt, und es scheint ihm auch nicht an Energie gefehlt zu haben, doch seine Ernährung war zweifellos äußerst dürftig.

Sehr regelmäßig ging Louis wohl nicht zur Schule; vielmehr lungerte er häufig in den Straßen herum. Mayann war oft nicht zu Hause: Tagsüber mußte sie zur Arbeit, und abends zog sie durch die Tonks. Manchmal verschwand sie auch für mehrere Tage. Wahrscheinlich war sie dann mit einem Liebhaber unterwegs. So war Louis oft mit Mama Lucy allein, der er eine Art Elternersatz war. Glücklicherweise lebte jedoch auch Armstrongs Onkel, Isaac Miles, in diesem Viertel. Miles war Witwer und hatte sechs Kinder, von denen mindestens eines, Sara Ann, fast zwanzig war. Er arbeitete als Schauermann im Hafen, eine harte und schlechtbezahlte Arbeit. Seine Familie muß finanziell ständig am Rande des Abgrunds gelebt haben. Doch Isaac sorgte nicht nur für seine eigenen Kinder, sondern nahm Louis und Mama Lucy regelmäßig bei sich auf, wenn Mayann wieder einmal verschwunden war. Armstrong über seinen Onkel: »Er verdiente nicht viel, und er hatte auch keine regelmäßige Arbeit. Trotzdem schaffte er es immer, seine Kinder mit Essen und Kleidung zu versorgen. Er lebte mit all diesen Kindern in einem einzigen Raum. Irgendwie gelang es ihm, sie alle unterzubringen. Er packte so viele wie möglich in das einzige vorhandene Bett. Der Rest schlief auf dem Fußboden. Gott segne Onkel Ike. Ich weiß nicht, was Mama Lucy und ich ohne ihn getan hätten, wenn Mayann tagelang verschwunden war.«[14]

Louis Armstrong hat als Kind viel entbehren müssen. Jahre später erzählte seine Frau Lucille dem Jazz-Schriftsteller Nat Hentoff, wie sie kurz nach ihrer Heirat am Weihnachtsabend auf Tournee waren. Während Louis arbeitete, kaufte sie einen kleinen Weihnachtsbaum und ein paar Kerzen und baute alles im Hotelzimmer auf.

»Schließlich legten wir uns hin. Louis saß im Bett und schaute sich immer wieder den Baum an. Er hat Augen gemacht wie ein Baby . . . Nach einer Weile sagte ich: ›Ich mache jetzt die Lichter am Baum aus.‹ – ›Nein‹, sagte er, ›ich muß sie immer wieder anschauen. Weißt du, das ist der erste Weihnachtsbaum in meinem ganzen Leben.‹ Das hatte ich natürlich nicht gewußt. Louis war vierzig Jahre alt, und ich hatte geglaubt, ein Mensch in diesem Alter müsse doch wohl schon einmal in seinem Leben einen Weihnachtsbaum gesehen haben. Mir schnürte es den Hals zu, als er mir das erzählte. Am nächsten Tag reisten wir nach Kansas City. Ich dachte mir: ›Weihnachten ist vorüber – es war der 26. Dezember –, also lasse ich den Baum im Hotel.‹ Da sagte Louis: ›Nein, tu das nicht. Nimm ihn mit.‹ Ich mußte den Baum auf der ganzen Reise von Stadt zu Stadt mitschleppen. Noch bevor ich irgendeinen Koffer auspacken konnte, mußte ich jedesmal den Baum aufstellen, seinen Weihnachtsbaum. Ich habe ihm dann jedes Jahr einen gekauft. Louis war zwar zu Weihnachten oft nicht zu Hause, aber wenn er da war, bekam er einen riesigen Weihnachtsbaum. Ich behielt den ersten Baum bis lange nach Neujahr, baute ihn jeden Abend auf und jeden Morgen wieder ab, in einem Dutzend Hotels. Dann sollte ich ihn mit der Post nach Hause schicken. Es war ein echter Baum, kein künstlicher, und ich mußte Louis überzeugen – wirklich, ich mußte ihn regelrecht überzeugen! –, daß der Baum auf der Reise vertrocknen würde.«[15]

Louis Armstrong mußte in seiner Kindheit nicht nur auf Geburtstagspartys verzichten – er hatte nicht einmal einen Geburtstag. Für ihn gab es am 4. Juli kein Feuerwerk, kein Fahrrad, keine Rollschuhe, keine Baseballhandschuhe. Er war schon froh, wenn er überhaupt Schuhe besaß.

Arbeit, Betrug, Diebstahl: Louis tat wie jeder arme Junge alles, um an Geld zu kommen, selbst wenn es nur ein paar Pennys waren, mit denen man Fischköpfe für die Suppe kaufen konnte. Er verkaufte Zeitungen, die ihm ein weißer Junge namens Charly abtrat. Und er stahl ab und zu etwas wie so viele Ghettokinder.

Ungefähr um diese Zeit gründete Louis zusammen mit einem Jungen namens Happy Bolton ein Gesangsquartett. Happy Bolton wurde später Jazz-Schlagzeuger. Die anderen Jungen des Quartetts waren Big Nose Sidney und Little Mack. Später übernahm Georgie Grey Boltons Platz. Die Jungen hatten Spaß an der Musik und wollten durch den Gesang an den Straßenecken natürlich auch ein paar Pennys verdienen. Die Gruppe scheint mindestens zwei Jahre existiert zu haben, und sie traf sich zwei- bis dreimal pro Woche zu Proben oder Auftritten – eine ganz exzellente Gehörschulung. Auch wenn Armstrong ein Naturtalent war, hat die Erfahrung in dem Gesangsquartett für seine musikalische Entwicklung bestimmt eine wichtige Rolle gespielt.

Um diese Zeit erhielt Louis auch seine ersten Spitznamen. Wegen seines breiten Grinsens wurde er »Dippermouth« und »Gatemouth« genannt. Die Erwachsenen der Nachbarschaft nannten ihn »Little Louis« (den Namen »Satchmo« erhielt er erst als Erwachsener).

Das Gesangsquartett war nicht die einzige Einnahmequelle für den jungen Armstrong. Er übernahm auch Gelegenheitsarbeiten, wie zum Beispiel Botengänge für Prostituierte, und außerdem würfelte er um Geld. Später behauptete er, als Würfelspieler ein As gewesen zu sein: »An manchen Abenden kam ich mit den Taschen voller Pennys, Fünfern, Zehnern und sogar mit Vierteldollars nach Hause. Dann gingen meine Mutter, meine Schwester und ich einkaufen.«[16] Louis war ein leidenschaftlicher Würfelspieler. Als er schon ein berühmter Mann war, ging er immer wieder nach Harlem, um mit den Straßenspielern zu würfeln. Es gibt allerdings Hinweise, daß er als Spieler nicht so erfolgreich war, wie er behauptete, und daß er beim Würfeln eine Menge Geld verlor.

Jedenfalls trug er schon als Junge viel zum Familienbudget bei. Offenbar kaufte er als knapp Zehnjähriger für sich und seine Mutter gelegentlich Kleidung. Louis war stolz darauf, der Mann im Hause zu sein.

Trotz aller Bedürftigkeit und Ärmlichkeit war Armstrongs Leben nicht so furchtbar, wie es zunächst scheinen mag. Es gab gute und billige Busverbindungen zum Fluß, zum See und zu den Vergnügungsparks, wo man schwimmen, fischen und picknicken konnte. Und das wichtigste: In der ganzen Stadt wurde Musik gemacht, besonders im schwarzen Storyville, einer der Geburtsstätten des Jazz. Armstrong behauptet, Buddy Bolden in der Funky Butt Hall gehört zu haben. Das ist durchaus möglich, da diese Dance Hall in Armstrongs Wohnblock lag und die Bands gewöhnlich eine halbe Stunde vor Veranstaltungsbeginn auf dem Gehweg spielten, um Publikum anzulocken.

Es gab natürlich auch noch andere Dance Halls, aber entscheidend war die Musik, die in den Honky-Tonks gemacht wurde. Nur in einigen Tonks blieb es still, denn ein Kunde, der tanzt, trinkt natürlich nicht so viel Schnaps. Die Bands in den Lokalen waren meist sehr kleine Gruppen – Trios, ein Piano und ein Bläser; manchmal trat auch nur ein einzelner Gitarrist auf. Obgleich das Repertoire dieser Musiker sehr unterschiedlich war, spielten sie meistens langsamen Blues, hauptsächlich für die Huren, die mit ihrem erotischen Tanz, dem Slow Drag, die Kunden anmachten. Auch Kirchenmusik wurde in New Orleans gemacht; doch Louis war weder ein eifriger Kirchgänger, noch ließ er sich von der Kirchenmusik beeinflussen. Schließlich gab es auch noch die berühmten Street Bands mit acht, zehn oder fünfzehn Musikern, die Armstrong täglich hörte.

Die Leitbilder der jungen Schwarzen im Ghetto von New Orleans waren die Musiker, die Zuhälter und die Ganoven. Die Welt dieser Jugendlichen endete am Rande ihres Viertels. Es gab weder Radio noch Fernsehen, und das einzige, was Armstrong gelegentlich las, war die Zeitung, die er verkaufte. Deshalb hatte er von der Welt draußen kein sehr differenziertes Bild. Die Zeitung war eines dieser billigen Lokalblätter, die die Probleme der Schwarzen aussparten, es sei denn, einer hatte ein Verbrechen an einem Weißen begangen. Die übrige Welt kannte man damals nur aus den Erzählungen der Seeleute, der Eisenbahner und der reisenden Handelsvertreter. Louis hatte von Jack Johnson gehört, dem berühmten schwarzen Boxer, der die Weltmeisterschaft im Schwergewicht gewann, als Louis zwölf Jahre alt war. Von der kleinen, aber wachsenden Zahl schwarzer Stars im Showbusiness war ihm nie etwas zu Ohren gekommen, und sicher war ihm auch nicht klar, daß es schwarze Ärzte, schwarze Rechtsanwälte und schwarze College-Professoren gab.

Das Milieu, in dem Armstrong aufwuchs, hatte Vor- und Nachteile für ihn. Ihm fehlte der Vater, aber er genoß die Zuneigung einer liebenden Mutter und den Gemeinschaftssinn einer hilfsbereiten Umgebung. Er erhielt zwar keine ordentliche Erziehung, doch als er in die Pubertät kam, hatte er schon Lebenserfahrungen hinter sich, die andere in ihrem ganzen Leben nicht machen. Vor allem zwei Kindheitserfahrungen prägten Armstrongs Persönlichkeit: Die vielen Entbehrungen und die Tatsache, daß er nicht auf die Unterstützung und den Schutz durch einen Vater bauen konnte. Weil er arm war, mußte er auf die kleinen Freuden und Annehmlichkeiten verzichten, die die meisten Kinder genießen. All dies erklärt, daß Armstrong sich später nie besonders gut behaupten konnte oder wollte. Ihm ist es immer schwergefallen, sich durchzusetzen, sich gegen Autoritäten aufzulehnen oder mit der Konkurrenz anderer Männer fertigzuwerden. Die Ursache dieser Scheu war das, was man allgemein als Unsicherheit, schwaches Selbstwertgefühl oder schwaches Selbstbild bezeichnet.

In *Satchmo* schreibt er über die Zeit, in der er zwölf oder dreizehn Jahre alt gewesen sein dürfte: »Mrs. Martin [die Lehrerin] hatte drei wunderschöne Töchter mit der hellen Hautfarbe der Kreolen: Orleania, Alice und Wilhelmina. Die beiden ältesten heirateten. Ich war in Wilhelmina verliebt . . . Sie war so hübsch und nett, daß sie ganze Heerscharen von Verehrern hatte. Ich hatte damals einen Minderwertigkeitskomplex und glaubte, für sie nicht gut genug zu sein.«[17]

Dieses mangelnde Durchsetzungsvermögen plagte Armstrong sein Leben lang. Als er schon ein gefeierter Star war, ließ er sich noch in Angelegenheiten beraten, die er ohne weiteres selbst hätte entscheiden können. Milt Hinton, ein vielbewunderter Kontrabassist und einer der wenigen Jazz-Musiker, die Interesse an der Geschichte ihrer Musik haben, sagte: »Louis kam aus einem Waisenhaus. Er hat niemals eine solche Erziehung genossen wie Barney [Bigard] oder Zutty [Singleton]. Barney und ich spielten eine Zeitlang in Louis' Band. Wenn jemand zu ihm kam und sagte ›Du solltest dieses oder jenes tun‹, wartete Louis kurz, schaute dann Barney an, um herauszufinden, wie er darüber dachte, und wenn Barney sagte: ›Nein, wir sollten es lassen‹, dann sagte Louis: ›Nein, das machen wir nicht.‹ Eine ähnliche Rolle spielte auch Zutty für ihn.«[18]

Das führte später dazu, daß die wichtigen Entscheidungen über seine Karriere meist von inkompetenten Leuten getroffen wurden. Zu oft ließ sich Armstrong von den Interessen anderer leiten, statt die Sache selbst in die Hand zu nehmen. Die moderne Psychologie vertritt die These, daß Kinder, egal ob Junge oder Mädchen, die in einem vaterlosen Haushalt aufwachsen, oft nur eine schwache geschlechtsspezifische Rollenidentifikation entwickeln. Sie sind unsicher und haben Schwierigkeiten, für sich selbst etwas zu fordern.[19]

Louis Armstrong war ein liebenswerter und freundlicher, aber auch scheuer und unsicherer Junge. Außerdem fühlte er sich für die Pflegebedürftigen und für alle streunenden Tiere in seiner Umgebung verantwortlich – allerdings waren die Streuner seine engsten Verwandten. Ursache und Wirkung sind in einem solchen Fall nur schwer voneinander zu trennen. Seine Mutter hatte ihm wie selbstverständlich eine ziemlich große Verantwortung aufgebürdet, was er klaglos akzeptierte. Vielleicht wollte er auf diese Weise seine Scheu kompensieren und sein Ego stärken. Auf Grund dieses in der Jugend erworbenen Verhaltensmusters glaubte Armstrong sein Leben lang, etwas für andere tun zu müssen.

Als Armstrong in den dreißiger Jahren genug verdiente, schenkte er allen möglichen Leuten Geld. Allabendlich stand vor seinem Umkleideraum eine riesige Menschenschlange – alte Musiker, entfernte Bekannte und Schnorrer. Seine Manager mußten ihm zeitweise jeden Abend mehrere hundert Dollar zum Verschenken geben. Barney Bigard berichtete, eines Abends sei der Posaunist Dicky Wells mit einem Freund ins Bop City gekommen, wo Armstrong in den fünfziger Jahren spielte, und habe zu seinem Freund gesagt: »Ich zeige dir jetzt, wie du leicht an Geld kommen kannst.«[20] Wells erzählte Armstrong eine rührselige Geschichte und bekam auch prompt fünfundzwanzig Dollar von ihm. Als Armstrong reich war, rief er regelmäßig seinen Manager an und trug ihm auf, für irgend jemanden ein Auto zu kaufen. Das konnte zwar meistens verhindert werden, aber manchmal wurde Louis sehr wütend, wenn nicht geschah, was er wollte. Bigard sagte: »Einige Exmusiker behandelten ihn wie einen Narren. Aber er sagte einmal zu mir: ›Diese Typen denken wohl, ich wüßte nicht Bescheid, aber das ist nicht so. Ich gebe den armen Schluckern halt ein paar Dollar.‹«[21]

Die zweite wichtige Erfahrung, die Armstrong prägte, war die Atmosphäre von Gewalt und Verwahrlosung im schwarzen Storyville, der Louis als Kind täglich ausgesetzt war. Sex, für die meisten Kinder ein tabuisiertes Geheimnis, gehörte in seiner Welt ebenso zum Alltag wie Morde. Er hatte als Jugendlicher blutüberströmte Körper im Schmutz der Straße liegen sehen, er hatte Prostituierte bei der Arbeit beobachtet, und er hatte auch miterlebt, wie Zuhälter Prostituierte schlugen. Er war Zeuge von Betrügereien und Diebstählen und kannte die verheerenden Folgen von Drogen und Alkohol. Trotzdem sind Armstrongs Jugenderinnerungen romantisch gefärbt. Er hatte einen Hang zum Sentimentalen, der auch in seiner Musik zum Ausdruck kommt. Doch vermochte er, die Welt auch realistisch zu sehen und entsprechend zu handeln. Allerdings wurde er vor allem in seiner Anfangszeit als Musiker oft von Betrügern übers Ohr gehauen – eine Folge mangelnder Erfahrung, provinzieller Naivität und unzureichender Schulbildung. Als Erwachsener fiel er auf diese billigen Tricks nicht mehr herein. Er hat zwar nie besonders viel von Geschäften, von Recht und Macht verstanden, aber über die menschliche Natur machte er sich keinerlei Illusionen.

Armstrong war unter Menschen aufgewachsen, die ihre Gefühle unmittelbar ausdrückten. Die Ghettobewohner waren zwar nicht weniger gehemmt als die wohlerzogenen schwarzen Kreolen, aber in Armstrongs Viertel lebte man ganz einfach von den menschlichen Leidenschaften. Die Welt seiner Kindheit bestand aus Wollust, Lachen, Tränen und Habsucht. Jeder Künstler braucht die Fähigkeit zu fühlen. In besonderem Maße aber gilt dies für einen improvisierenden Musiker, dessen Kunst ganz vom Augenblick lebt. Die größten Jazz-Musiker, darunter Armstrong, Bechet und Ellington, haben immer wieder darauf hingewiesen, beim Improvisieren dächten sie an Vergangenes – an einen flüchtigen Eindruck, an einen Freund aus der Kindheit, an irgendeine kleine Begebenheit in ihrem Leben. Duke Ellington sagte einmal: »Die Erinnerung an vergangene Dinge ist für einen Jazz-Musiker sehr wichtig. Etwa die Erinnerung an alte Leute, die bei Mondlicht im Hinterhof sangen, oder an etwas, das irgend jemand vor langer Zeit einmal gesagt hat.«[22]

Solche Erinnerungen wecken Gefühle, die die Musik beeinflussen und formen. Armstrong ließ seinen Gefühlen leichter freien Lauf als viele von uns, die wir in geordneteren Verhältnissen aufgewachsen sind. Deshalb hat nicht nur seine Musik, sondern seine ganze Persönlichkeit so viele Menschen ergriffen: Er hat uns immer ehrlich gesagt, was er fühlte. Er war für uns da. Nichts verbarg sein Innerstes, sondern es lag offen vor uns.

Sein Charakter war natürlich auch widersprüchlich. Er war ein bescheidener Mensch, ein wenig schüchtern und stets bemüht, nicht anzuecken. Und doch konnte er vor Tausende von Zuschauern auf die Bühne treten und das Publikum mit aufregenden Soli begeistern. In seiner Musik war er so kühn und voll Selbstvertrauen, daß andere Musiker oft vor Schreck die Flucht ergriffen. Es ist auch merkwürdig, daß Armstrong trotz seiner Scheu am Ende meist bekam, was er haben wollte. So gelang es ihm, für sich und Mama Lucy immer etwas Eßbares aufzutreiben, und die Leute aus dem Viertel, mit denen er sich angefreundet hatte, halfen ihm, wenn es nötig war. Die entbehrungsreiche Kindheit stand er erstaunlich unbeschadet durch. Schon als Junge besaß Louis Armstrong das, was die Dichter als das höchste Gut feiern: eine unzerstörbare Seele. Es grenzt an ein Wunder, daß ein so wenig umsorgtes Kind Schwierigkeiten überstand, an denen erwachsene Männer und Frauen oft zerbrechen.

Und darin liegt auch der Widerspruch. Man hielt Armstrong für naiv, weil er persönliche Dinge und Gefühle offen zugab, die die meisten von uns aus Angst vor Geringschätzung verheimlichen. Armstrong war unter Menschen aufgewachsen, für die elementare Gefühle normal waren. Niemand in der Perdido Street hatte Angst davor, Freude, Eifersucht, Wollust und Habsucht zu zeigen.

Man sollte jedoch Armstrongs Offenheit nicht mit mangelnder Welterfahrung verwechseln. Er war ein Gewinner. Er besaß die »Weisheit der Straße« und wußte durchaus, was für ihn auf lange Sicht das Beste war. Auch das hatte er in einer Umgebung gelernt, in der Gaunereien zum festen Bestandteil des Lebens gehörten.

Die Besserungsanstalt

Am Neujahrsabend 1912 war Armstrong mit seinem Gesangsquartett draußen auf der Straße, wo man mit Feuerwerk und Platzpatronen den Jahreswechsel feierte. Farbige trugen damals gelegentlich einen Revolver bei sich, besonders dann, wenn sie nicht in der besten Gegend wohnten. Auch Mayanns Freund besaß eine 38er, die er in der Wohnung der Armstrongs in einer Kleidertruhe aufbewahrte. Diese Pistole hatte Louis an sich genommen, und im allgemeinen Durcheinander auf der Straße feuerte er sie ab. Später erinnerte er sich nur noch, daß ein großer weißer Polizist ihn abgeführt hat. Am zweiten Januar schickte ihn der Schnellrichter auf unbestimmte Zeit in eine Besserungsanstalt für junge Farbige.

Der Vorfall könnte sich tatsächlich so ereignet haben. Armstrong erzählte die Geschichte zum erstenmal in *Swing That Music*, einem Buch, das mit Sicherheit von einem Ghostwriter geschrieben worden war, und Starbiographien aus deren Feder enthalten gewöhnlich solch rührende Klischees.

Andererseits begann man damals, besonders in den großen Städten der USA, sich Gedanken über Jugendliche zu machen. Zehntausende von Minderjährigen arbeiteten in Ausbeutungsbetrieben, Tausende gehörten Straßenbanden an. Karitative Beweggründe, aber auch Angst vor dem kriminellen Potential unter diesen Kindern führten dazu, daß in den meisten amerikanischen Industriestädten Jugendgerichte, Kinderhilfswerke, Kinderheime und Waisenhäuser errichtet wurden. In New Orleans war der Farbige Joseph Jones, ein ehemaliger Soldat, der erste, der sich um die Kinderfürsorge kümmerte. Er und seine Frau Manuella hatten seit Anfang dieses Jahrhunderts heimatlose schwarze Kinder bei sich aufgenommen, und schon bald wurde Jones von einer städtischen Initiative gegen Kindesmißhandlung unterstützt. Er übernahm einen alten Gebäudekomplex am Stadtrand[1] und eröffnete dort eine Besserungsanstalt für Farbige. Das Haupthaus hatte zwei Stockwerke. Im oberen Stock befanden sich die Schlafsäle, ein Speisesaal und eine Kapelle; im Erdgeschoß lag der Schulraum. Nach Aussagen von Foose und anderen, die Frank Lastie interviewte, lernten die Jungen »Lesen, Schreiben und Rechnen, und nebenbei verrichteten sie Gartenarbeit. Zweimal wöchentlich marschierten sie mit Holzgewehren und Holztrommeln über den Hof.«[2] (Armstrong behauptete, sie seien jeden Tag gedrillt worden.)

Die Besserungsanstalt für Farbige, allgemein als Jones Home bekannt, wurde nach militärischem Vorbild geführt, was bei der Vergangenheit des Leiters nicht weiter verwundert. Die Mahlzeiten wurden mit Hornsignalen angekündigt, und es herrschten Sauberkeit und Ordnung wie in der Armee. Jones betrieb das Heim mit einem kleinen Budget, mit Hilfe von Schenkungen, städtischen Subventionen und eigenem Geld. Das Essen bestand oft aus Bohnen und Melasse, und die Schuleinrichtung war spartanisch. Jones war ein bemerkenswerter Mensch. Er starb als geachtete und angesehene Persönlichkeit, allerdings völlig verarmt.

Um 1908 hatte die Stadt New Orleans an der Barrone Street einen Jugendgerichtshof eingerichtet, der jahrelang von Richter Andrew H. Wilson geleitet wurde, dem Schrecken aller Kinder von New Orleans. Da die Stadt kurz darauf das Heim von Joseph Jones in eine Anstalt für jugendliche Straftäter umgewandelt hat, ist es ziemlich unwahrscheinlich, daß Armstrong wegen einer harmlosen Sylvesterknallerei in das Jones Home gesteckt wurde. Das Heim war hoffnungslos überbelegt, die finanziellen Mittel waren zu gering und die Anzahl der Mitarbeiter war völlig unzureichend, so daß mit Sicherheit nur die schwereren Fälle aufgenommen wurden.

Richard Winder, Direktor des Milne Boy's Home, der ab 1932 die Arbeit von Jones fortführte, hat sich mit der Frühgeschichte des Heims beschäftigt. Ihm zufolge mußte Armstrong schon vorher in Schwierigkeiten geraten sein.[3] Jedenfalls lebte Louis in den Augen der weißen Bürger in einer gefährdeten Familie und war für sie ein potentieller Straftäter. Vermutlich wußte Richter Wilson genug über Armstrongs Lebensumstände und Missetaten (oder vielleicht hatten andere, wie zum Beispiel der Polizist Long John Gorman, ihm darüber berichtet), um zu der Überzeugung zu kommen, daß Louis bei Joseph Jones besser aufgehoben sein würde als zu Hause bei seiner Mutter Mayann.

Louis war zunächst recht unglücklich, doch er paßte sich schnell an. Er gewöhnte sich an die Disziplin, und zum erstenmal führte er ein »geordnetes« Leben. Hier gab es regelmäßige, wenn auch karge Mahlzeiten. Auf Sauberkeit wurde geachtet. Er bekam Schuhe und ein eigenes Bett, in dem er zu festgelegten Zeiten schlafen mußte. Er hatte ein Heim gefunden, das er keineswegs rasch wieder zu verlassen gedachte.

Für Armstrongs weiteres Leben spielte die Band im Jones Home eine wichtige Rolle. Solche Heim-Bands gab es häufig. Man glaubte, daß Musik einen guten Einfluß auf junge Menschen ausübe, und außerdem konnte man durch öffentliche Auftritte dieser Bands auch Geldmittel beschaffen. Die berühmteste Institution dieser Art, die Jenkins Orphanage im südkalifornischen Charleston, unterhielt ein halbes Dutzend solcher Bands, die viel herumreisten; eine davon war sogar einmal in England.[4]

Die Jones-Home-Band wurde von Peter Davis geleitet. Sie spielte schon bald bei zahlreichen Anlässen, wahrscheinlich etwa einmal wöchentlich. Über Davis ist leider nur wenig bekannt. Er wurde im Jahre 1880 geboren und war, wie das gesamte übrige Personal, schwarz. Er spielte zumindest eines der gebräuchlichen Blechblasinstrumente. Der aus New Orleans stammende Trompeter Lee Collins berichtete, Davis habe gelegentlich auch Jungen in die Band aufgenommen, die nicht im Heim wohnten. »Wir übten den ganzen Tag in seinem Haus und manchmal auch die ganze Nacht.«[5]

Die Colored Waif's Home Band bestand zu Louis' Zeit aus einer Baßtrommel und etwa fünfzehn Blechblasinstrumenten – aus drei oder vier Kornetts, aus etwa der gleichen Anzahl von Alt- und Baritonhörnern und Posaunen und möglicherweise einer Tuba. Einige der Jungen konnten Noten lesen. Louis lernte seine Stimme nach dem Gehör.

Natürlich war dieses musikalische Unternehmen keine Jazz-Band. Ihr Repertoire war ein Verschnitt des damals üblichen Brass-Band-Materials: Märsche, religiöse Hymnen, patriotische Lieder und alte Schlager wie *Swanee River, Listen To The Mocking Bird, Home Sweet Home* und *Maryland, My Maryland.* Die Jungen trugen hochgeschlagene weiße Hosen, die wie Knickerbocker aussahen, blaue Gabardinemäntel, schwarze Strümpfe, leichte Schuhe und Mützen. Als Belohnung für ihr Spiel bekamen sie Pfefferminzbonbons und »stage planks« (Bühnenbretter = Ingwerkuchen). Sie spielten in den weißen Vierteln ebenso wie in den schwarzen.

Armstrong wollte von Anfang an in diese Band, doch es dauerte sechs Monate, bis man ihn mitspielen ließ. Armstrong meint in *Satchmo*, Davis habe gewußt, daß er aus einem üblen Viertel stammte. Deshalb habe er angenommen, Louis sei ein schwieriger Fall, und habe ihn »gehaßt«. Wahrscheinlich war Davis jedoch nur vorsichtig. Jedenfalls zeichnet Louis ein ziemlich ergreifendes Selbstbildnis: Tag um Tag habe er still in einer Ecke gesessen und bei den Proben zugehört.[6]

Schließlich ließ Jones ihn in einem Chor mitsingen, der zunächst von einer Miss Spriggins und dann von Mrs. Vigne geleitet wurde. Dort wurde man wohl recht bald auf das gute Gehör des Jungen aufmerksam, und Davis nahm ihn in die Band auf. Armstrong mußte Tamburin spielen, worüber er sehr enttäuscht war. Doch in den Street Bands war es allgemein üblich, Anfänger zunächst Rhythmusinstrumente spielen zu lassen. Nach kurzer Zeit durfte Louis an die Trommel, dann ans Althorn (eine Art Waldhorn). Das Althorn ist eine gute Vorschule für das Kornett: Der Fingersatz ist gleich, auch das Mundstück ist ähnlich, nur ein wenig größer.

Louis zeigte offenbar Talent für dieses Instrument. Er lernte schnell, und mit seinem guten Gehör fiel es ihm nicht schwer, passende Begleitstimmen zu erfinden; für einen Anfänger eine beachtliche improvisatorische Leistung. Peter Davis erkannte die außergewöhnliche Begabung des Jungen, und als der Signalhornbläser aus der Anstalt entlassen wurde, durfte Louis diesen Posten übernehmen, obwohl es in der Band gewiß routiniertere Musiker gab. Ein Signalhorn ist ein Kornett ohne Ventile. Armstrong beherrschte es schon nach kurzer Zeit, und wenig später durfte er endlich sein Wunschinstrument spielen: das Kornett.

Daß Armstrong seine Karriere in dieser Band begann, ist um so bedeutsamer, als die meisten frühen Jazz-Musiker Autodidakten waren. Die schwarzen Musiker lernten das Spielen von Instrumenten so, wie es bei ihren Vorfahren in Afrika üblich gewesen war: Ein junger Musiker ahmte ältere nach, die ihm natürlich auch Ratschläge zur Zungentechnik, zu Fingersätzen und dergleichen gaben. Der Trompeter Mutt Carey sagte einmal: »Alle jungen Musiker in New Orleans haben es sehr schwer gehabt. Die meisten waren Autodidakten, denn entweder gab es keine Lehrer, oder sie konnten sich keinen Musikunterricht leisten.«[7]

Die Kinder der schwarzen Kreolen, deren Musikinteresse sich vorwiegend an Europa orientierte, bekamen gelegentlich Musikunterricht. Die berühmte Tio-Familie – die allerdings mexikanischer, nicht kreolischer Abstammung war – unterrichtete viele der frühen Jazz-Klarinettisten, darunter Barney Bigard. Sidney Bechet bezahlte seinen Unterricht bei dem Kreolen George Baquet mit einer Packung Bull Durham Tabak. Doch auch bei den Kreolen war regelmäßiger Unterricht die Ausnahme, wie Bechet, Jelly Roll Morton und andere bezeugen.

Für einen Jazz-Musiker hat es gewisse Vorteile, als Autodidakt zur Musik zu kommen. Es fällt ihm leichter als einem ausgebildeten Musiker, einen Individualstil zu finden. Ein Autodidakt erlernt die Technik eines Instruments immer nur in Verbindung mit musikalischen Inhalten, die entweder Imitationen oder eigene Ideen sind. Bix Beiderbecke interessierte sich zum Beispiel nur für die mittlere Tonlage seines Instruments; er entwickelte nie eine besonders gute Höhe. Im Laufe einer akademischen Ausbildung hätte er diese Höhe zwangsläufig trainieren müssen, und vielleicht hätte er einen völlig anderen Stil entwikkelt.

Roy Eldridge wollte von Anfang an der schnellste Jazz-Trompeter der Welt werden. Er arbeitete verbissen in dieser Richtung, kümmerte sich jedoch wenig um zusammenhängende Linien. Obgleich er später einsah, daß er »keine Geschichten erzählen konnte«[8], blieben schnelle, manchmal sogar etwas überstürzte Läufe zeitlebens sein wichtigstes Stilmerkmal. Hätte ein akademischer Lehrer ihn umfassend geschult, dann wäre Eldridges kraftvolle Individualität wahrscheinlich um einiges ärmer geworden.

Autodidaktentum hat Vor-, aber auch Nachteile. Der Autodidakt erfindet das längst erfundene Rad immer wieder neu. Er entwickelt ausgetüftelte Methoden zur Lösung von Schwierigkeiten, die längst gelöst sind. Andere Techniken meistert ein Autodidakt nie. Oft gewöhnt er sich hinderliche Beschränkungen an. Insbesondere Bläser sehen ja nicht, was hinter dem Mundstück des großen Vorbilds geschieht – und plagen sich dann lebenslang mit einem schlechten Ansatz herum. Louis Armstrong gehörte auch zu ihnen.

Allerdings erhielt Louis als Mitglied der Anstaltsband ein gewisses musikalisches Grundtraining. Dazu der Trompeter Jacques Butler: »Er war in einer Waisenhausschule, genau wie die Mitglieder der Jenkins Orphanage Band. Die Jungen lernten die Grundlagen des Trompetenspiels. Sie alle können mit Flatterzunge blasen und haben eine wundervolle Attacke. Alle diese Trompeter aus der Waisenhausschule haben Attacke. Und sie beherrschen auch den Doppel- und Tripelschlag. Sie kennen ihr Instrument.«[9]

Die musikalische Ausbildung, die Armstrong im Jones Home erhielt, war sicher nicht auf dem von Butler beschriebenen Niveau. Armstrong konnte nicht mit Doppel- oder Tripelschlag spielen, als er das Heim verließ, und ich kenne keine einzige Aufnahme von ihm, auf der er mit Tripelzunge spielt. Aber er hatte eine gute Attacke und einen vollen und festen Klang.

Wichtiger ist noch, daß Armstrong im Jones Home eine eigene musikalische Konzeption entwickelte. Sie unterschied sich von der der meisten anderen Musiker seiner Zeit, die sich vor allem auf Rags und Blues beschränkten. Diese aufregend neue Musik aus den Tonks und Dance Halls zog natürlich alle jungen Musiker an. Armstrong hingegen ging einen anderen Weg. Er verstand sich nie in erster Linie als Jazz-Musiker – eines der größten Paradoxe in der Jazz-Geschichte. Als er im Heim mit dem Kornettspiel begann, existierte der Begriff Jazz noch gar nicht, und auch als Musikstil war der Jazz kaum entwickelt. Es ist auffällig, wie selten Armstrong in seinen Interviews und Büchern von Jazz spricht, und mir ist nicht bekannt, daß er sich auch nur ein einziges Mal als Jazz-Musiker bezeichnet hätte. Während seiner gesamten Musikerkarriere arbeitete er hauptsächlich in kommerziellen Dance Bands oder als Entertainer in Theatern, Filmen, in Radio- und Fernsehshows. Natürlich spielte er besten Jazz, doch das war meist eher Nebensache.

Armstrongs musikalische Konzeption wurde weitgehend in der Besserungsanstalt geprägt. Statt der Blues und Rags, die

Sidney Bechet und Kid Ory übten, lernte er das Repertoire einer Brass Band. Die Ideale der Blechbläser in Armstrongs Jugendzeit waren ein reiner Ton, kraftvolles Spiel, saubere und schnelle Spieltechnik und ein sentimentaler Ausdruck. Die Stars der Brass Bands, die Kornettspieler und Trompeter, waren in den ganzen USA populär. Sie durften in vielen Stücken bravouröse Solopassagen vorführen, manchmal sogar unbegleitete Soli. Von diesen Stars erwartete man, daß sie mit ihrer Technik glänzten. Darüber hinaus mußten sie die Schnulzen so mit Doppelschlägen, mit überzogener Dynamik und allerlei Rubatoeffekten verzieren, wie es das Publikum jener Zeit liebte.

Diese Spielarten beherrschte Armstrong früh, und sie halfen ihm später, ein brillanter Showmusiker zu werden. Es ist sicher kein Zufall, daß auch die bekannten Musiker, die aus den Jenkins Orphanage Bands hervorgingen, diesem Spielideal huldigten. Um 1920 war Jabbo Smith in den hohen Registern mindestens ebensogut wie Armstrong; Cat Anderson war jahrelang Duke Ellingtons High-Note-Spezialist, und Peanuts Holland war in vielen Big Bands der dreißiger und vierziger Jahre ebenfalls für seine hohen Töne bekannt. Viele Autodidakten hatten dagegen eine schlechte Technik, eine schwache Höhe und waren auch nicht besonders schnell. Für sie war das Umspielen der Melodien wichtiger als das Erfinden von eigenständigem melodischem Material. Dämpfer, Growls* und Bent Notes waren dabei ihre wichtigsten Hilfsmittel.

Stilistisch kommt Armstrong nicht, wie zu vermuten wäre, von der Musik älterer Jazz-Musiker her. Sein wichtigstes Vorbild war der typische March-Band-Solokornettist, der stilistisch überladen und sentimental spielte; vergleichbar etwa einem geschnitzten Engel am Bettpfosten oder einem handgestickten Spruch über dem Herd. Man darf nie vergessen, daß Armstrongs musikalischer Ausgangspunkt die technisch präzise, überschwengliche Interpretation einer eingängigen Melodie war. Während seines ganzen Lebens stand dieses Ideal mehr als jede rhythmische Konzeption im Mittelpunkt seines Interesses,

* Growl, auch Wa-Wa genannt, sind mit Hilfe von Dämpfern erzeugte Klangeffekte auf Trompete oder Posaune. Sie wurden charakteristisch für den Jungle Style bei Duke Ellington.

obgleich er die größten rhythmischen Finessen zu bewältigen vermochte. »Er liebte die Melodie«, sagte Milt Gabler, der später sein Produzent wurde. Dies hatte er in der Besserungsanstalt gelernt.

Leider entwickelte Armstrong dort auch eine Gewohnheit, die er zeitlebens beibehielt: Er hatte einen schlechten Ansatz. Der Ansatz hängt ab von der Kondition der Lippen und der umliegenden Muskulatur. Er variiert je nach der natürlichen Beschaffenheit des Mundes, des Kiefers und der Zähne.

Der Ton eines Blechblasinstruments wird erzeugt, indem man einen dünnen Luftstrom durch die fest zusammengezogenen Lippen drückt. Die Bewegung der Luft unter Druck versetzt die Lippen in Schwingungen, was wiederum die Luftsäule und das sie umgebende Metall zum Schwingen bringt. Die so hervorgerufene Vibration erzeugt bekanntlich einen Ton. Der Luftdruck resultiert aus der Anspannung des Zwerchfells; die entweichende Luft wird mit den Lippen und der Zunge kontrolliert. (Über die Frage, welche Muskeln genau beteiligt sind, gibt es unter Blechbläsern sehr unterschiedliche Meinungen.) Wenn aus dem zusammengedrückten Ende eines gefüllten Luftballons Luft entweicht, entsteht ein Geräusch. Der Ton eines Blechblasinstruments wird auf die gleiche Art erzeugt.

Die wichtigste Rolle spielen zweifellos die Lippen. Zur Bildung des Ansatzes werden sie zusammengezogen und ein wenig nach innen gegen die Zähne gerollt, so daß der rote Bereich verkleinert wird. Das Mundstück des Instruments ruht dann ziemlich leicht auf dem äußeren Teil der Lippen. Ein Spieler mit großen Lippen hat zunächst Schwierigkeiten, den roten Teil nach innen zu ziehen. Deshalb machen Anfänger leicht den Fehler, das Mundstück zumindest teilweise auf den roten Teil der Lippen zu setzen.

Bei Armstrong war es offenbar nicht anders. Zwar zog er seine Unterlippe richtig nach innen, aber nicht seine Oberlippe. Folglich setzte er einen großen Teil des Mundstücks auf den weichen Teil der Lippe und drückte ihn direkt gegen die Zähne. Ein guter Lehrer bemerkt und korrigiert diesen Fehler sofort, und der Schüler lernt schnell, unabhängig von der Form seiner Lippen, den richtigen Ansatz zu bilden. Peter Davis übersah diesen Fehler, oder er schätzte ihn nicht richtig ein.

Wie wirkte sich dies bei Armstrong aus? Das Mundstück der Trompete ruhte immer teilweise auf dem roten Teil der Lippe. Außerdem spielte Armstrong mit viel Druck, das heißt, er drückte besonders bei hohen Tönen das Mundstück herunter, um die Lippe zu unterstützen. Sein außergewöhnlich sauberer und voller Ton könnte teilweise durch diese »falsche« Spieltechnik entstanden sein. Sicher führte seine Spielweise später zu Ansatzproblemen und verformte seine ganze Oberlippe erheblich, was bei korrektem Ansatz nicht geschehen wäre. Viele Trompeter, die wesentlich mehr hohe Töne spielen – wie Dizzy Gillespie –, leiden nicht unter jenen Lippenproblemen, mit denen Armstrong sich später herumzuschlagen hatte. Doch will ich damit keineswegs behaupten, Armstrongs Ansatzprobleme hätten seine Stilistik eingeengt.

Trotz seines schlechten Ansatzes machte Armstrong, wie er selbst berichtet, auf dem neuen Instrument rasch Fortschritte. Innerhalb kürzester Zeit war er der beste Kornettist in der Band, und Peter Davis machte ihn zum Bandleader. Um es vorsichtiger zu formulieren: Er wurde der beste Kornettist in dieser Schülerband und erntete ersten Ruhm als Musiker. Wie stolz muß dieser kleinwüchsige, vaterlose und scheue Junge in Uniform mit der Band durch die Straßen der Stadt gezogen sein, in denen er mit schmutzigen nackten Füßen aufgewachsen war und in der er als Laufbursche für Huren und Zuhälter sein Geld hatte verdienen müssen. In *Satchmo* berichtet er von einem Auftritt in seinem alten Viertel in der Liberty und Perdido Street bei einer Versammlung von Prostituierten und Zuhältern. Zu Davis' Erstaunen wurde soviel Geld gesammelt, daß eine vollständig neue Kollektion von Instrumenten für die Band gekauft werden konnte.[10] Diese Geschichte klingt vielleicht seltsam, könnte aber der Wahrheit entsprechen. Neue Instrumente kosteten zu jener Zeit etwa fünf bis zehn Dollar, und das Geld saß locker in New Orleans.

Louis fühlte sich wohl insgesamt glücklich in der Anstalt. Die Disziplin und der strenggeregelte Tagesablauf gaben ihm im Gegensatz zu der bisherigen Lebensweise einen gewissen äußeren Halt. Er muß im Jones Home ein Gefühl physischer und emotionaler Sicherheit erfahren haben, das ihm bis dahin völlig fremd geblieben war. Er trug keine Verantwortung mehr für seine Mutter und für Mama Lucy. Zum erstenmal konnte er ganz einfach nur ein Junge sein. In der Anstalt scheint er überdies beliebt gewesen zu sein. Er spielte sogar ein wenig den Witzbold – ein kleiner, strahlender, fröhlicher und lieber Junge, etwas scheu, aber offen. Nach Frank Lastie war er »ein glücklicher Kerl, der gern lachte und immer zu Scherzen aufgelegt war. Wenn wir hinter dem Haus fischen gingen, stand er mit seinem Signalhorn am Fenster des Schlafsaals und gab uns das Zeichen, wann wir wieder hereinkommen mußten.«[11]

Jahre später erzählte Peter Davis einem Reporter der *Times Picayune*: »Armstrong ging mit nach außen gerichteten Füßen. Sobald er Musik hörte, fing er auf seine komische Art zu tanzen an. Trotz seiner rauhen Stimme konnte er schon als Kind recht gut singen. Ich spielte, und er tanzte, und wenn ich meine Trompete absetzte, nahm er sie und spielte darauf.«[12]

Louis hat immer behauptet, er sei nur achtzehn Monate in der Besserungsanstalt geblieben. Peter Davis hingegen spricht in einem Interview von »fünf Jahren«, doch das war fünfzig Jahre später. Fünf Jahre sind sicherlich zu hoch angesetzt; doch achtzehn Monate erscheinen wiederum als zu kurz. Armstrong hätte dann nur ein Jahr lang in der Band gespielt und in dieser kurzen Zeit kaum solche Fortschritte gemacht, zumal es in der Anstalt auch noch andere Pflichten zu erfüllen gab. Ich gehe davon aus, daß Armstrong den Aufenthalt in der Anstalt im nachhinein zeitlich verkürzte, um sein korrigiertes Geburtsdatum glaubwürdig erscheinen zu lassen. Nach meiner eigenen, allerdings recht vagen Schätzung kam er um 1912, im Alter von dreizehn oder vierzehn Jahren, in die Anstalt und verließ sie im Jahre 1914 mit fünfzehn oder sechzehn.

Armstrongs unterschiedliche Aussagen über seine Entlassung machen die Berechnungen noch komplizierter. Richter Wilson hatte ihm eine zeitlich unbegrenzte Strafe auferlegt. Deshalb brauchte Louis für die Entlassung die Zustimmung des Richters. Einmal heißt es, Mayann habe ihren weißen Arbeitgeber veranlaßt, beim Richter zu intervenieren; einer anderen Version zufolge erschienen die Eltern gemeinsam vor dem Richter; und in einer dritten erklärte sich Willie Armstrong bereit, seinen Sohn in den eigenen Haushalt aufzunehmen. Diese letzte Version erscheint mir persönlich am überzeugendsten. Armstrongs Vater hatte einen festen Arbeitsplatz und galt als zuverlässiger Familienvater, der ihm ein angenehmeres Zuhause bieten konnte als Mayann. Diese Tatsache könnte für Richter Wilson ausschlaggebend gewesen sein.

Armstrong war jedoch nicht ganz glücklich, das Jones Home verlassen zu müssen. Sein Vater und dessen zweite Frau, Gertrude, hatten zwei Söhne, Henry und Willie. Die beiden Jungen, auf die Louis aufpassen sollte, weil Gertrude einen Job suchte, waren noch unter zehn, und sie scheinen ziemlich wilde Kinder gewesen zu sein. Armstrong gefiel die neue Aufgabe offensichtlich nicht. Als Gertrude ihr drittes Kind bekam, ein Mädchen, wurde Louis als Babysitter nicht mehr gebraucht.

Louis zog wieder in Mayanns Wohnung in der Perdido Street und nahm Gelegenheitsarbeiten an. Vermutlich verkaufte er Zeitungen, arbeitete wohl auch kurze Zeit für die Cloverdale Dairy als Milchverkäufer und versuchte sich als Schauermann und Hafenarbeiter. Außerdem fuhr er regelmäßig einen Kohlenwagen der C.A. Andrews Coal Company. Diese Firma lag an der Ecke Freret und Perdido Street, ein paar Blocks von Mayanns Wohnung entfernt.

Die Kohlenwagen jener Zeit waren aus Holz, hatten eine Ladekapazität von etwa einer Tonne und wurden von Maultieren gezogen. Louis mußte den Karren im Hof beladen und die Kohle zur Kundschaft fahren. Pro Ladung gab es fünfzehn Cent, und manchmal bekam er von den Kunden noch ein Trinkgeld und ein Sandwich, wenn er die Kohle ins Haus brachte. Da er ziemlich schmächtig war, schaffte er bestenfalls fünf Ladungen am Tag. Später erhielt er eine etwas leichtere Arbeit bei einem Kohlenhändler namens Morris Karnofsky. Louis fuhr auf einem Kohlenkarren durch die Straßen von New Orleans und verkaufte die Kohlen eimerweise, hauptsächlich an die Prostituierten in den Cribs. Er war zum Haupternährer der Familie geworden und spielte stolz die Rolle des erwachsenen Mannes.

Um 1914 vergrößerte sich die Familie. Louis' Cousine Flora, die Tochter von Isaac Miles, wurde im Alter von ungefähr vierzehn Jahren schwanger. Armstrong zufolge war der Vater ein »alter weißer Mann«, der kleine schwarze Mädchen in sein Haus lockte und verführte. Onkel Ike konnte juristisch nichts dagegen unternehmen, da die weißen Richter jener Zeit ein derartiges

Verfahren früher oder später niedergeschlagen hätten. In solchen Fällen unterstellte man dem Mädchen, es lüge. Flora bekam einen Jungen, den sie Clarence nannte. Sie selbst starb kurz nach der Geburt des Kindes, und so nahmen die Armstrongs das Baby auf, zweifellos weil sie glaubten, Onkel Ike etwas schuldig zu sein. Bei einem Sturz vom regennassen Außenbalkon erlitt der kleine Clarence einen Gehirnschaden, der ihn lebenslang behinderte. Da Louis Onkel Ike sehr dankbar war und sich möglicherweise mit diesem ebenfalls vaterlosen Jungen identifizierte, übernahm er die Sorgepflicht. Heute lebt Clarence in der East Bronx in New York von einer Pension, die sein Vetter Louis ihm hinterließ.

Mit ungefähr siebzehn Jahren galt ein Mann in dem Milieu, in dem Armstrong aufgewachsen war, als erwachsen. In diesem Alter heiratete man und gründete eine Familie. So hätte auch Louis den Rest seines Lebens als Familienvater und Arbeiter in New Orleans verbringen können oder in einer der großen Industriestädte des Nordens, wohin schon viele Schwarze aus dem Süden abgewandert waren. Aber gerade zu jener Zeit entwikkelte sich in New Orleans eine neue Musik, die sich erstaunlich schnell in den Vereinigten Staaten und dann auch in der ganzen Welt ausbreitete: der Jazz.

Die Geburt des Jazz in New Orleans

Die Wurzeln des Jazz sind nicht leicht ausfindig zu machen. Im Jahre 1917 nahm eine weiße Band aus New Orleans, die Original Dixieland Jazz Band, die ersten Jazz-Platten auf. Fraglich bleibt, ob diese Aufnahmen typisch für die Anfänge des New-Orleans-Jazz sind. Der Jazz und besonders jenes rhythmische Phänomen, das wir Swing nennen, entwickelten sich zwischen 1900 und 1920 unglaublich rasch. Oft arbeiteten Musiker einer Band mit rhythmischen Konzeptionen, die entwicklungsgeschichtlich zehn Jahre auseinanderlagen. Als die erwähnten ersten Jazz-Aufnahmen entstanden, hatte der Jazz noch gar keine typische Form gefunden. Erst ab dem Jahr 1923 – viele Musiker aus New Orleans waren mittlerweile in den Norden gezogen und hatten dort Plattenaufnahmen gemacht – gibt es genügend Tonmaterial, mit dessen Hilfe sich der New-Orleans-Jazz genauer definieren läßt.

Trotzdem haben wir auch heute nur ein paar vage Anhaltspunkte dafür, wie der frühe Jazz geklungen hat. Vom Ragtime hingegen, einer der wichtigsten Wurzeln des Jazz, gibt es viele Aufnahmen, die vom Anfang des Jahrhunderts oder sogar aus der Zeit davor stammen. Außerdem haben John und Alan Lomax in den dreißiger Jahren ein weiteres Spektrum an Folksongs aufgenommen: Work Songs, Hymnen, Spirituals, Field Hollers und Rufe von Straßenverkäufern – eine der wichtigsten Quellensammlungen amerikanischer Musik und ein eindrucksvolles Dokument schwarzer Musik aus der Zeit vor dem Aufkommen des Jazz.

Außerdem gibt es zahlreiche Blues-Aufnahmen von Country-Sängern und Country-Bands aus den zwanziger Jahren, die einen ziemlich genauen Eindruck davon vermitteln, wie man den Blues spielte und sang, als die ersten Jazz-Musiker ihre neue Musik entwickelten. Hinzu kommen noch Berichte über den frühen Jazz und die Musik der Schwarzen im allgemeinen, die bis ins 19. Jahrhundert zurückreichen. Auf Grund einer sorgfältigen Auswertung all dieser Quellen erhält man eine ungefähre Vorstellung davon, wie der Jazz in der Anfangszeit geklungen haben könnte.[1]

Die Ursprünge des Jazz reichen zurück bis nach Afrika. Die Schwarzen, die man im Verlauf dreier Jahrhunderte in die Neue Welt brachte, entstammten etwa zweitausend afrikanischen Stammesgruppen mit Hunderten von Dialekten und natürlich ebenso vielen Musiksprachen. Doch bei aller Vielfalt gab es eine Gemeinsamkeit: die starke Betonung des Rhythmischen. Stets wurden und werden auch heute noch zwei oder mehrere rhythmische Strukturen gegeneinandergesetzt. Diese gleichzeitig gespielten Rhythmen trafen einander an manchen Punkten und entfernten sich dann wieder voneinander – wie Fahrzeuge, die mit unterschiedlicher Geschwindigkeit auf einem Rundkurs fahren und sich dann und wann wieder begegnen. Spannung entsteht bei dieser Art von Musik durch das Zusammentreffen und das Sich-Entfernen der verschiedenen Rhythmen. Auch in der zeitgenössischen E-Musik wird dieses Prinzip häufig angewandt; man nennt es »Cycling«.

Als die Sklaven in die Neue Welt kamen, brachten sie ihre Musik und oft auch ihre Musikinstrumente mit. Im 18. und noch bis ins 19. Jahrhundert hinein trafen sich die Schwarzen in den Nord- und Südstaaten der USA regelmäßig, um ihre alte Musik zu spielen und zu tanzen. Es gibt eine Reihe von Augenzeugenberichten über solche Tanzveranstaltungen, die in New Orleans jeden Sonntag auf dem Congo Square stattfanden. Der Platz lag nicht weit entfernt vom späteren Storyville, dort, wo sich heute der Louis Armstrong Park befindet. In einem Bericht aus dem Jahre 1817 über die Tänze am Congo Square werden die Instrumente erwähnt, die dabei benutzt wurden: »Eine merkwürdige Art von Banjo, das aus einem Kürbis gefertigt war, Trommeln aus Gummibaum-Stämmen, die ausgehöhlt und mit Schaffell bespannt waren und mit den bloßen Händen geschlagen wurden, und zwei Pferdekiefer, deren lockere Zähne rasselten, wenn man sie schüttelte . . . Je länger der Tanz dauerte, um so schneller wurden die Trommeln geschlagen, und die Bewegungen wurden immer grotesker, bis die Tänzer und Tänzerinnen irgendwann in Ekstase zu Boden sanken.«[2] Die Tänze auf dem Congo Square fanden noch bis nach dem Amerikanischen Bürgerkrieg statt; sie haben sich jedoch mit der Zeit immer mehr von ihrer ursprünglichen afrikanischen Form entfernt.

Die neuangekommenen Schwarzen bewahrten zwar ihre eigene Musik, doch ihre Umgebung war von europäischer Musik geprägt – von Kirchenliedern, Tanzmusik, Militärmärschen, Opernarien und Klaviersonaten. Im Laufe der Zeit entwickelten die Schwarzen eine neue Musik, in der bestimmte Aspekte der afrikanischen Musik mit der europäischen verschmolzen. Sie basiert im Prinzip auf einer diatonischen Skala (die europäische Dur-Moll-Leiter), allerdings oft in verkürzter pentatonischer Form; ihre Rhythmik ist im Gegensatz zur afrikanischen stark vereinfacht. Die neue Musik unterscheidet sich von der europäischen jedoch in dreifacher Hinsicht. Zunächst spielt sie mit der Intonation: Die Tonhöhen sind nicht genau fixiert, sondern eher gleitend, was für weiße Ohren manchmal unsauber klingt. Zweitens werden gewisse Töne als Ausdruck emotionaler Erregung oft durch ein Krächzen oder durch ein Umschlagen ins Falsett forciert. Der dritte und wesentlichste Unterschied besteht darin, daß die Melodie immer über einem starken Grundrhythmus, einem konstanten Metrum, gespielt oder gesungen wird. Dieser Grundrhythmus wird durch Trommeln, Händeklatschen, das Aufstampfen der Tänzer, durch gleichmäßiges Schlagen eines Schmiedehammers, eines Axtstiels oder durch das Klatschen eines Ruders erzeugt. Das Metrum ist jedenfalls immer da.

Die Melodie wird teilweise gegen dieses Metrum, den Grundbeat, gesungen oder gespielt: Melodische Phrasen werden verdichtet oder gestreckt, so daß die Töne etwas früher oder später als erwartet erklingen. Die zwischen Melodielinie und Metrum entstehende Spannung ähnelt gelegentlich derjenigen, die sich in der afrikanischen Musik durch das Zusammentreffen und Sich-Entfernen der Rhythmen ergibt. (Die melodische Linie ist natürlich auch rhythmisch geordnet, so daß es, aufs Metrum bezogen, zu einer ähnlichen Überlagerung kommt.) Dieses Phänomen der Überlagerung zweier rhythmischer Strukturen wurde stilbildend für den Jazz und insbesondere für Armstrongs Musik.

Anfang des 19. Jahrhunderts war diese neue schwarze Musik schon weit verbreitet, vor allem im ländlichen Süden, wo die europäische Musik weniger stark vertreten war. Ihre scheinbare

Formenvielfalt – Work Songs, Spirituals, Straßenrufe und Field Hollers – hatte in Wirklichkeit eine gemeinsame formale Basis. Lange Zeit blieb diese schwarze Plantagenmusik unbeachtet, aber spätestens um 1830 erkannte man ihre Eigenständigkeit. Weiße und einige schwarze Komponisten begannen, dieses exotische Material in leicht eingängigen Plantagensongs für das weiße Publikum aufzubereiten (zum Beispiel die berühmten Stephen-Foster-Songs *Old Black Joe*, *Old Folks At Home* und ähnliche).

Gleichzeitig aber entwickelten die Schwarzen aus der Plantagenmusik zwei eigenständige Formen: den Ragtime und den Blues. Der Blues entstand vermutlich direkt aus einer Variante der Plantagenmusik, dem Work Song. Er verwendet eine Leiter mit »blue notes«, die nicht in die europäische diatonische Leiter passen. Außerdem wird auch im Blues die Melodielinie rhythmisch vom Grundbeat abgesetzt.

Der Ragtime war ursprünglich wohl Banjomusik, die von Autodidakten auf das Piano übertragen wurde. Ich schließe dies aus einem Brief, den Lafcadio Hearn, ein Journalist, der sich mit den Schwarzen in New Orleans beschäftigte, an den Musikwissenschaftler Edward Krehbiel schrieb: »Haben Sie jemals gehört, wie Schwarze nach Gehör Piano spielen? Manchmal geben wir ihnen eine Flasche Wein, damit sie für uns spielen. Sie behandeln das Piano wie ein Banjo. Was dabei herauskommt, ist zwar gutes Banjospiel, aber kein Klavierspiel.«[3] Der frühe Banjostil mit seinem Fingerpicking verwendet einen Wechselbaß und Akkordschläge oder rhythmisierte Akkordfigurationen, genau das, was dann zum Ragtime wurde und später zum Stridepiano-Stil. Der Ragtime benutzt europäische Leitern und Harmonien und hat eine marschähnliche Rhythmik. Beim Blues, beim Work Song und bei der Plantagenmusik im allgemeinen werden die rhythmischen Umspielungen wie zufällig um den Beat herum gesetzt, je nach Lust und Laune des Sängers. Synkopierung hingegen bedeutet, daß die Töne genau zwischen die Beats plaziert werden, aber nicht zufällig, sondern mit Methode, wie Scott Joplin, der erste Ragtime-Komponist, erläutert. Synkopen gibt es in der europäischen Musik zwar seit Jahrhunderten, aber im Ragtime sind sie das wichtigste, nicht wegzudenkende Stilmittel.

Eine große Rolle spielten im New Orleans der Jahrhundertwende die Brass oder Marching Bands, die sich aus den europäischen Militärkapellen entwickelt hatten. Einige von ihnen bildeten gegen Ende des 19. Jahrhunderts große Orchester. Die Musik für diese Brass Bands war anfangs recht simpel und sehr rhythmisch – und sie war überaus beliebt. An Feiertagen zogen diese Bands durch die Straßen, spielten bei Festlichkeiten und gaben an Sonntagen bei gutem Wetter öffentliche Konzerte.

Mit der Zeit hob sich das Niveau dieser Bands, und das Repertoire wuchs. Zu den Märschen kamen Ouvertüren, Plantagensongs, sentimentale Balladen und Konzertstücke. Komponisten und Verleger machten ein riesiges Geschäft mit Brass-Band-Musik. Gegen Ende des 19. Jahrhunderts waren Bandleader wie John Philip Sousa und Arthur Prior so bekannt wie heutige Rockstars.

Der Ragtime, die Goodtime-Music vieler Schwarzer und einiger Weißer, wurde zunächst vor allem in den Cabarets und Bordellen des Mittleren Westens gespielt; gegen Ende des 19. Jahrhunderts wurde er dann zu einer gewaltigen nationalen und internationalen Modebewegung. Bis in die zwanziger Jahre, als der Jazz ihn verdrängte, war der Ragtime eine der populärsten Musikarten in Amerika. Der Ragtime verdankte seine Popularität unter anderem der Entwicklung der Klavierwalze und der Pianola-Automaten, die ihn auch in die Häuser jener Leute brachte, die selbst nicht Klavier spielen konnten. Es gab damals Ragtime-Wettbewerbe und Ragtime-Stars. Mit dem Ragtime war viel Geld zu verdienen. Alle Musiker mußten den Ragtime spielen können, selbst Buddy Bolden.

Um die Jahrhundertwende war also alles für die Entstehung des Jazz vorbereitet. Doch solch evolutionären Prozesse bedürfen des auslösenden Faktors, der die unterschiedlichen Elemente zu einem Neuen zusammenschmelzen läßt. Es bedurfte noch einer rhythmischen Entdeckung: Wenn man dem üblichen Two-Beat-Rhythmus des Ragtime (zwei starke Grundschläge und zwei schwache) vier Schläge unterlegt, ändert sich der Charakter der Musik. Dazu ist eine wichtige Anmerkung zu machen: Rhythmus ist ein zutiefst subjektives Phänomen, über das man sich nur schwer verständigen kann. Der eine fühlt eine rhythmische Verschiebung, der andere nicht. Der Rhythmus ist *das* Herz des Jazz. Und Armstrong hat wesentlich zur Ausformung dieser rhythmischen Komponente beigetragen.

In der europäischen Musik wird das Metrum, der Grundbeat, gewöhnlich nicht besonders betont. Es gibt allerdings auch Ausnahmen. Marschrhythmen werden beispielsweise grundsätzlich von Trommeln und anderen Schlaginstrumenten markiert. Man spricht hier von metrisch gebundenen Rhythmen. Obwohl der Beat normalerweise nur indirekt der Melodie zu entnehmen ist, sind auch musikalische Laien meist in der Lage, zu einem Weihnachtslied oder zu einer Symphonie mit dem Fuß den Takt zu klopfen. Das ist möglich, weil durch das regelmäßige Auftauchen der wesentlichen Harmonietöne auf den wichtigsten Taktzeiten der Grundpuls, das Metrum, erkennbar wird. Diese Schläge sind gewöhnlich zu Gruppen zusammengefaßt, innerhalb derer einige mehr Gewicht haben als andere. Wird jeder dritte Schlag betont, dann entsteht eine Dreiergruppierung, ein ¾-Takt. Bei einem Vierertakt wird der erste und dritte Schlag betont, der zweite und vierte hingegen nicht. Diese Untergruppen von jeweils zwei Schlägen sind in sich nochmals hierarchisiert: Der erste Schlag ist etwas stärker als der dritte und der zweite etwas weniger schwach als der vierte. Man kann dieses metrische System nach Belieben erweitern, obgleich Takteinheiten von mehr als fünf oder sechs Schlägen aus praktischen Gründen wiederum in kleinere Einheiten unterteilt werden.

Der rhythmische Puls kann jedoch zufällig oder beabsichtigt ambivalent bleiben. Wenn über lange Zeit zu jedem Schlag zwei Noten gespielt werden, entsteht der Eindruck, als habe der Takt selbst sich verdoppelt. Oder anders ausgedrückt: Auch wenn ein Marsch ein eindeutig festgelegtes Metrum von einhundertzwanzig Schlägen pro Minute hat, ist es möglich, mit dem Fuß in der doppelten Geschwindigkeit den Takt dazu zu schlagen. Man hat allerdings ein merkwürdiges Gefühl dabei und möchte schon bald wieder zum langsameren Zeitmaß zurückkehren. Dennoch klingt das doppelte Metrum nicht völlig falsch. Die Spannung zwischen den beiden Taktarten kann die Musik sogar beleben.

Marschmusik wird stets im ²⁄₄-Takt geschrieben, aus dem einfachen Grund, weil der Mensch nun einmal zwei Beine hat. Und weil Märsche Anfang des Jahrhunderts ungeheuer populär waren, basiert auch ein großer Teil des Ragtime auf der Marschform und wird im Notendruck oft als Marsch bezeichnet: Scott Joplins sechs Ragtime-Etüden sollen im »langsamen Marschtempo«[4] gespielt werden. Das ist einer der Gründe, warum sich der Ragtime in erster Linie als Two-Beat-Musik entwickelte. Wenn man mit dem Fuß zu einem Ragtime den Takt klopft, merkt man bald, daß dabei ein Marschtempo herauskommt.

Dieses Metrum ist jedoch keineswegs eindeutig. Die meisten Ragtime haben einen zweiten Puls, der doppelt so schnell wie der Grundbeat ist. Die Zweideutigkeit entsteht durch die starke Synkopierung des Ragtime. Da viele Töne zwischen die Grundschläge fallen, scheint der Puls nicht nur *auf*, sondern auch *zwischen* dem Beat zu schlagen, so daß ein zweites, doppeltes Tempo entsteht. Man kann diesen Effekt leicht herstellen, indem man zunächst mit dem linken Fuß einen Takt in einem mäßigen Tempo klopft und dann mit dem rechten Fuß genau zwischen den Schlägen des linken Fußes akzentuiert. Wird der rechte Fuß nur gelegentlich bewegt, bleibt das ursprüngliche Rhythmusgefüge unbeeinträchtigt. Klopft man jedoch zwischen allen Schlägen des linken Fußes mit dem rechten Fuß (beide Füße wechseln also ständig ab), stellt man sehr bald fest, daß man einen Takt schlägt, der doppelt so schnell ist wie der ursprüngliche. Beim Ragtime klopft der rechte Fuß zwar öfter als nur gelegentlich, aber auch nicht jedesmal; dadurch entsteht seine typische rhythmische Ambiguität.

Diesen Effekt gibt es nicht nur beim Ragtime. Auch viele andere Musikarten haben einen zweiten und dritten rhythmischen Puls. So gibt es etwa bei der Rockmusik eindeutige Anzeichen für ein doppelt schnelles Metrum und sogar für einen dritten Beat, der halb so schnell ist wie der Grundpuls, das ursprüngliche Metrum.

Ganz zu Anfang des 20. Jahrhunderts wagten einige schwarze und kreolische Musiker aus der Subkultur das Experiment, den zweiten, doppelten Puls des Ragtime zum Grundpuls zu machen: Sie unterlegten einem Rag im $^2/_4$-Takt vier Schläge. Jelly Roll Morton behauptete, er habe im Jahre 1902 damit angefangen. Wenn er in Bordells oder Honky-Tonks Ragtime spielte, klopfte er mit dem Fuß im doppelten Tempo laut auf den Holzboden. Bis zu seinem Lebensende erhob er deshalb den Anspruch, der Erfinder des Jazz zu sein.

Viele Jazz-Pioniere aus New Orleans bezeichneten den Wechsel vom $^2/_4$- zum $^4/_4$-Takt als den entscheidenden Schritt in Richtung Jazz. Steve Brown, ein weißer Bassist, der in den zwanziger Jahren mit wichtigen Bands spielte, sagte dazu: »Die ganze Musik des Red Light District wurde im 4/4-Takt gespielt – die Slow Drags, die Barrel House Music, zum Teil auch die Plantagenmusik und die Bumpy Music, zu der zum Beispiel der *Saint Louis Blues* gehört. Ragtime hingegen wurde im 2/4-Takt gespielt.«[5] Nach Brown begann der »Jazz-Wahn« im Jahre 1905. William »Bebé« Ridgely, ein Posaunist, der später mit Armstrong auf den Riverboats spielte, sagte, Buddy Bolden habe im Two-Beat-Ragtime-Stil gespielt: »Es klang etwas anders als der Double Beat heutiger Bands, der ein schneller 4/4-Takt ist.«[6] Barney Bigard, später einer der bedeutendsten Jazz-Klarinettisten, sagte: »Als ich anfing, Jazz zu spielen, mußte ich meine Musik teilen . . . Ich mußte die Zeit teilen, das Tempo teilen, und zuerst mochte ich das überhaupt nicht, aber dann blieb ich doch dabei.«[7] Und Ed Garland, einem der frühen Jazz-Bassisten, zufolge spielten die Musiker in Chicago vor der Ankunft ihrer Kollegen aus New Orleans »Chicago Style. Two Beats, you know . . . Wir hingegen spielten vier Schläge.«[8]

Was genau veränderte sich, als einem Two-Beat-Ragtime ein Four Beat unterlegt wurde? Zunächst einmal wurden dadurch zwischen die ursprünglichen Beats Akzente gesetzt. Das heißt, Gruppen von Achtelnoten wurden nicht gerade gespielt, sondern mit Akzenten regelrecht »gespickt«. Ferner entdeckten die Musiker den »Boom-Chicka-, Boom-Chicka«-Rhythmus, der bis zum Aufkommen des Bebop in den vierziger Jahren charakteristisch für den Jazz blieb.

Das »Boom-Chicka«-Schema, das aus einer Viertelnote und zwei Achtelnoten besteht, bezieht sich sowohl auf die Zweier- als auch auf die Viererstruktur und erzeugt den Eindruck, als würden die beiden Zeitmaße ständig abwechseln. Außerdem legt dieses rhythmische Muster – aus unerklärlichen Gründen – eine ungleichmäßige Aufteilung des Chicka-Beats nahe: Die erste der beiden vermeintlichen Achtelnoten wird auf Kosten der zweiten verlängert. Dieses Chicka wird subjektiv nicht als ein Paar ungleicher Beats, sondern als ein einziger Beat mit einem zweiten Puls empfunden. Beide Elemente – der flexible Wechsel und der fixierte Puls – sind wichtige Mittel zur Erzeugung dessen, was man Swing nennt.

Das klingt alles reichlich kompliziert, vor allem, wenn man es liest. Jelly Roll Morton gibt in seinem berühmten Interview für die Library of Congress (Vol. 8, die letzten Minuten auf Seite eins des Bandes) ein Beispiel für diesen Übergang vom Ragtime zum Jazz: Er stellt Scott Joplins klassischen *Maple Leaf Rag* seiner eigenen »verjazzten« Version gegenüber. Der Unterschied zwischen beiden Versionen ist evident.

Der über einen 4/4-Takt gespielte Ragtime klingt derart anders, daß man ihn manchmal als Memphis Time bezeichnete, obwohl diese Spielweise zweifellos in New Orleans erfunden wurde. Eine Zeitlang vertrat man die Ansicht, der Jazz sei gleichzeitig an mehreren Orten im Süden entstanden. Doch alle Musiker dieser Zeit, die sich zu den Ursprüngen des Jazz geäußert haben, sehen seinen Ursprung in New Orleans. Pops Foster schreibt: »Nachdem die Burschen aus New Orleans im ganzen Land herumgekommen waren, versuchten alle Musiker, im Osten wie im Westen, so zu spielen wie sie.«[9] Und Arthur Briggs sagt über die berühmten Southern Syncopators, mit denen er 1919 musizierte: »Wir spielten keinen Jazz, wir spielten Ragtime . . . Tatsache ist, daß in dieser Band nur Sidney Bechet improvisierte.«[10] Bechet stammte natürlich aus New Orleans. Der zu Unrecht verkannte schwarze Posaunist Albert Wynn, aus New Orleans gebürtig, jedoch in Chicago aufgewachsen, lernte Jazz zu spielen, indem er einem weißen Musiker aus New Orleans, George Brunis, zuhörte: »Es war das erste wirkliche Jazz-Posaunensolo, das ich je gehört habe.«[11] Und der Trompeter Don Cheatham, im Jahre 1905 geboren, meinte: »In Nashville konnten wir Jazz nur auf ein paar Schallplatten hören, die eben herausgekommen waren.«[12] Andere Musiker, unter ihnen Buster Bailey aus Memphis und Garvin Bushell aus New York, bestätigten dies.

Warum aber ausgerechnet New Orleans? Marching Bands und Ragtime gab es damals überall in den Vereinigten Staaten. Blues wurde im ganzen Süden gesungen. Die Voraussetzungen für die Entstehung des Jazz waren in einem Dutzend anderer Städte ebenso gegeben. Tatsächlich ist auf einigen Ragtime-Aufnahmen, die um 1914 entstanden, eine gewisse Leichtigkeit zu erkennen, eine vorsichtige Auflösung des Beat, die vorher nicht zu finden war. Vielleicht hätte der Ragtime auch ohne New

Orleans irgendwann die Grenze zum Jazz überschritten. Aber die Musiker aus New Orleans waren eindeutig die Vorreiter.

Bei der Entstehung des Jazz spielte die Subkultur der schwarzen Kreolen von New Orleans eine entscheidende Rolle. Die schwarzen Kreolen, die vor Inkrafttreten der Rassengesetze von 1894 aufgewachsen waren, distanzierten sich von den übrigen Schwarzen, die für sie nur ungeschlachte, ungebildete Arbeiter waren, »Schläger mit kaputten Visagen, die nur von der Arbeit am Fluß lebten«, wie Paul Dominguez dem Musikologen Alan Lomax erzählte. Doch die jüngere Generation der schwarzen Kreolen, die unter den neuen Gesetzen aufgewachsen war, hatte sich daran gewöhnt, mit den übrigen Schwarzen in einen Topf geworfen zu werden. Diese jungen Kreolen waren fasziniert von der primitiven Musik, die Bolden und seine Kollegen spielten, besonders von den Rags und vom Blues. Deshalb begannen auch sie, diese Musik zu spielen, die so anders war als die eleganten Walzer und Lanciers ihrer Eltern. Außerdem waren Rags und Blues so gefragt, daß kein Musiker sie ignorieren konnte. Dominguez sagte: »Schau, wir haben uns über diesen schwarzen Jazz so lange keine Gedanken gemacht, bis wir unser Geld nicht mehr anders verdienen konnten . . . Wenn ich Arbeit haben wollte, mußte ich ein Rowdy werden wie die anderen. Ich mußte Jazz oder Rag oder irgendso'n Zeug spielen . . . Bolden war an allem schuld. Die jungen Kreolen wie Bechet und Keppard haben jetzt einen anderen Stil als Tio und Perez.«[13] Sie spielten nämlich noch europäische Musik wie die Weißen.

Natürlich stellt sich die Frage, ob diese jungen Kreolen wirklich damit anfingen, die Rags anzujazzen, hot zu spielen und zu swingen. Nach der Generation von Bolden waren die besten Jazz-Musiker schwarze Kreolen: so der Trompeter Buddy Petit, der Posaunist Kid Ory, der Pianist Jelly Roll Morton und der Klarinettist Sidney Bechet. Sie swingten die Rags und spielten hot mindestens ebenso früh wie die übrigen Schwarzen.

Die schwarzen Kreolen hatten in der Regel eine solide musikalische Ausbildung, obwohl auch sie, wie schon erwähnt, teilweise Autodidakten waren. Sie konnten jedoch ein wenig virtuoser und sauberer spielen als die ungebildeten Schwarzen. Doch das wichtigste war ihre Fähigkeit zu swingen. Ob also die schwarzen Kreolen den entscheidenden Schritt zum Jazz hin getan haben, ist nicht mit Sicherheit zu sagen. Dafür spricht allerdings, daß auf den ersten Aufnahmen schwarzer Musiker aus New Orleans von 1923 zumindest drei schwarze Kreolen (Bechet, Ory und Morton) etwas besser swingten als die meisten ihrer schwarzen Zeitgenossen – mit Ausnahme von Armstrong. S. Frederick Starr, ein Spezialist auf dem Gebiet des New-Orleans-Jazz, ist der Ansicht, daß die Kreolen deswegen so gut swingten, weil sie gerne tanzten. Sidney Bechet gibt in seinem Buch *Treat It Gentle* eine wundervolle Beschreibung der Kreolentänze:

»Manchmal fanden in einem Haus Wettbewerbe statt. Dann stellten sie zum Beispiel einen Krug Wein in die Mitte und tanzten Figuren um ihn herum. Sie nannten es ›Cutting Figures‹. Wie wild tanzten sie um den Weinkrug und versuchten, so nah wie möglich an ihn heranzukommen, ohne ihn zu berühren oder umzustoßen. Wer den Krug berührte, schied aus und mußte für alle Anwesenden einschließlich der Musiker eine neue Gallone kaufen; dann wurde weitergetanzt. Mein Vater hat bei diesen Anlässen viele Preise gewonnen. Es war eine reine Männerparty, da wagte sich keine Frau hin. Es ging nur um die Musik und um das Figurentanzen.«[14]

Als Armstrong aus der Besserungsanstalt entlassen wurde, hatten sich die Frühformen des Jazz in New Orleans schon etabliert. Um 1915 war der Jazz immer noch eine Art weiterentwickelter Ragtime, und er wurde von den Musikern auch häufig als solcher bezeichnet. Gleichzeitig war da aber auch schon etwas mehr. Die Musiker nannten es »hot« spielen. Sie mochten es, und die Zuhörer, egal ob schwarz oder weiß, fanden immer mehr Geschmack daran. Und so blieb es. Zu keiner Zeit mangelte es dem Jazz in Amerika an Publikum. Jazz wurde nicht nur von den Schwarzen gespielt, sondern von Anfang an waren auch junge weiße Musiker wie die Brüder Brunis und die Männer um Nick LaRocca an seiner Entwicklung beteiligt. Keiner von ihnen hätte jedoch voraussehen können, daß der Jazz innerhalb von zehn Jahren die Vereinigten Staaten erobern und sich innerhalb von zwanzig Jahren über die ganze Welt ausbreiten würde.

Der Lehrling

Als Armstrong 1914 oder 1915 in die Perdido Street zurückkehrte, gab es in New Orleans vier Arten von schwarzen Bands. Die dicksten Gagen und das meiste Ansehen heimsten jene Bands ein, deren Musiker vom Blatt spielen konnten und deren Repertoire aus bekannten Songs, Ragtime, Walzern und gelegentlich auch Konzertstücken bestand. Sie gaben Konzerte, spielten aber auch zum Tanz auf. Die berühmteste und erfolgreichste unter diesen Bands war das John Robichaux Orchestra, das häufig vor weißem Publikum in Restaurants und bei Privatpartys in den großen Häusern an der St. Charles Avenue auftrat. An Sonntagnachmittagen gab diese Band Konzerte im Lincoln-Park und blieb dann gleich da bis zum Tanz am Abend.

Ein anderes Ensemble dieser Art war das von Armand J. Piron. Piron arbeitete längere Zeit im Tranchina, einem teuren Restaurant für Weiße im Badeort Spanish Fort. Anfang der zwanziger Jahre schaffte seine Truppe den Sprung nach New York, wo sie eine Zeitlang im berühmten Roseland Ballroom auftrat. Ein drittes Ensemble wurde von Oscar »Papa« Celestin geleitet. Es übernahm den Job im Tranchina, als das Orchester von Piron nach Norden übersiedelte. Dies waren zwar keine Jazz-Bands, aber einige ihrer Mitglieder wurden später Jazz-Musiker.

Die zweite Kategorie von Orchestern bildeten die berühmten Street Bands, die Blechblasinstrumente, Kornetts, ein oder zwei Klarinetten und Schlaginstrumente verwendeten. Gelegentlich spielten in den Street Bands sehr gute Musiker, vor allem, wenn sie Arbeit brauchten. Doch meist waren die Mitwirkenden Anfänger und Halbprofessionelle – zu diesen beiden Kategorien zählte ohnehin der größte Teil der schwarzen Musiker in New Orleans. Das Niveau der Street Bands war, gemessen an der gepflegten Spielweise etwa der Robichaux-Band, entsprechend niedrig.

Den Marching Bands wird in der Jazz-Literatur eine wichtige Rolle bei der Entwicklung des Jazz zugeschrieben. Sie spielten gängige Titel wie Märsche, Plantagensongs, Schlager, Rags und bei Bedarf auch Hymnen. Die Musik bewegte sich in einer Art freier Heterophonie: Die Musiker spielten weder Harmoniestimmen zur Melodie (wie in Blasorchestern üblich) noch gegen diese gesetzte polyphone Stimmen, sondern sie versuchten Linien zu bilden, die ungefähr parallel zu der des Lead-Kornetts verliefen, das die Melodiestimme spielte. Auch Armstrong spielte zu seiner Zeit als zweiter Kornettist der Joe Oliver Band so, und die Street Bands in New Orleans pflegen diese Spielweise noch heute. Die Street Bands waren zwar keine echten Jazz-Bands, spielten aber ihr Standardrepertoire mittlerweile recht hot oder angejazzt. Auch heute ist es in New Orleans noch üblich, daß sie bei Begräbnissen auf dem Hinweg feierlich Hymnen und auf dem Rückweg swingend spielen.

Die Street Bands waren für die jungen Musiker sehr wichtig, denn hier konnten sie nicht nur eine solide Technik entwickeln, sondern auch ihr Gehör durch das Erfinden ergänzender Linien schulen. Man erwartete von den Musikern in diesen Bands, daß sie ununterbrochen spielten und nicht aussetzten, es sei denn zu kurzen Verschnaufpausen. In diesem wogenden Klangmeer konnte ein junger Bläser ruhig einmal einen Fehler machen oder etwas probieren, ohne daß es jemanden störte oder auch nur bemerkt wurde. Beinahe zwangsläufig wurden auf diese Weise viele musikalische Ideen geboren und entwickelt. Der Jazz entstand zwar nicht in den Street Bands, doch viele Jazz-Musiker wurden in ihnen groß.

Eine dritte Art von schwarzen Bands waren die kleinen zusammengewürfelten Gruppen, die in den Tonks arbeiteten und manchmal auch auf Gartenpartys oder bei Picknicks am See spielten. Es gab die unterschiedlichsten Besetzungen: Klavier und Schlaginstrumente oder Gitarre und Kornett. Nur selten bestand eine solche Band aus mehr als drei oder vier Musikern – meist aus einem Bläser und ein oder zwei Rhythmusinstrumenten. In diesen Gruppen spielten häufig Anfänger und Autodidakten; bessere Musiker kamen nur dazu, wenn sie unbedingt einen Job brauchten. Diese Bands spielten viel Blues. Ansonsten wurde das gespielt, was die jeweils anwesenden Musiker gerade kannten. Oft wurden die Songs mit anzüglichen Texten garniert, weil das bei der Kundschaft in den Tonks, den Huren und Zuhältern, immer gut ankam. Beliebt waren diese Bands eigentlich nur bei den Blues-Fans. Die ältere Generation der schwarzen Kreolen verachtete sie, aber die jüngeren Kreolen, wie Bechet, spielten gerne mit ihnen, denn sie wollten den Blues spielen lernen.

Schließlich gab es noch eine vierte Art von Bands: die Dance Bands, die in Dance Halls wie der Funky Butt Hall spielten, aber auch bei Picknicks und auf Partys. Sie entstanden um 1910, und wir kennen sie von Plattenaufnahmen. Ihre Besetzung: Kornett, Klarinette, Zug- oder Ventilposaune, Gitarre, Kontrabaß, Schlaginstrumente und Geige.[1] Letztere spielte meist mit dem Kornett zusammen die Melodiestimme. Im Grunde benötigte man die Geiger nur, weil sie Noten lesen und den übrigen Mitspielern neue Stücke beibringen konnten. Gelegentlich wurde die Gitarre durch ein Klavier ersetzt. Bei Picknicks oder in Dance Halls, wo es kein Klavier gab, übernahmen Kontrabaß und Gitarre die Funktion der Akkordbegleitung. Jazz-Pioniere wie Bolden und Bunk Johnson arbeiteten fast ausschließlich in solchen Bands.

Die Dance Bands spielten Blues, die bekanntesten Passagen aus den Rags, aber auch Schlager, Plantagensongs und vieles mehr, darunter Stücke, die heute zu den Dixieland-Standards zählen. Viele von ihnen wurden zum erstenmal von der Original Dixieland Jazz Band aufgenommen: *Tiger Rag*, *High Society*, *Original Dixieland One-Step*, *Panama*, *Clarinet Marmalade* usw. Diese Stücke enthalten wie die Märsche, aus denen sie sich entwickelten, manchmal bis zu fünf verschiedene Teile, die durch kurze Überleitungen miteinander verbunden sind. Ein Wechsel in eine andere Tonart kommt dabei oft vor. Die Melodien sind einfach und haben marschähnlichen Charakter. Als Urheber dieser Songs galt derjenige, der sie zuerst in Notenform veröffentlichte. In Wirklichkeit stammen die meisten aber nicht aus der Feder eines einzelnen Komponisten, sondern sie wurden von den Bands im Laufe der Zeit zum Beispiel aus Märschen und alten kreolischen Songs entwickelt; dazu wurden Zwischenteile erfunden, in denen irgend jemand ein kurzes Solo spielte. Außerdem enthalten diese Stücke zahlreiche Breaks, das heißt, die Band setzt plötzlich aus, während ein oder zwei Takte lang nur ein einziger Musiker spielt. Viele dieser Breaks werden noch heute von den Dixieland-Bands in der überlieferten Originalversion nachgespielt, andere kann der Solist frei gestalten. Armstrong spielte in solchen Breaks einige seiner eindrucksvollsten Soli.

Für den Jazz-Historiker ist es äußerst unbefriedigend, daß keine der frühen Jazz-Bands Plattenaufnahmen machte. Von einigen der wichtigsten Jazz-Musiker der Anfangszeit gibt es keine Tondokumente. Das Zentrum der damaligen Schallplattenindustrie befand sich vor allem in New York, wo der Jazz nur für Außenseiter ein Begriff war. Zum Glück machten aber einige der Jazz-Pioniere in späteren Jahren doch noch Aufnahmen, so daß wir heute zumindest ahnen können, wie der Jazz in der ersten Zeit geklungen haben muß. Besonders interessant ist die Geschichte von Freddie Keppard.

Keppard wurde 1889 in dem Viertel geboren, das zehn Jahre später den Namen Storyville erhielt. Schon früh lernte er Noten lesen und Kornett spielen. Um 1910 trat er in den Dance Halls und Cabarets im weißen und schwarzen Storyville auf und galt in New Orleans binnen kurzem als Boldens Nachfolger, als König der Kornettisten. Er war ein hervorragender Musiker mit einem guten Feeling für den Blues. Um 1911 verließ er New Orleans und kehrte nie mehr zurück. Als 1923 seine ersten Schallplatten erschienen, waren die Musiker in New Orleans, die ihn zehn Jahre zuvor gekannt hatten, schockiert, wie schlecht er mittlerweile spielte. Sie führten das auf Keppards Alkoholismus zurück. Ich habe jedoch den Verdacht, daß die rhythmischen Entwicklungen, die Armstrong und andere in der Zwischenzeit in Gang gebracht hatten, spurlos an Keppard vorübergegangen waren und seine Musik deshalb überholt erscheinen ließen. Johnny Wiggs (John Wigginton Hyman), ein weißer Kornettist aus New Orleans, meinte einmal, Keppard und Nick LaRocca hätten ihr Leben lang versucht, sich vom steifen, klischeehaften Rhythmus des Ragtime zu befreien. Sie hätten sich rhythmisch genau zwischen dem Ragtime und den freieren, federnden Rhythmen des Jazz bewegt. Die Plattenaufnahmen von Keppard und LaRocca bestätigen dies.

Der frühe Jazz, den Armstrong um 1916 hörte, war also offenbar noch nicht so locker swingend, wie man ihn zehn Jahre später spielte. Er basierte noch weitgehend auf Viertel- statt auf

Achtelnoten, und wenn Achtelnoten vorkamen, dann ziemlich gleichmäßig. Die Schlagzeuger spielten fast noch genauso wie beim ursprünglichen »reinen« Ragtime: abwechselnd eine Viertelnote und zwei gleichmäßige Achtelnoten. Das war noch weit entfernt vom »Boom-Chicka«-Effekt, der später für den Jazz so charakteristisch werden sollte. Die Bassisten zupften nur auf dem ersten und dritten Taktschlag; die Musik war erst auf dem Weg zum Swingen.

Stilistisch war der frühe Jazz längst nicht so einheitlich, wie die vorangegangene Beschreibung vermuten läßt. Das lag vor allem am unterschiedlichen Niveau der Musiker und den häufig wechselnden Besetzungen der Bands. Die heterogenen Einflüsse, denen der junge Armstrong ausgesetzt war, gleichen einem musikalischen Wechselbad.

Welche Vorbilder Armstrong hatte, ist nie ganz klar geworden. Er selbst äußerte sich widersprüchlich darüber. Vielleicht wäre Freddie Keppard sein Vorbild geworden, hätte er New Orleans nicht schon verlassen, bevor Armstrong in der Anstalt sein erstes Kornett bekam. Der Kornettist Bunk Johnson erhob am lautesten Anspruch auf die Ehre der musikalischen Vaterschaft. Er war ein angesehener Ragtime-Musiker, zwei Jahre jünger als Bolden und spielte in dessen Tradition. Besonders sein Ton wurde bewundert. Johnson will mit Bolden zusammen gespielt haben, aber da er ein notorischer Lügner war, sind seine Äußerungen mit Vorsicht zu genießen. Als die große Zeit des New-Orleans-Jazz vorüber war, arbeitete er als Tagelöhner. Im Jahre 1939 spürten ihn die Jazz-Forscher William Russell und Frederic Ramsey, Jr., in Louisiana auf. Den Tip hatten sie von Armstrong bekommen. Sie zahlten Johnson die Zahnarztrechnung, kauften ihm eine Trompete und brachten ihn nach New York, wo er als einer der letzten noch lebenden Pioniere des Jazz wie eine Reliquie verehrt wurde. Einige Jahre lang sonnte er sich in der Gunst seiner Fans, und damals behauptete er auch, er habe Louis Armstrong »unterrichtet«. Armstrong widersprach dem zunächst nicht, aber irgendwann hatte er doch genug davon und erklärte, er habe von Bunk nichts als dessen »Ton« übernommen. Sein einziger wirklicher Lehrer sei Joe Oliver gewesen.

Ein dritter Kornettist, der für Armstrongs Entwicklung eine Rolle gespielt haben könnte, war Buddy Petit. Er galt während

Armstrongs Lehrzeit bei vielen älteren Musikern als der beste aller Kornettisten. Der Klarinettist George Lewis, der mit Bunk Johnson in der Revival Band zusammenspielte und starken Einfluß auf den europäischen Traditional-Jazz ausübte, beschrieb Petit als »dunkelbraunen Mann mit lustigen grauen Augen. Er lispelte und trank viel. Aber es war angenehm, mit ihm zu arbeiten.«[2] Don Albert, ein anderer Zeitgenosse von Buddy Petit, berichtet, dieser habe zwar in einer Baracke in einem Slum am Nordufer des Sees gelebt, sei »seiner Zeit aber fünfundzwanzig oder dreißig Jahre voraus gewesen«[3]. Einige dieser alten Musiker betonten, Armstrongs Stil ähnele dem von Petit mehr als dem jedes anderen älteren Kornettisten. Nach Lewis »klang er [Petit] so ähnlich wie Louis, nicht im Tonumfang, aber in der Tonbildung. Buddy hatte keine aufregende Höhe . . . Meiner Meinung nach war seine Fingertechnik besser als die von Louis, und er hatte einen wunderbar vollen Ton. Neben Louis war Buddy einer der beliebtesten und bekanntesten Trompeter in ganz New Orleans.«[4]

Armstrong hat Buddy Petit nur beiläufig erwähnt. Doch der Klarinettist Edmond Hall, der später in Armstrongs All Stars mitwirkte, sagte: »Louis und Buddy spielten auf vielen Begräbnissen zusammen. Über Buddy ist nie viel geschrieben worden. Er war eine Art Schrittmacher . . . Was er spielte, versuchten alle anderen nachzuahmen . . . Hätte Buddy, wie viele andere Musiker, New Orleans in Richtung Chicago verlassen, wäre er wahrscheinlich sehr bekannt geworden . . .«[5] Buddy Petit starb 1931. Leider hat er keine Plattenaufnahmen gemacht, so daß sich heute nur schwer abschätzen läßt, wie stark er Armstrong beeinflußte.

Die Details zu Armstrongs Lehrzeit sind ebenso verwirrend und widersprüchlich wie die Fakten zu seiner Kindheit und Jugend. Er selbst erzählte die Geschichte jedesmal anders. Als er nach dem kurzen Zwischenspiel im Haushalt seines Vaters ins schwarze Storyville zurückkehrte, geriet er, nun selbst ein junger Kornettist, ganz in den Einflußkreis der schwarzen Musik. Die Funky Butt Hall lag in seinem Wohnblock. Die Masons und die Odd Fellows Hall, wo Bolden spielte, lagen ein paar Blocks weiter an der Perdido Street. An jeder Straßenecke war ein Honky-Tonk, manchmal sogar zwei oder drei. Zu den bekannteren

Tonks in diesem Viertel, deren Besitzer natürlich alles Weiße waren, zählten Segrettas, Ponces, Henry Matrangas, Kid Browns, Spanos und Joseph Savocca.

Die Tonks lagen gewöhnlich in ein- oder zweistöckigen, meist aus Holz gebauten Häusern. Zur Straße hin hatten sie Außenbalkone, die dem unteren Stockwerk Schatten spenden sollten. Manchmal waren in den Tonks auch Lebensmittelläden untergebracht. Die primitiven Bars lagen immer zur Straße. Dahinter befand sich ein Raum zum Tanzen und ein zweiter für Glücksspiele. Im Obergeschoß bedienten die Prostituierten ihre Kunden.

Die Tonks waren, wie wir schon hörten, in erster Linie Neppläden für schwarze Arbeiter. Möglichst schnell und gründlich sollte ihnen das Geld aus der Tasche gezogen werden. In diesen ebenso gefährlichen wie schmutzigen Etablissements passierten die übelsten Dinge. Armstrong erinnerte sich, daß er sich öfter vor Kugeln in Sicherheit hatte bringen müssen. Unter den Besuchern waren auch Weiße. Pops Foster berichtete, daß viele weiße Arbeiter wegen der billigeren schwarzen Prostituierten kamen. Hier bezahlten sie selbst an Wochenenden höchstens fünfzig Cent. Nicht in allen Tonks gab es Livemusik, und einige hatten nur samstags abends eine Band. Manchmal spielten die Blues-Bands zwölf Stunden nonstop. Manuel Manetta, ein Kornettist jener Zeit, erzählte später, im Segrettas hätten Klavier und Schlagzeug rund um die Uhr gespielt.[6]

In den Tonks fing Armstrong an. Zunächst besaß er jedoch noch nicht einmal ein eigenes Kornett, konnte folglich auch nicht üben. Da er aber wild entschlossen war, Musiker zu werden, zog er Abend für Abend durch die Lokale und bat die Kornettisten, ihn für ein paar Stücke »einsteigen« zu lassen. Er war in der Gegend aufgewachsen und kannte viele Barmixer, Klubmanager, Huren und Zuhälter, und wahrscheinlich drängten diese die Musiker, den Jungen mitspielen zu lassen. Er war klein, nett und lustig, und er hatte eine liebenswerte Art, mit der er jeden für sich einnahm. Außerdem mußten die Musiker in diesen Lokalen viele Stunden für wenig Geld arbeiten und waren deshalb immer dankbar für eine Pause.

Der Blues ist ein gutes Training für jeden Jazz-Musiker. Armstrong, der ein gutes Gehör hatte, machte rasche Fortschritte und war schon bald ein ganz leidlicher Blues-Spieler. Da er jedoch kein eigenes Instrument besaß, um regelmäßig zu üben, konnte er sein Repertoire nur langsam erweitern. Manche Musiker behaupten, er habe damals nur ein oder zwei Stücke spielen können. Andere erkannten sofort sein Talent und ermunterten ihn. Kid Ory erinnert sich, daß Black Benny, ein Schlagzeuger und notorischer Schläger aus dem Viertel, Louis einmal in den Lincoln-Park mitbrachte, kurz nachdem er aus der Anstalt entlassen worden war. »Louis spielte *Ole Miss* und einen Blues, und alle im Park waren aus dem Häuschen, weil der kleine Kerl so großartig spielte.«[7]

Mutt Carey erzählt – vermutlich bezieht er sich dabei auf die gleiche Veranstaltung –, Louis habe einmal in Orys Band mitgespielt: Er »spielte mehr Blues, als ich je in meinem Leben gehört hatte«[8]. Bald war Armstrong in den Tonks ein gesuchter Ersatzmann. Das Kornett lieh er sich aus.

Wenig später kaufte er sich ein eigenes Instrument. Die zehn Dollar lieh ihm Charles, der Zeitungsjunge, für den Armstrong arbeitete. Louis fand in einem der Pfandhäuser – wahrscheinlich an der South Rampart Street – ein »völlig verbogenes Kornett mit Löchern im Schalltrichter«[9]. Es war von einer Firma namens Tonk Bros. hergestellt, von der man nie wieder etwas gehört hat. Endlich konnte er üben, und von nun an spielte er regelmäßig in einem der Tonks. Ob es nun das Ponces oder Henry Matrangas war, läßt sich auf Grund der widersprüchlichen Aussagen Armstrongs nicht mehr feststellen. Ich tippe auf letzteres, weil Armstrongs Erinnerungen an dieses Lokal klar und zusammenhängend wirken. Jedenfalls arbeitete er in einer Dreimannband mit »Boogus« am Klavier und »Garbee« am Schlagzeug.

Das alles dürfte um 1916 gewesen sein, als Armstrong – meiner Berechnung zufolge – mindestens siebzehn Jahre alt war. Dieses Datum bestätigt der Gitarrist Frank Murray, der behauptet, mit Louis zusammen in der Anstalt gewesen zu sein. Murray, der am 9. Oktober 1898 geboren wurde, äußerte, er habe seinen ersten Job mit Armstrong im Jahre 1917 gespielt und Louis sei zu der Zeit noch nicht besonders gut gewesen.[10]

Die Arbeit in den Honky-Tonks wurde ziemlich schlecht bezahlt. Pro Abend gab es etwa einen Dollar. Nach Curtis Jerde wurden die Bands im 19. Jahrhundert gewöhnlich überhaupt nicht bezahlt, sondern lebten von den Trinkgeldern, die sie für die »Requests« (die Musikwünsche des Publikums) bekamen. Diese Regelung galt teilweise auch noch zu Armstrongs Zeit. Sogar in den besseren Bordellen war die Entlohnung für die Pianisten schlecht. Allerdings bekamen sie bis zu hundert Dollar Trinkgeld pro Abend, eine beachtliche Summe für die damalige Zeit. Zu dem Dollar, den Armstrong höchstens in den Tonks verdiente, kam noch ein bißchen Trinkgeld von den Huren, die ihre Liebesdienste für fünfzig bis fünfundsiebzig Cent anboten. Deshalb arbeitete Armstrong auch weiterhin tagsüber, hauptsächlich auf einem Kohlenwagen; ferner half er beim Entladen von Bananenbooten, fuhr Milch aus und übernahm jede Gelegenheitsarbeit, die er bekommen konnte. Die Musik im Matrangas dauerte manchmal bis zum Morgengrauen, und Armstrong sagte, er habe oft nur wenige Stunden geschlafen, bevor er wieder Kohlen ausfahren mußte. Doch ihn kümmerte das nicht: Er war gesund, voller Energie und entschlossen, Musiker zu werden.

Irgendwann in dieser Zeit machte Louis die vielleicht wichtigste Bekanntschaft seines Lebens, die auch für die Geschichte des Jazz nicht ohne Folgen blieb. Um 1916, als Freddie Keppard New Orleans verlassen hatte und Buddy Petit immer mehr der Trunksucht verfiel, avancierte Joe Oliver zum Kornett-König von New Orleans. Sein wichtigster Biograph, Walter C. Allen, gibt an, Oliver sei, nach Aussage seiner Frau Stella, im Jahre 1885 geboren worden. Wie bei vielen Jazz-Pionieren besteht auch bei ihm der begründete Verdacht, daß er in Wahrheit früher geboren wurde. Der Nachruf im *Down Beat** aus dem Jahre 1938 enthält den Hinweis, Oliver sei bei seinem Tode vierundsechzig Jahre alt gewesen, was bedeutete, daß er 1874 zur Welt kam. Freddy Moore, ein Schlagzeuger, der bei Oliver arbeitete, errechnete hingegen, er sei im Jahre 1931 einundfünfzig gewesen.[11] Oliver stammte offenbar von einer Farm oder einer Plantage außerhalb von New Orleans, war jedoch schon als Kind in die Stadt gezogen. Dort wurde er, so berichtete seine Frau, von einer jüdischen Familie aufgenommen, die in der Magazine Street wohnte. Zunächst lernte er Posaune, wechselte aber bald schon zum

* Wichtiges amerikanisches Jazz-Magazin (Anm. d. Ü.)

Kornett und spielte als Halbwüchsiger gelegentlich mit Bands von Jugendlichen. Schon früh erblindete er auf einem Auge.

Wie die meisten schwarzen Musiker begann er als Halbprofi. Er arbeitete als Gärtner und Diener bei weißen Familien und lebte in einer seriösen Wohngegend. Die meisten Jazz-Musiker der Anfangszeit waren übrigens keine Slumbewohner; Armstrong bildet in dieser Hinsicht eher eine Ausnahme. Die Musiker sahen sich nicht als unterprivilegierte Ghettobewohner am Rande der Gesellschaft und auch nicht als bemitleidenswerte, verkannte Genies. Sie verstanden sich vielmehr als achtbare Handwerker, die versuchten, auf anständige Weise ihren Lebensunterhalt zu verdienen. Auch Oliver hatte diese Einstellung. Er trank wenig und war gern zu Hause bei seiner Frau und seiner Stieftochter. Allerdings aß er viel. Pops Foster sagte, Oliver habe bei einer einzigen Mahlzeit sechs Hamburger und einen ganzen Liter Milch zu sich nehmen können. Und Clyde Bernhardt, ein Posaunist, der bei Oliver arbeitete, berichtete: »Er war einer der größten Esser, die ich je kennengelernt habe . . . King Oliver konnte ein zwei Kilo schweres gebratenes Huhn ganz allein verspeisen. Ich habe mit eigenen Augen gesehen, wie er einen ganzen Apfelkuchen im Nu wegputzte . . . , und er schaffte auch spielend eine von diesen Kaffeekannen, in denen Platz für zehn Tassen ist.«[12]

Joe Oliver war ein herrischer Mensch und eine Führernatur. Er war groß, übergewichtig, jähzornig und konnte richtig grob werden. An seine Musiker stellte er hohe Anforderungen, und er brachte es immer fertig, daß sie so spielten, wie er es wollte. Wenn die Band zum Schluß ein Stück beenden sollte, stampfte er mit dem Fuß auf das Podium. Einmal sollen die Musiker dieses Signal ignoriert haben. Am nächsten Abend brachte Oliver einen Ziegelstein mit. Als die Band zum Schluß des Stücks kam, donnerte er den Stein auf die Bühne. Die Musiker verstanden sofort.

Oliver war außerdem geizig und zahlte seinen Musikern so wenig wie möglich. Deshalb arbeiteten später kaum noch gute Leute bei ihm. Und er war mißtrauisch. Er führte seine Geschäfte selbst, statt sie einem Manager zu übertragen. Im Umkreis von New Orleans führte das alles zu keinen Problemen. Doch später, in der hektischen Welt des Showbusiness, mußte er für diese Einstellung teuer bezahlen. Oliver war hart, gerissen und rechthaberisch. Zu Beginn des Ersten Weltkrieges galt er als bester Kornettist von New Orleans.

Als Armstrong in den Tonks sein Handwerk erlernte, war Joe Oliver sein Gönner und Lehrer. Die beiden waren ein merkwürdiges Paar. Daß ausgerechnet der grobe und mißtrauische Oliver zum Förderer, noch dazu zum Förderer eines möglichen Rivalen wurde, das war schon seltsam. Oliver gab seinem Zögling ein gutes Kornett, half ihm, seine Technik zu entwickeln, verschaffte ihm Jobs bei wichtigen Bands und brachte ihn schließlich sogar nach Chicago, wo Armstrong seinen Weltruhm begründete.

Joe Oliver hat außer Armstrong niemanden gefördert. Mit seinen Musikern kam er meist nicht zurecht, und gewöhnlich verließen sie die Band im Krach. Ich bin überzeugt, daß die Initiative zu dieser merkwürdigen Beziehung von Armstrong ausging und nicht von Oliver. Während seines ganzen Lebens fühlte sich Armstrong von dominierenden Männern angezogen, und manchmal wirkte sich das sehr nachteilig aus. Diese Gönner waren oft nicht nur starke Persönlichkeiten, sondern auch brutale und rücksichtslose Kerle mit krimineller Vergangenheit. Einige spielten Armstrong übel mit. Für seine Karriere waren sie jedoch wichtig. In den meisten Fällen förderten sie ihn nur aus egoistischen Motiven. Es scheint sogar, als habe Armstrong sich diese brutalen Menschen bewußt ausgesucht. Er war intelligent und ehrgeizig und wußte nur zu genau, daß ein schwarzer Musiker – trotz aller Talente – ohne einen mächtigen weißen Förderer keine Chance hatte.

Armstrong war zeitlebens scheu. Sidney Bechet erzählte von ihm: »Louis war vor vielen Jahren so ängstlich, daß man ihn zum Spielen regelrecht drängen mußte, selbst bei einer *gewöhnlichen* Bucking-Session*.«[13] Für einen scheuen Jungen war ein Mann, der andere schikanierte oder sogar tätlich angriff, vielleicht bewundernswert. Eventuell spielte hier auch die verquere Vater-Sohn-Beziehung, der Wunsch nach einem starken Vater-Ersatz eine Rolle.

Oliver war nicht der erste Mann dieser Art in Armstrongs Leben. Als Jugendlicher schon war er (wahrscheinlich nach

* Bucking-Session: Ein improvisatorischer Wettstreit, bei dem die Musiker sich gegenseitig zu übertrumpfen und auszustechen suchen.

seinem Anstaltsaufenthalt) an einen Mann namens Black Benny Williams geraten, der im Schwarzenghetto als einer der besten Baßtrommelspieler und als wüster Schläger galt. Armstrong dazu:

»Er war ein Teufel. Da gab es einen alten zerlumpten Typen, der ständig herumhing und Drinks schnorrte. Sie nannten ihn Jesus. Black Benny stopfte seine riesige 45er mit Platzpatronen und schoß am Neujahrsabend vor der Kirche, als alle Leute aus dem Gottesdienst kamen, direkt auf Jesus. *Boom. Boom. Boom.* Und Jesus fiel um. Als alle schrien ›O Gott, er hat ihn umgebracht‹, stand er auf und rannte davon. Wenn Benny in ein anderes Viertel ging und irgend jemand eine Pistole zog, zog er seine 45er und sagte: ›Ich nehme die hier.‹ Er verkaufte auch Pistolen für fünfzig Cent oder einen Dollar – mit weißem Griff oder mit Pelzgriff.«[14] Und an anderer Stelle berichtet Armstrong: »Er war ein Teufel, aber alle mochten ihn.«[15] Benny wurde schließlich von einer seiner Huren erschossen. Armstrong behauptete, Benny habe noch eine ganze Woche mit der Kugel im Herzen weitergelebt. Er war, wie Louis meinte, ›wonderful‹.

Wie Black Benny Williams Armstrongs Beschützer wurde, wissen wir nicht. Er kümmerte sich um den kleinen Louis und sorgte dafür, daß die Bands im Lincoln-Park ihn mitspielen ließen. Dieser erste Beschützer starb wahrscheinlich schon 1917, und Joe Oliver wurde sein Nachfolger.

Irgendwann nach 1912 spielte Joe in einer Band, die der Posaunist Edward »Kid« Ory leitete und die als die beste in der ganzen Stadt galt. Ory war 1886 in einer kleinen Stadt außerhalb von New Orleans geboren worden und spielte schon seit seiner Kindheit Gitarre und andere Instrumente, darunter auch Posaune. Wie Oliver war er eine starke Persönlichkeit, und schon als Halbwüchsiger hatte er eigene Bands zusammengestellt und bei Tanzveranstaltungen gespielt. Im Gegensatz zu Oliver war er aber umgänglich und hilfsbereit. Der Schlagzeuger Minor »Ram« Hall: »Ory hat mich von allen Bandleadern am besten behandelt. Er gab mir eine Menge Tips. Bei ihm lernte ich, was Rhythmus ist. Ich veränderte meinen Stil und spielte den Rhythmus so, wie er es wollte.«[16]

Als Jugendlicher kam Ory so oft wie möglich nach New Orleans, um dort Musik zu hören; unter anderem hörte er auch

Bolden. Orys Bruder hatte in der Nähe von Storyville einen Saloon, und schließlich zog auch Ory in die Stadt, um dort Musik zu machen. Meist trat er mit Bands auf, die er selbst zusammengestellt hatte. Um 1915 war er so bekannt, daß er regelmäßig in Dance Halls und Cabarets, bei Picknicks, an der Tulane University und bei Privatpartys der reichen Weisen spielte. Er arbeitete auch in Storyville. Dieses Viertel war zwar nicht die Geburtsstätte des Jazz, zu der es der Jazz-Mythos gemacht hat, doch Orys Band galt allgemein als die beste schwarze Jazz-Band in der ganzen Stadt. Sie war infolgedessen gut im Geschäft und spielte oft im Pete Lala und im Big 25. Keppard war Orys Kornettist, und als Keppard wegging, trat Oliver an seine Stelle.

Ory erzählte: »Oliver war hart wie Roheisen. Weißt du, wie hart das ist? Ich zähmte ihn. Man kann sogar einen Elefanten zähmen, wenn man genug Geduld hat. Schließlich spielte er ein Dutzend Nummern genauso, wie er sie spielen sollte. Später krönte ich ihn zum König.«[17] Diese kleine Geschichte entspricht wohl der Wahrheit, wenn man bedenkt, daß Oliver selbst einmal gestand, er habe zehn Jahre gebraucht, um einen guten Ton zu entwickeln. Jedenfalls war Ory, gemessen an seinen späteren Plattenaufnahmen, der beste Posaunist seiner Zeit, und Oliver war auf dem Wege, der beste Kornettist zu werden.

Armstrong trieb sich oft in den Lokalen herum, wo Oliver spielte. Er übernahm auch Botengänge für Olivers Frau und bekam als Lohn von Joe Unterricht. Oliver behandelte Louis immer mehr wie seinen eigenen Sohn, und irgendwann ließ er ihn in seiner Band mitspielen. Später durfte Armstrong ihn sogar vertreten, wenn Oliver zwei Engagements gleichzeitig angenommen hatte.

Armstrong bezeichnete Oliver wiederholt als sein wichtigstes Vorbild, obwohl sie sich stilistisch sehr voneinander unterschieden. Oliver hatte einen recht einfachen Stil, spielte meist in der mittleren Lage und war bei Effekten vor allem auf Dämpfer angewiesen. Armstrong hingegen entwickelte sich allmählich zu einem brillanten Trompeter mit einer guten Höhe. Er erfand komplizierte Melodielinien und benutzte nur selten Dämpfer. Armstrong lernte von Oliver auch nicht das Swing-Feeling, das später viele Musiker von ihm übernahmen. Zwar swingte Oliver sicherlich mehr als die meisten Musiker seiner Generation, doch er war immer noch im starren Rhythmus des Ragtime gefangen.

Wahrscheinlich brachte Oliver Armstrong ein paar neue Stücke bei, vielleicht ein paar andere Fingersätze. Allerdings ist der Fingersatz beim Kornettspiel nicht besonders schwierig. Wichtiger war wohl, daß Oliver Armstrong mit einflußreichen Leuten bekannt machte. Sicher hätte Armstrong sich auch ohne Oliver in der Jazz-Welt von New Orleans einen Namen gemacht. So talentiert wie er war, mußte er vorwärtskommen. Olivers Verdienst war es, den jungen Louis aus New Orleans herauszubringen und ihm die Tore zur Welt zu öffnen.

Der Profi

Die Welt der Unterhaltungsindustrie ist eine Welt des ständigen Wandels. Modeerscheinungen sind kurzlebig, und äußere Ereignisse wie Wirtschaftskrisen, Kriege und technische Innovationen sorgen unablässig für Veränderungen im Showbusiness. Stars, die jahrzehntelang im Mittelpunkt standen, geraten plötzlich in Vergessenheit. Auch die relativ abgeschlossene Welt des New-Orleans-Jazz war diesen Einflüssen ausgesetzt. Als um 1920 die gesamte amerikanische Kultur einen tiefgreifenden Wandlungsprozeß durchmachte, verlor er an Bedeutung.

Schon 1911 hatten Keppard und einige andere entdeckt, daß es für ihre noch namenlose Musik, jenen weiterentwickelten Ragtime, auch anderswo einen Markt gab. Wenig später zogen weitere Musiker, darunter Sidney Bechet und Jelly Roll Morton, in die Städte am Golf, nach St. Louis, Kalifornien und Chicago. 1915 siedelte eine weiße Gruppe unter der Leitung des Posaunisten Tom Brown nach Chicago über und erregte dort mit ihrer neuen »Jass«-Musik großes Aufsehen. Der Gruppe von Brown folgten andere, schwarze und weiße. Die bedeutendste unter ihnen war eine weiße Band unter der Leitung des Schlagzeugers Johnny Stein, deren Besetzung und Bandleader allerdings mehrfach wechselten. Schließlich hatte die Band nicht einmal mehr einen festen Klub. Anfang 1917 machte sie unter dem Namen Original Dixieland Jass [sic!] Band in einem New Yorker Restaurant namens Reisenwebers Furore. Die Plattenfirma Victor nahm die Gruppe unter Vertrag und mußte erstaunt feststellen, daß sie auf eine Goldader gestoßen war. Die Platten der Original Dixieland Jazz Band verkauften sich millionenfach; durch sie hörte ganz Amerika und die übrige Welt zum erstenmal vom Jazz.[1]

Der Erfolg dieser Musik basierte jedoch auf einem schwerwiegenden Mißverständnis, denn kaum jemandem war klar, daß dies ursprünglich schwarze Musik war, die aus New Orleans kam. Man hielt sie für eine neue Art Ragtime aus dem Süden. Für die meisten Zuhörer war sie ohnehin nichts weiter als eine aufregende neue Mode, die besonders die jungen Leute begeisterte. Viele junge Amerikaner waren von diesem Jazz außerordentlich beeindruckt: darunter einige Musikstudenten. In Davenport, Iowa, war es Bix Beiderbecke, in New York Phil Napoleon, in St. Louis Buster Bailey und in Chicago Albert Wynn. Sie alle, Schwarze wie Weiße, improvisierten zu den Schallplatten der Original Dixieland Jazz Band, um herauszufinden, wie diese Musik gespielt wurde. Ein Jazz-Boom ohnegleichen brach aus.

Die Musiker in New Orleans merkten nun bald, daß es andernorts eine Menge besser bezahlte Jobs gab. Gründe dafür waren einerseits die wachsende Popularität des Jazz in ganz Amerika und andererseits die Abwanderung von Zehntausenden von Schwarzen aus dem Süden in die Städte des Nordens. Harold F. Gosnell ist diesem Exodus der Schwarzen aus dem Süden in einer Studie über den Black Belt von Chicago nachgegangen: »Das Ausbleiben der Einwanderer nach Ausbruch des Ersten Weltkrieges, das wachsende Arbeitsangebot in Chicago, die Krise der Landwirtschaft des Südens infolge der Baumwollkäferplage und die Aufrufe des *Chicago Defender*, einer militanten Wochenzeitung für Farbige«[2], führten dazu, daß viele Schwarze den Süden verließen, weil er ihnen keine Zukunftsperspektiven bot.

Gilbert Osofsky schreibt in einer Studie über Harlem: »Ende des 19. und zu Anfang des 20. Jahrhunderts wurden mehr Schwarze gelyncht, verbrannt, gefoltert und entrechtet als zu jeder anderen Zeit in unserer Geschichte.«[3] Im Norden gab es Arbeit in der Industrie – harte, aber wesentlich besser bezahlte Arbeit. Am Abend kehrten die schwarzen Arbeiter zurück nach Harlem (New York) oder in die South Side von Chicago, wo sie unter sich lebten und mit den Weißen weniger zu tun hatten als im Süden.

Die schwarzen Arbeiter in den Städten des Nordens bildeten einen großen und ständig wachsenden Markt für schwarze Musik, insbesondere für Blues, aber auch für Ragtime und Jazz. Die schwarze Unterhaltungsindustrie prosperierte wie nie zuvor. Im Norden machten sich schwarze Showstars einen Namen, und einige von ihnen – wie Ernest Hogan, Bert Williams, James Reese Europe – wurden in ganz Amerika bekannt. Alle schwarzen Musiker redeten unentwegt von den großen Chancen im Norden.

Für die Jazz-Musiker gab es noch einen weiteren Grund, New Orleans zu verlassen: das Ende von Storyville. Nach Al Rose verlor dieses Viertel nach 1910 allmählich an Bedeutung. Die Zahl der dort arbeitenden Frauen war stark zurückgegangen. 1917 forderte die Navy die Schließung des Red Light District, da sie die Prostituierten aus den Marinestützpunkten herausdrängen wollte. Die Stadtväter protestierten: Die Erfahrung habe gezeigt, daß das Gewerbe sich dann in den Untergrund verlagere, wo man es nicht mehr unter Kontrolle habe. Die Navy blieb jedoch unerbittlich, und am 12. November 1917 wurde Storyville tatsächlich geschlossen. Die Prophezeiung der Stadtväter ging zwar in Erfüllung, doch das Ende einer Ära war gekommen. Die Musiker, die im Distrikt gearbeitet hatten, verloren ihre Existenzgrundlage.

Für die Jazz-Pioniere gab es um 1918 also keinen Grund mehr, in New Orleans zu bleiben. Einige harrten dennoch aus, entweder weil sie zu bequem waren, das kalte Klima des Nordens haßten oder weil es ihnen einfach zu mühsam war, den Wohnort zu wechseln. Buddy Petit zog für kurze Zeit nach Kalifornien, aber dort gefiel es ihm nicht, und er kehrte für immer nach New Orleans zurück. Bunk Johnson verließ die Stadt erst in den vierziger Jahren. 1920 waren alle wichtigen Jazz-Musiker abgewandert: die Kornettisten Oliver, Keppard, Sugar Johnny Smith; die Pianisten Morton, der berühmte Tony Jackson (Mortons Vorbild), Clarence Williams und Richard Myknee Jones; die Posaunisten Ory und Honoré Dutrey; die Klarinettisten Johnny Dodds und Jimmie Noone und noch viele andere. Die große Zeit des New-Orleans-Jazz war vorbei, die Entwicklung des Jazz fand anderswo statt.

Louis Armstrong war zwar noch nicht reif zum Aufbruch, aber die Tatsache, daß die besseren Jazz-Musiker die Stadt verließen oder verlassen hatten, gab ihm eine Chance: Er kam nun öfter und leichter an Jobs. Er befreundete sich mit einem jungen Schlagzeuger namens Joe Lindsey, und die beiden suchten sich ein paar andere junge Musiker. Auch wenn Armstrong nicht mehr als zwei oder drei Abende in der Woche spielte, konnte er sich jetzt doch zu den professionellen Musikern zählen.

Im Jahre 1918 löste sich in Chicago eine Band aus New Orleans auf. Keppard, der Kornettist, machte sich selbständig, und Oliver sollte seinen Platz einnehmen. Dieser wollte New Orleans ohnehin verlassen, weil man ihn bei einer Razzia in einem Klub festgenommen und vorübergehend ins Gefängnis gesteckt hatte. Außerdem war er nach den Worten seiner Frau die schmutzige Umgebung leid, in der er schon so lange für einen Hungerlohn gearbeitet hatte.[4] Also nahm er das Angebot aus Chicago an. Vor seiner Abreise empfahl er Ory, Armstrong zu engagieren.

Später sagte Ory: »Es gab viele gute und erfahrene Trompeter in der Stadt, aber keiner von ihnen war so begabt wie der junge Louis Armstrong. Ich besuchte ihn und sagte ihm, er bekäme den Job, wenn er ein paar lange Hosen auftreiben könne. Schon nach zwei Stunden kam er in mein Haus und sagte: ›Hier bin ich. Hoffentlich ist es bald acht. Ich bin bereit.‹«[5] So wurde Armstrong Kornettist in der wichtigsten Jazz-Band von New Orleans.

Die Ory-Band arbeitete wahrscheinlich nicht ständig, aber manchmal spielte sie längere Zeit in irgendeinem Klub, und dazwischen nahm sie Gelegenheitsjobs an. Vermutlich spielte Armstrong weiter mit Joe Lindsey und in Tonks, auf Paraden und bei Picknicks. Er erwähnte, er habe im Tom Andersons gespielt, einem großen Restaurant am Rande des Distrikts. Außerdem arbeitete er im Brick House, einer sehr einfachen Dance Hall, und in Gretna, einem Vorort von New Orleans auf der anderen Seite des Flusses. Offenbar hatte er mit der Ory-Band auch ein langes Engagement im Country Club. Und einmal soll er in einem Klub auf der Orchard Street für Lee Collins eingesprungen sein, in einer Band mit Zutty Singleton, Johnny St. Cyr, Barney Bigard und Eudell Wilson am Klavier. Regelmäßig war diese Arbeit nicht: Er spielte, bekam sein Geld, gab es aus und spielte wieder. Armstrong selbst äußerte nie den Wunsch fortzuziehen, sich bessere Jobs zu suchen oder Bandleader zu werden. Er liebte die Musik, die er spielte, und das reichte ihm.

Weiterreichende Ambitionen hätte er ohnehin kaum realisieren können, da er tagsüber immer noch Kohlen ausfuhr. Wahrscheinlich brauchte er das zusätzliche Geld für die Familie, denn er war nun der Hauptverdiener. Vielleicht gab es aber noch einen anderen Grund, warum er diese Arbeit nicht aufgab: Die Vereinigten Staaten waren mittlerweile in den Ersten Weltkrieg eingetreten, und viele junge Männer wurden eingezogen. Generell galt: arbeiten oder zum Militär. Armstrong blieb deshalb lieber bei seinem Kohlenwagen. Bei Kriegsende legte er sofort seine Arbeit nieder, brachte das Maultier in den Stall und machte sich davon.

Dieser Punkt in Armstrongs Leben ist, obwohl die Schilderung von ihm stammt, unklar. Im September 1918 wurde das Einberufungsalter in den USA auf achtzehn Jahre herabgesetzt. Am 12. September wurde Armstrong gemustert. Als Geburtsdatum gab er den 4. Juli 1900 an, als Adresse 1233 Perdido Street, als Beruf Musiker, als Arbeitgeber Pete Lala und als Arbeitsplatz 1500 Conti Street. Warum gab er nicht den Beruf Kohlenmann an?

Wahrscheinlich waren den jungen Schwarzen in Armstrongs Viertel die Einberufungsgesetze nur vom Hörensagen bekannt. Gelesen hatten sie bestimmt nichts darüber. Sie hätten sich auch niemals getraut, sich mit ihren Fragen an die weiße Einberufungsbehörde zu wenden. Armstrong behauptet zwar in *Satchmo*, er habe gegen den Kaiser kämpfen wollen, aber in Wirklichkeit war er fest entschlossen, sich der Einberufung zu entziehen. Da nun auch Achtzehnjährige zum Militär mußten, war das Argument hinfällig, noch nicht alt genug zu sein.

Jedenfalls bestand nach dem Waffenstillstand für Armstrong kein Grund mehr, auf dem Kohlenwagen zu arbeiten; er wurde Berufsmusiker – und blieb es bis zu seinem Tod. Er arbeitete weiter bei Ory und nahm jeden anderen Job an, der sich bot. Im Jahre 1919 löste sich Orys Band auf. Ory war krank geworden, und sein Arzt hatte ihm geraten, in eine Gegend mit weniger feuchtem Klima zu ziehen (siehe hierzu: John Chilton *Who's Who of Jazz*).[6] Vermutlich war Ory lungenkrank. Er zog als neuen Wohnort sowohl Los Angeles als auch Chicago in Erwägung (letzteres ist allerdings nicht gerade eine Stadt mit trockenem Klima). Da seine Frau aber lieber nach Los Angeles wollte, zog er mit ihr dorthin.

Ory war bald wieder gesund und erkannte, daß die neue Musik auch hier beim Publikum ankam. Jelly Roll Morton und Freddie Keppard hatten früher schon einmal in Kalifornien gespielt, und um 1919 gab es in Los Angeles niemanden, der Jazz spielen konnte. Ory setzte sich daraufhin mit Manuel Manetta in New Orleans in Verbindung, einem sehr angesehenen Musiker, der mehrere Instrumente spielte. Er bat Manetta, eine Band für ihn zusammenzustellen; wahrscheinlich sagte Ory ihm auch, wen er in dieser neuen Band haben wollte. Manetta sprach mit Armstrong, Joe Lindsey, dem Klarinettisten Johnny Dodds und einigen anderen. Zuerst waren alle begeistert, aber schließlich ging doch keiner von ihnen nach Los Angeles. Manetta sagte: »Meiner Meinung nach war der eigentliche Grund, weshalb Louis Armstrong, Johnny Dodds und Joe Lindsey nicht zu Ory nach Kalifornien gingen, daß Joe Lindsey von seiner Freundin drangsaliert wurde. Sie drohte, ihn umzubringen, wenn er New Orleans verließe, und wahrscheinlich wollten Louis und Dodds nicht ohne Joe gehen.«[7]

Auch Armstrong berichtet, Lindsey habe in dieser Zeit eine etwas unglückliche Beziehung zu einer älteren Frau gehabt. Manetta zufolge sei er zusammen mit Armstrong und Dodds zu Lindseys Wohnung gegangen, um ihn umzustimmen. Als sie sich der Wohnungstür näherten, soll die Frau im Hause gebrüllt haben, und Lindsey habe ihnen dann gesagt, er komme nicht mit.

Vermutlich spielte noch eine andere Begebenheit bei dieser Entscheidung eine Rolle. 1917 oder 1918 war Jelly Roll Morton mit einer Band aus New Orleans, der unter anderem Buddy Petit angehörte, nach Kalifornien gereist. Morton wollte in der Gegend von Los Angeles arbeiten. Doch man hatte die Musiker ausgelacht, weil sie keine Noten lesen konnten, in den Pausen rote Bohnen mit Reis auf dem Podium aßen und einen ziemlich provinziellen Eindruck hinterlassen hatten. Die Band kehrte kleinlaut in ihre Heimatstadt zurück, wo ihre Geschichte natürlich die Runde machte. Armstrong kannte wahrscheinlich diese Geschichte und verspürte daraufhin wenig Lust, Freunde und Familie zu verlassen. Später sagte er, nur Oliver hätte ihn bewegen können, nach Norden zu gehen. Sein mangelndes Selbstvertrauen spielte gewiß auch eine Rolle: Armstrong hatte einfach nicht den Mut fortzugehen. Joe Lindseys Absage kam ihm deshalb gerade gelegen.

Jazz-Publizisten tendieren oft dazu, Musiker so zu beschreiben, als gehörten diese – wie sie selbst – zur gebildeten Mittelklasse. Natürlich trifft das manchmal zu, aber sicher nicht auf die Jazz-Pioniere aus New Orleans. Diese Männer waren nicht sehr gebildet und entstammten einer Subkultur, die den meisten Amerikanern heute fremdartig vorkäme. Wir können Louis Armstrong nicht mit Ralph Ellison oder James Baldwin vergleichen. In den Augen der amerikanischen Mittelklasse war er primitiv, unzivilisiert, naiv, ignorant und abergläubisch. Die Schwarzen in New Orleans kauften zu Armstrongs Zeit immer noch Zaubertränke, Glücksbringer und Amulette gegen böse Einflüsse. Auch Louis benutzte zeit seines Lebens irgendwelche Mittelchen, Pflaster, Salben und dergleichen, unter anderem gegen seine Lippenprobleme. Der Glaube an die Heilkraft dieser Mittel war bei ihm so stark, daß er sich keiner medizinischen Behandlung unterzog.

Auf seinen zahlreichen Reisen lernte Louis Armstrong später das Leben außerhalb des Ghettos kennen. Doch bestimmte Bereiche des amerikanischen Alltags blieben ihm nach wie vor verschlossen, nicht zuletzt deshalb, weil er zeitlebens an gewissen Grundeinstellungen seiner Herkunft festhielt. Für ihn war es zum Beispiel nicht unehrenhaft, verhaftet zu werden, in seinen Augen war Prostitution keine Sünde, er heiratete eine Prostituierte, und für Trunkenheit mußte man sich seiner Meinung nach nicht schämen – der Rausch half, mit der täglichen Diskriminierung fertig zu werden. Was in einem College, in einem Büro oder in einer Bank passierte, blieb ihm rätselhaft. Er war kein Angehöriger der Mittelklasse – und wollte es auch nie sein.

Das heißt nun nicht, daß Louis Armstrong ein Primitiver, ein Wilder war, der die Bilder seiner Feinde verbrannte. Er war Amerikaner und hatte, im weitesten Sinne, auch amerikanische Wertvorstellungen. Doch das Ghetto, in dem er aufgewachsen war, besaß eine sehr spezifische und prägende Subkultur. So ist es verständlich, daß Armstrong sich am liebsten unter Schwarzen aufhielt, und zwar unter schwarzen Arbeitern. Jahre nach seinem Tode sagte Lucille Armstrong, seine Witwe: »Louie fühlte sich am wohlsten, wenn er Leute um sich hatte, die er sehr gut kannte und die ihm nahestanden. Er war gern mit armen Leuten zusammen, denn Armut war für ihn etwas Vertrautes. Er konnte sich mit Königen und Königinnen unterhalten, aber immer war eine gewisse Reserve da.« Selbst als Armstrong reich und berühmt war und Freunde aus den sogenannten besseren Kreisen hatte, ging er lieber nach Harlem, um mit Arbeitern auf der Straße zu würfeln.

Orys Band hatte Erfolg und machte als erste schwarze Jazz-

Band Plattenaufnahmen, die als *Ory Sunshine Sides* bekannt wurden. In den zwanziger Jahren hielt Ory sich die meiste Zeit in Chicago und anderswo auf, aber seinen Hauptwohnsitz hatte er nach wie vor in Kalifornien. Die Weltwirtschaftskrise zwang Ory, sich vom Jazz zurückzuziehen, da der New-Orleans-Jazz nicht mehr gefragt war. In den vierziger Jahren stieg das Interesse jedoch wieder, und Ory leitete erneut Jazz-Bands, die im New-Orleans-Stil spielten. Mutt Carey blieb mehr als zwei Jahrzehnte lang sein Kornettist.

Ob die Geschichte des Jazz anders verlaufen wäre, wenn Armstrong nach Kalifornien gezogen wäre, ist schwer zu sagen. Sein Genie hätte sich in jedem Fall durchgesetzt, und wahrscheinlich hätte er in Kalifornien ebenso viele Aufnahmen gemacht wie in Chicago während der zwanziger Jahre. Da Chicago seinerzeit jedoch das Zentrum des amerikanischen Showbusiness war, wurde er hier so populär, wie er es in Kalifornien wohl nie geworden wäre. Andererseits wäre der kommerzielle Druck in Kalifornien gewiß nicht so stark gewesen wie in Chicago und später auch in New York. Jedenfalls blieb er zunächst in New Orleans.

Als Ory wegging, arbeitete Armstrong bereits auf den Riverboats, die ein wichtiger Bestandteil der Legende des New-Orleans-Jazz sind. Im 19. Jahrhundert verband man Amerikas Flüsse durch Kanäle, und die Riverboats wurden zu einem wichtigen Transportmittel auf diesem ausgedehnten Wasserstraßensystem.

1878 stieg ein Mann namens John Streckfus aus St. Louis ins Riverboatgeschäft ein, das damals bereits im Niedergang begriffen war. Er übertrug das Geschäft seinen Söhnen Roy, Joseph, John und Verne, unter denen Joe offenbar am meisten hervortrat. Als das Transportgeschäft um 1907 oder 1908 stagnierte, kamen sie auf die Idee, ein paar Boote zu Ausflugsdampfern umzubauen. Joe Streckfus wandte sich an die Gewerkschaft der schwarzen Musiker von St. Louis, da er zur Unterhaltung seiner Gäste eine Band engagieren wollte. Man verwies ihn an einen jungen Pianisten namens Fate Marable, 1890 in Paducah, Kentucky, geboren, der 1908 mit Sicherheit noch kein Jazz-Musiker war. Bei seiner ersten Riverboatreise spielte er zusammen mit einem weißen Geiger namens Emil Flindt, der den Hit *The Waltz*

You Saved For Me schrieb, zum Tanz auf. Außerdem bediente Marable eine Kalliope, eine riesige Dampforgel, auf dem Oberdeck des Schiffs. Dieses Instrument kündigte mit seinem unglaublichen Lärm die Ankunft des Schiffs in den Städten am Fluß an.[8]

Bald stießen weitere Musiker zu der Band – der Trompeter Tony Catalano und der Schlagzeuger Rex Jessup.[9] Von Mai bis November waren die Schiffe auf dem Mississippi unterwegs, manchmal bis nach St. Paul in Minnesota, rund 3200 Kilometer von der Flußmündung entfernt. Jeden Abend legte das Schiff in einer Stadt oder in einem Dorf an, und die Passagiere unternahmen einen drei- bis vierstündigen Landausflug. Dann gab es Musik, Tanz, Abendessen und Drinks. Die Ankunft eines Riverboats war für die Bewohner kleinerer Städte stets eine willkommene Abwechslung. In größeren Städten blieb das Schiff manchmal ein oder zwei Tage liegen, zuweilen reservierte man auch einen Abend nur für Schwarze. Während der Wintermonate blieben die Schiffe meist in New Orleans und machten von dort aus Wochenendtouren. Noch heute, nach fünfundsiebzig Jahren, legen die Ausflugsdampfer vom Kai in New Orleans ab. Die Schiffshörner röhren, und die Bands spielen wie damals.

Fate Marable war »launisch, wechselhaft, unberechenbar – ein etwas schwieriger Charakter«[10]. Er verfügte jedoch über einen ausgeprägten Geschäftssinn und verlangte von seinen Musikern ein hohes musikalisches Niveau. Diese Einstellung teilte er mit seinem Boß, »Captain Joe« Streckfus, der sich für einen Musikexperten hielt. Joe Streckfus kaufte Platten, die seine Bands nachspielen sollten, und manchmal brachte er auch gedruckte Arrangements mit. Sein Büro befand sich auf dem Oberdeck, direkt über dem Podium. Von dort aus kontrollierte er mit einer Stoppuhr die Tempi. Dewey Jackson, ebenfalls Bandleader auf einem der Riverboats: »Wenn Streckfus dich als Bandleader engagiert hatte, hattest du keine eigene Band. Streckfus heuerte die Musiker an, die er haben wollte, suchte sich einen unter ihnen aus und sagte: ›Du bist der Leader.‹«[11] Marable allerdings engagierte seine Musiker selbst.

Nach 1910 war Marable ständig auf den Schiffen tätig. So kam er mit den jungen Schwarzen in Berührung, die die neue Hot Music spielten. Ihre Musik ging ihm, wie er sagte, unter die Haut.

»Viele Jazz-Musiker konnten keine Noten lesen, schon gar kein Arrangement. Aber improvisieren, das konnten sie.«[12]

1917 beschloß Marable, auf der *Kentucky* mit einer eigenen Jazz-Band zu spielen. Zweifellos hatte ihn die Popularität der Original Dixieland Jazz Band, deren erste Platten damals gerade auf den Markt kamen, in diesem Entschluß bestärkt. Wenn Jazz die Musik der Zukunft war, dann wollte er dabeisein. Daraufhin stellte Marable eine Band mit Musikern aus seiner Heimatstadt zusammen und nannte sie Kentucky Jazz Band – eindeutig eine Imitation der Original Dixieland Jazz Band. Obwohl die Band »ganz gut war, konnte man sie natürlich nicht mit den Burschen aus New Orleans vergleichen«, meinte Marable.[13] Deshalb engagierte er 1918 Musiker aus New Orleans, Jazz-Musiker und ein paar schwarze Kreolen, die Noten lesen und Tanzmusik spielen konnten. Peter Bocage, der auf mehreren Instrumenten zu Hause war, erinnert sich: »Fate und ich waren Freunde, als er hierher kam . . . Fate war der einzige Farbige in der Band, alle anderen waren Weiße. Die Band bestand nur aus vier oder fünf Mann. Als er die New-Orleans-Band zusammenstellte . . . , bat Fate mich, für ihn Leute zu engagieren. Ich habe also eine Zehnmannband für ihn hergebracht, und ich selbst spielte Trompete – es waren zwei Trompeter dabei, weißt du, der andere war Manuel Perez.«[14] Weder Perez noch Bocage waren echte Jazz-Musiker, sondern akademisch geschulte schwarze Kreolen. Marable schwebte offenbar eine Standard Dance Band mit Jazz-Einschlag vor. Im Laufe der nächsten Jahre spielten in seinen Riverboatbands viele Musiker, die später berühmt wurden: Johnny und Baby Dodds, Johnny St. Cyr, Pops Foster und natürlich Louis Armstrong.

Armstrong arbeitete wahrscheinlich zunächst bei ein paar kleineren Trips während der Wintersaison 1918/19 auf den Riverboats, und dann in den Jahren 1919, 1920 und 1921 auf den langen Sommerreisen. Mehrere Leute behaupteten von sich, Marable auf Armstrong aufmerksam gemacht zu haben, darunter Bocage und Pops Foster, aber Marable selbst sagte: »Ich hörte Louis zum erstenmal in der Co-Operative Hall mit Kid Orys Band, als sie Chris Smiths *Honky Tonk Town* spielten.«[15]

Armstrong konnte keine Noten lesen, hatte keine solide Ausbildung auf seinem Instrument und kaum Erfahrung mit der

Tanzmusik, die auf den Riverboats verlangt wurde. Dennoch entschied sich Marable für Armstrong, obwohl er jeden schwarzen Musiker der Stadt hätte engagieren können. Natürlich wollte er einen Jazz-Improvisator, um seinem Orchester den heißen Anstrich zu geben, der so populär geworden war. Warum nahm er aber nicht einen Musiker, der Noten lesen und improvisieren konnte? Louis Armstrong scheint schon 1918 bei Musikerkollegen besonderes Ansehen genossen zu haben.

Als Einundzwanzigjähriger trat Armstrong 1919 seine erste lange Reise mit Fate Marable an. Bisher hatte er New Orleans noch nie verlassen, mit Ausnahme von ein paar Ausflügen in die nähere Umgebung. Ein Schiffsengagement war zu jener Zeit ein sehr gefragter und angesehener Job, und nachdem Ory New Orleans verlassen hatte, brauchte Louis dringend neue Arbeit. Schließlich kam ein Riverboat ja immer wieder nach Hause zurück, und außerdem war Armstrong dort mit Musikern zusammen, die er kannte. Deshalb unterzeichnete er den Vertrag und begab sich auf die Reise.

Die nächsten drei Sommer auf den Riverboats waren wichtig für Armstrongs musikalische Entwicklung. Jeder junge Musiker braucht eine Zeit, in der er intensiv Spielerfahrungen auf hohem Niveau sammeln kann. Ein Musiker muß bestimmte Reflexe entwickeln, kleinste Muskeln, Sehnen und das gesamte Nervensystem müssen koordiniert werden. Bei Bläsern geht es hauptsächlich um die Muskeln der Zunge, des Mundes, der Wangen und um den Kiefer. Laien glauben, Fingerfertigkeit setze Jahre intensivsten Trainings voraus. In Wirklichkeit kann man die kompliziertesten Fingersätze in wenigen Wochen lernen. Wirklich schwierig ist beim Blechblasinstrument jedoch der Ansatz. Die Bewegung von Ton zu Ton erfordert bei diesen Instrumenten kaum meßbare Veränderungen der Muskelspannung der Lippen und der gesamten unteren Gesichtshälfte, und das manchmal mehrfach innerhalb einer Sekunde. Die Zunge schlägt dabei bis zu fünfhundertmal pro Minute an die Rückseite der Zähne. Diese Bewegungen der Zunge und der Lippen müssen genau mit den Bewegungen der Ventile koordiniert werden. Der Musiker hat während des Spielens natürlich keine Zeit, über diese Prozesse nachzudenken. Sie werden vielmehr durch konditionierte Reflexe gesteuert, die so tief im Unterbewußten verwurzelt sein müssen, daß der Musiker aus dem Stand jede gewünschte Notenfolge produzieren kann. Diese Fähigkeit ist nur durch langes, intensives Üben zu erreichen. Ein junger Bläser muß Millionen Noten in Millionen Kombinationen spielen, bevor er einen starken, verläßlichen Ansatz entwickelt.

Vor seiner Arbeit auf den Riverboats hatte Armstrong solche Spielerfahrung nicht systematisch sammeln können, da er hauptsächlich an den Wochenenden spielte. Außerdem kann ein improvisierender Musiker sich die Sache oft leicht machen, indem er schwierige Passagen vereinfacht oder umgeht. So ist er nicht gezwungen, sich mit musikalischen Schwächen auseinanderzusetzen, wie das jeder Musiker muß, der nach Noten spielt.

Die Jazz-Pioniere wußten, warum sie die Arbeit auf den Riverboats »zur Schule gehen« nannten; es war eine harte Schule. Pops Foster schreibt:

»Es war merkwürdig, für die Streckfus-Leute zu arbeiten. Die Musik mußte ihnen gefallen, nicht dem Publikum. Solange sie zufrieden waren, hattest du den Job. Jeden Abend mußte man vierzehn Nummern spielen, und die Stücke wurden alle zwei Wochen gewechselt. Die Stücke waren lang, mußten ganz durchgespielt werden, und manchmal kamen noch zwei oder drei Wiederholungen und zwei Chorusse hinzu . . . Auf diese Weise machten die Streckfus-Leute aus vielen jungen Burschen erst richtige Musiker. Louis Armstrong, Johnny St. Cyr und ich hatten keine Ahnung vom Notenlesen, als wir zum erstenmal auf den Riverboats arbeiteten; aber als wir dort aufhörten, konnten wir es. Das hat uns sehr geholfen.«[16]

Zutty Singleton, der etwas später auf diesen Schiffen mitfuhr, berichtete: »Bei Captain John ging es zu wie beim Militär. Ralph Williams und Isham Jones [weiße Bandleader] leiteten für ihn die Bands auf den beiden anderen Riverboats. Wir mußten hinübergehen und ihnen zuhören, und sie mußten uns zuhören. Er kaufte immer die neuesten Aufnahmen von Fletcher Henderson, Paul Whiteman oder ähnlichen Leuten, und wenn ihm davon etwas gefiel, mußten wir es nachspielen.«[17]

Armstrong erhielt in dieser Situation, wie so oft in seinem Leben, Hilfe von zwei älteren Musikern: von Joe Howard, erster Kornettist in der Marable-Band, und David Jones, ein Mellophonspieler, Pianist, Trompeter und Saxophonist. Jones wurde von den anderen Musikern »Professor Jones« genannt – eine damals übliche Bezeichnung für ausgebildete Musiker, die Jüngeren halfen. Er galt aber nicht nur als guter Musiker, sondern auch als hervorragender Jazz-Improvisator.

Jones war ein rastloser Mensch, der nie lange an einem Ort blieb. Auf dem Schiff arbeitete er aber lange genug, um Armstrong die »kleinen schwarzen Punkte« zu erklären. Man hat Armstrong oft als schlechten Blattspieler bezeichnet, und tatsächlich erreichte er nie das Niveau der heutigen Studiomusiker, die die vertracktesten Stimmen mühelos vom Blatt lesen. Der Saxophonist Scoville Browne, ein früherer Mitmusiker, fand, Armstrong habe Noten so gut lesen können wie jeder normale Big-Band-Musiker seiner Zeit.[18]

Armstrong spielte auf den Riverboats Millionen von Noten und sammelte wichtige Spielerfahrung. Jeweils fünf Monate lang spielte die Band jeden Abend, probte an zwei Nachmittagen und nahm gelegentlich auch noch andere Jobs an. 1921 verließ Louis die Riverboats als erfahrener, professioneller Musiker.

Eine Anekdote sei noch nachgetragen: In Davenport, Iowa, der Heimatstadt des jungen weißen Kornettisten Bix Beiderbecke, soll es zu einer Begegnung zwischen beiden gekommen sein. Armstrong erzählte die Geschichte, und Beiderbeckes Biographen, Richard M. Sudhalter und Philip R. Evans, schrieben, ». . . wahrscheinlich lernten die beiden jungen Männer sich bei dieser Gelegenheit kennen«[19]. Ich bezweifle das. Beiderbecke war damals ein Anfänger. Warum hätte Armstrong sich für ihn interessieren sollen? Außerdem war Armstrong nur einer unter vielen anonymen Musikern in einer Riverboat-Dance-Band. Es gab für die beiden Männer also keinen Grund, sich kennenzulernen. Abgesehen davon wäre die Freundschaft zwischen einem Weißen und einem Schwarzen zu jener Zeit im Mittleren Westen nicht nur ungewöhnlich, sondern geradezu skandalös gewesen. Beiderbecke und seine Freunde hätten mit schwarzen Musikern auch gewiß nicht viel zu reden gewußt.

Jones und Chilton behaupten, Armstrong sei 1921 vom Management der Riverboats »entlassen« worden; die Gründe dafür sind jedoch nicht bekannt. Vielleicht sind sie im Privaten zu suchen. Armstrong hatte Ende des Jahres 1918 eine Prostituierte namens Daisy Parker geheiratet, eine kleine, schlanke, gutaussehende einundzwanzigjährige Kreolin. Daisy war ungebildet, jähzornig und streitsüchtig. Armstrong hatte sie im Brick House kennengelernt, der Dance Hall in Gretna, einem schwarzen Arbeitervorort. Dort trat er gelegentlich samstags abends auf. Daisy arbeitete in der Dance Hall. Sie verliebten sich, und nach kurzer Verlobungszeit, in der es schon handfeste Streitereien gab, heirateten sie.

Dieses Ereignis wurde von vielen nicht gerade freudig zur Kenntnis genommen. Mayann, die immer akzeptierte, was ihr Sohn tat, meinte nur, Louis müsse sein eigenes Leben leben. Das junge Paar mietete eine Zweizimmerwohnung in der Nähe der Perdido Street. In der Ehe hörten die heftigen Auseinandersetzungen nicht auf. Daisy griff Louis mit Messern und Steinen an, und beide wurden mehrfach wegen Tätlichkeit festgenommen. Armstrong versuchte zwar, die Ehe aufzulösen, doch Daisy lief ihm dann hinterher und überredete ihn immer wieder, sie nicht zu verlassen.

Die Beziehung zu Daisy endete erst, als Louis New Orleans verließ und nach Chicago zog. Aber erst 1923 reichte er die Scheidung ein, um Lil Hardin zu heiraten. Daisy wurde über fünfzig Jahre alt, und als Armstrong berühmt war, prahlte sie, mit ihm einmal liiert gewesen zu sein. Wann immer Louis später in New Orleans auf Tournee war, besuchte sie ihn im Hotel. Lucille Armstrong, Louis' vierte Frau, war verständlicherweise verärgert darüber: »Sie hat niemals zur Kenntnis genommen, daß Louis sich von ihr hat scheiden lassen, und betrachtete sich immer noch als seine Frau. Ganz am Anfang meiner Ehe mit Louis kam sie sogar ins Hotel, um ihn zu treffen.«

1922 hatte Armstrong sich zu einem erstklassigen Jazz-Musiker entwickelt und war unter den Musikern von New Orleans sehr angesehen. Er hatte in einigen der besten schwarzen Bands der Stadt gespielt, unter anderem bei Kid Ory, Fate Marable und Manny Manetta. Im April 1922 zog er die Aufmerksamkeit eines Bandleaders auf sich, der später in Armstrongs Karriere und auch in der Geschichte des Jazz eine große Rolle spielte: Fletcher Henderson war im Jahre 1922 ein unbekannter schwarzer Pianist, der eine kleine Band namens Black Swan Troubadors leitete. Diese war mit einer jungen Jazz-Sängerin namens Ethel Waters im Süden der USA auf Tournee. Henderson ist nie ein hervorragender Pianist gewesen, und als Bandleader war er faul. Aber er war einer der besten Talentsucher, die es im Jazz je gab. Als Henderson mit seiner Gruppe in New Orleans auftrat, hörte er Armstrong spielen, wahrscheinlich in einem Klub an der Orchard Street. »Er war«, sagte Henderson dreißig Jahre später, »ein netter, enthusiastischer Bursche und spielte in einer kleinen Band in New Orleans Horn.«[20] Henderson wollte Armstrong sofort für den Rest seiner Tournee engagieren, doch Armstrong zögerte. Er wolle New Orleans nicht ohne seinen Kumpel Zutty Singleton verlassen. Vermutlich ängstigte ihn erneut die Vorstellung, ohne Freunde in die Fremde zu ziehen. Da Henderson seinen Schlagzeuger nicht entlassen wollte, blieb Armstrong auch dieses Mal in New Orleans.

Allerdings vergaß Henderson Armstrong nicht, und er war auch nicht der letzte Bandleader, der ihn aus New Orleans wegzulocken versuchte.

Irgendwann in jenem Sommer beschloß Armstrongs alter Beschützer, Joe Oliver, der mittlerweile in Chicago seßhaft geworden war, Armstrong in seine neue Band zu holen. Also schickte er ihm ein Telegramm. Diesmal war Armstrong bereit, seine Heimat zu verlassen, da er wußte, daß er unter dem Schutz Olivers stand. Er war spät dran – einer der letzten bedeutenden New-Orleans-Musiker, der fortging. Aber jetzt war er bereit, sich der Herausforderung zu stellen.

Spätestens an diesem Punkt wird deutlich, daß Armstrong unter den Jazz-Pionieren eine besondere Stellung einnahm. Ory hatte ihn in die beste Jazz-Band von New Orleans geholt, und auch bei der Gründung seiner Band in Los Angeles hatte er zuerst an Louis gedacht. Marable hatte ihn auf die Riverboats geholt. Henderson hatte ihm sofort einen Job angeboten, nachdem er ihn nur ein einziges Mal gehört hatte. Was war an Armstrongs Spiel so außergewöhnlich? Seine Stärke lag sicher nicht in technischer Brillanz. In seinen Memoiren spricht er zwar von seiner »schnellen Fingertechnik«, doch niemand, der ihn aus New Orleans kannte, hat je irgendwelche besonderen technischen Fähigkeiten erwähnt. Und ein Highnote-Spezialist war er zu jener Zeit auch noch nicht.

Wenn also nicht Technik seine Musik auszeichnete, muß schon damals jene verborgene innere Qualität spürbar gewesen sein, die uns noch heute anzieht und anrührt. Ich glaube, daß Armstrong 1922 die Conditio sine qua non eines jeden großen Künstlers gefunden hatte: den individuellen Ausdruck. Jeder, der Armstrong oft gehört hat, weiß schon nach den ersten Tönen: Das ist er! Man erkennt ihn am Ton, an winzigen Nuancen, an Manierismen, an kleinen Gewohnheiten, die zusammen einen ganz bestimmten Stil ergeben. Armstrongs Stil zeichnen unter anderem seine rasiermesserscharfe Attacke, sein breites Endvibrato und sein voller Ton aus.

Doch es geht um mehr als Manierismen und Nuancen. Bei Menschen, die wir bewundern, fesselt nicht nur die Eigenart ihrer Stimme unsere Aufmerksamkeit, *wie* sie es sagen, sondern auch, *was* sie sagen. In der besten Musik spüren wir, daß jemand zu uns spricht, uns etwas sagt – zuredend, bittend, befehlend, ablehnend, schmeichelnd, erklärend, ermahnend, besänftigend, verzweifelt. Wir spüren, daß jemand uns mit großer Überzeugungskraft etwas Wichtiges erzählt. Bei solcher Musik geht es »um etwas«, sie hat einen »Sinn«. Und sie erweckt in uns das Gefühl, daß sie nicht erst geschaffen worden ist, sondern schon existierte, daß ihr Urheber sie also nur zur Entfaltung gebracht und unsere Aufmerksamkeit auf einige ihrer interessanten Aspekte gelenkt hat.

Die Musik Louis Armstrongs fesselte vier Generationen in unterschiedlichsten Kulturkreisen, weil sie diesen »Sinn« enthält. Diese Qualität wurde erst offenbar, als er über ausreichende technische Fertigkeiten auf dem Kornett verfügte, also um 1917. Damals war er etwa neunzehn Jahre alt und bemühte sich gerade um King Olivers Wohlwollen.

Warum gibt es nur so verschwindend wenige Menschen mit jener Qualität? Und warum gerade Louis Armstrong? Sicherlich läßt sich dies auf den Fluß der Gefühle zurückführen, auf die Freiheit im Ausdruck, an die er von klein auf gewöhnt war. Er nahm sich die Freiheit, jedem seine Gefühle zu zeigen. Anderen, die unter ähnlichen Bedingungen aufgewachsen sind, ist es nicht gelungen, eine so individuelle Stimme wie Armstrong zu entwikkeln. Er war einfach ein begnadeter Musiker.

Chicago

Chicago, Armstrongs Heimat für die nächsten sieben Jahre, schien auf einem anderen Planeten zu liegen. New Orleans war eine verschlafene Idylle, Chicago barst vor Energie und Unrast. New Orleans war eine Stadt mit eigener Geschichte und Tradition und wurde von alteingesessenen Familien regiert. Chicago war ein Ort, wo »jeder Tüchtige es zu etwas bringen konnte«. Die Bürger von Chicago hielten ihre Stadt für die Stadt der Zukunft, die schon bald alle alten Städte an der Ostküste überflügeln werde. In New Orleans regierte das Vergnügen, in Chicago der nackte Kommerz. Weil die Stadt am Schnittpunkt der großen Eisenbahnlinien und Wasserstraßen lag, wurden hier Güter im Werte von mehreren hundert Millionen Dollar umgeschlagen, riesige Mengen von Getreide, Fleisch, Stahl und anderen Industrieprodukten. Chicago war eine brodelnde und aufstrebende Stadt. Moralische Fragen interessierten niemanden. Wer Skrupel hatte, kam hier nicht sehr weit. Diese Einstellung hinterließ auch in Armstrongs Musik ihre Spuren. In New Orleans war Musik immer ein Spaß gewesen, in Chicago hingegen war sie Teil einer riesigen, kartellartig organisierten Unterhaltungsindustrie, und ihr Hauptzweck war, Gewinne zu erzielen.

Das einzige, was Chicago und New Orleans gemeinsam hatten, war die Vielfalt der Laster. Zu Armstrongs Zeit wurde die Vergnügungsbranche in Chicago von einem stillen, verschlossenen Mann namens Johnny Torrio kontrolliert, der weder rauchte noch trank. Seine Abende verbrachte er vornehmlich damit, klassische Musik zu hören und mit seiner Frau Karten zu spielen; angeblich soll sie nie erfahren haben, wie ihr Ehemann sein Geld verdiente. Torrio war ein kriminelles Genie. Er schloß einen großen Teil der Unterwelt Chicagos zu einem mächtigen Syndikat zusammen und kontrollierte alle Bordelle, Spielhöllen, Drogenhändler, Brauereien und Alkoholhändler, die die Barbesitzer zur Abnahme ihrer Erzeugnisse zwangen. Torrio hatte aber auch Rivalen. Der einflußreichste unter ihnen, Dion O'Bannion, war ebenso gerissen wie skrupellos und herrschte über ein riesiges Imperium.[1]

Die verbrecherischen Machenschaften erstreckten sich über die ganze Stadt, aber sie konzentrierten sich vor allem auf die South Side von Chicago, einem Schmelztiegel verschiedener ethnischer Gruppen. Mitten durch die South Side verläuft der Black Belt, um 1920 die Heimat von Zehntausenden amerikanischer Schwarzer, die größtenteils aus dem Süden gekommen waren. Im Jahre 1910 wohnten hier 44 000 Schwarze, 1920 schon 109 000, und 1930 waren es bereits 233 000.

1919 kam es in Chicago zu blutigen Rassenunruhen, in deren Verlauf viele Schwarze getötet wurden. Dennoch wurden in dieser Stadt weniger Gewalttaten gegen Schwarze verübt als im Süden. Der Black Belt war ein funktionierendes schwarzes Gemeinwesen; hier gab es die beste Zeitung für Schwarze in ganz Amerika, eine eigene Verwaltung, eigene Läden und eine eigenständige Kultur. Der schwarze Bandenchef Dan Jackson machte mit dem Bürgermeister William »Big Bill« Thompson gemeinsame Sache, herrschte über ein Syndikat von Spielhöllen, Bordellen, Cabarets und betrieb ein eigenes Unternehmen zum Alkoholschmuggel. Thompson setzte sich aktiv für das Wahlrecht der Schwarzen ein, mit dem Ergebnis, daß »die Schwarzen 1920 in Chicago mehr politische Macht hatten als irgendwo sonst im Lande . . . Die neue Verfassung, die 1920 in Illinois in Kraft trat, enthielt eine ausdrückliche Bürgerrechtsklausel.«[2] Im Black Belt konnte ein Schwarzer bei schwarzen Verkäufern kaufen, in schwarzen Spielsalons zocken und in überwiegend von Schwarzen besuchten Parks Baseball spielen. Mit dem South Parkway besaßen die Schwarzen von Chicago gar eine eigene Goldküste, ein Villenviertel, das, als eine Art Champs-Elysees ursprünglich für Weiße gebaut, später jedoch von den Schwarzen übernommen worden war.

Der Black Belt von Chicago war alles andere als ein Paradies. Die meisten Einwanderer lebten nicht am South Parkway, sondern in »völlig verfallenen ein- und zweistöckigen Holzhäusern . . . , mit wackeligen Holzgängen und Veranden, die wegen Baufälligkeit vernagelt waren. In den meisten dieser Gebäude befanden sich zwei Wohnungen.«[3] Die Weißen, die am Rande dieses Gebiets lebten, kämpften verbissen gegen dessen Ausbreitung. Schwarze, die sich im weißen Viertel anzusiedeln versuchten, wurden tätlich angegriffen, ihre Häuser zerstört. Viele Geschäfte im Black Belt gehörten trotz allem Weißen, meist Gangstern. Obgleich die Bedingungen für die Schwarzen hier besser waren als im Süden, war der Black Belt im großen und ganzen ein schmutziges, heruntergekommenes Ghetto.

Die schwarzen Ghettobewohner von Chicago bildeten ein großes Publikum für die schwarze Musik. Die meisten von ihnen waren jung und unverheiratet; außerdem hatten sie etwas mehr Geld in der Tasche als früher im Süden. Und natürlich wollten sie die neue Hot Music hören.

Aber allein wegen dieses Publikums wäre Armstrong nicht nach Chicago gegangen. In den Jahren nach dem Ersten Weltkrieg setzten parallel zwei Entwicklungen ein, die miteinander verknüpft waren und auf Armstrongs Leben tiefgreifenden Einfluß ausübten: der Siegeszug des schwarzen Showbusiness und die Ausbreitung des Jazz.

Schwarze Entertainer hatte es seit Ankunft der Sklaven in Amerika gegeben. Schon im 17. Jahrhundert ließen die weißen Plantagenbesitzer Onkel Cudjo zu ihrem Amüsement seine merkwürdige Banjomusik spielen und erfreuten sich daran, wenn die Kinder der schwarzen Sklaven im Dreck vor den Hütten tanzten. Im 18. Jahrhundert erhielten die Schwarzen gelegentlich auch Musikunterricht, damit sie ihren Besitzern zum Tanz aufspielen konnten. Andere Schwarze brachten sich das Spielen selbst bei, um sich etwas Geld zu verdienen. Anfang des 19. Jahrhunderts entstand das, was man später Minstrel-Show nannte: eine Art Varieté mit Gesang, Tanz und Parodien über das Leben auf den Plantagen. In den ersten Minstrel-Shows traten Weiße mit schwarzgeschminkten Gesichtern auf, doch nach dem Bürgerkrieg begannen die Schwarzen, selbst Minstrel-Shows zu produzieren – ebenfalls mit geschwärzten Gesichtern, weil das zur Tradition gehörte. Im ausgehenden 19. Jahrhundert wurde aus der Minstrel-Show die Vaudeville-Show, die dem üblichen Varietéprogramm ähnelte: mit Parodien, komischen Sketchen, Sing-und-Tanz-Nummern, musikalischen Duetten und später auch Jazz-Bands und kurzen Stummfilmen.

Das Vaudeville wurde von weißen Künstlern für ein weißes Publikum gespielt. Es gab jedoch auch schon schwarze Shows, die vornehmlich für das schwarze Publikum bestimmt waren. Die großen Blues-Sängerinnen Bessie Smith und Ma Rainey verdienten ihren Lebensunterhalt in solchen Vaudeville-Shows, die immer noch Minstrel-Shows hießen.

Die Gründe, warum weiße Amerikaner sich zum schwarzen Entertainment hingezogen fühlten, liegen auf der Hand. Zunächst einmal war die schwarze Subkultur mit ihren faszinierenden Bräuchen den Weißen immer exotisch erschienen. Und zweitens standen die Schwarzen von jeher in dem Ruf, erotischer zu sein als die Weißen. Von ihnen wurde nicht erwartet, daß sie die sexuellen Tabus der weißen Gesellschaft respektierten. Was in Dark Town vor sich ging, wurde offiziell zwar nicht gebilligt, aber stillschweigend akzeptiert. Die schwarzen Entertainer konnten sich ungehindert in Obszönitäten ergehen, die ein weißer Kollege niemals hätte bringen dürfen. Das schwarze Entertainment wurde in den ersten drei Jahrzehnten unseres Jahrhunderts zu einem immer wichtigeren Teil des Showbusiness, insbesondere nach dem Erfolg von Noble Sissles und Eubie Blakes Broadway-Revue *Shuffle Along* im Jahre 1921.

Fast alle Jazz-Publizisten und Jazz-Fans sind der Ansicht, der Jazz sei in den Ghettos von Schwarzen für Schwarze entwickelt worden. Die ersten Jazz-Kritiker sahen diese Musik als die kaum beachtete Kunst eines unterdrückten Volkes an, als »Volksmusik«, wie der Kritiker Otis Ferguson im Jahre 1940 wörtlich sagte.[4] Immer wieder findet sich in Darstellungen zur Geschichte des Jazz die Meinung, die weißen Amerikaner hätten den frühen Jazz entweder verachtet oder ignoriert. John Hammond und James Dugan schrieben im Jahre 1938:

»Den größten Anteil an der Entstehung und Pflege des Jazz und Blues hat der amerikanische Schwarze, der unterdrückte Amerikaner, dessen musikalische Qualitäten in Europa längst erkannt worden waren, während sie zu Hause nicht beachtet wurden . . . Die größten unter diesen Künstlern sterben an Entbehrungen und mangelnder Anerkennung. Oft befinden sie sich in der paradoxen Situation, die musikalischen Idole der Welt und gleichzeitig arm zu sein.«[5]

Die damaligen Jazz-Publizisten betrachteten den Jazz als

eine Untergrundmusik, die nur Schwarze – und Europäer – zu schätzen wußten. In Wirklichkeit lagen die Dinge völlig anders. Nicht nur die weißen Jazz-Bands, sondern auch die schwarzen fanden von Anfang an ein großes Publikum. In New Orleans hatten, so Pops Foster, »die meisten Saloons zwei Räume, einen für Weiße und einen für Farbige. Die Farbigen tanzten, sangen und hatten dabei soviel Spaß, daß die Weißen zu ihnen herüberkamen, um mitzumachen und am Spaß teilzuhaben. Nicht anders war es in dem für Schwarze reservierten Teil des Lincoln-Parks. Dort hielten sich oft so viele Weiße auf, daß kaum auszumachen war, für wen dieser Teil tatsächlich gedacht war.«[6]

In Storyville hatten, wie schon erwähnt, Schwarze und Weiße je einen Bezirk für sich, und in letzterem spielten die Bands ausschließlich für Weiße. Auch Ory und Armstrong spielten im New Orleans Country Club vor weißem Publikum. Genauso war es bei den Tulane Fraternity Partys, im Tranchinas und in anderen eleganten Restaurants, wo die Orchester von Robichaux, Celestin und Piron spielten, und natürlich auch auf den Privatpartys in den großen Häusern an der St. Charles Street.

Als die neue Musik sich nach Norden ausbreitete, war es nicht anders: Duke Ellington und Fletcher Henderson spielten hauptsächlich für ein weißes Publikum, zunächst in Lokalen wie dem Club Alabam, dem Kentucky Club, dem Cotton Club und dem Roseland Ballroom, zu denen nur Weiße Zutritt hatten. In Chicago schaffte es die Gewerkschaft der weißen Musiker eine Zeitlang, die schwarzen Bands aus den besten Lokalen herauszuhalten. Doch die Folge war, daß die weißen Musikfans in die Black and Tans gingen, die Klubs im schwarzen Ghetto an der South Side, um schwarze Bands zu hören.

Erle Waller schreibt über sein Leben in Chicago, daß er und seine Freunde regelmäßig »die Black and Tans in der nahegelegenen South Side besucht hätten«[7]. Er erinnert sich an das Pekin Café, das sich »im zweiten Stock eines sehr alten Gebäudes in der Nähe der 24th Street« befand. Es öffnete um ein Uhr morgens und bot eine Show mit dem »einäugigen King Oliver«[8]. An der Paulina und Van Buren Street lag die Dreamland Dance Hall, ein »einstöckiges, scheunenartiges Gebäude mit einem ausgezeichneten Holzboden, der früher einmal als Rollschuhbahn benutzt worden war. Die Schwebebahn führte über das Dach und machte einen Höllenlärm. Wenn zwei Züge sich über der Dance Hall begegneten, übertönten sie alles. Paddy Harmon . . . war der Besitzer, und Elgars Band, damals die beste Jazz-Band, stand auf dem Podium, wenn Chicago-Stil oder Dixieland angesagt war.«[9] (Die Rede ist nicht vom Dreamland, in dem Armstrong später spielte.)

An der 35. Straße gab es zwischen Michigan Boulevard und South Park Avenue ein Unterhaltungscafé, dessen Besitzer Issy Shore war. Auch dort spielten schwarze Bands. In einigen dieser Lokale arbeiteten gelegentlich weiße und schwarze Entertainer zusammen. An Wochenenden bestand das Publikum oft zu zwei Dritteln aus Weißen, unter der Woche waren es weniger. Das Licht war trübe, die Luft schlecht, die Tänzer schwitzten, und die Bands spielten heiße Musik. »Viele Tänzer wiegten sich langsam zur Musik, und die Kleider der Mädchen rutschten bedenklich hoch.«[10]

Doch der Jazz fand sein Publikum nicht nur in solchen zwielichtigen Cabarets und Dance Halls; auch an den Universitäten wuchs in den zwanziger Jahren das Interesse an der neuen Musik. Tanzen war damals die wichtigste Freizeitbeschäftigung der Collegestudenten. Viele tanzten zwei- oder dreimal pro Woche auf Fraternity Partys und holten viele weiße Musiker auf den Campus, die zum Tanz aufspielten. William C. Parker, der Anfang der zwanziger Jahre an der Universität von Indiana studierte, sagte: »Auf dem Campus spielten oft Gruppen von drei oder vier Musikern. Bix kam manchmal mit vier oder fünf Mann.« Dann fügte er noch hinzu: »Meines Wissens gab es keine organisierten Hot Clubs. Doch das Interesse an der neuen Musik war sehr groß. Zwischen 1916 und 1920 beschäftigte ich mich vor allem mit der Original Dixieland Jazz Band, zwischen 1920 und 1924 dann mit Bix. Von Louis Armstrong habe ich vor 1925 nichts gehört.«[11] (Bis zu diesem Zeitpunkt hatte er noch keine Platten unter eigenem Namen veröffentlicht.)

Besonders wichtig war, daß Jazz im Radio gespielt wurde. Schon 1923 spielte Kid Ory in einer Radiosendung aus Los Angeles klassischen New-Orleans-Jazz[12], und ein New Yorker Sender strahlte Blues-Musik von Trixie Smith und Fletcher Henderson aus.[13] Mitte der zwanziger Jahre hatten Clarence Williams, Henderson, Ellington und andere regelmäßige Radiosendungen, manchmal jeden Abend oder sogar zweimal am Abend. Meist waren es Übertragungen aus bekannten Nachtklubs, Hotels oder Dance Halls.[14] Damals gab es noch keinen speziellen Sender für Schwarze, und die Programme waren hauptsächlich auf weiße Zuhörer zugeschnitten. 1923 berichtete John Hammond in der englischen Musikzeitschrift *Melody Maker*: »Englische Leser können sich keine Vorstellung von den amerikanischen Radioprogrammen machen. Es gibt buchstäblich Hunderte davon, und die meisten senden praktisch rund um die Uhr. Die Liste der in den Programmen vertretenen Stars ist so lang, daß man fast zu jeder Tages- und Nachtzeit seine Lieblingsband hören kann.«[15] Dabei handelte es sich keineswegs nur um Jazz-Bands, sondern in erster Linie um gewöhnliche Tanzorchester, die sich der modischen Jazz-Effekte bedienten. Dennoch gab es im New York der zwanziger Jahre mehr guten Jazz als heute.

Um 1927 berichtete der *Chicago Defender*, es gebe in den Vereinigten Staaten »zehntausend Jazz-Bands«[16]. 1931 war der Jazz so gesellschaftsfähig geworden, daß Präsident Hoover Duke Ellington während eines Engagements seiner Band am Howard Theatre in Washington ins Weiße Haus einlud[17], und Percy Grainger bat ihn, im Rahmen seiner Vorlesung über Musikkritik an der New Yorker Universität einen Gastvortrag zu halten.[18]

Die Öffentlichkeit konnte damals freilich noch nicht zwischen Pseudo-Jazz und echtem Jazz unterscheiden. Doch die echten Jazz-Bands von Morton, Oliver, Ellington, Henderson und die weißen Bands, wie die von Jean Goldkette, Ben Pollack und Red Nichols, deren Musik wir noch heute schätzen, arbeiteten regelmäßig in bekannten Nachtklubs, machten ständig Plattenaufnahmen und traten auch in vielen Radiosendungen auf.

Wie aber kam es zu der Legende, der Jazz sei in dieser Zeit von der amerikanischen Öffentlichkeit ignoriert oder verachtet worden? Die Frühgeschichte des Jazz ist durch tendenziöse Berichterstattung in den dreißiger und vierziger Jahren verzerrt worden. Nach S. Frederick Starr, einem russischen Gelehrten und Kenner des New-Orleans-Jazz, definierte die Kommunistische Internationale 1928 den Jazz aus politischen Erwägungen als proletarische Musik.[19] Unter dieser Voraussetzung konnte sie den Jazz kaum als Zweig einer hochkommerziellen, um nicht zu sagen kapitalistischen Unterhaltungsindustrie akzeptieren und

Absender

Name

Straße

PLZ/Ort

Mein Urteil über das Buch

Bitte als
Postkarte
frankieren

Gustav Lübbe Verlag
Leserservice
Postfach 20 01 27

5060 Bergisch Gladbach 2

mußte auch verschweigen, daß ihn Millionen von Angehörigen der verhaßten amerikanischen Bourgeoisie liebten. Vielmehr mußte der Jazz als Volkskunst gelten und die Jazz-Musiker als heruntergekommene Volksmusiker. Diese »wirre« Politik gegenüber den Schwarzen, so Starr, haben Leute erdacht, »die Amerika nur aus der Leninbibliothek kannten«[20].

Die Folge dieser Politik war, daß das Thema Jazz wiederholt von der linken Presse aufgegriffen wurde, deren Kulturredakteure ihn ausführlich behandelten: Charles Edward Smith im *Daily Worker*, Bernhard H. Haggin in der *Nation*, Otis Ferguson in der *New Republic*, James Dugan und John Hammond (alias Henry Johnson) in den *New Masses*. Sie schrieben regelmäßig über Jazz, und im allgemeinen vertraten sie den Standpunkt, Jazz sei eine proletarische Musik. Jazz sei »Volksmusik«, sagte Ferguson ausdrücklich[21], und Hammond und Dugan waren davon überzeugt, daß die schwarzen Musiker »verkannt« würden. Natürlich stimmt es, daß Jelly Roll Morton und King Oliver ziemlich verarmt starben. Doch Ellington und Armstrong, die beide oft in Filmen und regelmäßig in Radiosendungen auftraten, kann man kaum als verkannte Genies bezeichnen.

Die meisten dieser Journalisten verband eine starke Liebe mit dem Jazz, und sie glaubten ernsthaft, der Jazz würde in Amerika unterbewertet und die Musiker würden unterdrückt. Einige Autoren veröffentlichten lange Listen mit Zitaten aus der Presse der zwanziger und dreißiger Jahre, in denen der Jazz attackiert wurde. Die mindestens ebenso große oder eher noch größere Anzahl an positiven Stimmen aus dem gleichen Zeitraum aber ignorierten sie einfach, was kaum ein Zufall sein kann.

Das Interesse der Linken am Jazz hatte jedoch auch die sehr erfreuliche Auswirkung, *daß* über die Musik geschrieben wurde, und zwar oft recht einfühlsam und scharfsinnig. Hammond und Ferguson waren ausgezeichnete Jazz-Kritiker.

Armstrongs Problem war nicht, daß seine Musik ignoriert wurde, sondern, daß sie zu populär war. Als er 1922 nach Chicago kam, wurde er von einer Welle steigenden Interesses am Jazz und an den Schwarzen getragen. Das Jazz-Verständnis der Öffentlichkeit war zwar noch recht konfus, aber es gab eine Gruppe von Leuten, die zu verstehen begann, was Jazz war und wie er funktionierte. Dazu gehörten besonders die jungen

Musiker, die überall in Amerika in den Dance Bands arbeiteten. Allmählich sprach sich herum – zumindest in Chicago –, daß die größte aller Jazz-Bands King Olivers Creole Jazz Band war.

Die Entstehungsgeschichte der Creole Jazz Band ist von verschiedenen Autoren unterschiedlich dargestellt worden. Im folgenden werde ich versuchen, das Wesentliche zusammenzufassen.

Im Jahre 1909 übersiedelte ein bekannter Musiker aus New Orleans namens Bill Johnson, der Baß, Banjo und Gitarre spielte, nach Kalifornien. Er beschloß, eine Ragtime-Band im Stil des New-Orleans-Jazz zu gründen, und um 1911 engagierte er Freddie Keppard. Keppard wiederum holte noch einige andere Musiker, unter ihnen den Geiger Jimmy Palao, den Posaunisten Eddie Vinson und den Klarinettisten Louis »Big Eye« Nelson, und zog mit ihnen nach Westen, um mit Johnson zu arbeiten. Mit dem Kornettisten Keppard hatte die Gruppe beachtlichen Erfolg. Im Jahre 1913 trat sie in verschiedenen Vaudeville-Theatern auf, die unter dem Namen Orpheum firmierten. 1915 gastierte die Band im Winter Garden, einem bekannten Theater in New York als That Creole Band in der Show *Town Topics*. Dann folgte eine zweite kurze Orpheum-Tournee, und 1918 nahm eine Band, bei der es sich wahrscheinlich um die Gruppe von Keppard handelte, *Take 'Em Down* für Victor auf; die Aufnahme wurde allerdings nie veröffentlicht. 1918 löste sich die Band auf. Bill Johnson kehrte nach Chicago zurück und gründete eine neue Band, wobei er wieder den alten Namen Creole Jazz Band verwendete. Sein Kornettist wurde Sugar Johnny Smith, der mehrere Jahre lang in Chicago gelebt hatte. Aber Smith war krank und starb bald darauf. Johnson versuchte nun, entweder Mutt Carey oder Buddy Petit oder beide zu bekommen, was ihm jedoch nicht gelang. Lil Hardin, Armstrongs spätere Frau, sagte, daraufhin habe Johnson Keppard erneut in die Band geholt.

Lange kann Smiths Nachfolger nicht geblieben sein, denn noch im selben Jahr bemühte sich Johnson um Oliver. Dieser war, wie wir bereits hörten, froh, in den Norden übersiedeln zu können. Er trat erstmals mit Johnsons Band in dem schwarzen Cabaret Royal Gardens in der 31st East Street Nr. 459 an der Cottage Grove Avenue auf. Gleichzeitig fing Oliver auch in Bill Bottom's Dreamland Café unter dem Bandleader Lawrence Duhé an. Das Royal Gardens war ausschließlich für Schwarze, das Dreamland hingegen ein Black and Tan. Chris Albertson, der Biograph von Bessie Smith, schreibt: »Dieses Juwel des South-Side-Nachtlebens erstreckte sich fast über einen ganzen Block. Im riesigen, verschwenderisch ausgestatteten Hauptsaal spielten ausgezeichnete Dance Bands. Außerdem wurde ein erstklassiges Unterhaltungsprogramm geboten.«[22] Schließlich übernahm Oliver die Leitung der Duhé-Band, die dann Creole Jazz Band hieß und bis 1921 in der Umgebung von Chicago spielte. Dann erhielt sie ein Engagement in San Francisco. Die Besetzung bestand aus Jimmy Palao und Johnny Dodds an der Klarinette, Ram Hall am Schlagzeug, dem immer ruhelosen David Jones am Mellophon, Honoré Dutrey an der Posaune und Ed Garland am Baß. Piano spielte die hübsche, zierliche Lillian Hardin.

Die Creole Jazz Band arbeitete etwa ein Jahr lang in einer Jitney Dance Hall namens Pergola Dance Pavilion. Sie wurde äußerst schlecht bezahlt. Hinzu kam Olivers herrische Art, was zu Auseinandersetzungen zwischen den Musikern führte. Oliver setzte Palao an die Luft, Hall verließ die Band aus Solidarität mit Palao, und Lil Hardin meldete sich krank und ging zurück nach Chicago. An ihre Stelle trat eine andere junge Frau namens Bertha Gonsoulin. Schließlich verließ die Band das Pergola und nahm bessere Jobs in Los Angeles und in anderen kalifornischen Städten an, aber die Situation wurde nicht besser. Deshalb kehrte Oliver im April 1922 nach Chicago zurück, wo die Band ab Juni in den Lincoln Gardens spielte.

Irgendwann im Laufe dieses Sommers beschloß Oliver, Louis Armstrong als zweiten Kornettisten in die Creole Jazz Band zu holen – warum, wurde nie geklärt. Entgegen einer weitverbreiteten Annahme gab es bei den frühen Jazz-Bands gewöhnlich nur ein Kornett. Als zweites Leadinstrument kam nur die Geige in Frage. Lediglich in den Street Bands gab es mehrere Kornetts. Vielleicht machte sich bei Oliver, der wohl schon über vierzig war, das Alter bemerkbar, und er wollte sich die anstrengende Aufgabe als Leadkornettist mit jemandem teilen. Vielleicht war er aber auch nur faul und erhoffte sich von Armstrong zusätzliche Attraktivität für die Band. Jedenfalls engagierte er Armstrong.

Wie Armstrong erzählte, hätte ihn Olivers Telegramm an

einem heißen Julitag erreicht, als er auf einer Parade spielte. Die anderen Musiker hätten versucht, ihm die Sache auszureden, weil Olivers Band Schwierigkeiten mit der Musikergewerkschaft von Chicago hatte. (Offenbar war die Band einen Monat lang von der Gewerkschaft daran gehindert worden, in den Lincoln Gardens aufzutreten.) »Ich sagte ihnen, ich hätte Vertrauen zu Joe, egal, was er und seine Band machten. Für mich zählte nur, daß er mich gerufen hatte.«[23]

Diese Aussage entspricht nicht ganz der Wahrheit. Armstrong wußte genau, welchen Vorteil der Umzug in den Norden hatte. Ausschlaggebend für seine Entscheidung war wohl, daß er sich in Chicago unter die Fittiche seines Beschützers flüchten konnte. Außerdem sollte er dort mit Männern arbeiten, mit denen er schon in New Orleans gespielt hatte. Er brauchte sich auch nicht zu profilieren – das war sogar nicht einmal erwünscht –, sondern konnte sich hinter der mächtigen Gestalt von Joe Oliver verstecken. Es war der ideale Anfang für einen etwas schüchternen jungen Mann. So stieg er schon am nächsten Tag in einen Zug nach Chicago, mit nicht viel mehr Gepäck als seinem Kornett und einem Fischsandwich, das Mayann ihm mitgegeben hatte.

Fast jeder, der mit der Oliver-Band zu tun hatte, behauptet, Armstrong an der Illinois Central Station vom Zug abgeholt zu haben. Armstrong stellte klar: »King war schon bei der Arbeit. Deshalb konnte mich niemand abholen. Also nahm ich ein Taxi und fuhr direkt zu den Lincoln Gardens.«[24]

Während der Jahre in Chicago spielte Armstrong meist in Theatern für Schwarze und in Black-and-Tan-Cabarets. Lincoln Gardens jedoch war kein Black and Tan, sondern eine Dance Hall, in der Sänger und Entertainer auftraten und die fast ausschließlich von Schwarzen besucht wurde. Gelegentlich verirrten sich ein paar junge weiße Jazz-Musiker dorthin, um die Musik ihrer Vorbilder zu hören, aber sie fühlten sich befangen und fehl am Platz. Der Tenorsaxophonist Bud Freeman schreibt, der drei Zentner schwere Rausschmeißer an der Tür habe sie gewöhnlich mit den Worten begrüßt: »Sieht mir doch ganz so aus, als ob die kleinen weißen Jungs mal wieder zum Musikunterricht kommen.«[25] Lincoln Gardens gehörte einer Weißen namens Mrs. Majors. Red Budd managte die Halle, und King Jones kündigte als Master of Ceremonies die Shownummern an.

Lincoln Gardens ist wahrscheinlich der berühmteste Auftrittsort für Bands in der gesamten Jazz-Geschichte. Als Armstrong nach Chicago kam, beschloß das Management der Dance Hall, einen Abend in der Woche ausschließlich für Weiße zu reservieren. Der Pianist Tom Thibeau, der als junger Mann in Chicago gelegentlich mit Bix Beiderbecke und den New Orleans Rhythm Kings arbeitete, sagte: »Jeden Mittwochabend wurde ein sogenanntes Midnight Ramble veranstaltet. Das fand nicht in einem Black and Tan statt, sondern in einem Nachtklub ausschließlich für Schwarze.« Am Abend des Midnight Ramble hörte die Oliver-Band um 23.00 Uhr auf zu spielen, und das schwarze Publikum ging. Dann begann die Band wieder um Mitternacht und spielte vor weißem Publikum, das fast ausschließlich aus Männern bestand. Die meisten waren Musiker, die um diese Zeit schon Feierabend hatten. Thibeau erinnert sich: »Dort hörten wir der Oliver-Band zu. Louis Panico, Isham Jones' Trompeter, war immer dabei. Auch die Brass-Section von Don Bestors Band war da. Sie spielten damals im Drake. Außerdem die Brass-Section von Ted Fioritos Band, die im Edgewater Beach spielte. Und dann sah man noch einige kleinere Bands wie unsere. Der ganze Raum war voll von weißen Musikern, die den Schwarzen zuhören wollten.«

Viele Zuhörer waren selbst bedeutende Musiker. Panico war einer der bekanntesten Trompeter seiner Zeit, und die Bands von Bestor und Fiorito spielten in den besten Lokalen Chicagos.

Louis Armstrong muß in der weltoffenen und schillernden Atmosphäre von Chicago wie ein Tölpel gewirkt haben. Lil Hardin sagte: »Alles, was er trug, war zu klein. Seine fürchterliche Krawatte baumelte über dem Spitzbauch, und seine Frisur war völlig aus der Fasson. Der Pony wucherte ihm über die Stirn wie ein ausgefranster Baldachin. Alle Musiker nannten ihn Little Louis, und dabei wog er über zwei Zentner.«[26]

Das ist der erste Hinweis auf Armstrongs Übergewicht, mit dem er sich zeit seines Lebens herumplagte. Wahrscheinlich litt er seit 1918 darunter, als er mit der harten körperlichen Arbeit aufhörte und auf den Riverboats anfing. Auf den Schiffen hatte er zum erstenmal ein regelmäßiges Einkommen, das er mit niemandem zu teilen brauchte. Reichlich zu essen gab es auch.

Oliver hatte Louis ein möbliertes Zimmer in einer Pension an der South Side besorgt, die von einer Kreolin namens Filo geleitet wurde. Armstrong führte in dieser Zeit in Chicago ein sehr einfaches Leben. Abends spielte er in den Lincoln Gardens, tagsüber übte er, und ansonsten kümmerte er sich um nichts. Er hatte sich offensichtlich immer noch nicht an die Großstadt gewöhnt. In *Satchmo* berichtet er, wie erstaunt er damals gewesen sei, plötzlich ein Zimmer mit Bad zu haben: »In dem Viertel, wo ich früher lebte, wußte niemand, daß es so etwas wie eine Badewanne überhaupt gab, ganz zu schweigen von einem eigenen Bad.«[27]

Olivers Band machte gelegentlich kurze Tourneen in den Mittleren Westen, wo sie hauptsächlich bei Tanzveranstaltungen für Schwarze auftrat. Doch die meiste Zeit arbeitete sie in den Lincoln Gardens. Als Mayann nach Chicago kam, mietete Louis für sich und seine Mutter eine kleine Wohnung. So lebten sie in den Jahren 1923 und 1924 mehrere Monate lang zusammen. »Ich nahm Mama mit ins Cabaret, und wir tranken zusammen. Es war eine sehr schöne Zeit.«[28] Später, als Louis mit Lil Hardin verheiratet war, besuchte Mayann die beiden öfter für längere Zeit.

Bei einem dieser Besuche erkrankte Mayann und starb. Das war wohl im Jahre 1927. Sie war damals vermutlich Mitte Vierzig. Ihre Beziehung zu Louis war vielleicht nicht gerade vorbildlich gewesen, und ihren mütterlichen Pflichten war sie sicherlich nicht regelmäßig nachgekommen, aber zwischen Mutter und Sohn bestand ein sehr herzliches Verhältnis. »Yeah, die alte Mayann fehlt mir«, sagte Armstrong in einem Interview für die Zeitschrift *Life* zu Richard Meryman. »Ich verdiente ja Geld, und sie bekam ein wundervolles Begräbnis. Ich danke Gott dafür. Jedenfalls brauchte ich nicht die Untertasse auf sie zu stellen. Das habe ich bei vielen gesehen, die keine Versicherung hatten oder keinem Begräbnisverein angehörten. Dann stellten sie den Toten während der Totenwache eine Untertasse auf die Brust, und jeder Besucher legte ein paar Groschen hinein, damit das Geld für die Bestattung zusammenkam.«[29]

Im Frühling 1923 wurde die Oliver-Band zu Aufnahmen für die Gennett Record Company eingeladen. Dieses Engagement stand im Zusammenhang mit dem wachsenden Interesse am Entertainment der Schwarzen, doch es hatte auch noch andere

Gründe. Die Schallplattenindustrie war zwar schon im 19. Jahrhundert entstanden, Schallplatten aber waren zunächst nur ein Spielzeug für Reiche. Erst in den Jahren unmittelbar vor Ausbruch des Ersten Weltkrieges fanden Plattenspieler einen größeren Käuferkreis. Als um 1910 neue Tänze wie der Onestep, der Turkeytrott und der Foxtrott in Mode kamen, erfaßte eine Welle der Tanzbegeisterung ganz Amerika und kurz darauf die ganze westliche Welt. Dieses Tanzfieber bot den jungen Jazz-Musikern neue Arbeitsmöglichkeiten. Es kam auch der Schallplattenindustrie zugute, die nun zahlreiche Aufnahmen mit Tanzmusik auf den Markt brachte. Roland Gelatt hierzu: »Der Umsatz der phonographischen Industrie stieg von 27 116 000 Dollar im Jahre 1914 auf 158 668 000 Dollar im Jahre 1919.«[30]

In der Schallplattenindustrie wurde viel Geld verdient, und zwar nicht nur von den Plattenherstellern, sondern auch von den Komponisten, den Songschreibern und zum Teil auch von den Musikern. Schon sehr früh gab es schwarze Bands auf Platte. Das berühmte Gespann Williams und Walker wurde zu Anfang dieses Jahrhunderts produziert. Doch die Platten schwarzer Künstler kamen erst später in größerer Zahl in den Handel. 1920 überredete ein schwarzer Produzent namens Perry Bradford die OKeh Phonograph Corporation, Aufnahmen mit der schwarzen Sängerin Mamie Smith zu machen, die er entdeckt hatte. Bradford gehörte zu einer kleinen Gruppe von schwarzen Musikunternehmern, die Songs komponierten, Arrangements veröffentlichten, Bands vermittelten oder selbst leiteten und generell alles taten, womit man damals im Musikbusiness Geld verdienen konnte – und oft war das eine Menge Geld. Diese Leute waren für den Jazz und die schwarze Musik sehr wichtig, weil sie häufig als Vermittler zwischen den weißen Managern der Unterhaltungsindustrie und jenen schwarzen Entertainern tätig wurden, die ins Geschäft kommen wollten. Zu diesen Vermittlern zählten W.C. Handy, der Komponist des *St. Louis Blues*, und zwei Männer, die in Armstrongs Karriere eine wichtige Rolle spielten: Clarence Williams und Richard Myknee Jones. Diese Männer wußten, wer die besten schwarzen Musiker waren, wie man mit ihnen in Kontakt treten konnte und wieviel man ihnen bezahlen mußte. Und sie konnten auf Wunsch sofort jede schwarze Band für eine Schallplattensession zusammentrommeln.

Bradfords Interesse an Aufnahmen mit Mamie Smith bestand vor allem darin, seine eigenen Songs an den Mann zu bringen. Zur allgemeinen Überraschung entpuppte sich eine dieser Aufnahmen, *Crazy Blues*, als großer Hit. Den Managern der Plattenindustrie wurde plötzlich klar, daß es für schwarze Künstler einen Markt gab, den sie natürlich in erster Linie beim schwarzen Publikum sahen, obgleich sich auch eine beachtliche Zahl von Weißen für die schwarze Musik interessierte. In den folgenden zwei bis drei Jahren drängte eine Schallplattengesellschaft nach der anderen mit Blues-Aufnahmen auf den Markt, zunächst noch vorsichtig-abwartend, dann aber immer vehementer. Die Novemberausgabe des *Talking Machine Journal* von 1923 berichtet: »Seit mehr als zwei Jahren ist der Umsatz der Columbia Graphophone Company an Blues-Platten entgegen allen Erwartungen sprunghaft gestiegen. Die Stars in diesem Bereich sind heute Bessie Smith und Clara Smith.« Einige Schallplattenhändler, so berichtet das Blatt, verkauften wöchentlich zweitausend Exemplare von bestimmten Hits, und zwar hauptsächlich an Schwarze. Während der zwanziger Jahre wandten sich immer mehr Schallplattenfirmen dem Race Market zu, bis schließlich gegen Ende des Jahrzehnts alle wichtigen Firmen einen ansehnlichen Katalog von Race Records aufzuweisen hatten.

In der Jazz-Literatur ist um diesen Begriff viel Aufhebens gemacht worden. Tatsächlich verwendeten jedoch gerade die militanten Schwarzen jener Zeit den Begriff Race. Die schwarze Presse sprach von den Schwarzen als Race Musicians, Race Writers und Race Persons. Außerdem wurden die Platten nicht in speziellen Katalogen gesondert aufgeführt, wie man heute vielfach glaubt. In den damaligen Schallplattenkatalogen erschienen die Platten von Armstrong, Morton, Oliver und anderen in alphabetischer Reihenfolge zusammen mit allen anderen Platten der jeweiligen Firma. Allerdings gab es manchmal Gattungsbezeichnungen wie Negro Songs, Irish Reels oder Hawaiian Melodies.[31] Erst später veröffentlichten einige Schallplattenfirmen separate Race Catalogues, was allerdings eher als spezieller Service für Plattengeschäfte mit ausschließlich schwarzer Kundschaft zu verstehen ist. Als die Firma OKeh, die durch den frühen Erfolg von *Crazy Blues* führend in der Black Music wurde, die Publikation des ersten Race Catalogue ankündigte, schrieb der Musikredakteur des *Chicago Defender*: »Der Stolz auf die schwarze Rasse fordert es, von diesem großzügigen Angebot reichlich Gebrauch zu machen.«[32]

Schon 1923 gab es unzählige Plattenaufnahmen mit schwarzer Musik, vor allem Blues, denn mit ihm waren die Einwanderer in den Städten des Nordens aufgewachsen. Die Schallplattenfirmen machten mit fast jeder schwarzen Sängerin Aufnahmen, die auch nur im entferntesten Sinne Blues sang. Dabei handelte es sich in vielen Fällen um gängige Schlager mit einem bluesigen Touch, und die meisten Interpretinnen waren durchschnittliche oder nur sehr mäßig begabte Schlagersängerinnen. Doch auf dieser anschwellenden Woge trieben auch Bands wie die von Oliver, deren Musik sich zur Not in die Kategorie Blues einreihen ließ: Bei vierzig Prozent von Olivers Platten taucht im Titel das Wort Blues auf. Diesem Blues-Boom haben wir Olivers erste Aufnahmen in den Gennett Studios zu verdanken, die ersten wichtigen Jazz-Aufzeichnungen.

Die Creole Jazz Band

Es ist nur schwer zu verstehen, warum die Oliver-Band oder ähnliche Gruppen nicht schon früher Aufnahmen gemacht haben. Der überaus große Erfolg der Original Dixieland Jazz Band, der sechs Jahre zuvor (1917) eingesetzt hatte, hätte die Plattenfirmen veranlassen sollen, auch mit anderen Bands Aufnahmen zu machen; aber jahrelang geschah nichts. In den Jahren 1918 und 1919 veröffentlichte Emerson etwa vierzig Aufnahmen mit den Louisiana Five, bei denen einige längst vergessene Musiker aus New Orleans mitwirkten. 1918 gab es eine Testpressung mit Keppard und drei Jahre später ein paar Pseudojazz-Platten von Clarence Williams. Doch erst 1922, als Ory seine Aufnahmen für Sunshine Records gemacht und die Memphis Five, eine weiße Gruppe, die ersten Aufnahmen einer langen Serie produziert hatten, versuchten die Schallplattenfirmen, an den Erfolg der Original Dixieland Jazz Band anzuknüpfen. Die Aufnahmen der Memphis Five waren ein kommerzieller Erfolg, und um 1923 setzte der Ansturm auf die Plattenaufnahmen im New-Orleans-Stil ein.

Somit sind die Aufnahmen von King Olivers Creole Jazz Band die ersten gewichtigen Jazz-Aufnahmen. 1923 fanden insgesamt sechs Aufnahmesessions mit der Creole Jazz Band statt: zwei für Gennett am 6. April und am 5. Oktober; zwei für OKeh am 22./23. Juni und wahrscheinlich am 25./26. Oktober; eine für Columbia am 15./16. Oktober und eine für Paramount, wahrscheinlich am 24. Dezember.

Alle Sessions, mit Ausnahme der für Gennett, fanden in Chicago statt. Die Schallplattenindustrie war in New York ansässig, aber viele Gesellschaften hatten damals schon mobile Studios. Der berühmte Toningenieur Charles Hibbard, der für OKeh arbeitete, verfügte über eine ausgezeichnete transportable Ausrüstung. Die Firmen bereisten mit diesen fahrbaren Studios regelmäßig die Städte des Mittelwestens und des Südens und machten dort Aufnahmen mit sämtlichen Künstlern und Gruppen, die irgendwie interessant erschienen. So entstanden nicht nur viele frühe Jazz-Aufnahmen, sondern auch Country- und Western-Music blieb der Nachwelt erhalten. OKeh nahm beispielsweise im Oktober 1923 Oliver und Jelly Roll Morton in Chicago auf. Ende November 1924 machte die Firma in St. Louis Aufnahmen mit Bennie Moten und anschließend in Atlanta mit Sigler's Birmingham Merry Makers. Im Juli 1928 hatten sowohl Armstrong als auch Beiderbecke in Chicago Aufnahmesessions.

Dieses System erklärt, warum so viele der frühen Jazz-Aufnahmen in Kollektionen von mindestens sechs Stücken innerhalb von ein oder zwei Tagen entstanden, und es erklärt auch die schlechte Aufnahmequalität. Die Qualität der mobilen Studios war nicht im entferntesten mit der eines normalen Studios zu vergleichen. Zuhörer, die die Qualitäten älterer Musikaufnahmen nicht kennen und zu schätzen wissen, seien hiermit gewarnt. Es erfordert ein wenig Zeit, die Vorzüge dieser Tondokumente zu erkennen, die noch ohne Elektrizität hergestellt wurden. Die Musiker gruppierten sich um einen riesigen Trichter von ein bis zwei Metern Durchmesser. Dieser übertrug die Schallwellen über einen Kristall auf eine Nadel, die die Tonspur direkt in weiches Wachs ritzte. Dieses mechanische Aufnahmesystem hatte jedoch nicht nur Nachteile; besonders bei Vokalaufnahmen kommt es im Vergleich zu den heutigen komplizierten Apparaturen immer noch recht gut weg. Als um 1925/26 eine neue Aufnahmemethode mit Hilfe von Elektrizität eingeführt wurde, klagten viele Plattenfirmen zunächst über die schlechte Qualität des neuen Systems. Das akustische System, das bei Sängern oder bei Instrumentalsolisten gute Dienste leistete, führte bei größeren Gruppen zu Problemen, die man nie richtig in den Griff bekam. Da die Musiker sich um den Aufnahmetrichter drängen mußten, kam höchst selten ein wirklich ausgeglichener Sound zustande. Bei Olivers Aufnahmen sind Klarinette und Posaune oft auf Kosten des Kornetts überbetont. Wahrscheinlich versuchte man durch die Aufstellung der Musiker, den von Natur aus starken Ton des Kornetts zu neutralisieren. Darüber hinaus ergeben sich, bedingt durch die damalige Technik, bei der Wiedergabe Verzerrungen von bis zu zehn Prozent, so daß nur wenige Jazz-Fans die wirklichen Tempi kennen, mit denen der frühe Jazz aufgenommen wurde. So sind die Sessions von Oliver für Paramount und für OKeh vom 22. Juni und vom 5. Oktober 1923 zu schnell aufgenommen worden und bei der Wiedergabe auf einem normalen Gerät viel zu langsam.[1]

Vermutlich war Richard Myknee Jones für die Aufnahmen der Oliver-Band verantwortlich. Dave Peyton, der Musikkritiker des *Chicago Defender*, beschrieb Jones als »sehr ruhigen und langsam sprechenden, aber überaus einfallsreichen und intelligenten Menschen«[2]. Jones, ein schwarzer Pianist aus New Orleans, machte wie Perry Bradford als schwarzer Musikunternehmer in Chicago Karriere. Er schrieb und arrangierte Songs und spielte Begleitpiano für Blues-Sänger, aber seine eigentliche Bedeutung für den Jazz lag im Aufspüren von Talenten und in seiner Tätigkeit als Produzent für OKeh und andere Plattenfirmen. Bis zu seinem Tod im Jahre 1945 arbeitete er als Talentsucher. Er war bei den Musikern beliebt und genoß ihr Vertrauen.

Wahrscheinlich war es Jones, der Olivers Gruppe an Gennett empfahl, denn diese Firma versuchte damals, auf dem Black Market Fuß zu fassen. Der Produzent bei OKeh war Ralph Peer, dessen Firma schon länger im Geschäft mit der schwarzen Musik war und der ständig nach neuen Talenten Ausschau hielt. Entweder entdeckte er selbst Oliver, oder er wurde von Jones auf die Band aufmerksam gemacht. Im Herbst 1923 erhielt Oliver auch Angebote von Columbia und Paramount. Die Manager der Plattenindustrie waren offenbar davon überzeugt, daß diese Platten sich gut verkaufen würden.

Dieser Entwicklung verdanken wir eine große Zahl früher Jazz-Aufnahmen, überwiegend Ensemblemusik. Auf vielen Aufnahmen der Oliver-Band gibt es kein einziges Solo, nur ein paar kurze Breaks, und wenn Soli vorkommen, so nehmen sie nie mehr als ein Viertel der dreiminütigen Aufnahmezeit ein. Alle sieben oder acht Musiker spielen gewöhnlich gleichzeitig, und erstaunlicherweise entsteht dabei kaum Chaos. Die Stimmen klingen richtig, was wohl vor allem auf die dezidierten Vorstellungen Olivers zurückzuführen ist. Lil Hardin erzählt, Oliver hätte sie angehalten, kompakte Akkorde zu spielen. Immer wenn sie mit der rechten Hand einen Lauf oder eine Figur gespielt habe, hätte er sich zu ihr vorgebeugt und geknurrt: »*Eine* Klarinette in der Band reicht.«[3] Oliver war der Bandleader, und er wußte was er wollte: Jedes Instrument sollte seine Funktion im Gesamtzusammenhang wahrnehmen – und sonst nichts.

Die Oliver-Band war nicht in erster Linie eine improvisierende Band. Erst später wurde der Jazz zur Improvisationsmusik, bei der viel Wert auf Originalität und Kreativität gelegt wurde. Die Pioniere aus New Orleans dachten noch nicht so. Wenn sie einmal eine gutklingende Stimme herausgefunden hatten, sahen sie keinen Grund mehr, sie abzuändern. Außerdem war durch die engumrissene Rolle eines jeden Instruments der Handlungsspielraum ohnehin stark eingeschränkt. Oliver bevorzugte auf dem Kornett eine klare und einfache Leadstimme und ließ dabei viele Lücken für die anderen Bläser. Die vertikale Klarinettenstimme figurierte die Harmonien, und die Posaune unterstützte die Harmonik mit Slides oder mit sehr einfachen harmonischen Figuren im tiefen Register. Die Rhythmusgruppe spielte einen einfachen, geradlinigen Grundbeat. In vier Fällen nahm die Oliver-Band das gleiche Stück für zwei Plattenfirmen auf, wobei die korrespondierenden Versionen nahezu identisch sind, sogar die Soli, obgleich die Aufnahmen im Abstand von zwei oder drei Monaten entstanden. Die Oliver-Band mußte sehr diszipliniert musizieren, denn bei der relativ großen Besetzung hätte jede Willkür ein musikalisches Chaos zur Folge gehabt.

Dieser disziplinierte Ensemblestil war nur bei einer festen Gruppe und bei einem Standardrepertoire möglich. Deshalb blieb die Besetzung lange konstant: Oliver, Armstrong, Hardin, Honoré Dutrey an der Posaune und Baby Dodds am Schlagzeug spielten bei allen Aufnahmen mit. Johnny Dodds wurde bei der Session am 15. Oktober 1923 für Columbia durch Jimmie Noone ersetzt; Bill Johnson, Bud Scott und Johnny St. Cyr saßen bei verschiedenen Sessions am Banjo; der Saxophonist Stump Evans wirkte bei einer Aufnahmesssion mit, und ein anderer Saxophonist, Charlie Jackson, spielte bei einer anderen Session Baßsaxophon und Tuba. Die Stammbesetzung blieb jedoch immer gleich, und auch das Repertoire änderte sich nur sehr langsam. Wahrscheinlich nahm Oliver von Zeit zu Zeit neue Stücke hinzu, doch die Band stand nicht unter dem Druck, immer die neuesten Hits spielen oder aufnehmen zu müssen, wie das bei späteren Jazz-Bands der Fall war. Einige der Titel stammten aus New Orleans und blieben auch in Chicago noch viele Jahre in Olivers Repertoire.

Oliver machte nur zwei taktische Fehler. Zum einen erweiterte er das Ensemble um ein Saxophon. Saxophone kamen damals gerade in Mode, und Oliver ging es wahrscheinlich um die Neuartigkeit ihres Klangs. Doch dieses Instrument störte nur den zuvor ausgewogenen Gesamtsound. Zum anderen besetzte er das Kornett doppelt. In den New-Orleans-Bands war nur ein Kornett üblich, und kein Mensch weiß, wozu Oliver einen zweiten Kornettisten brauchte. Armstrong verstand sofort, welche Rolle ihm zugedacht war, und hielt sich diskret, ja fast schüchtern im Hintergrund.

Das Ensemble allein zählte, Soli gab es kaum. Nur die Klarinette trat solistisch in den Vordergrund, aber selbst Dodds ist nicht bei jeder Aufnahme mit einem Solo vertreten. Später waren Ensemblepassagen im Jazz nur noch eine Art Überleitung von einem Solo zum nächsten.

Die frühen Jazz-Aufnahmen enthalten ausschließlich Stücke im mittleren Tempo, meist zwischen den metronomischen Werten 140 und 190. In den Lincoln Gardens spielte die Oliver-Band hauptsächlich zum Tanz. Modetänze wie Toddle, Bunny Hug und verschiedene Foxtrotts wurden weder besonders schnell noch besonders langsam gespielt, und Olivers Musikrepertoire war auf diese Tänze abgestimmt.

Hinzu kam noch eine für den frühen New-Orleans-Stil charakteristische Eigenart der Musik: Sie sollte locker und leicht klingen wie ein hüpfendes Kind. Daß die schwarze Musik zu Beginn des Jahrhunderts melancholisch und traurig geklungen habe, ist eine unsinnige Annahme. Natürlich gab es den Blues, doch auf den Plattenaufnahmen der Creole Jazz Band hat sogar der Blues eine gewisse Leichtigkeit. Die Musik sollte Musiker und Hörer erheitern, und das ist ihr auch meistens gelungen.

Die Musik der Oliver-Band hat auch ihre Schwächen. Nach heutigen Maßstäben waren die Musiker ziemlich ungelenke Instrumentalisten. Die alten Aufnahmen zeigen das. Dutrey intoniert oft schlecht, und manchmal scheint er in seinen Breaks das Metrum zu verlieren. Dodds beherrscht sein Instrument nur mäßig, und Oliver hat gelegentlich Ansatzprobleme. Die Rhythmusgruppe klingt ziemlich klobig, was teilweise bestimmt auch auf die schlechte Aufnahmetechnik zurückzuführen ist. Lil Hardin spielt manchmal falsche Akkorde, und außerdem zeigt

Oliver, obgleich er die Musik zu strukturieren verstand, nicht gerade übermäßiges Formgefühl; die Songs bestehen meist aus zwei oder drei Melodieteilen, die so oft wiederholt werden, bis die Platte voll ist. Kommt einmal ein Tonartwechsel vor, dann handelt es sich stets um die in den Rags und Märschen ohnehin überstrapazierte Quartbewegung. Die drei Jahre später aufgenommenen Kompositionen von Jelly Roll Morton zeigen im Vergleich dazu einen erstaunlichen Farbenreichtum. Olivers Stärke war die Disziplin. Mortons Temperament war ihm ebenso wesensfremd wie das unbekümmert Auftrumpfende seines Schützlings Armstrong.

Oliver verdankt seinen Ruf mehr der Band als seiner eigenen Spielweise. Zu seiner Zeit galt er unter den Kollegen als einer der führenden Jazz-Musiker; heute jedoch sieht man in ihm kaum noch einen einfallsreichen Musiker. Im Gegensatz zu den jüngeren Musikern wie Armstrong und Bechet verharrte er bei den starren Ragtime-Strukturen. Außerdem hatte Oliver den ziemlich metallischen Ton eines Ensemblespielers, der durch den häufig benutzten Dämpfer noch verstärkt wurde. Die folgende Trompetergeneration, zu der auch Armstrong gehörte, strebte einen wärmeren, vertraulicheren Ton an.

All diese Eigenschaften eines disziplinierten Geistes wußte Oliver effektiv zu nutzen. Seine Linien sind immer einfach, sparsam und sauber, und seine Intonation ist gut. Er musizierte sowohl empfindsam als auch einfühlsam, und es ist eine Freude, Aufnahmen mit ihm anzuhören, auf denen er gut in Form ist. Besonders stolz war er auf Gegenrhythmen oder, anders ausgedrückt: auf versetzte Metren. Normalerweise hört man den Downbeat (den ersten Viertelschlag eines Taktes) gut heraus. Der ungeübte Zuhörer wird ihn vielleicht nicht genau bestimmen können, aber fühlen kann er ihn. Komplizierter wird es jedoch, wenn durch Akzentverschiebungen innerhalb der Melodie vom Grundmetrum abweichende Metren erzeugt werden. Oliver war Meister im Erzeugen solcher Gegenrhythmen. In *Deep Henderson* zum Beispiel, das er 1926 mit einer anderen Band aufnahm, benutzt er gegen Ende eine Figur aus Achtelnoten, die auf dem zweiten Viertel eines Taktes beginnt und so konstruiert ist, daß sie auf der »2 und« des Grundmetrums (also dem vierten Achtel) einen Downbeat oder Taktschwerpunkt vortäuscht. Beim Zuhören hat man das Gefühl, gleichzeitig in zwei Richtungen gezogen zu werden. Solche metrischen Kontraste finden sich bei Oliver häufig, und auch hierbei arbeitete er sehr präzise und effektiv.

Armstrong spielte in dieser Band eine eher bescheidene Rolle. Sein zweites Kornett ist kaum oder gar nicht zu hören. Das liegt sicherlich zum Teil am Dämpfer, den er und Oliver benutzten, um den durchdringenden Ton ihrer Instrumente bei Aufnahmen zu mildern. Ob Oliver auch in einem lauten Ballsaal Dämpfer benutzte – er verwendete gelegentlich den Plunger für Effekte –, scheint zweifelhaft, obwohl Thibeau behauptet, die Aufnahmen entsprächen der Spielweise der Band bei Live-Auftritten.

Lil und Louis erzählten unabhängig voneinander folgende Geschichte: Bei der ersten Aufnahme für Gennett mußte sich Louis etwa sechs Meter von der Band entfernt aufstellen, weil sein Ton den von Oliver überdeckte. Jahrzehnte später sagte Armstrong in einem Interview mit Phil Elwood, die Band mit Johnny Dodds im Vordergrund hätte sich um den Aufnahmetrichter gedrängt, und er selbst hätte ein wenig hinter Oliver gestanden.

Er spielt auf jeden Fall so einfach wie möglich und sucht Olivers Leadstimme parallel zu folgen. Damit bleibt er in der Tradition der New Orleans Street Bands. Gelegentlich füllt Armstrong Lücken, die Oliver offenläßt. Robert Bowman schreibt in einer ausgezeichneten Studie über Olivers Platten: »Was Dodds und Armstrong spielen, hängt weitgehend von Olivers Phrasen ab, die sich stark an der Melodie orientieren.«[4] Armstrong war das fünfte Rad am Wagen. Seine wichtigste Aufgabe war es, nicht im Weg zu stehen.

Auf den etwa vierzig Aufnahmen der Creole Jazz Band hat Armstrong nur vier echte Soli, und zwar auf *Chimes Blues*, *Froggie Moore* und auf zwei sehr ähnlichen Versionen des *Riverside Blues*. Außerdem tritt er bei einigen Duos hervor, wobei er die Leadstimme eines anderen Instruments harmonisch umspielt, ferner bei einigen Breaks, einschließlich der berühmten Duo-Breaks mit Oliver. In drei oder vier Fällen übernimmt er die Leadfunktion; möglicherweise stammen auch zwei Soli auf der Slide Whistle (Flöte mit Zugkolben) von ihm. Insgesamt tritt Armstrong bei all diesen Aufnahmen höchstens drei oder vier Minuten lang solistisch hervor. Aber selbst diesem spärlichen

Material können wir entnehmen, daß Armstrong allen anderen in der Band weit überlegen war.[5]

Armstrongs erste Soloaufnahme auf *Chimes Blues* entstand am 6. April 1923 für Gennett. Gennett war eine Tochterfirma der Starr Piano Company, die ihren Sitz in Richmond, Indiana, hatte, einer kleinen Industriestadt ungefähr dreihundertdreißig Kilometer südöstlich von Chicago. Im Gegensatz zu OKeh und einigen anderen großen Firmen besaß Gennett kein transportables Studio. Deshalb mußten die Musiker bei Aufnahmen zweimal eine rund vierstündige Zugreise auf sich nehmen. Möglicherweise war Oliver aber auch in der Nähe auf Tournee. Jedenfalls versuchte die Band, an einem Tag so viele Aufnahmen wie möglich einzuspielen – bei der ersten Session waren es neun. Gennett zahlte den Musikern gewöhnlich zwanzig Prozent des Bruttogewinns, falls die Aufnahmen veröffentlicht wurden. Das Aufnahmestudio war ziemlich primitiv und befand sich in einem alten Warenhaus an einer Eisenbahnlinie. Wenn ein Zug vorbeifuhr, mußten die Aufnahmen unterbrochen werden.

Die Version von *Chimes Blues* ist für Olivers Band ungewöhnlich, da das Stück aus einer Folge von Soli besteht, die jeweils zwei Chorusse lang sind. Es handelt sich jedoch nicht um improvisierte Soli, sondern um sorgfältig ausgearbeitete Melodielinien, an die jeder Solist sich halten mußte. Die im Titel erwähnten Glocken (chimes) werden im Pianosolo nachgeahmt. Dann folgt Armstrongs Solo, das aus einer einfachen eintaktigen Figur besteht, die wahrscheinlich von Oliver stammt. Sie wird mehrfach in Variationen wiederholt und den Harmoniewechseln des Blues angepaßt. Beide Chorusse sind identisch. Die Grundfigur ist so angelegt, daß der Hauptakzent auf dem zweiten Taktschlag liegt – hierin zeigt sich wieder Olivers Vorliebe für Gegenmetren. Die Figur wird während des gesamten Chorus wiederholt. Doch Armstrong läßt sich durch das Gegenmetrum aus dem Konzept bringen, und irgendwann im Verlauf des Chorus »steigt er um«, wie Jazz-Musiker so etwas nennen. Das bedeutet, daß man den Downbeat auf dem zweiten Schlag statt auf dem ersten spürt, was zu einem rhythmischen Durcheinander führt. Durch einen rhythmischen Sprung im achten Takt kommt Armstrong schließlich wieder da an, wo er ankommen sollte. Im zweiten Chorus passiert dasselbe. Es wäre allerdings unsinnig, hier etwas

Neuartiges und besonders Waghalsiges zu vermuten; er hat ganz einfach falsch gespielt.

Trotz dieser rhythmischen Störung ist Armstrongs Solo der Höhepunkt der Aufnahme. Er hat hier schon seinen typisch warmen, vollen Ton und spielt mit scharfer, sauberer Attacke und guter Intonation. Das Wichtigste jedoch ist jener rhythmische Biß, der den anderen Musikern fehlt.

Bei der gleichen Session spielt Armstrong auch ein Solo über *Froggie Moore*. Der Titel stammt von Olivers Freund Jelly Roll Morton. Er enthält eines der ersten wichtigen Jazz-Soli, das auf Platte gepreßt wurde, und zeigt deutlich, daß Armstrong allen damaligen Musikern etwas voraus hatte – er swingt. Sein Solo in *Froggie Moore* belegt das in vierfacher Hinsicht.

Erstens gibt Armstrong den Tönen ein Endvibrato. Fast alle New-Orleans-Musiker benutzten diese Technik, aber Armstrongs Vibrato ist ein wenig langsamer und voller, so daß es etwas wärmer und lockerer wirkt als das von Oliver. Ein Endvibrato kann man nur an längere Töne anhängen, doch wie Armstrong es einsetzt, erhöht es nicht nur die Spannung, sondern erweckt den Eindruck, als würden die Töne ein zweites Mal angespielt.

Zweitens gestaltet Armstrong die Melodielinien dynamisch, abwechslungsreich. Das Volumen des Tons nimmt ständig zu und wieder ab wie das An- und Abschwellen von Stimmen in der Ferne. Außerdem versieht er die Melodielinien immer wieder mit unregelmäßigen Akzenten. Keine Phrase wird einfach »geradeaus« gespielt, sondern in fast jedem Takt finden sich Akzente. Diese kommen jedoch nie regelmäßig: Wenn sie sich in einem Takt auf dem Beat befinden, fallen sie im nächsten zwischen die Taktschläge.

Drittens spielt Armstrong nur selten seine Noten genau auf dem Beat, sondern um den Beat herum, also entweder kurz danach oder, was öfter der Fall ist, kurz davor.

Schließlich teilt Armstrong die Beats nur für spezielle Effekte regelmäßig auf. In der europäischen Musik ist es üblich, die Taktschläge gleichmäßig aufzuteilen, entweder in zwei Achtel, in Triolen oder in vier Sechzehntel. Es gibt auch ungleichmäßige Aufteilungen, aber sie sind mathematisch präzise: Entweder handelt es sich um punktierte Achtel mit einer nachfolgenden Sechzehntelnote oder, seltener, um zwei zusammengezogene

Achtel einer Triole, denen das dritte einzeln folgt. Bei Armstrong ist der erste Schlag eines Notenpaares stets länger als der zweite, und häufig wird er auch noch akzentuiert. Diese unterschiedlichen Wertigkeiten sind so etwas wie die Conditio sine qua non für das Swingen. Gleichmäßige Notenpaare oder mathematisch präzise Figuren von punktierten Achteln und nachfolgenden Sechzehnteln swingen nicht, ganz gleich, was man mit ihnen anstellt. Die Zwei-zu-Eins-Aufteilung des Beats ist besser, aber selbst in diesem Fall swingt die Musik nicht, wenn die Figuren zu regelmäßig sind. Armstrong war einer der ersten New-Orleans-Musiker, der dies erkannte, obgleich er sich dazu nie schriftlich oder mündlich geäußert hat. Die Spielweise der übrigen Bandmitglieder ist dagegen noch von einer wesentlich gleichmäßigeren Rhythmuseinteilung bestimmt.

Diese vier Faktoren geben Armstrongs Melodielinien jene eigenartige Spannung, die die ersten Jazz-Musiker und Jazz-Fans schon bald Swing nannten. Sie gehören jedenfalls zu den wesentlichen Voraussetzungen.

Obgleich Armstrongs Solo in *Froggie Moore* sich eng an Mortons Originalmelodie anlehnt, zeigt sich in seiner Phrasierung die Überlegenheit gegenüber den anderen Musikern der Creole Jazz Band. Außerdem demonstriert Armstrong hier zum erstenmal jenes Spiel mit Kontrasten, das für ihn so charakteristisch werden sollte. In den Takten 9 bis 12 ist die erste Phrase vertikal orientiert und staccato, die zweite hingegen horizontal und legato, die dritte wieder vertikal.

Snake Rag ist erwähnenswert wegen einer Reihe von Kornett-Breaks, die Armstrong im Duo mit Oliver spielt. Über die Duo-Breaks von Oliver und Armstrong ist viel geschrieben worden. Den Zuhörern in den Lincoln Gardens war es geradezu unheimlich, daß die beiden Musiker so fehlerlos und in perfekter Harmonie improvisieren konnten. Tom Thibeau sagte: »Ich kann mich daran erinnern, daß Louie Panico oft fast vom Stuhl fiel, wenn er Oliver bei seinen Breaks zuhörte.« In Wirklichkeit war daran nichts Mysteriöses. Viele Breaks waren vorher festgelegt. Oliver hatte sie im voraus ausgearbeitet, andere wurden im Laufe der Zeit entwickelt. Jeder halbwegs fähige Jazz-Musiker kann auf Anhieb eine zweite Stimme zu einer beliebigen Melodie spielen, vorausgesetzt, er kennt die Melodie. Wenn die Breaks nicht vorher festgelegt waren, probierte Oliver im Ensembleteil an der entsprechenden Stelle aus, was er später beim Break spielen wollte, und wahrscheinlich deutete er auch Armstrong irgendwie an, was er vorhatte. Für Armstrong war es dann kein Problem, beim nächsten Chorus eine zweite Stimme zu erfinden.

In *Snake Rag* gibt es keine Soli, und die Duo-Breaks dienen zur Auflockerung der ziemlich dichten Struktur des Ensembleteils. Die Breaks sind das Wichtigste an der gesamten Aufnahme. Sie erregten seit ihrer Entstehung vor über sechzig Jahren immer wieder großes Aufsehen, ohne allerdings jemals eingehend analysiert zu werden. Keiner von ihnen ist für sich genommen besonders bemerkenswert, doch die Gesamtwirkung ist neuartig. Zweifellos trugen diese Breaks erheblich zum Ruf der Band bei.

Armstrong spielt in *Tears*, entstanden bei der zweiten Session für OKeh im Oktober 1923, eine Serie von zweitaktigen Breaks. Einige von ihnen benutzte er noch Jahre später, als er unter eigenem Namen aufzunehmen begann, und zwar in *Potato Head Blues* und in *Cornet Chop Suey*. Bei der Beschäftigung mit Armstrongs Musik muß man sich immer wieder klarmachen, daß die Improvisation für den New-Orleans-Stil noch kein unverzichtbares Element war. Sie gewann erst um 1920 im Jazz an Bedeutung. Später warf man Armstrong seine häufigen Wiederholungen vor, und diese Kritik ist durchaus berechtigt. Dennoch sollten wir uns hüten, ihn mit Maßstäben zu messen, die nicht die seinen waren. In der Anstalt und später bei Joe Oliver hatte er gelernt, daß schöne Melodien das Wichtigste waren. Und wenn etwas gut war, warum sollte man es dann nicht mehrmals verwenden?

Plattenaufnahmen waren damals für die Karriere eines Musikers noch nicht von großer Bedeutung. Sie boten die Möglichkeit, schnell ein paar Dollar zu verdienen und ein wenig bekannter zu werden. Live-Auftritte waren viel wichtiger. Und da die Bands nicht jeden Abend für die gleichen Leute spielten, war auch ein oft wiederholtes Repertoire für die meisten Zuhörer neu. Viele Fans kamen gerade deshalb, weil sie die bekannten Stücke hören wollten. So ist es kaum verwunderlich, daß Armstrong ständig auf altes Material zurückgriff. Es ist eher erstaunlich, daß er dies nicht in noch weit größerem Maße tat. Armstrong war außergewöhnlich einfallsreich, und zumindest zu

Beginn seiner Karriere verwendete er nur ganz selten winzige Fragmente mehrmals.

Tears zeigt, daß Armstrong 1923 schon jenen Gipfel ansteuerte, den er wenige Jahre später erreichte. Einige der Breaks in dieser Sequenz sind ziemlich mäßig, und ein- oder zweimal mogelt er sich durch; aber einige Stellen haben bereits das Niveau seiner großen Zeit ab 1926.

Ende Dezember 1923 nahm die Oliver-Band in den Paramount-Studios drei Stücke auf: *Riverside Blues*, *Mabel's Dream* und *Southern Stomps*. Armstrongs Solo im *Riverside Blues* ist besonders interessant: Das Stück ist in einem langsamen Tempo aufgenommen. Da das Solo hauptsächlich aus ganzen Noten besteht, können wir hier besonders gut hören, wie er die Noten um den Beat herum plaziert. Viele Jazz-Kritiker sagen, Armstrong habe »hinter dem Beat« gespielt. Beim *Riverside Blues* spielt er die Töne jedoch eindeutig vor dem Beat, wobei allerdings Synkopen entstehen. Armstrong setzt die Töne nicht genau zwischen zwei Beats wie bei der Synkopierung des Ragtime. Er spielt vom Beat weg, so daß eine beträchtliche Anzahl von Tönen, in vielen Fällen sogar die Mehrzahl, nur sehr lose mit dem Grundbeat verbunden sind. Im Solo zum *Riverside Blues* ist dieser Effekt, den Armstrong später systematisch einsetzte, relativ leicht zu erkennen.

Woher aber stammte diese Methode, die Melodielinie vom Grundbeat abzulösen? Wie wir schon hörten, war es bei den Work Songs, in der religiösen Musik und bei den Tänzen der Schwarzen üblich gewesen, zumindest einige der Melodietöne ein wenig vom Grundbeat zu lösen, also bestimmte Melodieteile zu verlängern oder zu verkürzen. Beim Ragtime, der sich aus dieser Musik entwickelte, wurden die Abweichungen in der Synkopierung formalisiert. Beim Blues jedoch blieb die ursprüngliche Praxis erhalten. 1910, als der Jazz entstand, hatten sich Ragtime und Blues rhythmisch ziemlich weit voneinander entfernt.

Die meisten Jazz-Musiker der Anfangszeit waren Ragtime-Spieler. Dies galt insbesondere für die ältere Generation der schwarzen Kreolen, die die Blues-Bands verachteten. Doch Armstrong wuchs in einer Gegend auf, in der der Blues überall präsent war. Er übernahm sein rhythmisches Konzept daher nicht so ausschließlich vom Ragtime wie die meisten Musiker. Und meiner Meinung nach ist es kein Zufall, daß zwei andere Männer, die ungefähr zur gleichen Zeit eine ähnliche rhythmische Konzeption entwickelten – Jelly Roll Morton und Sidney Bechet –, ebenfalls stark vom Blues beeinflußt waren. Auch später blieb der Blues ein wichtiger Bestandteil ihres Repertoires.

Diese Einflüsse sind höchst kompliziert miteinander verquickt und analytisch kaum sauber zu trennen. Doch ich glaube, daß Armstrong mehr swingte als die anderen Musiker der Oliver-Band, weil er mit dem Blues aufgewachsen war.

Die Aufnahmen für Paramount, bei der letzten Session der Creole Jazz Band entstanden, sind auch in anderer Hinsicht interessant. Die Band hatte schon vorher *Riverside Blues* und *Mabel's Dream* für OKeh aufgenommen; außerdem sind uns zwei Einspielungen von *Mabel's Dream* und vom dritten Stück, *Southern Stomps*, erhalten geblieben. Wir können also verschiedene Versionen dieser Stücke miteinander vergleichen, deren Ähnlichkeit verblüffend ist. Sie sind praktisch identisch, sogar die Breaks und die Posaunenstimme. Auch der *Riverside Blues* ähnelt erstaunlich jener Fassung, die zwei Monate zuvor aufgenommen wurde. Der wichtigste Unterschied besteht darin, daß Armstrong beim erstenmal die Coda allein spielt, während sie auf der zweiten Aufnahme von beiden Kornetts zusammen gespielt wird.

Einige der bedeutenden Chorusse auf diesen Aufnahmen stammen von Armstrong. Olivers Solo im *Dippermouth Blues* ist allerdings das Wichtigste. Er spielt das Solo mit einem Plunger (der Gummikappe eines gewöhnlichen Abflußstampfers), mit dem der Trompetentrichter geöffnet und geschlossen wird und wodurch das charakteristische Wah-Wah entsteht. Das Motiv ist eine vieldeutige Figur, die sich von einer Blues-Terz zu einer Bb-Tonika bewegt. Die Färbung des Tons verändert sich, die Tonhöhe der Blues-Terz steigt und fällt geringfügig. Die Töne werden zu früh oder zu spät gespielt, so daß man, ohne den Grundbeat zu hören, zu Olivers Melodielinie nicht mehr den Rhythmus schlagen könnte. Über dem stetigen Marschieren des Grundbeats bewegt sich alles andere – Tonhöhen, Klangfarben und Metrum – wie in einem Kaleidoskop. Olivers Solo hat etwas Modellhaftes, und es wurde unter den frühen Jazz-Musikern berühmt. Viele, darunter auch Armstrong, spielten es nach.

Die Aufnahmen der Creole Jazz Band wurden keine Bestseller. Oliver wurde erst durch seine späteren Plattenaufnahmen berühmt. Andererseits waren diese Aufnahmen, die innerhalb von neun Monaten entstanden, von unschätzbarem Wert. Durch sie erfuhren die amerikanischen Musiker und die wirklichen Jazz-Fans, worum es bei der neuen Musik tatsächlich ging. Die Musiker außerhalb von New Orleans brauchten sich nun nicht mehr an der Original Dixieland Jazz Band oder am Pseudojazz der populären Dance Bands zu orientieren, sondern ihnen stand nun endlich das Original zur Verfügung. Die Musikergeneration des nächsten Jahrzehnts studierte diese Platten gründlich – auch die Mitglieder der Fletcher-Henderson-Band. Henderson holte später nicht nur Armstrong in sein Orchester, sondern spielte auch eine Version des *Dippermouth Blues*: sein erster Hit. Der Trompeter Bubber Miley, der die Duke-Ellington-Band zur Jazz-Band machte, imitierte eindeutig Oliver. Ellington sagte später: »Unsere Band veränderte ihren Charakter, als Bubber zu uns kam. Er growlte den ganzen Abend mit dem Abflußkolben auf dem Horn. Damals beschlossen wir, die sweet music ganz aufzugeben.«[6]

Noch 1940, als Oliver längst tot war, seine Platten nicht mehr im Handel waren und die meisten der Firmen, die sie veröffentlicht hatten, nicht mehr existierten, begeisterten die Aufnahmen der Creole Jazz Band eine ganze Musikergeneration in Europa und in den USA. Diese Musiker entwickelten aus Olivers Musik den sogenannten Traditional Jazz, wobei sie in vielen Fällen die alten Aufnahmen Ton für Ton nachspielten. Heute sind die Aufnahmen von King Oliver, die unter den verschiedensten Labels herausgebracht wurden, praktisch in jeder größeren Stadt der westlichen Welt zu kaufen. Sie gehören zu den wichtigsten Dokumenten der frühen Jazz-Geschichte.

New York

Lil Hardin unterschied sich in mancher Hinsicht von den übrigen Mitgliedern der Oliver-Band. Sie stammte aus Memphis, nicht aus New Orleans, besaß im Gegensatz zu den anderen Musikern eine gewisse Bildung, hatte klassische Musik studiert, von der ihre Kollegen kaum eine Ahnung hatten, und war eine hübsche, kleine junge Frau, die nur einundvierzig Kilo wog und wie ein Kind wirkte. Ihre Familie gehörte zur Mittelklasse.

Lil wurde wahrscheinlich im Februar 1898 in Memphis, Tennessee, geboren. Als sie in die Schule kam, erhielt sie gleichzeitig ihren ersten Klavierunterricht von einer Miss Violet White; sie setzte ihn während ihrer gesamten Jugend fort. Natürlich lernte sie das klassische Standardrepertoire kennen – Grieg, MacDowell, Hymnen und Märsche. Für ihre Mutter, Dempsy Hardin, war der Blues eine »wertlose, amoralische Musik, gespielt von wertlosen, amoralischen Herumtreibern, die ihre vulgären Gedanken in vulgärer Musik ausdrücken«[1]. In der schwarzen, um ihren gesellschaftlichen Aufstieg kämpfenden Mittelklasse war diese Einstellung sehr verbreitet, da man glaubte, alles ablegen zu müssen, was an das Klischee vom Schwarzen erinnerte. Dazu gehörten auch die Vorliebe für den Tanz und der Hang zum offenen Ausleben der Sexualität. Sie versuchten, sich »weiße« Verhaltensmuster anzueignen. Doch ein Vetter von Lil, der Gitarre spielte, machte sie mit *Buddy Bolden's Blues* bekannt, und wie alle jungen Leute war auch sie begeistert von der populären Musik ihrer Zeit.

Sie studierte zunächst weiter klassische Musik und immatrikulierte sich 1914 an der Musikschule der Fisk University in Nashville, damals wie heute eine schwarze Universität, mit dem Hauptfach Musik. Irgendwann zwischen 1916 und 1918 verließ sie die Schule und zog nach Chicago, wo ihre Mutter lebte.[2] Lil bekam einen Job als Song Demonstrator in einem Musikgeschäft in der State Street Nr. 3409, das von einer Mrs. Jennie Jones geführt wurde; mit ziemlicher Sicherheit die Frau von Richard Myknee Jones.

Damals wurde das große Geld in der Musikbranche mit dem Verkauf von Druckarrangements verdient, nicht mit Schallplatten. Die Musikgeschäfte hatten in der Regel einen Hauspianisten, der den Kunden die neuen Songs vorspielte. Lil begann mit drei Dollar pro Woche, da sie aber sehr intelligent und fleißig war, bekam sie schon bald acht Dollar.

Dieses Musikgeschäft war ein Treffpunkt für Musiker und schwarze Entertainer. Lil spielte gelegentlich mit ihnen und lernte so den Jazz kennen. 1918 schickte Jennie Jones Lil zum Vorspielen zu einer Band, die in einem chinesischen Restaurant auf der West Side arbeitete. Es war die Band von Lawrence Duhé, mit Roy Palmer (Posaune), Tubby Hall (Schlagzeug), Jimmy Palao (Geige), Ed Garland (Baß) und Sugar Johnny Smith (Kornett), »einem großen, dunklen Mann mit eingefallenen Wangen«[3]. Er war – so Lil – homosexuell, hatte Tuberkulose und starb kurze Zeit später.

Lil war erstaunt, daß niemand in der Band Noten lesen konnte, ja, daß die Musiker nicht einmal wußten, in welcher Tonart sie spielten. Da sie in dem Musikgeschäft schon ein wenig Erfahrung mit dem Jazz gesammelt hatte, bekam sie den Job, bei dem sie 27,50 Dollar die Woche erhielt.

Sie wagte ihrer Mutter nicht zu erzählen, womit sie ihren Lebensunterhalt verdiente. Deshalb erfand sie irgendein Tanzstudio, gab ihrer Mutter jede Woche acht Dollar und verschwieg den Rest. Eines Tages kam dann doch alles heraus. Lils Mutter ließ sich überreden, die Band anzuhören, und Lil durfte weiterhin mitspielen, allerdings nur, wenn Tubby Hall sie nach den Auftritten nach Hause brächte.

Der kranke Sugar Johnny Smith verließ die Band, und Freddie Keppard übernahm seinen Platz. Kurze Zeit später löste die Band sich auf, doch Lil blieb als Hauspianistin in dem Lokal. Schließlich gründete Oliver mit Lil am Klavier eine neue Band, die um 1920 ein Engagement im Dreamland hatte; gleichzeitig spielte sie im Pekin, einem Nachtklub, der von schwarzen und weißen Entertainern und von der Halbwelt besucht wurde. Leute wie Bill »Bojangles« Robinson und Blossom Seeley kamen vorbei, und Lil erzählte, Seeley habe Alberta Hunter einmal dreihundert Dollar für einen Blues zugesteckt.

Mit dieser Band ging Oliver nach Kalifornien. Als Lil ausstieg und nach Chicago zurückkehrte, bekam sie einen Job im Dreamland. Dort machte Oliver sie mit Louis bekannt. Little Louis mit der unmöglichen Mopfrisur und dem Zwei-Zentner-Gewicht machte wohl zunächst keinen besonderen Eindruck auf Lil. »Mir ging es finanziell ziemlich gut. Ich besaß einen Pelzmantel und einen großen schwarzen Wagen. Er war ein Greenhorn aus New Orleans. Aber er hatte schöne Zähne und ein nettes Lächeln.«[4] Lil hatte zudem gerade einen jungen Sänger namens Jimmy Johnson geheiratet. Sie spielte wieder in der Oliver-Band und merkte langsam, daß Louis ein besonderer Mensch war. Ihre Ehe war nicht glücklich, und irgendwann im Herbst 1922 freundete sie sich mit Armstrong an.

Lil wußte, was sie wollte. Armstrong war schüchtern, unsicher und ungehobelt – ein Tölpel aus der Provinz. Sie nahm sich vor, ihn umzukrempeln und aus dem Schatten Joe Olivers herauszuführen. Sie brachte es sogar fertig, daß er rund dreiundzwanzig Kilo abnahm. Er mußte seine alten Kleider gegen neue wechseln, die sie für ihn aussuchte. Außerdem bestand sie darauf, daß er sich selbst um sein Geld kümmerte; das hatte er bis dahin Oliver überlassen. Und schließlich arrangierte sie für sich und ihn die Scheidungen. Am 5. Februar 1924 heirateten sie, mit Champagner und vielen guten Vorsätzen.

Lil erkannte, daß Armstrongs Selbstvertrauen gestärkt werden mußte, wenn er nicht ewig das zweite Kornett spielen wollte – bei Oliver oder in irgendeiner anderen Band. Sie erzählte Chris Albertson, mit dem sie zeitlebens befreundet war: »Immer wenn Joe ins Haus kam, schien Gott Vater persönlich gekommen. Louis war nie ganz entspannt in seiner Gegenwart, weil er ständig Angst hatte, Joe mit irgend etwas zu verärgern.«[5] Und weiter: »Ich dachte mir, das Wichtigste sei, ihn von Joe fortzubringen . . . Louis hatte kein Selbstvertrauen.«[6]

Schon damals gab es in der Oliver-Band Probleme. Albertson berichtet: »Joe Oliver knurrte, Lil sei ein verzogenes Kind und verplempere Louis' Geld. Baby Dodds bekam Streit mit Louis, der ihn samt dem Schlagzeug vom Podium stieß . . . Dann fand Johnny Dodds heraus, daß Joe einen Teil der Musikergagen nicht ausbezahlt hatte. Die beiden Dodds-Brüder und Dutrey brachten das zur Sprache und drohten Joe Prügel an. Bis sie die Band verlassen hatten, hatte Oliver stets einen Revolver im Trompetenkoffer, und beim Spielen behielt Lil ihn immer im Auge, um sich rechtzeitig ducken zu können, wenn eine Schießerei losginge.«[7]

Die Stimmung in der Band war denkbar schlecht, und so hatte Armstrong, von Lil entsprechend präpariert, endlich einen Grund zu gehen. Er traute sich jedoch nicht, es Oliver selbst zu sagen – das mußte jemand anders für ihn besorgen.

Lil blieb noch eine Weile bei Oliver, aber die große Zeit der Band war vorüber. Oliver entfernte sich mehr und mehr von jenem New-Orleans-Stil, zu dessen Entstehung er so viel beigetragen hatte. Er setzte Saxophone ein, spielte Druckarrangements und ließ mehr Soli spielen. Im Jahre 1926 machte er schließlich wieder Aufnahmen mit einer Gruppe, die er Dixie Syncopators nannte, offensichtlich eine Imitation der jazzorientierten Dance Bands von Fletcher Henderson, Duke Ellington, Bennie Moten und Sammy Steward.

Die Creole Jazz Band hatte entscheidend dazu beigetragen, den Jazz in den Vereinigten Staaten populär zu machen. Diese Band war zwar nie wirklich berühmt geworden, weder in den Orpheum-Lokalen noch im Winter Garden, im Pergola Dance Pavilion oder in den Lincoln Gardens. Die ersten Aufnahmen entstanden kurz vor ihrer Auflösung. Doch sie hatte den weißen Managern und Agenturen schon 1913 bewiesen, daß diese neue Musik viele schwarze und weiße Zuhörer anzog. Außerdem hatte sie das Interesse vieler Musiker geweckt. Schon 1920 beeinflußte die Musik der Creole Jazz Band einige junge weiße Musiker wie Bix Beiderbecke, Gene Krupa und Muggsy Spanier, die zehn Jahre später eine wichtige Rolle im Jazz spielten.

King Olivers Schicksal ist eines der traurigsten in der Jazz-Geschichte. Im Jahre 1924 arbeitete er mit wechselnden Besetzungen wieder in den Lincoln Gardens. Am Weihnachtsabend brannte das Lokal ab, und Oliver zog mit seiner Band in ein Cabaret namens Plantation um. Zwischen 1926 und 1931 machte er wieder Aufnahmen, meist unter dem Namen King Oliver and his Dixie Syncopators. Vor allem durch die frühen Aufnahmen aus dem Jahre 1928 machte er sich beim breiten Publikum einen

Namen. Sein Ruf war zwar nicht so groß wie der von Paul Whiteman, aber die Aufnahmen der Band waren zumindest unter den Liebhabern der populären Musik gefragt. Diese Platten brachten ihm verschiedene Angebote für Engagements in New York ein. Zunächst lehnte er ab. Als jedoch am 1. Februar 1927 das Plantation wegen Verstoßes gegen das Alkoholverbot geschlossen wurde und Oliver mit seiner Band auf der Straße stand, ging er nach Osten – in der Hoffnung auf Erfolg. Man bot ihm ein Engagement im Cotton Club an, einem der wichtigsten New Yorker Cabarets, das er ausschlug, weil ihm die Gage zu niedrig erschien. Duke Ellington erhielt das Engagement und begann hier seine Karriere. Oliver aber hatte Schwierigkeiten, in New York Arbeit zu finden, und schließlich löste sich seine Band auf.

1931 machte Oliver eine Reihe von Plattenaufnahmen mit einer Begleitband, die sein Neffe, der Trompeter Dave Nelson, zwei Jahre zuvor zusammengestellt hatte. Diese Platten, für die er selbst oder zusammen mit seinem Neffen die Songs geschrieben hatte, waren kein Erfolg und brachten ihm nicht den erhofften Durchbruch.

Außerdem hatte Oliver Probleme mit seinen Zähnen: Er litt an Parodontose. Seit 1926 hatte er nicht mehr Chorus um Chorus die Leadstimme geblasen, und Ende 1928 mußte er schließlich ganz aufhören. Barney Bigard erzählt: »Seine Zähne waren so weich, daß sie beim Spielen ständig gegen seinen Rachen drückten.«[8] 1929 ließ Oliver sich behandeln; schon Mitte des Jahres konnte er bei Plattenaufnahmen wieder einige Soli blasen, aber immer noch überließ er anderen Musikern (hauptsächlich Dave Nelson) den größten Teil des Kornettparts. Bei einer Session im Jahre 1930 mußte er Duke Ellingtons Growl-Spezialisten, Bubber Miley, das Plunger-Solo spielen lassen. Miley hatte diese Technik von Oliver übernommen. Für Oliver muß die Erfahrung schrecklich gewesen sein, daß einer seiner Imitatoren im Studio sein Solo spielte.

Es kam jedoch noch schlimmer. Nach 1929 herrschte im Musikgeschäft aus verschiedenen Gründen eine allgemeine Flaute. Cabarets wurden geschlossen, und die Schallplattenindustrie wurde von ihren neuen Konkurrenten, den Rundfunkgesellschaften, nahezu in den Bankrott getrieben. 1931 verlängerte

Victor den Vertrag mit Oliver nicht mehr. Er ging mit der Band auf Tournee, spielte in kleinen Orten im Süden und quälte sich mühsam in einem schrottreifen Bus von Job zu Job. Dance-Hall-Besitzer betrogen ihn, Musiker ließen ihn im Stich – nur sein Stolz ließ ihn überleben. Der Posaunist Clyde Bernhardt berichtet, Oliver habe wegen der künstlichen Zähne große Schmerzen beim Spielen gehabt. Die ersten anderthalb Stunden spielte er noch halbwegs mit, doch dann stand er fast bis zum Schluß neben dem Podium und betrat es erst wieder zu den letzten Stücken. Allerdings meint Bernhardt auch: »Er spielte noch ziemlich eindrucksvoll . . . Es klang, als würde er weinen und stöhnen.«[9] Und Dave Clark, ein Agent aus Tennessee, sagte: »King wollte nicht, daß ich seine Band in die Nähe von New Orleans brachte, weil die Leute aus seiner Heimatstadt nicht sehen sollten, wie schlecht es ihm ging. Außerdem mußte ich auch alle größeren Städte auslassen, da er dort einigermaßen bekannt gewesen war und er seinem Ruf nicht schaden wollte.«[10]

Von nun an ging es mit Oliver stetig bergab. In Savannah, Georgia, gab er schließlich auf, nachdem ihn seine Musiker verlassen hatten, weil er sie nicht mehr bezahlen konnte. Er nahm verschiedene Gelegenheitsarbeiten an, unter anderem einen Reinigungsjob in einer Billardhalle. Oliver war ein kranker, alter Mann mit hohem Blutdruck, aber ungebrochenem Willen. Starrsinnig und zäh, wie er war, wollte er sich den Weg zurück nach oben erkämpfen. Er schrieb herzerweichende Briefe an seine Schwester in New York, in denen er ihr mitteilte, er beabsichtige, wieder in den Norden zu ziehen, um ein Comeback zu versuchen; er könne jedoch erst im Frühling kommen, da er keinen Mantel besitze. »Ich habe ein Sparkonto für mein Kleingeld angelegt. Ein Dollar sechzig sind schon darauf, und ich werde sie nicht anrühren. Ich werde versuchen, mein Ticket nach New York zusammenzusparen.«[11]

Ein Dollar und sechzig Cent! Das war Joe Oliver, König der Kornettisten. Er hat dieses Eisenbahnticket niemals gekauft. Am 8. April 1938 erlitt er einen Gehirnschlag und starb. Er wurde auf dem Woodlawn-Friedhof in der New Yorker Bronx beigesetzt.

Oliver war natürlich ein Opfer der Weltwirtschaftskrise und der daraus resultierenden Flaute in der Musikbranche. Aber viele Schwierigkeiten hatte er auch selbst verursacht. Dazu Bernhardt: »Er hatte einen Minderwertigkeitskomplex . . . und meinte, viele der jungen Musiker könnten ihn nicht leiden.«[12] Und Armstrong sagte: »Joe Oliver traute niemandem. Er hatte nie Agenten oder Manager . . . Das war sein Untergang.«[13]

Daß Oliver in derartiger Armut starb, ist ein Skandal. Aber letztendlich »rächte« er sich doch. Er ist heute berühmter als zu Lebzeiten. Beinahe jede Platte, die er aufnahm, ist heute wieder im Handel, in Tokio und Stockholm ebenso wie in New York und New Orleans. Jazz-Wissenschaftler studieren seine Werke bis in die kleinsten Details, und es gibt wesentlich mehr Untersuchungen über ihn als über die heute vergessenen Bandleader, die ihn damals überflügelten.

1924 war auch Louis Armstrong ohne Job. Er wandte sich an Lil: »Du hast mir geraten, Oliver zu verlassen. Hast du auch eine Idee, was ich jetzt tun soll?«[14] Sie schlug ihm vor, Sammy Stewart nach einem Job zu fragen. Stewart leitete die seinerzeit wohl berühmteste Dance Band in Chicago, die seit Jahren in unveränderter Besetzung spielte. Stewart winkte jedoch ab. Earl Hines behauptet, Stewart habe Armstrong und ihn wegen ihrer dunklen Hautfarbe nicht genommen. Stewarts Musiker waren alle hellhäutig. Daraufhin bewarb Armstrong sich bei Ollie Powers, einem Sänger und Schlagzeuger mit gutem Jazz-Feeling. Powers engagierte Armstrong, und von diesem Zeitpunkt an hatte er sich wirklich von Oliver gelöst.

Alberta Hunter, damals eine bekannte Sängerin, die später ein Comeback hatte und bis in die achtziger Jahre sang, behauptet, im Dreamland mit der Ollie-Powers-Band zu jener Zeit gearbeitet zu haben, als Armstrong in der Gruppe war. Die Band habe auf einem Balkon über der Tanzfläche gespielt.

Obwohl Armstrong von den anderen Musikern bewundert wurde, war er damals noch kein Star. Bekannt geworden war er in erster Linie durch seine Duos mit Oliver. Für Bandleader wie Stewart oder Powers, die zu den wichtigen Figuren der Chicagoer Unterhaltungsszene zählten, war Armstrong nur einer unter den vielen guten Musikern in der Stadt.

Ein Bandleader aus New York sah das allerdings anders: Fletcher Henderson. Er erinnerte sich an Armstrong, den er 1922 auf seiner Tournee mit Ethel Waters in New Orleans kennengelernt hatte. Henderson gehörte zu jenen jungen Schwarzen, die nach dem Ersten Weltkrieg in der Musikbranche auftauchten. Sie waren studierte Leute, für die eine Karriere als Unterhaltungsmusiker eher einen gesellschaftlichen Abstieg bedeutete – zumindest in den Augen ihrer Eltern. Jimmie Lunceford hatte die Fisk University besucht, allerdings ohne Abschluß; Don Redman hatte die Konservatorien in Boston und Detroit besucht; Claude Hopkins hatte am Howard College einen akademischen Grad erworben und an einem Konservatorium Musik studiert. Duke Ellington besuchte zwar nie ein College, aber man hatte ihm ein Stipendium an einer Kunstschule angeboten. Und Henderson hatte einen College-Abschluß in Chemie. Zu einer Zeit, in der nur wenige Weiße ein College besuchten, gehörten diese jungen Schwarzen zu einer kleinen Gruppe von Privilegierten. Insofern unterschieden sie sich auch von den alten New-Orleans-Musikern.

Die meisten von ihnen waren auch nicht im Süden aufgewachsen. Sie stammten aus Familien der Mittelklasse mit den Wertvorstellungen der weißen Mittelschicht. Wie Lil Hardins Mutter hielten auch ihre Eltern Blues und Jazz wenn nicht schon für unmoralisch, so doch sicher für vulgär, und sie versuchten, ihre Kinder möglichst davon fernzuhalten.

Als Weiße hätten diese Männer alle Karriere gemacht: Ellington in der Kunst, Henderson in der Chemie, Hopkins und Redman in der klassischen Musik. Aber da sie Schwarze waren, hatten sie trotz ihrer Ausbildung keine Chance in diesen Berufen. Don Redman hätte nie in einem weißen Symphonieorchester spielen können. Für diese Männer gab es nur eine Möglichkeit, zu Geld und Ansehen zu kommen: die Unterhaltungsmusik.

Sie waren zunächst keine Jazz-Musiker. Mit der Musik der Schwarzen, den Gospels, Worksongs und dem Blues, waren sie bislang kaum in Berührung gekommen. Der Jazz hatte damals nicht zwangsläufig und überall mit der Kultur der amerikanischen Schwarzen zu tun. Er war in New Orleans entstanden und hatte sich von dort ausgebreitet.[15] Die Schwarzen des Nordens mußten ihn ebenso erlernen wie die Weißen. Männer wie Henderson kannten natürlich den Ragtime, der in den ganzen Vereinigten Staaten sehr populär war. Aber um 1920 kannten sie den Jazz nur von den Platten der weißen Original Dixieland Jazz

Band und den Blues nur durch die Notendrucke von Komponisten wie W.C. Handy, dessen *Memphis Blues* im Jahre 1912 veröffentlicht worden war. Als sie ihre ersten kleinen Bands zusammenstellten, waren diese noch nicht in der Lage, die Musik aus New Orleans zu spielen. Ethel Waters erzählte einmal, sie habe Henderson dazu gebracht, sich die Pianowalzen von James P. Johnson anzuhören, und auch Johnson stand zu jener Zeit noch immer mit einem Fuß im Ragtime.

Andererseits wußten diese Männer einiges über klassische Musik. Sie verstanden etwas von Stimmführung und konnten daher gute Sätze für die einzelnen Instrumentengruppen ihrer Bands schreiben. Diese Bands waren Dance Bands. Zwar hatten auch die ersten Jazz-Bands in New Orleans zum Tanz aufgespielt, aber als der New-Orleans-Jazz sich nach 1915 nach Norden ausbreitete, hörte das Publikum oft nur noch zu. Henderson und Ellington hingegen machten zunächst ausschließlich Tanzmusik. Sie wären nie auf den Gedanken gekommen, ihre Musik für eine aufstrebende Kunstform zu halten. Sie betrachteten den Jazz als aufregende musikalische Mode, von der sie sich mitziehen ließen. Erst nachdem sie die ersten direkten Erfahrungen mit dem New-Orleans-Jazz gemacht hatten, entwickelten sie echtes Interesse am Jazz. So waren es Bechet und Miley in Ellingtons Band und Armstrong in der Henderson-Band, die den Schwarzen im Osten zeigten, was Jazz ist.

Fletcher Henderson war eine merkwürdige und letztlich tragische Gestalt. Er wurde in Cuthbert, Georgia, geboren, wo sein Vater Direktor der Randolph Training School war, einer Wirtschaftsschule für Schwarze. Seine Mutter, Ozie Henderson, war Pianistin und Musiklehrerin. Fletcher lernte in seiner Jugend, klassische Musik vom Blatt zu spielen. Später studierte er Chemie und Mathematik an der Universität von Atlanta. 1920 ging er nach New York, in der Hoffnung, dort eine Stelle als Chemiker zu finden. Doch die Suche war aussichtslos. Um sich finanziell über Wasser zu halten, nahm er einen Job als Pianist bei der Pace and Handy Music Company an, einem schwarzen Musikverlag. W.C. Handy war damals schon als Komponist des *St. Louis Blues* berühmt, und Harry Pace, der als leitender Angestellter in einer Versicherungsanstalt für Schwarze tätig war, komponierte gelegentlich Songs. 1921 trennte sich Pace von Handy, um die erste schwarze Schallplattenfirma, Black Swan, zu gründen. Pace heuerte Fletcher Henderson als musikalischen Allroundhandwerker an, der die Sänger begleiten, Bands engagieren und kleinere Arrangements schreiben mußte. Mehr oder weniger zufällig startete Henderson so eine Karriere als Bandleader.

Black Swan gelang es, Ethel Waters unter Vertrag zu nehmen. Sie arbeitete damals als Blues-Sängerin in Theatern und Cabarets und fing gerade an, sich einen Namen zu machen. Die Tournee, auf der Henderson Armstrong zum erstenmal traf, war von Black Swan arrangiert worden, um ihre Schallplattenproduktionen bekannt zu machen. Als Henderson 1922 wieder in New York war, übernahm er die ersten Cabaret-Jobs mit eigenen Bands. 1923 lud der Klub Alabam, ein bekannter Nachtklub am Broadway, Dance Bands zum Vorspielen ein. Die Musiker mußten Henderson, der nie sonderlich ehrgeizig war, zur Teilnahme an diesem Wettbewerb überreden. Prompt gewann die Band, erhielt den Job und spielte lange in diesem Klub.

Einige Monate später erhielt Henderson mit seiner Band das Angebot, im Roseland Ballroom an der Ecke 51. Straße/ Broadway aufzutreten. Das Roseland war die angesehenste Dance Hall von New York. Eine Gruppe aus New Orleans unter der Leitung von Armand Piron hatte dort zusammen mit einer weißen Gruppe unter Sam Lanin gearbeitet. Die Musiker von Piron hatten sich in New York jedoch nicht wohl gefühlt: Die Stadt war ihnen zu kalt und zu laut gewesen, und sie hatten Heimweh. Sie kehrten also nach Hause zurück, und das Lokal brauchte eine andere schwarze Band; schwarze Bands waren billiger als weiße, und schwarze Entertainer waren beliebt. Man bot Henderson den Job an, doch auch dieses Mal nahm er erst an, als die Ereignisse ihn dazu zwangen. Coleman Hawkins, sein Saxophonist, wurde gebeten, die Sängerin des Alabam, Edith Wilson, zu begleiten. Hawkins forderte eine Extragage, und als man ihm diese verweigerte, kündigte die Band (oder sie wurde entlassen). Jedenfalls begann Hendersons Band daraufhin im Roseland. Einige Monate später, im Mai 1925, kündigte auch die Lanin-Band ganz plötzlich ihr Engagement: Sie arbeitete wahrscheinlich nicht gern mit Schwarzen auf einer Bühne zusammen; für diese Vermutung gibt es allerdings keine Beweise. So wurde die Henderson-Band durch eine Serie glücklicher Zufälle zum ständigen Orchester in einem der bekanntesten Lokale New Yorks.

Nach Walter C. Allen hatte das Roseland »eine große Tanzfläche und einen Restaurationsbereich, wo man Soft Drinks und Bier bekommen konnte. (Der Eintritt betrug 1919 85 Cent und 1953 1,10 bis 1,50 Dollar.) Paare, aber auch Männer und Frauen, die allein kamen, waren willkommen . . . , vorausgesetzt, sie waren Weiße. Weiße Musiker brauchten nur den Eintritt zu bezahlen und konnten sich dann frei im Lokal bewegen; schwarze Musiker hingegen durften sich nur außer Sichtweite des Publikums aufhalten.«[16] Es war ein Dime-a-Dance-Lokal mit Animierdamen, wie so viele dieser Art, im Grunde nichts anderes als ein Bordell, aber dennoch auf seinen guten Ruf bedacht.

Im Sommer 1924 beschloß Henderson, einen Hot-Solisten in die Band zu nehmen, der die beim Publikum so beliebte Jazz-Musik spielen konnte. Er dachte sofort an Armstrong: »Ich hatte diesen Burschen nie vergessen. Für mich war Louis sogar noch besser als Oliver, egal, was die anderen darüber sagten . . . Einige Jahre später hörte ich, daß er mit Oliver im alten Dreamland Café in Chicago arbeitete (das Engagement mit Ollie Powers). Da ich den Klang seines Horns noch in guter Erinnerung hatte, war ich entschlossen, ihn ins Roseland zu holen. Um ehrlich zu sein, ich hatte nicht damit gerechnet, daß er das Angebot annehmen würde, und war sehr überrascht, als er zu uns nach New York kam.«[17]

Zweifellos nahm Armstrong diesen Job nur auf Drängen von Lil an. New York war das Zentrum der Unterhaltungsindustrie. Man hatte erkannt, daß die Hot-Bands aus dem Westen Jazz wesentlich besser spielten als die New Yorker Bands, die sich in dieser Musik noch immer etwas zaghaft versuchten. Louis' Chancen standen also gut. Er und Lil hofften, Henderson würde ihn als Solisten herausstellen. Also packten sie die Koffer und fuhren los.

Als Louis Armstrong nach New York kam, war die Stadt nicht der schlechteste Ort für einen schwarzen Entertainer. Die Tanzbegeisterung griff um sich. Seit vier Jahren gab es die Prohibition, und es war Mode geworden, sich in illegalen Speakeasies (Flüsterkneipen) zu besaufen. Junge Leute gingen in die Cabarets zum Trinken, Tanzen und zum Jazz-Hören. Allein in Manhattan gab es 2500 Speakeasies, Cabarets und Restaurants mit illegalem Alkoholausschank. Viele dieser Klubs und Restaurants boten Livemusik, und die bekanntesten von ihnen lagen in der Broadway-Gegend um den Times Square und in Harlem, in der Nähe der Lenox Avenue und der Seventh Avenue, über mehrere Blocks zu beiden Seiten der 135. Straße verstreut. »Jazz und Nightclubs waren von Anfang an Synonyme«, hieß es im Jahre 1930 in der *New York Times*.[18]

Die Dance Halls waren als ökonomische Basis für die Musiker ebenso wichtig wie die Nachtklubs. Hier wurde ständig Musik benötigt, so daß in der Regel zwei Bands engagiert waren. In Manhattan gab es 238 Dance Halls mit einem jährlichen Umsatz von fünf Millionen Dollar. Ein Untersuchungsausschuß der Stadt New York zeigte sich empört über die Unmoral des »langsamen Jazz, bei dem schon allein das Tempo ein sehr sinnliches und groteskes Tanzen provoziert«[19]. Nach Ansicht dieser Kommission förderten die Dance Halls »Unmoral und Trunksucht«. Für den Jazz waren sie jedoch ungeheuer wichtig, da sie Hunderten von Musikern den Lebensunterhalt garantierten, so daß diese die neue Musik weiterentwickeln konnten.

Harlem war ein weiterer Anziehungspunkt für schwarze Entertainer. Das Viertel war im 19. Jahrhundert im Norden der Insel Manhattan als vornehme Vorstadt für reiche Weiße erbaut worden. Unmittelbar nach der Jahrhundertwende riß eine Welle von Grundstücksspekulationen Harlem in den Bankrott. Die verzweifelten Spekulanten begannen, die großzügig gebauten Wohnungen zu unterteilen und an Schwarze zu vermieten, und um 1920 war Harlem eine schwarze Enklave.

Die Schwarzen in Harlem kamen überwiegend aus dem Süden. Harlem war kein Slum. Im Gegenteil, es war mit seinen sauberen, breiten Avenues, seinen Bäumen und seinen neuen Häusern einer der schönsten schwarzen Wohnbezirke, die es zu jener Zeit in den Vereinigten Staaten gab. Es zog nicht nur Angehörige der schwarzen Mittelklasse aus New York, sondern von überall her an, sogar aus dem Ausland. »So gut wie alle Institutionen der Schwarzen siedelten Anfang der zwanziger Jahre aus der New Yorker Innenstadt nach Harlem um«, schreibt Gilbert Osofsky.[20] Viele schwarze Intellektuelle und Künstler kamen nach Harlem. Sie gründeten kleine Zeitschriften und

Theatergruppen, wo man sich Gedanken über die gesellschaftliche Gleichstellung machte. Zwischen dem Ende des Ersten Weltkrieges und der Weltwirtschaftskrise war man in Harlem optimistisch gestimmt. Die Schwarzen sahen sich auf dem Vormarsch. Die Hauptstadt dieser Renaissance der Schwarzen war Harlem, das zum Mekka aller Schwarzen wurde.

Dieser allgemeine Aufstieg der schwarzen Künstler kam auch den schwarzen Entertainern zugute. Schwarze wie weiße Intellektuelle vertraten die Ansicht, daß die ausdrucksstarke, freie Seele der Schwarzen den Weißen eine Menge zu sagen habe. Bislang hatte man sich für einen Besuch in einem Black and Tan schämen müssen. Doch nun waren die schwarzen Musiker und Blues-Sänger keine exotischen Entertainer mehr, sondern Volkskünstler, so daß ein Abend in einem Black and Tan zu einem kulturellen Ereignis wurde. Selbst die sogenannten besseren Leute konnten sich jetzt in Harlem sehen lassen, und das schwarze Entertainment erfreute sich wachsender Beliebtheit.

Natürlich gab es hier wie in Chicago kein gemischtes Publikum, von wenigen Black and Tans einmal abgesehen. Die Broadway-Klubs waren ausschließlich Weißen vorbehalten, obgleich die Mehrzahl der Künstler, die dort auftraten, Schwarze waren. Auch die großen Cabarets in Harlem waren für Weiße reserviert. Nur wenn man als Schwarzer berühmt war, durfte man ausnahmsweise an einem Tisch in der Ecke sitzen. Doch die Schwarzen hatten ebenfalls vorzügliche Klubs, die auch von weißen Jazz-Liebhabern besucht wurden. Außerdem gab es in Harlem bedeutende Theater für Schwarze wie das Lincoln und das Lafayette.

Es war eine Zeit des Überflusses, alle Musiker hatten genug zu tun. Duke Ellingtons Band erkämpfte sich ihren Platz im Kentucky Club, von dem die Zeitschrift *Variety* berichtete, er sei »ein ausgezeichneter Ort, an dem man in ungezwungener Atmosphäre lachen und ein paar Runden auf dem Parkett drehen« könne.[21] Im Cotton Club in Harlem spielten unter anderen Sidney De Paris, Walter Thomas, DePriest Wheeler und David Jones, die später zu den angesehensten Jazz-Musikern gehörten. Im Connies Inn spielte eine Band unter der Leitung von Leroy Smith. Zweimal pro Abend sendete die Radiostation WHN live aus diesem Lokal, von dem man sagte: »Auf der 7th Avenue gibt es noch ein oder zwei andere Lokale, doch die sind mehr für Farbige und schaden nur den weißen Geschäftsleuten.«[22]

Die Bands, die bei Armstrongs Ankunft in New York in den erwähnten Klubs spielten, waren mit der Oliver-Band nicht zu vergleichen. Sie spielten arrangierte Tanzmusik mit Jazz-Einschlag und gelegentlichen Soli, die zwar »hot« sein sollten, es meist jedoch nicht waren. Die Musiker des amerikanischen Ostens kannten zwar die Hot Music, die ihrer Ansicht nach aus dem Westen, nicht aus New Orleans kam, aber sie fingen eben erst an, sich damit zu beschäftigen. In New York spielte damals nur eine winzige Gruppe von schwarzen und weißen Musikern New-Orleans-Jazz. Dazu kamen noch ein paar schwarze Musiker, die die neue Musik in Chicago von ihren Kollegen aus New Orleans aufgegriffen hatten. Außerdem gab es noch eine etwas größere Gruppe von Weißen, die die Musik der Original Dixieland Jazz Band kopierte. Doch auch sie hörten sich die Platten von Oliver an, die zu diesem Zeitpunkt noch kein Jahr alt waren. Und in Louis Armstrong hatten sie endlich einen leibhaftigen Propheten des Jazz auf der Bühne.

Fletcher Henderson

Das Fletcher-Henderson-Orchester von 1926/27 war eines der wichtigsten in der Geschichte des Jazz. Henderson und vor allem sein Arrangeur und musikalischer Berater, Don Redman, entwickelten zwischen 1923 und 1926 das klassische Big-Band-Arrangement, an dem sich seither alle Big Bands orientiert haben. Redman war ein kleiner, herzlicher Mann, der bei den Musikern beliebt war und von ihnen bewundert wurde, aber nie den Erfolg hatte, der ihm eigentlich zukam. Er war eine Art Wunderkind. Angeblich soll er schon im Alter von drei Jahren mit dem Trompetenspiel begonnen haben. Später studierte er Musiktheorie, unter anderem am Storer College. 1923 zog er nach New York und begann im Jahr darauf als Saxophonist bei Henderson, später ebenfalls ein ausgezeichneter Arrangeur. Zunächst jedoch übergab Henderson Redman die musikalische Leitung seiner Band; wahrscheinlich erarbeiteten beide gemeinsam die Methode, die Saxophongruppe und die Blechbläser gegeneinanderzusetzen. Dabei lösen die Gruppen einander ab, oder die eine Section stützt die andere. Außerdem enthielten die Arrangements viele Soli. Die Dance Bands der Swing-Zeit waren die unmittelbaren Nachfolger dieses Henderson-Orchesters, das bewies, daß auch eine große Band, die nach Noten spielt, swingen kann. Als Armstrong 1924 zu Henderson kam, war die neue Struktur noch nicht ganz ausgeformt, und die Band swingte noch nicht.

Vermutlich kam Armstrong irgendwann im September nach New York. Am 7. Oktober 1924 nahm er jedenfalls zum erstenmal an einer Aufnahmesession der Henderson-Band teil. Die Geschichte von Louis' Debut in der Band ist oft erzählt worden. Bei der ersten Probe im Happy Rhone Club in Harlem (Rhone war ein bekannter New Yorker Bandleader) machte er nicht gerade einen eleganten Eindruck. Don Redman: »Er war sehr fett und trug hohe Schnürschuhe und lange Unterhosen, die bis zu den

Socken reichten.«[1] Jahre später erinnerte sich Henderson noch, wie Armstrong verlegen auf sein Notenblatt schaute, weil er wußte, daß er als der Neue von den anderen angestarrt wurde. »Dann fiel versehentlich Escuderos Baß gegen Charlie Greens Posaune. Big Green drehte sich um und brüllte: ›Paß auf mein Horn auf, du Hurensohn.‹ Louis erzählte mir später, in diesem Moment habe er einen tiefen Seufzer ausgestoßen und gleichzeitig gewußt, daß ihm diese Band gefallen werde.«[2]

Armstrong erinnerte sich: »Ich kam direkt von Oliver zu dieser Band. Sie probte in Harlem. Ich ging rein und sagte: ›Guten Tag, Mr. Fletcher. Ich bin der neue Trompeter.‹ Er antwortete nur: ›Deine Stimme liegt da drüben.‹ *Minnetonka* war das erste Stück, das ich in der Band spielte – dritte Trompete. Musiker sagten schon damals nicht viel. Sie beobachteten mich nur aus den Augenwinkeln. Ich war eben der Neue.

Anfangs ignorierten sie mich einfach, und ich sagte auch nichts. Aber ich dachte: ›Dieser Haufen alter . . . hochnäsiger . . .‹ Natürlich *waren* sie damals schon ganz schöne Kaliber, Kaiser Marshall und all die anderen, sehr clevere Burschen. Ich war gerade aus Chicago gekommen, und dort atmeten wir einfach ein und bliesen die restliche Luft wieder aus – und jetzt mußte ich diese *Stimme* spielen. Ich war ziemlich steif, und sie wußten nicht so recht, ob ich nun spielen konnte oder nicht. Das ging zwei Wochen lang. Dann, eines Abends im Roseland, passierte es. Sie hatten Buster Bailey geholt. Die Band brauchte einen neuen Saxophonisten und Klarinettisten, und ich wußte, daß Buster gut spielte. Dann kam er also, und plötzlich hatte ich einen Freund in der Band; das machte eine Menge aus. Ich glaube, sie spielten den *Tiger Rag*, und sie gaben mir vier Chorusse – Busters Anwesenheit heizte mir ziemlich ein. Danach war ich *drin*.«[3]

Obwohl Hendersons Musiker bessere Blattspieler waren als Armstrong, war er ihnen gewachsen. Er war ein brillanter Instrumentalist und ein wesentlich besserer Improvisator als alle anderen. Eine selbstsichere Persönlichkeit hätte die Situation an sich gerissen und den Burschen eine Lektion erteilt, aber Louis hielt sich zurück. Er fürchtete sich fast zu zeigen, was er konnte. Einige Jahre später spielte er sich im Parkett des Vendome Theaters in Chicago mit dem damals schon vergessenen Stück

Little Stars Of Duna, Call Me Home warm. »Ich habe mich immer gern mit solchen Stücken eingespielt«, gestand er einmal. »Eines Tages boten sie mir fünfunddreißig Dollar Extragage, wenn ich diese Nummer auf der Bühne spielen würde, aber ich hatte zuviel Angst.«[4] Ungefähr ein Jahr nach diesem Ereignis ließ er sich überreden, zusammen mit May Alix auf der Tanzfläche *Big Butter And Egg Man* zu singen. Er hatte schreckliches Lampenfieber. Earl Hines sagte: »May wußte, daß er Angst hatte, und nutzte das aus.«[5]

Diese Scheu zeigte Armstrong nicht nur als Musiker, sondern auch in seinem Privatleben. Marge Singleton, Zutty Singletons Frau, die aus St. Louis stammte und deren Bruder Charlie Creath auf einem Riverboat eine Band leitete, erinnerte sich, Armstrong auf einem dieser Schiffe kennengelernt zu haben. »Louis war so scheu, daß er vom Podium sprang, um den Mädchen zu entgehen. Und ich wollte nur mit ihm reden, weil Charlie auch ein Trompeter war . . . , natürlich auch, um ihn kennenzulernen . . . Die ganze Zeit stand er mit gesenktem Kopf vor mir.«[6]

Wenn Armstrong auf einen musikalischen Konkurrenten traf, steckte er nicht von vornherein zurück, wie man das von einem unsicheren Menschen vielleicht erwarten könnte, sondern versuchte vielmehr, den Konkurrenten mit allen Mitteln zu verdrängen. Es gibt viele Geschichten über Trompeter, die in seiner Anfangszeit in die Klubs kamen, wo er spielte, und versuchten, ihn auszustechen. Johnny Dunn soll es versucht haben, Keppard ebenfalls, und einmal traten sogar vier junge Trompeter gemeinsam gegen ihn an. Louis war entschlossen, sich von niemandem unterkriegen zu lassen, und offenbar gelang ihm das auch.

Lil erzählte, daß er erst dann richtig loslegte, wenn er wütend war; und ein ernsthafter Konkurrent machte ihn wütend. Einmal sei er nach Hause gekommen, als sie eine Schallplatte von Red Allen hörte, einem anderen Trompeter aus New Orleans, den Victor eine Zeitlang als Konkurrenten gegen Armstrong aufzubauen versuchte. »Er stand eine Minute lang mit wütendem Gesichtsausdruck da. Dann lächelte er und sagte: ›Yeah, er spielt gut.‹«[7]

Armstrongs Verhalten beim ersten Auftritt in der Henderson-Band zeigt die beiden Seiten seines Charakters: Zunächst hatte er Zweifel in sich und die Qualität seines Spiels. Doch dann plötzlich, als er sich herausgefordert fühlte, drehte er im Bewußtsein seiner Überlegenheit auf. Buster Bailey war zwar ein guter Instrumentalist, aber auf dem Gebiet des Jazz ein Neuling, der Armstrong nicht das Wasser reichen konnte. Angesichts dieser Herausforderung löste Armstrong sich aus seiner Befangenheit.

Louis wurde zur beherrschenden Persönlichkeit in der Henderson-Band und fühlte sich doch nie ganz wohl. Es war eine undisziplinierte Gruppe. Der gemütliche Henderson hatte seine Männer einfach nicht unter Kontrolle. Sie kamen zu spät, tranken und lärmten, und die Alkoholiker hielten sich selbst auf dem Podium nicht zurück. Sie führten sich auf wie Broadway-Stars und gaben ihr Geld für teure Kleider und schnelle Autos aus (manche verdienten bis zu fünfundsiebzig Dollar in der Woche, was damals viel Geld war). Dem einfachen Jungen aus der Provinz waren sie zu arrogant und zu großkotzig. Außerdem störte ihn ihr Desinteresse gegenüber der Musik. 1967 erzählte Armstrong dem Reporter Larry L. King: »Die Burschen blödelten und soffen – nur Musik machten sie keine. Für mich war die Musik immer etwas Todernstes.«[8] Armstrong war in Bars aufgewachsen, ihn interessierten die Speakeasies und After-Hours nicht. Kaiser Marshall, der Schlagzeuger der Band, sagte: »Louis ging damals nicht viel aus. Er arbeitete hart und sparte sein Geld.«[9]

Gewiß fehlte ihm die schützende Hand Olivers; Henderson konnte diese Aufgabe nicht übernehmen. Er konnte nicht einmal auf sich selbst aufpassen und ruinierte seine Karriere durch allzuviel Lethargie. Solange Lil in New York war, war sie Louis eine emotionale Stütze, aber nach einigen Monaten ging sie zurück nach Chicago, um sich um ihre kranke Mutter zu kümmern. Danach wurde die Situation in der Band für Armstrong unerträglich.

Seine Musik blieb davon jedoch unbeeinflußt. Die Henderson-Band spielte meistens im Roseland, gelegentlich ging sie auf Tournee, etwa nach New England oder Pennsylvania. Außerdem arbeitete sie in Theatern und spielte auf Privatbällen. Das Publikum im Roseland war weiß, doch die Auftritte in den Theatern und bei privaten Festlichkeiten fanden vor überwiegend schwarzem Publikum statt. Die Popularität der Band beim weißen wie beim schwarzen Publikum wuchs. Im Januar 1928 schrieb die

Amsterdam News, eine New Yorker Zeitung für Schwarze: »Die Jugend hält Fletcher Henderson und sein Roseland-Orchester für die beste Band im ganzen Land.«[10] Im April brachte *New York Age*, eine andere Zeitung für Schwarze, die Story der Band. Sie wurde als eine der drei besten schwarzen Bands in den Vereinigten Staaten gepriesen; auch die Besetzung wurde genannt, darunter »Lewis Armstrong« [11]. Und im Herbst des gleichen Jahres schrieb *Variety*, »Fletcher Hendersons Orchester, das in den Cabarets und Dance Halls von Harlem sehr populär ist, geht im Osten auf Tournee«[12].

Aus diesen und anderen Berichten geht hervor, daß Armstrong zu jener Zeit noch keine eigenen Fans hatte. John Hammond zum Beispiel hörte die Henderson-Band als Junge und war von ihrer Musik begeistert; an Armstrong konnte er sich jedoch nicht erinnern. Nur die jungen Musiker, besonders die schwarzen, bewunderten ihn schon damals. Dazu Buster Bailey: »Louis hatte in New York die gleiche Wirkung wie in Chicago, als er dort zum erstenmal auftauchte. Er beeindruckte alle Musiker, die ihn hörten.«[13] Der Kornettist Rex Stewart sagte: »Dann kam Louis Armstrong in die Stadt! Er machte uns alle verrückt. Ich versuchte, wie er zu gehen, wie er zu essen, wie er zu schlafen. Ich kaufte mir sogar ein Paar große Polizistenschuhe, wie er sie trug, und ich wartete vor seiner Wohnung, um ihn zu sehen, wenn er herauskam.«[14] Kaiser Marshall erzählte von dem jungen Posaunisten Jimmy Harrison, der später in der Henderson-Band arbeitete: »Er war verrückt nach Louis Armstrong, und er machte einiges von dem, was Louis auf dem Kornett oder auf der Trompete spielte, auf der Posaune nach.«[15]

In der Oliver-Band hatte Armstrong nicht viel Raum für Soli gehabt, obgleich er wahrscheinlich bei Live-Auftritten mehr Lead und vielleicht auch mehr Soli gespielt hat als auf den Schallplatten. Bei der Henderson-Band war das anders. Er spielte zwar nicht bei jeder Aufnahme ein Solo – er wirkte sogar nur bei einem Viertel des gesamten Repertoires mit, weil es beim Rest der Stücke keine dritte Trompetenstimme gab –, aber bei Henderson war er Solist. Auf fast der Hälfte der Plattenaufnahmen spielte er Soli. Wahrscheinlich wurde er auch im Roseland, wo die weißen Musiker ihn hörten, und in den Theatern und Klubs von Harlem, wo die Schwarzen ihn bewunderten, als Solist gut herausgestellt.

Glücklicherweise machte die Henderson-Band viele Aufnahmen. Sie ging jeden Monat zwei- oder dreimal abwechselnd für ein halbes Dutzend Firmen ins Studio, wobei gewöhnlich jeweils zwei Aufnahmen entstanden. Die erste Session, an der Armstrong teilnahm, fand am 7. Oktober 1924 statt. Das Orchester nahm zwei fürchterliche Stücke auf: *Manda* und *Go 'Long Mule* – zweifellos keine Jazz-Aufnahmen; allerdings war die Band zu jener Zeit auch noch keine Jazz-Band. Armstrong jedoch war schon ein Jazz-Musiker. Sein Solo in *Go 'Long Mule* beweist, wie weit er den anderen Bandmitgliedern, ja der gesamten damaligen Jazz-Welt voraus war.

Das Stück war ein Tagesschlager, aus bewußt banal gehaltenen Melodiephrasen zusammengestückelt. Es enthielt ein schmalziges Doo-Wacka-Trompetentrio, das als Persiflage gedacht war. Mitten in diese dick aufgetragene Satire bricht Armstrong plötzlich mit einem stürmischen sechzehntaktigen Solo ein, im völligen Kontrast zum komischen Charakter des restlichen Arrangements. Damit hat er das Stück wohl vor der Vergessenheit bewahrt.

In Armstrongs kurzem Solo über *Copenhagen*, das später im gleichen Monat aufgenommen wurde, zeigt sich sein Talent für Strukturen. Hier wie an anderer Stelle entwickelt er aus einem Minimum an Material eine intelligent aufgebaute musikalische Struktur. Darüber könnte man leicht vergessen, daß Armstrong in erster Linie ein »Swinger« war. Schauen wir uns daraufhin einmal sein Solo in *Shanghai Shuffle* an. Solche Stücke mit orientalischem Einschlag waren damals in Mode. Armstrong spielt zwei Chorusse mit dem Plunger. In den ersten acht Takten benutzt er nur einen einzigen Ton, den er zwei dutzendmal wiederholt. Die grundlegende rhythmische Figur besteht aus kurzen, scharfen Achtelnoten, auf dem ersten und dritten Schlag des Taktes gespielt. Die Töne sind jedoch nicht identisch. Der erste wird genau auf die Zählzeit plaziert und ist relativ gerade, ein deutlicher Orientierungspunkt. Der zweite wird knapp vor der Zählzeit gespielt, und zwar mit einem breiten, schnellen Endvibrato, was ihm eine größere Intensität verleiht. Jeder Ton ist anders als der vorhergehende. Die Intonation oder die Plazierung wird jedesmal leicht verändert. Entscheidend an diesem Solo sind die Kontraste. Solche rhythmischen Feinheiten in herkömmlicher Notation festzuhalten, ist unmöglich: Man muß sie nach Gefühl spielen.

Armstrong spielte bei Aufnahmen der Henderson-Band ungefähr fünfzehn Soli. Sie sind alle gut, teilweise sogar außergewöhnlich, wie in *Bye And Bye*, *Money Blues* und *Shanghai Shuffle*. Die wichtigste Aufnahme ist *Sugarfoot Stomp*, ein Stück, das an die New-Orleans-Tradition anknüpft: eine arrangierte Version des klassischen Oliver-Stücks *Dippermouth Blues*. Don Redman berichtet, Armstrong habe Lead-Sheets (bezifferte Klavierstimmen) von einigen Stücken der Oliver-Band mitgebracht und ihn gebeten, eines der Stücke für ihn zu arrangieren. Redman, der zweifellos Olivers Platten kannte, wählte den *Dippermouth Blues*. Dieses Arrangement fällt wesentlich einfacher aus als seine übrigen, bei denen die Melodie ständig nervös durch das Orchester zu springen scheint. Außerdem ist es am New-Orleans-Stil orientiert. Einige Chorusse sind so arrangiert, daß sie wie ein New-Orleans-Ensemble klingen, und die Paraphrase eines Klarinettentrios erinnert entfernt an Johnny Dodds' klassischen Chorus aus der Originalversion. *Dippermouth Blues* ist die erste Platte von Henderson, die von Anfang bis Ende swingt. Die damaligen Zuhörer schienen ebenfalls dieser Ansicht zu sein. Redman sagte: »Diese Aufnahme machte Fletcher Henderson im ganzen Land bekannt.«[16] Columbia preßte sie mehrere Jahre lang nach.

Den Höhepunkt bildet freilich der berühmte Oliver-Chorus, der hier von Armstrong gespielt wird: Der Lehrling hat seinen Lehrmeister weit hinter sich gelassen. Armstrong benutzt statt eines Plungers, den Oliver verwendet hatte, einen Spitzdämpfer. Der scharfe, glasklare Klang schafft einen wesentlich stärkeren Kontrast zum Saxophon-Background als ein Plunger. Hendersons Version des Oliver-Stücks klingt ausgelassen, doch Armstrong bleibt in seinem Solo immer sehr nahe am Blues, trotz der Heiterkeit, die das gesamte Stück ausstrahlt. Er beginnt wie Oliver mit einer Blues-Terz, spielt sie jedoch mit größeren Tonschwankungen als dieser. Oliver veränderte die Tonhöhe durch Öffnen des Plungers auf dem langen Wah-Ton. Armstrong kann den Charakter des Tons mit dem Spitzdämpfer nicht so stark variieren, also erzeugt er den gleichen Effekt, indem er die Tonhöhe der Blues-Terz sinken und steigen läßt. Da die Melodielinie einfach ist, arbeitet Armstrong hier weniger mit dem Rhythmus als gewöhnlich, aber die Bewegung weg vom Beat, von der Zählzeit, ist auch hier zu hören. Natürlich spielt Armstrong stärker legato und fließender als Oliver.

Die Aufnahme ist insgesamt sehr gut gelungen, und es muß für King Oliver, der mittlerweile wieder in Chicago war, ziemlich deprimierend gewesen sein, daß Henderson und Armstrong mit seinem Lieblingsstück einen Hit landeten. Knapp ein Jahr später nahm Oliver das Stück mit seinem umbesetzten Orchester selbst neu auf: Sein Spiel wirkt etwas angestrengt. Teilweise mag das auf seine Zahnprobleme zurückzuführen sein, teilweise aber sicher auch auf den Versuch, es mit seinem ehemaligen Protege aufzunehmen, der ihn längst überholt hatte.

Bei *Froggie Moore* und anderen Aufnahmen der Oliver-Band haben wir gesehen, daß Armstrong durch seine Melodielinien jene federnde Qualität in den Jazz brachte, die wir Swing nennen. Dabei hielt er sich, entweder auf Olivers Anweisung hin oder auf Grund einer inneren Spannung, immer eng an die Originalmelodie. Bei Henderson begann er, neue Melodien zu erfinden. Oft paraphrasierte er die Originalmelodie, wie bei *How Come You Do Me Like You Do*. Doch bei anderen Aufnahmen, wie beispielsweise *Go 'Long Mule*, schuf er völlig neue Melodien. Seine nach dem Frage- und Antwortprinzip aufgebauten Soli bilden immer ein einheitliches Ganzes.

Diese besondere Fähigkeit fiel anderen Jazz-Musikern schon sehr früh auf. Richard M. Sudhalter und Philip R. Evans zitieren in ihrer Studie über Beiderbecke den Kornettisten Esten Spurrier, einen Freund von Beiderbecke: »Louis unterschied sich von allen anderen Kornettisten. Er konnte in sich stimmige zweiunddreißigtaktige Melodien erfinden, bei denen alle Phrasen zueinander in Beziehung standen . . . Deshalb bezeichneten Bix und ich Louis immer als den Vater des motivischen Spiels im Jazz: Spiele zwei Takte, dann zwei, die sich auf die ersten beiden beziehen, dann vier weitere, die sich auf die ersten vier beziehen, und so weiter bis zum Ende des Chorus.«[17]

Die Autoren nennen *Go 'Long Mule* ein Paradebeispiel für diese Spielweise. Mir scheint allerdings, daß das Stück nicht gerade ein guter Beleg für diese These ist. Der Chorus in *Go 'Long Mule* besteht, wie erwähnt, aus einer Reihe von parallelen Phrasen. Das soeben beschriebene Verfahren der Entsprechungen ist nur eine von vielen Arten, wie Armstrong seine Chorusse aufbaute. (Beiderbeckes Solo in *Singing The Blues* ist ein gutes Beispiel für die Technik, die Spurrier beschreibt.) Spurriers

Bemerkungen zeigen, daß selbst so eigenständige Musiker wie Beiderbecke Armstrongs Musik genau studierten.

Unterdessen tat Armstrong einen weiteren Schritt, der für ihn und damit auch für die Geschichte des Jazz weitreichende Konsequenzen hatte: Er trat in der Henderson-Band als Sänger auf. Möglicherweise hatte er als Kind schon in der Kirche gesungen; er sagte einmal: »Als ich zehn Jahre alt war, nahm mich meine Mutter mit in die Kirche. Ich sang dort im Chor.«[18] Und natürlich sang er ein paar Jahre lang mit seinem Quartett auf der Straße. Ansonsten gibt es keinerlei Hinweise darauf, wo er noch gesungen haben könnte. Später sprach er in einem Interview von »all der Singerei vor meiner Zeit bei Fletcher Henderson«[19]. Was damit gemeint ist, bleibt zu erraten. Vielleicht sang er in den Honky-Tonks von New Orleans, wofür es allerdings keinerlei Anhaltspunkte gibt. Es ist auch unwahrscheinlich, daß er bei Oliver in den Lincoln Gardens gesungen hat, wo ohnehin schon genug Sänger auftraten, oder bei Ollie Powers, der selbst sang. Einem Journalisten erzählte er: »Fletcher stand nicht so auf mir wie Joe Oliver. Er hatte ein Millionen-Dollar-Talent in seiner Band und dachte nicht daran, mich singen zu lassen. Ich sagte zu ihm: ›Laß mich singen‹, und er sagte immer nur: ›Nein, nein.‹ Er hatte nur meine Trompete im Kopf, und das war sein Fehler.«[20] Armstrong war sicherlich schon vorher als Sänger aufgetreten; das erklärt auch, warum er Henderson so hartnäckig bedrängte.

Kaiser Marshall erzählte, daß Armstrong seinen ersten Gesangsauftritt in der Henderson-Band dem Zufall zu verdanken hatte. Donnerstags abends fand im Roseland eine Art Talentshow statt, ein damals beliebter Reklamegag. An einem Abend hatte sich nur ein Kandidat gemeldet. »Wir holten Louis auf die Bühne, und er sang *Everybody Loves My Baby, But My Baby Don't Love Nobody But Me*. Danach spielte er Trompete. Das Publikum tobte. Seitdem wollten die Leute ihn jeden Donnerstagabend singen hören.«[21] Vielleicht ist es tatsächlich so gewesen, vielleicht aber auch nicht. Henderson sagte zu diesem Thema nur: »Ungefähr drei Wochen, nachdem er zu uns gekommen war, fragte er mich, ob er einen Song singen könnte. Ich erinnere mich noch gut, daß ich überlegte, wie er mit seiner Reibeisenstimme überhaupt singen wollte, aber schließlich willigte ich ein. Er war großartig. Die Band stand drauf, und das Publikum schrie förmlich nach ihm. Bei Oliver hat er nie gesungen, da bin ich mir sicher.«[22]

Trotz dieser Aussage hat Henderson Armstrong als Sänger nie ernst genommen. Der einzige »Gesang«, den Louis mit der Henderson-Band aufnahm, bestand in den gebrüllten Einwürfen von *Everybody Loves My Baby*. Wie oft Armstrong bei Henderson gesungen hat, ist nicht bekannt. Auf jeden Fall oft genug, um Vertrauen in sein Talent als Sänger zu gewinnen. Außerdem merkte er sehr schnell, daß er mit seinem Gesang beim Publikum besser ankam als mit seinem Kornettspiel. Die Musiker bewunderten ihn wegen seiner Jazz-Chorusse, aber für das Publikum, das zum Tanzen und Trinken kam und sich amüsieren wollte, war sein neuartiger Gesang aufregender. Es applaudierte begeistert und schrie nach Zugaben. Mit fünfundzwanzig Jahren entdeckte dieser schüchterne, unsichere junge Mann plötzlich, daß er durch seinen Gesang auffiel. Man kann sich gut vorstellen, wie begierig er diese Chance immer wieder genutzt haben muß. Es war ein wichtiger Wendepunkt in seiner Karriere. Fünf Jahre später sah das Publikum (wie er übrigens selbst) in ihm nicht mehr den meisterhaften Jazz-Improvisator, sondern den Sänger, der nebenbei auch Trompete spielte. Für Armstrong war dies von beachtlichem finanziellem Nutzen, für den Jazz jedoch ein großer Verlust.

Der Blues-Begleiter

Um 1925 erreichte die Blues-Begeisterung ihren Höhepunkt. Ihren wichtigsten Markt fand diese Musik unter den Schwarzen, aber auch viele Weiße hörten Blues. Die Vorstellung, der Blues sei ein gequälter Schrei aus den Kehlen von Unterdrückten, zog vor allem jene Weißen an, die mit den Schwarzen sympathisierten. Für Künstler und Intellektuelle wurde das Interesse am Blues beinahe zu einer Verpflichtung. Allerdings verstanden nur wenige, das Echte vom Unechten zu unterscheiden. Und auch die Schwarzen waren nicht unbedingt besser informiert: Nur die aus dem tiefen Süden kannten den Unterschied. Musiker wie Redman, Henderson und Ellington, die zur schwarzen Mittelklasse des Nordens gehörten, hatten ebenso wirre Vorstellungen vom Blues wie die Weißen. Folglich spielten die Bands von Henderson und Ellington eine Menge Blues-Nummern, die nichts weiter waren als gewöhnliche Schlager mit bluesig eingefärbten Texten.

Die wichtigen Blues-Sänger der zwanziger Jahre waren hauptsächlich Frauen. Die männlichen Country-Blues-Sänger, wie wir sie heute kennen, traten erst in den dreißiger Jahren in größerer Zahl auf. Im Gegensatz zu den amateurhaften Country-Sängern waren die Sängerinnen des sogenannten klassischen Blues anspruchsvolle Künstlerinnen. Viele von ihnen, wie die berühmte Bessie Smith, unterhielten ihr Publikum mit Tanz, Theater und witziger Conférence. Sie verdienten meist viel Geld mit Live-Auftritten in Zeltshows, Cabarets und Theatern; außerdem nahmen sie viele Schallplatten auf. Allein im Jahre 1925 nahmen Bessie Smith, Clara Smith und Ma Rainey, drei der bekanntesten Sängerinnen, zusammen etwa siebzig Plattenseiten auf. Wenn man bedenkt, daß es Dutzende von Sängerinnen gab, kann man in etwa das Ausmaß dieses Marktes abschätzen.

Diese Blues-Sängerinnen machten ihre Aufnahmen zwar manchmal mit den Gruppen, mit denen sie auf Tournee gingen, doch meistens wurden sie von einer Studioband begleitet. Fletcher Henderson war Leader einer der bekanntesten schwarzen Bands in New York und verfügte über viel Studioerfahrung. Deshalb wurde er oft gebeten, schwarze Backgroundbands für Schallplattenaufnahmen zusammenzustellen. (Viele Jahre war es selbst in der abgeschlossenen Welt der Aufnahmestudios unmöglich, gemischte Bands zu beschäftigen, obgleich es einige Ausnahmen gab.) Gewöhnlich setzte Henderson die Musiker aus seiner eigenen Band ein, darunter auch Armstrong. Während der dreizehn oder vierzehn Monate, in denen Armstrong bei Henderson arbeitete, nahm er an fünfzehn Aufnahmesessions mit Sängerinnen teil, unter anderem mit Ma Rainey, Trixie Smith, Clara Smith und mit der unvergleichlichen Bessie Smith.

Armstrong hatte wahrscheinlich schon früher Blues-Sängerinnen begleitet. Im Mantraga und in den anderen Tonks von New Orleans wurde hauptsächlich Blues gespielt. Alberta Hunter sagte, sie sei im Dreamland von Oliver und auch von Armstrong begleitet worden.

Armstrong scheint sich jedoch in der Rolle des Begleiters nicht immer ganz wohl gefühlt zu haben, und es gelang ihm auch nicht bei jeder Aufnahme, sein Spiel mit dem Gesang in Einklang zu bringen. Hatte er jedoch einen guten Tag, war er ein hervorragender Begleiter, so bei den Aufnahmen am 24. Januar 1925 in den Columbia Record Studios mit Bessie Smith, die allgemein als die größte Blues-Sängerin aller Zeiten gilt.[1] Bessie war eine äußerst leidenschaftliche Frau. Sie trank sehr viel, hatte männliche und weibliche Geliebte und konnte ebenso grausam wie großzügig sein. Bei Zornesausbrüchen wurde sie mitunter handgreiflich, und zweifellos machte gerade diese Gefühlsintensität ihren Gesang so bewegend. Sie hatte eine unglaublich kraftvolle Stimme, eine ausgezeichnete Intonation, und sie beherrschte die blue notes auf unnachahmliche Weise. Selbst die dümmsten Texte konnte sie mit Wut, Verzweiflung, Stolz und Verachtung erfüllen – etwa *I Ain't Gonna Play No Second Fiddle, I'm Used To Play Lead*. Bessie Smith beherrschte alle Stimmungen: die Hemmungslosigkeit einer Betrunkenen in *Gimme A Pigfoot*, die tiefe Trauer einer verlassenen Frau in *Down Hearted Blues*, die kalte Verachtung einer Frau, die ihren Liebhaber fortschickt, in *You've Been A Good Ole Wagon*. Vor allem Verachtung gegenüber treulosen Männern war ihre Stärke, Verachtung für die Welt, quälende Selbstverachtung, die zweifellos der Grund ihrer Wutanfälle im betrunkenen Zustand war. Für Armstrong war es eine Ehre und Herausforderung zugleich, mit ihr Aufnahmen machen zu können.

Ausschlaggebend für die gute Qualität dieser Session war, daß außer Armstrong nur noch der Pianist Fred Longshaw mitwirkte. Diese beiden ausgezeichneten Musiker hatten viel Freiraum, und sie nutzten ihre Chance gut. Bei dieser Session entstanden fünf perfekte Blues-Aufnahmen.

You've Been A Good Ole Wagon ist ein typisches Bessie-Smith-Stück, kein echter Blues, sondern ein Song mit einem spöttischen, ja zynischen Text über eine unglückliche Liebesaffäre. Im Gegensatz zu seiner sonst so lebendigen Art hält Armstrong sich sehr zurück, da Bessies Gesang für sich spricht. Er spielt einfach und ruhig, manchmal nur einen einzigen Ton, den er mit einem Plunger verändert. *Sobbin' Hearted Blues* ist ein echter Blues voller blue notes. Armstrong spielt hier ohne Dämpfer, wieder sehr ruhig und einfach; er unterstützt den Blues-Charakter des Stückes kaum. Die Melodik seiner ziemlich langatmigen Einleitung wirkt fast hymnenhaft und ist von sanfter Trauer. In *Cold In Hand Blues* benutzt Armstrong wieder den Plunger. Auch hier spielt er, bis auf einen Chorus, einfach und klar und läßt viel Raum für Bessies Gesang.

Reckless Blues ist eine besonders gelungene Aufnahme – mit Fred Longshaw am Harmonium. Der ausgesprochen weinerliche Ton dieses Instruments scheint für den Jazz ungeeignet, doch in diesem Fall paßt der Hauch dumpfer Melancholie gut zu Bessies Stimme. In diesem Stück zeigt sie wieder ihre Vorliebe für große Terzen, die sie stets von unten angeht. Armstrong greift das sofort auf. Wie bei Hendersons *Sugarfoot Stomp* alteriert er die blue notes gelegentlich zu Sekunden. Er achtet darauf, daß alles möglichst einfach bleibt. Das Timing und die Plazierung der einzelnen Töne sind wichtig, vor allem im letzten Chorus, in dem Armstrong auf Bessies Gesangsphrasen eingeht: »Daddy«, singt sie, und Armstrong antwortet auf dem Kornett so klar mit »Daddy«, als würde er das Wort aussprechen.

Großartig gelungen ist bei dieser Session der klassische *St. Louis Blues* von W.C. Handy, eines der berühmtesten amerikanischen Musikstücke. Sein Aufbau ist für einen Blues etwas kompliziert, da er aus zwei typischen Blues-Teilen besteht, in die ein Zwischenteil eingeschoben ist. Bessie Smith singt das Stück in sehr langsamem Tempo. Longshaw begleitet sie auf dem Harmonium, und Armstrong spielt einfach und direkt, diesmal mit einem Spitzdämpfer. Wenn Bessie ihre blue notes zu »Feelin' *tomorrow* like I *feel* today« singt, hat man das Gefühl, sie trage die Last der ganzen Welt.

Die Zusammenarbeit von Louis Armstrong und Bessie Smith gehört zu den Höhepunkten in der Geschichte des Blues. Bessie hatte damals den Gipfel ihres Könnens erreicht, und Armstrong war auf dem besten Weg dorthin. Offenbar hatten beide einen guten Tag, als sie diese ausdrucksstarke Musik produzierten. Es gibt noch viele andere Beispiele für Armstrongs Fähigkeiten als Begleiter, so Sessions mit Trixie Smith, Ma Rainey oder Clara Smith. Doch die Aufnahmen mit Bessie Smith sind einfach unübertroffen. Zwei große Musiker des 20. Jahrhunderts unterhalten sich: Armstrongs schneidend klare Einfachheit kontrastiert mit Bessie Smiths kantiger, granitharter Stimmgewalt.

Seit seiner Ankunft in New York war Armstrong einer der meistbeschäftigten schwarzen Begleitmusiker. Nicht nur Henderson engagierte ihn für solche Aufgaben, sondern auch Clarence Williams, ein energischer, selbstsicherer Musiker aus New Orleans, der 1925 zum schwarzen Musikunternehmer avanciert war wie Myknee Jones und Perry Bradford. Williams stammte aus Plaquemine bei New Orleans. »Im Alter von acht Jahren wollte ich Klavierspielen lernen«, sagte er. »In der Gegend um Plaquemine waren Pianos jedoch so selten, daß ich fünf Meilen laufen mußte, eines zu finden. Ich wurde für die Klavierbesitzer eine solche Plage, daß sie immer, wenn sie mich kommen sahen, riefen: ›Schließt das Piano ab, der Musikkäfer kommt.‹«[2]

Später zog Williams nach New Orleans, wo er – nach einem Intermezzo als Schuhputzer – in den Bordellen als Pianist arbeitete. Er ging auch als Tänzer und Duettpartner von Armand Piron auf Tournee, mit dem zusammen er einen Musikverlag gründete. Außerdem managte Williams auch noch Klubs in Storyville und schrieb Songs wie *Brown Skin, Who You For?* Zu seiner großen Überraschung erhielt er eines Tages von der Columbia Records Company einen Tantiemenscheck über 1600

Dollar für diesen Song. Mit diesem Startkapital ging er um 1916 nach Chicago und von dort nach New York, wo er in der Nähe des Times Square ein Verlagsbüro eröffnete. Da Plattenaufnahmen die beste Möglichkeit waren, eigene Songs bekannt zu machen, stieg er in die Plattenindustrie ein und leitete unzählige Aufnahmesessions. Die Aufnahmen wurden unter verschiedenen Namen veröffentlicht, unter denen Clarence Williams' Blue Five am bekanntesten war. Anfang der dreißiger Jahre war Williams wahrscheinlich der größte schwarze Musikverleger in den Vereinigten Staaten. Bis 1941 nahm er unter eigenem Namen auf, doch dann verließ ihn sein Glück als Musikmanager, und er mußte kapitulieren. Mit einem kleinen Gemischtwarenladen hielt er sich bis zu seinem Tod über Wasser.

Clarence Williams werden eine ganze Reihe von Jazz-Standards zugeschrieben, unter anderem *Royal Garden Blues* und *Baby, Won't You Please Come Home?* Ob er sie tatsächlich schrieb, ist fraglich. Barney Bigard, Pops Foster und andere beschuldigten Williams, Songs gestohlen oder zumindest seinen Namen unter Songs gesetzt zu haben, die er nur veröffentlichte. Armstrong behauptete stets, Williams habe ihm *Sister Kate* geklaut, ein Stück, das damals ein großer Hit war.

Da auch Armstrong später von Lil beschuldigt wurde, er habe Stücke von ihr als seine eigenen ausgegeben, scheint das Thema einer näheren Betrachtung wert. Nur wenige frühe Jazz-Titel waren Originalkompositionen im Sinne der späteren Jazz-Standards, zum Beispiel *Stardust* oder *Body And Soul.* Die meisten setzten sich aus bekanntem musikalischem Material zusammen. Nur die wenigsten Musiker konnten damals Noten lesen oder schreiben. Deshalb waren sie auf Leute wie Williams angewiesen, die ihre Musik aufschrieben. Dabei fügte der »Helfer« oft Harmonien und Verse hinzu oder veränderte das Stück so stark, daß er sich berechtigt fühlte, sich als Urheber zu bezeichnen.

Manche Leute kauften den ahnungslosen Musikern für wenig Geld die Songs ab – oder stahlen sie ihnen einfach – und setzten dann ihre Namen unter die Stücke. Duke Ellington verwertete in seinen Kompositionen viel Material von seinen Musikern, ohne sie zu erwähnen, und Irving Mills, Ellingtons Manager und Musikverleger, setzte seinen Namen stets auch noch mit unter Ellingtons Stücke. Mit anderen Worten, Urheberangaben aus jener Zeit sind mit großen Vorbehalten zu betrachten. Ungeachtet dieser Urheberrechtsstreitigkeiten erinnern sich viele ältere Musiker an Clarence Williams als an einen guten Freund. Dazu Martin Williams: »Die meisten beschrieben Clarence Williams als einen höflichen, sanften und bescheidenen Mann.«[3] Und Willie »The Lion« Smith, ein berühmter Stridepianist: »Clarence hat uns allen geholfen . . . , er war der einzige, der uns schwarzen Komponisten eine Chance gab.«[4]

Williams' wichtigster Beitrag zur Geschichte des Jazz sind die Aufnahmen seiner Blue Five, die neben denen der Oliver-Band zu den besten früher Jazz-Musik zählen. Armstrong wirkte auf vielen mit. Williams hatte New Orleans verlassen, als Armstrong noch ein Anfänger war, und ehe Armstrong nach Chicago zog, war er schon in New York. Vermutlich kannte er Louis aber noch aus New Orleans, und später hörte er immer wieder von ihm. Von Herbst 1924 bis zu seiner Rückkehr nach Chicago ein Jahr später wirkte Armstrong als Lead-Kornettist bei allen Aufnahmeterminen von Williams mit. Sidney Bechet, mit dem Armstrong in New Orleans zusammengearbeitet hatte und der am Anfang einer großen Jazz-Karriere stand, war bei einigen dieser Sessions dabei, bei anderen auch die Sängerin Eva Taylor, Williams' Frau.

Sechzehn dieser Aufnahmen wurden für OKeh aufgenommen und unter dem Namen Clarence Williams' Blue Five veröffentlicht; acht erschienen bei Gennett unter dem Namen Red Onion Jazz Babies. Bei den Red-Onion-Stücken spielte Lil Armstrong Klavier. Aus vertraglichen Gründen verheimlichte Williams seine Mitwirkung, obwohl er wahrscheinlich auch diese Sessions organisiert hatte.[5] Fünf der Red-Onion-Stücke wurden auch von den Blue Five aufgenommen, und man kann wohl davon ausgehen, daß es sich bei beiden Gruppen in Wahrheit um ein und dieselbe Band handelte.

Bei diesen Aufnahmen hat die Begleitband mehr Raum, als es sonst beim Blues üblich ist, denn in vielen Fällen singt die Sängerin nur einen einzigen Chorus.

Eigenartigerweise sind die Red-Onion-Aufnahmen viel bekannter geworden als die der Blue Five: Sie sind bis heute in zahlreichen Neuauflagen erschienen und überall erhältlich. Die Blue-Five-Aufnahmen sind jedoch mindestens ebensogut wie die der Red Onion Jazz Babies, in vielen Fällen sogar besser. Das ist unter anderem auf die gute Qualität der OKeh-Platten zurückzuführen. Die Klangbalance bei den Blue-Five-Aufnahmen ist ausgewogener als die der Red-Onion-Aufnahmen, bei denen Piano und Banjo stark dominieren. Und obgleich weder Williams noch Lil Armstrong besonders gute Rhythmuspianisten waren, ist die Rhythm Section auf den Blue-Five-Aufnahmen ein wenig lockerer, was an Williams liegen muß, da der Banjospieler Buddy Christian in beiden Gruppen mitspielt.

Besondere Beachtung fand unter den Red-Onion-Aufnahmen die Hot-Version des Schlagers *Cake Walking Babies From Home*, den später auch Bessie Smith wundervoll interpretierte. Bei den Red Onions spielten drei Musiker aus New Orleans: Armstrong, Bechet und der Banjospieler Christian; außerdem noch Lil Armstrong und der New Yorker Posaunist Charlie Irvis, der von Oliver beeinflußt war. Bechets Klangkaskaden und ein etwas verunglücktes Gesangsduett stehen bei diesen Aufnahmen stark im Vordergrund. Das ist aber nicht nur auf die damalige Aufnahmetechnik zurückzuführen, sondern auch darauf, daß er sich wie Armstrong schon vom starren Rhythmus des Ragtime gelöst hatte, während alle anderen Musiker noch mit diesem Problem zu kämpfen hatten. Bechet zeigt hier schon deutlich, daß er zu den Großen des Jazz zählt. Armstrongs Leadstimme ist ebenfalls sehr stark, obwohl sie auf der Aufnahme etwas in den Hintergrund gedrängt wird. Ein kleiner Schönheitsfehler ist allerdings der nur mäßig geratene Vokalteil. Dennoch hören wir New-Orleans-Jazz von der heißesten Sorte, wenn auch nicht so leicht und federnd wie in der Oliver-Band.

Kaum drei Wochen später nahm die Clarence Williams' Blue Five *Cake Walkin' Babies* für OKeh auf. Trotz der besseren Balance ist der Gesamtsound ziemlich schlecht. Armstrong spielt einige der Solobreaks, die vorher Bechet übernommen hatte, der dieses Mal kaum zu hören ist. Dies ist vermutlich eine der für Armstrong so typischen Reaktionen auf einen Konkurrenten.

Für jemanden, der Armstrongs Stil studieren will, sind andere Aufnahmen interessanter als *Cake Walkin' Babies*. Dazu gehört zum Beispiel *Terrible Blues* aus der Red-Onion-Serie. Bechet und Irvis wurden durch den Klarinettisten Buster Bailey und den Posaunisten Aaron Thompson ersetzt. Armstrong überragt alle anderen Musiker, und er spielt ein wundervoll aufgebautes Solo. Das Stück besteht aus zwei sehr einfachen, in mäßigem Tempo vorgetragenen Melodieteilen. Das Solo basiert auf einer aufsteigenden Dreitonfigur, der als Auftakt eine absteigende Figur vorangeht. Diese kleine melodische Sequenz wird fünfmal in immer komplizierteren Versionen wiederholt. Die Hauptfigur taucht in den ungeraden Takten auf, während die Auftaktfigur den größten Teil des vorangehenden Taktes einnimmt. So entstehen zweitaktige Phrasen, die durch relativ lange Leerräume voneinander getrennt sind. Die erste Wiederholung dieser melodischen Fragmente ist, abgesehen von rhythmischen Veränderungen, fast identisch mit der Originalversion. Beim drittenmal spielt Armstrong die Phrase eine reine Quint tiefer, damit sie mit dem Subdominantakkord harmoniert, der hier im Harmonieschema auftaucht. Beim viertenmal wird die Phrase verlängert und stark verändert; beim fünftenmal ist sie kaum noch zu erkennen. Während des ganzen Stücks verbiegt Armstrong wie üblich die Töne in die eine oder andere Richtung, um sie vom Grundbeat zu entfernen. Das Variieren eines Themas ist natürlich ein sehr altes musikalisches Mittel, aber Armstrong hatte bestimmt zuvor noch nie etwas davon gehört. Er erfand wieder einmal das Rad neu und bewies dadurch seine Meisterschaft in der Kunst der musikalischen Konstruktion, die andere Jazz-Musiker trotz besserer musikalischer Ausbildung nie erreichten.

Von den restlichen Red-Onion-Aufnahmen sei nur noch ein exzentrisches Solo von Armstrong in *Of All The Wrongs You've Done To Me* erwähnt. Gäbe es nicht in den Ensembleteilen die für Armstrong so charakteristische Leadstimme, käme man nie auf die Idee, daß er hier mit von der Partie ist. Mit Hilfe eines Plungers konstruiert er ein melodisches Skelett, indem er innerhalb von sechzehn Takten nicht mehr als vierzig, fünfzig Töne spielt, also nur die Hälfte oder ein Drittel der für ihn sonst üblichen Menge.

Die Red-Onion-Aufnahmen entstanden im November und Dezember 1924, als Lil Armstrong noch in New York war. Die sechzehn Aufnahmen der Clarence Williams' Blue Five, bei denen Armstrong mitwirkte, wurden im folgenden Jahr fertiggestellt. Eine der besten ist *Everybody Loves My Baby*, ein Schlager, über den Jazz-Musiker auch später immer wieder improvisierten. Buster Bailey spielt dabei anstelle von Bechet: Wie stark sich einige Musiker an dem Kollegen aus New Orleans orientierten, zeigt sich daran, daß Buster Bailey das damals noch recht seltene Sopran benutzt und daß es ihm auch recht gut gelingt, Bechets Stil zu imitieren. Armstrong spielt eine sichere Leadstimme und ein ausgezeichnetes Schlußsolo, das wieder einmal seinen instinktiven Sinn für musikalische Einheit beweist. Das Solo ist auf einer Variation des Hauptthemas aufgebaut, einer kurzen Phrase in Moll, die nur aus vier Tönen besteht. Armstrong wiederholt sie fast sechzehn Takte lang, aber er variiert sie jedesmal.

Trotz ihres Namens spielte die Blue Five nur selten Blues, da die Band in erster Linie den Verkauf jener Schlager steigern helfen sollte, die Williams in seinem Verlag veröffentlichte. Eine der gelungensten Aufnahmen dieser Serie ist jedoch ein Blues: *Texas Moaner Blues*. Bechet und Irvis spielen mit, und da kein Sänger dabei ist, haben die Bläser mehr Raum. Auf dieser Aufnahme, wahrscheinlich das beste Beispiel für einen typischen New-Orleans-Slow-Drag, ist interessanterweise kein einziges Solo im heutigen Sinne zu hören, obwohl jeder Bläser in einem Chorus hervortritt. Im New-Orleans-Jazz war es üblich, daß alle Instrumente mehr oder weniger durchgehend spielten, also nicht »absetzten«. Bei kurzen Aufnahmen war das nicht sonderlich schwierig, bei den mehrstündigen Begräbnispartys oder bei den Picknicks am See hingegen war es praktisch unmöglich. Deshalb wechselten die Musiker einander ab, damit keine Lücke entstand. Dieses Prinzip finden wir auch beim *Texas Moaner Blues*, der für jeden ernsthaft am Jazz Interessierten ein Begriff sein sollte.

Mit den Blue-Five-Aufnahmen sollte Williams' Frau, die Sängerin Eva Taylor, die Songs ihres Mannes publik machen. Aus diesem Grund hält Armstrong sich etwas zurück, spielt jedoch auf allen eine schöne, starke und mitunter etwas derbe Leadstimme, insbesondere auf *Just Wait Till You See My Baby Do The Charleston* und *Papa De-Da-Da*, einem Stück, das er später mit seiner Hot Five noch einmal aufnahm.

Die Aufnahmen der Blue Five boten den New Yorker Jazzern Anschauungsunterricht für die Musik aus New Orleans. Buster

Bailey, der allerdings aus Memphis stammte, versuchte, Bechets Stil nachzuahmen. Charlie Irvis war über seinen Jugendfreund Bubber Miley indirekt von Oliver beeinflußt. Die Saxophonisten Don Redman und Coleman Hawkins aus der Henderson-Band, die ebenfalls bei einigen dieser Aufnahmen mitwirkten, lernten schnell, was Armstrongs Musik so aufregend machte. Und manchmal, so etwa auf *Coal Cart Blues*, kamen sie dem New-Orleans-Ensemblespiel im Sinne Olivers sehr nahe. Die New Yorker hatten die Musiker aus New Orleans allerdings noch lange nicht erreicht. Don Redman schrieb zwar gute Arrangements für die Henderson-Band, aber seine Soli sind schrecklich. Buster Bailey swingt oft nicht, und Eva Taylor ist keine schlechte Sängerin, mit einer Bessie Smith aber nicht zu vergleichen. Die meisten dieser Aufnahmen enthalten schlecht arrangierte Passagen, und Armstrong und Bechet haben, gemessen an ihren Fähigkeiten, viel zu wenig Raum. Dennoch wird hier eine Musik vorweggenommen, die Armstrong weiterentwickelte und die den gesamten Jazz veränderte.

Die Musiker von der Ostküste wurden stark vom New-Orleans-Stil beeinflußt, doch ihre Kollegen aus New Orleans konnten umgekehrt auch einiges von ihnen lernen. Henderson sagte später, Armstrong habe in seiner Band Noten lesen gelernt und seine Spieltechnik verbessert. Außerdem zeigt sich in Armstrongs zweitem Solo auf Hendersons *T.N.T.*, daß er bewußt versuchte, Joe Smith zu imitieren. Gunther Schuller weist darauf hin und spricht von einer »fehlerfreien Imitation«[6].

In Wahrheit ist sie jedoch nicht ganz so fehlerfrei, sondern sie trägt eindeutig Armstrongs Handschrift. Aber in den zweiten acht Takten des Solos tauchen zwei völlig untypische absteigende Figuren auf, die so übersichtlich und vorhersehbar wie eine Etüde wirken. Armstrong spielte sonst nie so; immer wieder brach er unerwartet in eine andere Richtung aus. Untersucht man Armstrongs Soli aus dieser Zeit jedoch genauer, entdeckt man die kleinen Etüden an vielen Stellen: in einem Break nach dem Gesangschorus der Blue-Five-Aufnahme *Livin' High Sometimes*, in Hendersons *When You Do What You Do*, in Clara Smiths *My John Blues* und *Court House Blues*.

Joe Smith gehört zu jenen Jazz-Musikern, die nur in Fachkreisen bekannt sind. John Hammond, der Smith in den zwanziger Jahren hörte, hält ihn noch heute für besser als Armstrong. Unglücklicherweise wurde Smith in jungen Jahren unheilbar krank. Ansonsten wissen wir nur wenig über ihn. Er stammte aus einer Trompeter-Familie (sein Bruder Russell spielte jahrelang Lead bei Henderson) und verbrachte einige Zeit in Pittsburgh, wo er Earl Hines stark beeindruckte. Um 1920 kam Joe Smith nach New York. Immer wieder arbeitete er bei Henderson und machte Tourneen mit Sängern. Als Armstrong in New York ankam, galt Smith bei vielen Musikern und Fans als bester Jazz-Trompeter der Stadt.

Jedenfalls war er Armstrongs größter Konkurrent. Einmal soll Hendersons Band, so wird erzählt, im Lafayette Theatre in Harlem aufgetreten sein, als Joe Smith im dortigen Orchester arbeitete. Nachdem Hendersons Band ihren Set hinter sich hatte, spielte Smith – und er »riß die Bude ein«[7]. Die Henderson-Band kam nochmals aufs Podium, um Armstrong die Möglichkeit einer Revanche zu geben, und Louis spielte Smith »an die Wand«. Ob diese Geschichte stimmt oder nicht, auf jeden Fall waren beide Männer Rivalen. *Variety* berichtete: »Joe Smith und Louis Armstrong gelten für viele als die beiden besten Kornettisten.«[8]

Joe Smith war ohne Zweifel ein hervorragender Jazz-Musiker und wurde vor allem wegen seines außergewöhnlich schönen Tons bewundert. Oft benutzte er eine Kokosnußschale anstelle eines Plungers, doch selbst mit diesem Dämpfer blieb sein Ton strahlend und sauber. Seine Attacke war scharf, und er spielte feinfühlig, präzise, gelegentlich geradezu elegant.

Rhythmisch war er jedoch erheblich unbeweglicher als Armstrong und noch dem starren Ragtime-Beat verhaftet. Ihm fehlte auch Armstrongs außergewöhnliches Gespür für Proportion und Einheit. Er neigte eher zu etüdenhaften Figuren, die zwar logisch, aber stets zu sorgfältig ausgedacht waren, um spontan und meisterhaft zu wirken. Das soll Smiths Fähigkeiten nicht schmälern. Er war wie die anderen Musiker von der Ostküste noch nicht sehr vertraut mit dem Jazz, und daß er nicht Armstrongs Niveau erreichte, kann man ihm nicht zum Vorwurf machen. Joe Smith hinterließ uns einige außergewöhnliche Passagen, so den fehlerlos gespielten Anfangschorus zu Hendersons *What-Cha-Call-'Em Blues* und viele Bessie-Smith-Begleitungen.

Rückblickend erkennen wir heute, daß Armstrong in seiner

Genialität Joe Smith weit überflügelte, doch damals galten beide als ebenbürtig. Hammond erwähnt ausdrücklich, daß Bessie Smith bei ihren Aufnahmen lieber mit Joe Smith arbeitete und Armstrong nur einsetzte, »wenn Smith nicht in der Stadt war«. Auch Henderson bewunderte Smith.

Joe Smith war von Anfang an in der Henderson-Band gewesen, aber er kam und ging ziemlich häufig. Kurz vor Armstrongs Ankunft in New York hatte er Henderson wieder einmal verlassen, wahrscheinlich, als die Band ihr Engagement im Club Alabam beendet hatte. Während der ersten sechs Monate, die Louis bei Henderson war, spielte Joe in einer anderen Band. Sechs Monate lang war Armstrong also der Star, der Musiker, über den alle in der Band sprachen, und dann plötzlich – im Frühjahr 1925 – saß ein echter Rivale im gleichen Trompetensatz und stahl ihm die Show.

Ich bin überzeugt davon, daß die etüdenhaften Floskeln, die Armstrong zu dieser Zeit in sein Spiel einbaute, ein Versuch waren, mit dem Konkurrenten fertig zu werden. Louis war wohl eher verletzt als wütend oder verbittert über Joe Smiths Rückkehr in die Henderson-Band. Er übernahm Smiths Phrasen, weil er merkte, daß die Leute so etwas hören wollten. Es gelang ihm jedoch nie, sich diese fremden Elemente ganz zu eigen zu machen. Sein Konzept war so tief in seiner Persönlichkeit verwurzelt, daß er es gar nicht ändern konnte.

Armstrong hörte um die gleiche Zeit zwei andere Trompeter, die einen tieferen und dauerhafteren Einfluß auf seinen Stil hatten, zwei talentierte und hervorragend ausgebildete Virtuosen, die in den bedeutendsten Dance Bands jener Jahre spielten: Vic D'Ippolito, der Startrompeter der Lanin-Band, die lange Zeit zusammen mit der Henderson-Band im Roseland arbeitete, und B.A. Rolfe, der Startrompeter der bekannten Lopez-Band, die im August 1925 eine Woche lang zusammen mit Henderson in einer Dance Hall in Oakmont, Pennsylvania, auftrat. Beide waren Musiker der alten Schule, die auf technische Perfektion und Showeffekte Wert legten. Sie beherrschten den gesamten Tonbereich ihres Instruments und spielten schnell, sicher und mit guter Intonation. Jazz-Musiker, die selbst Autodidakten sind, bewundern die Fähigkeiten solcher Männer häufig mehr als Jazz-Fans, denn sie wissen aus eigener Erfahrung, wie schwer es ist, so zu spielen. Auch bei Armstrong war das so. Am meisten beeindruckte ihn Rolfe.

Zu Rolfes Spezialitäten gehörte es, ein heute vergessenes Stück namens *Shadowland* eine Oktave höher als normal zu spielen. Armstrong erkannte, wie stark dieses Kunststück die Zuhörer beeindruckte, und entwickelte daraufhin wahrscheinlich im Frühjahr 1925 sein berühmtes hohes Register. Bis dahin hatte er sich nur in der für Jazz-Kornettisten normalen Tonlage bewegt, war also nie über das hohe C und auch nur selten über das darunterliegende G oder A hinausgegangen. Seit 1925 spielt er jedoch regelmäßig das hohe C, und bei *Carolina Stomp* klettert er bis zum D, bei *T.N.T.* sogar bis zum Eb. Besonders interessant ist ein Solo, das Louis in *Pickin' On Your Baby* in der Gruppe von Williams spielt. Ein ziemlich trauriges Stück, dessen Text von Selbstmitleid trieft. Armstrong spielt hier nach Rolfes Art die Melodie eine Oktave höher als normal, so daß der größte Teil zwischen A und D liegt, sogar bis zum Fis hinaufgeht.

Das Hochspielen war damals für Armstrong eine Abwechslung, eine neue Möglichkeit, eine zusätzliche Farbe. Später jedoch wurde es zur Manie. Zeitweise schien er nur noch ein einziges Ziel zu haben: so viele hohe Cs wie möglich zu spielen, und dem dann mit einem hohen F noch die Krone aufzusetzen. Wir werden diese Entwicklung weiter hinten noch verfolgen.

Die New Yorker Musiker übernahmen von Armstrong weitaus mehr als er von ihnen. Sie alle versuchten, seine Spielweise nachzuahmen, und vor allem die Trompeter kopierten seinen Stil. Das ging so weit, daß ein weißer Trompeter namens Jack Purvis eine Platte mit dem Titel *Copyin' Louis* veröffentlichte. Die Platten der nächsten fünf Jahre zeigen, wie groß Armstrongs Einfluß war. Trompeter wie Cootie Williams, Rex Stewart, Roy Eldridge, die später sehr großen Einfluß auf nachfolgende Generationen ausübten, imitierten seinen Stil und lernten seine Soli Ton für Ton auswendig. Duke Ellington, der 1925 als Leiter einer relativ unbekannten Gruppe im Kentucky Club arbeitete, sagte: »Als Smacks [Hendersons] Band mit Louis in die Stadt kam, hatten die Jungs hier noch nie so etwas gehört . . . Auf der Straße sprach jeder über diesen Burschen.«[9] Cootie Williams erinnerte sich, Armstrong mit der Henderson-Band in einer Radiosendung gehört zu haben, als er noch im Süden lebte. »Boy, wenn ich nur nach New York gehen und *ihn* hören könnte!«[10] Johnny Hodges, später der bedeutendste Altsaxophonist des Jazz, äußerte: »Ich kannte Bechet und Armstrong von den Aufnahmen der Clarence Williams' Blue Five. Beide gefielen mir sehr gut, und ich versuchte, ihre Stile miteinander zu verbinden.«[11] Bud Freeman, ein weißer Saxophonist, der um 1925 zum Jazz kam, sagte: »In den letzten fünfundvierzig Jahren gab es keinen Solisten im Jazz, der nicht von Louis Armstrong beeinflußt war. Angefangen von Bunny Berigan bis . . . zu ›Hot Lips‹ Page, Buck Clayton, Charlie Shavers, Harry James . . . und dem jungen Rex Stewart.«[12] Dicky Wells, ein wichtiger Posaunist der dreißiger und vierziger Jahre, sagte: »Damals versuchten alle, wie Louis Armstrong zu spielen. Er beeinflußte alle Jazz-Musiker, nicht nur die Trompeter.«[13]

Natürlich galt dies besonders für die Musiker der Henderson-Band: Sie lernten von ihm zu swingen. Und als *Sugarfoot Stomp* entstand, war die Henderson-Band eine echte Jazz-Band geworden. Sie war jetzt eindeutig besser als zu der Zeit, bevor Armstrong dazugekommen war. Es wurde oft behauptet, Armstrong habe die Henderson-Band allein durch sein Beispiel verändert. So einfach war das jedoch nicht. Die New Yorker lernten von den Chicagoer Musikern, die ihrerseits entweder aus New Orleans stammten oder von Musikern aus New Orleans beeinflußt worden waren. In New York wußte zunächst kaum jemand, daß diese Musik ursprünglich aus New Orleans stammte, was allerdings nichts an der Wirkung ändert. So wurde die Ellington-Band unter dem Einfluß von Bechet und Bubber Miley zu einer Jazz-Band, und diese beiden Musiker waren wiederum von Oliver beeinflußt.

Armstrong war also nicht der einzige, der den Jazz in die Henderson-Band brachte, er war aber bestimmt die wichtigste Persönlichkeit, der Primus inter pares der Musiker aus New Orleans – nur Bechet konnte noch mit ihm verglichen werden. Armstrong war nach den Worten Rex Stewarts »für mich und all die anderen wie ein Gott«[14].

Um 1925 hatte Armstrong sich im Musikbusiness etabliert, und man respektierte ihn. Er hätte so lange bei Henderson bleiben können, wie er wollte, aber er fühlte sich nicht wohl in der Band. Es ärgerte ihn, daß Henderson ihn als Sänger nicht ernst nahm. Außerdem gefiel ihm nicht die halbherzige Art, mit der die meisten Musiker in der Band arbeiteten. Joe Smiths Auftauchen im Trompetensatz trug bestimmt zu seinem Unbehagen bei.

Und dann war da noch Lil. Sie war nach Chicago zurückgekehrt, und Louis sollte nachkommen. Lil hatte in Bill Bottoms' Dreamland einen Job bekommen und wollte Louis dort als Star auftreten sehen. Sie hatte Bottoms überredet, Louis die ungewöhnlich hohe Gage von fünfundsiebzig Dollar die Woche zu zahlen, und mit diesem Köder versuchte sie, ihren Mann zurückzuholen. »Ich war wohl ziemlich dreist . . . , aber ich erreichte mein Ziel, obwohl Bill der Meinung war, fünfundsiebzig Dollar seien eine Menge Geld.«[15] Eine Zeitlang leistete Armstrong Widerstand, wahrscheinlich aus purer Trägheit: Es war einfacher, zu bleiben als zu gehen. Schließlich stellte Lil ihm eine Art Ultimatum, woraufhin Louis bei Henderson kündigte. Zwischen dem 2. und 9. November, als die Aufnahmen mit Perry Bradford in Chicago stattfanden, kehrte er zu Lil zurück.

Dies war ein entscheidender Moment in der Geschichte des Jazz, denn Armstrong begab sich unmittelbar nach seiner Ankunft ins Studio in Chicago und machte eine Reihe von Aufnahmen unter dem Namen Hot Five und Hot Seven. Durch diese Aufnahmen, die den Jazz völlig veränderten, wurde er berühmt. Bei Henderson hätte er sicher nie diesen Einfluß auf die Musik ausüben können. Die Gruppen von Fletcher Henderson oder Clarence Williams hatten ihm nicht den Raum geben können, den er für seine weitere Entwicklung brauchte. Das Henderson-Orchester war in erster Linie eine Dance Band, die Schlager spielte; und die Williams-Band war vor allem mit der Popularisierung von Williams' eigenen Stücken beschäftigt. Die Aufnahmen der Hot Five und Hot Seven boten dem Kornettisten und später auch dem Sänger Armstrong endlich jenen Raum, den er dringend brauchte, und niemand in der Geschichte des Jazz hat eine solche Chance je besser genutzt als Armstrong.

Der Entertainer

Als Louis im November 1925 nach Chicago zurückkehrte, war die Stadt noch heißer, verrückter und reicher geworden. Das Nachtleben in der South Side erlebte einen unvorstellbaren Boom. Der Jazz hatte sich zu einer landesweiten Mode mit einem Millionenpublikum von Weißen und Schwarzen ausgewachsen. Chicago war das Zentrum, aber die Pioniere aus New Orleans hatten jetzt starke Konkurrenz von Musikern aus dem Norden, zu denen auch viele Weiße gehörten, die den Vätern der ersten Stunde des Jazz nun allmählich gewachsen und manchmal sogar überlegen waren. Ende 1925 spielten Schwarze wie Buster Bailey, der Chicagoer Posaunist Albert Wynn, der Pianist Earl Hines aus Pittsburgh und Weiße aus dem Mittelwesten wie Bix Beiderbecke, der Klarinettist Jimmy Dorsey und Frank Teschemacher ebensogut oder sogar besser.

Die Macht der Gangster über Chicago war ebenfalls gewachsen, seit Bürgermeister Bill Thompson die Stadt äußerst »großzügig« regierte – er hatte sie ihnen praktisch überlassen. Herbert Asbury schreibt: »Angesichts einer demoralisierten und hilflosen Polizei und eines völlig zusammengebrochenen Justizapparates wagten sich Kriminelle, die sich jahrelang in den dunkelsten Ecken der Unterwelt herumgetrieben hatten, unverfroren in die Öffentlichkeit.«[1] Diese Leute waren nicht zu vergleichen mit den kleinen Zuhältern, Spielern und Drogenhändlern von Storyville, sondern sie waren Mitglieder gutorganisierter Banden, die die Kontrolle über diese amerikanische Großstadt ausübten. Der Soziologe Frederic M. Thrasher meint dazu: »Die großen Verbrechen wurden in Chicago wie solide und gewinnbringende Geschäfte betrieben.«[2] Nach seiner Schätzung gab es im Chicago der zwanziger Jahre etwa 10 000 Berufsverbrecher, die über eigene Rechtsanwälte, Ärzte, Bürgen, Hehler und sogar Krankenhäuser verfügten, wo sie sich behandeln lassen konnten, ohne daß man ihnen unangenehme Fragen stellte oder die Polizei benachrichtigte. »Cabarets in allen Teilen der Stadt und Dance Halls mit schlechtem Ruf sind schon immer beliebte Treffpunkte der Unterwelt gewesen.«[3]

Wie stark die Unterhaltungsbranche Chicagos von Gangstern beherrscht wurde, ist kaum zu überschätzen. Sie beschafften den Alkohol und waren die stillen Teilhaber an vielen, wenn nicht gar den meisten Klubs und Cabarets der Stadt. Viele Gangster waren starke Trinker und hielten sich regelmäßig als Stammkunden in ihren eigenen Klubs auf. Es gibt viele Geschichten über Gangsterbosse, die in ihren Klub kamen, die Türen abschlossen und sich eine ganze Nacht lang ihr Lieblingsstück vorspielen ließen. Gelegentlich kam es in den Klubs auch zu Schießereien; manchmal zog jemand einen Revolver und durchsiebte nur so zum Spaß den Kontrabaß, während der verschreckte Bassist irgendwo Deckung suchte. Earl Hines sagte über die 35. Straße im Herzen der South Side: ». . . eine schlimme Straße . . . Nachts war es dort so hell wie in Paris, und die gefährlichsten Leute der Welt konnten dir über den Weg laufen. Deshalb trug Jelly Roll Morton ständig eine Waffe bei sich, und deshalb hatte er auch ein so großes Mundwerk. Man mußte dort als harter Typ auftreten, ob man es nun war oder nicht. Immer wieder wurden Leute verletzt, und man brauchte schon eine gehörige Portion Mut, in diesen Klubs zu arbeiten. Man mußte beispielsweise wissen, wie man mit Tack Annie zu reden hatte. Wenn ihr etwas nicht paßte, ließ sie dich zusammenschlagen oder langte selbst hin. Einmal gelang es vier Cops nur mit Mühe, sie aus dem Sunset zu holen.«[4]

Für Gangster, die sich bedenkenlos gegenseitig umbrachten, war das Leben eines Musikers, besonders das eines schwarzen, keinen Pfennig wert. Don Murray, der als einer der besten Klarinettisten seiner Zeit galt, wurde von Gangstern zu Tode geprügelt, weil er mit der Freundin eines Gangsters ein Verhältnis hatte. Murray war in der Musikbranche hoch geschätzt, er spielte in den besten Bands, und er war ein Weißer. Trotzdem blieb er nicht verschont. Zutty Singleton berichtet: »Einmal stand direkt vor der Band ein Mädchen, das sich schüttelte und tanzte. Da kam ihr Alter . . . Der Bursche schlug das Mädchen, ging dann mit seiner riesigen Kanone zu Louis und fragte ihn, ob er was dagegen habe, und Louis antwortete: ›Ich finde das völlig in

Ordnung.‹«[5] Hines gab später zu, daß die Grand Terrace 1929 (zu der Zeit war er mit seiner Band dort engagiert) »zu fünfundzwanzig Prozent Gangstern gehörte . . . Die Gangster besaßen auch mich und ebenso den Mann, der mit den restlichen fünfundsiebzig Prozent an der Grand Terrace beteiligt war.«[6]

Im allgemeinen überließen die Gangster die Leitung der Klubs ihren Untergebenen oder Männern, die bereit waren, für sie den Kopf hinzuhalten. Sie selbst hielten sich im Hintergrund. Armstrong arbeitete also im Gangstermilieu. Man machte den Musikern zwar keine Programmvorschriften, aber ein angehender Star wie Armstrong konnte zum Beispiel nicht einfach einen anderen Job annehmen, ohne seinen Boß vorher zu fragen. Armstrong war gewiß nicht an irgendwelchen dunklen Geschäften beteiligt, und er wurde wohl auch nicht direkt von Gangstern kontrolliert, wie das bei Earl Hines der Fall war. Aber einige seiner späteren Manager hatten Verbindungen zu diesen Kreisen, und sehr wahrscheinlich trug dieser Einfluß oder ihr Geld dazu bei, Armstrong den Weg zu ebnen.

Obwohl die schwarzen Musiker manchmal unter verheerenden Bedingungen arbeiten mußten, erlebten sie damals eine der besten Zeiten überhaupt. Die Erfolgswelle des schwarzen Entertainments hatte ihren Höhepunkt erreicht, und überall in den Cabarets, Theatern und Hotels wurden Color Bars eröffnet. Anfang 1927 sagte Dave Peyton, ein angesehener Fürsprecher der Musiker, im *Chicago Defender*: »Das schwarze Entertainment hat in den Ballrooms der Weißen Zugang gefunden und erobert sich dort ein Publikum.«[7] Die weißen Musiker waren über diese Konkurrenz natürlich nicht gerade begeistert und versuchten, sich zur Wehr zu setzen. Peyton berichtet, daß sie den weißen Klubbesitzern erzählten, Schwarze seien ständig hinter den Frauen her, was die sexuellen Minderwertigkeitsgefühle der Weißen schüren sollte.[8]

Doch die schwarzen Musiker gewannen immer mehr an Boden. Im Sommer 1927 brachte der junge Musikagent Francis »Cork« O'Keefe, der später eine wichtige Rolle im Musikbusiness spielte, die Henderson-Band in das Congress Hotel, die vielleicht angesehenste Adresse in Chicago. Wenn dort eine schwarze Band beschäftigt wurde, so hatte das für alle Hotels in den Vereinigten Staaten Signalwirkung. Von nun an waren schwarze

Bands generell akzeptiert. Doch die Gewerkschaft der weißen Musiker von Chicago verweigerte diesen Verträgen ihre Zustimmung. O'Keefe fuhr nach Chicago, um die Sache mit James Petrillo, dem Chef der Chicagoer Ortsgruppe, zu besprechen.

Petrillo, der spätere Chef der American Federation of Musicians, sagte ohne Umschweife, die Gewerkschaft werde den Vertrag nicht akzeptieren. O'Keefe drohte daraufhin, die Verträge von der schwarzen Gewerkschaft bestätigen zu lassen. Petrillo wand sich, aber die Weißen waren in ihre eigene Falle gestolpert: Sie hatten die Schwarzen gezwungen, eine eigene Gewerkschaft zu gründen, die nun außerhalb ihrer Rechtsprechung lag. Im August dieses Jahres spielte Henderson mit großem Erfolg im Congress Hotel – ein wichtiger Sieg im Kampf der Schwarzen um ihren Platz im Showbusiness, und das war O'Keefes Verdienst.

Aber es ging nicht nur um die Hotels. Die erste wichtige schwarze Broadway-Show war Will Marion Cooks und Paul Lawrence Dunbars *Clorindy, Or The Origin Of The Cakewalk*, die 1899 mit großem Erfolg im New Yorker Casino Garden aufgeführt worden war. Noble Sissles und Eubie Blakes *Shuffle Along* führte 1921 zu einem wahren Boom des schwarzen Theaters. 1923 ging *Shuffle Along* auf Tournee durch ganz Amerika, ebenso wie andere schwarze Shows, zum Beispiel *Strutting Along*, *Liza*, *How Come* und *Plantation Days*. Sogar *Billboard* berichtete über diese Mode. Am Ende des Jahrzehnts, als Armstrong am Broadway spielte, waren schwarze Bands, Shows, Sänger, Tänzer und Komödianten berühmt und traten auf allen renommierten Showbühnen auf. Dabei handelte es sich allerdings nicht immer um Jazz-Musiker, und die Shows hatten auch nicht unbedingt etwas mit Jazz zu tun. Aber der Boom riß auch den Jazz mit, und viele Jazz-Musiker profitierten von dieser Entwicklung.

Armstrong fand also die besten Bedingungen vor, als er nach Chicago zurückkehrte. Er war nicht mehr irgendein obskurer Kornettist, der eine neuartige und nicht sonderlich bekannte Musik spielte, sondern nun wurden auch weiße Musikunternehmer, die mit schwarzen Entertainern zusammenarbeiteten, die Klubbesitzer und insbesondere die Schallplattenfirmen auf ihn aufmerksam. Seine Gage von fünfundsiebzig Dollar pro Woche war damals beachtlich. Zwei Jahre später bekam Bix Beiderbecke in der berühmten Band von Jean Goldkette nur hundert Dollar die Woche. Unter der Schlagzeile »Louis Armstrong kommt zurück« schrieb Dave Peyton im *Chicago Defender*: »Mr. Armstrong, der berühmte Kornettist, wird in dieser Woche den ersten Platz im Dreamland-Orchester besetzen. William Bottoms hat ihm ein außergewöhnliches finanzielles Angebot gemacht, um ihn nach Chicago zurückzuholen. Mr. Armstrong war Solokornettist des berühmten Fletcher-Henderson-Orchesters . . .«[9] Peyton übertrieb: Armstrong war damals nur unter Musikern und Jazz-Fans berühmt. Die Kenner hatten sich mittlerweile mit Armstrongs Soli auf den Aufnahmen von Henderson, Clarence Williams und auf den Platten der populären Blues-Sängerinnen vertraut gemacht und wußten um seine Bedeutung. Außerdem war er der Starsolist der Henderson-Band gewesen, die als bestes schwarzes Tanzorchester galt. Musiker und Fans sprachen über ihn, und wer ihn noch nicht kannte, beeilte sich nun, ihn zu hören.

Während der nächsten dreieinhalb Jahre verdiente Armstrong sein Geld vor allem in Cabarets und Filmtheatern. Die Filmtheater, in denen er spielte, waren für Schwarze, die Cabarets im allgemeinen Black and Tans mit gemischtem Publikum. Er arbeitete vom Nachmittag bis zum frühen Abend im Filmtheater und ging von dort aus direkt zum Cabaret. Zu jedem Film gab es ein »Cue Sheet«, einen Stichwortzettel, der für jede Szene eine passende Musik empfahl. Außerdem waren die Pausen zu überbrücken. Man spielte irgendeine Einleitung, eine heiße Nummer und noch ein paar andere Stücke. Die Orchester bestanden aus zehn bis fünfzehn Musikern und spielten überwiegend arrangierte Musik. Es waren keine echten Jazz-Bands, obwohl oft ausgezeichnete Jazz-Musiker mitwirkten: Stump Evans, Freddie Keppard, Buster Bailey, Earl Hines und auch Armstrong spielten gelegentlich in Erskine Tate's Orchestra.

In den Cabarets im Vendome Theatre wurde wesentlich mehr Jazz gespielt, obwohl die Bands in erster Linie zum Tanz aufspielten oder eine Show mit Sängern, Tänzern und Komikern zu begleiten hatten. Man spielte nach Noten. Die Band bestand aus zehn bis zwölf Musikern und arbeitete nach dem Konzept, das Fletcher Henderson, Don Redman und wichtige weiße Bandleader wie Paul Whiteman und Jean Goldkette entwickelt hatten. Die Besetzung bestand gewöhnlich aus einer Blechbläsergruppe (zwei Trompeten und einer Posaune), drei Saxophonen und einer Rhythmusgruppe mit Piano, Schlagzeug, Tuba und Gitarre oder Banjo. Die Arrangements waren häufig nichts weiter als eine Melodie, die für drei Instrumentalstimmen gesetzt war und zwischen der Blech- und Saxophongruppe hin- und hergereicht wurde. Oft handelte es sich dabei auch um »Head«-Arrangements, die bei Proben entstanden und nie aufgeschrieben wurden.

Armstrong hatte den New-Orleans-Stil noch nicht vergessen. Am 12. November 1925 (er war erst seit einer Woche wieder in Chicago) ging er mit Lil, Kid Ory und Johnny Dodds aus der alten Oliver-Band und Johnny St. Cyr, einem Musiker aus New Orleans, der bei Oliver und vielen anderen gespielt hatte, ins Aufnahmestudio. Die Gruppe nahm drei Stücke auf, die ersten von etwa fünf Dutzend Aufnahmen, die unter Armstrongs Namen veröffentlicht wurden. Sie erschienen unter verschiedenen Bezeichnungen, so unter Louis Armstrong and His Hot Five, Louis Armstrong and His Hot Seven, Louis Armstrong and His Savoy Ballroom Five. Die meisten wurden jedoch unter dem Namen Hot Five veröffentlicht; der Einfachheit halber werde ich sie alle als Aufnahmen der Hot Five oder Hot Seven bezeichnen. Von seiner Ankunft in Chicago bis zur Abreise nach New York im Mai 1929 nahm Armstrong regelmäßig für OKeh unter eigenem Namen auf. Außerdem arbeitete er für einige andere Plattenfirmen unter anderen Leadern sowie als Begleiter für Sänger. Die Aufnahmen der Hot Five sind Dokumente seiner musikalischen Entwicklung. Er war sich lange nicht im klaren darüber, welche Aufmerksamkeit er mit dieser Musik erregte. Als er 1929 wieder an die Ostküste zurückkehrte, stellte er erstaunt fest, daß seine Platten überall zu hören waren.

Die frühen Aufnahmen der Hot Five enthalten noch die kontrapunktischen Improvisationen im alten New-Orleans-Stil. Hier spielt Armstrong die Rolle des Lead-Kornettisten, wie man es von Oliver gewohnt war. Später ging es bei den Aufnahmen der Hot Five hauptsächlich darum, Armstrongs Soli zu präsentieren. Von zwei Konzertauftritten abgesehen spielten die Hot Five nie außerhalb der Plattenstudios. Armstrong arbeitete live als Solist in Showbands und jazzigen Dance Bands; ansonsten spielte er Lead oder, wenn die Umstände es erforderten, zweites Kornett.

Ab Dezember wirkte Armstrong auch in Erskine Tates Vendome Orchestra mit. Das Vendome, in der Nr. 3145 der South State Street zwischen der 31. und der 32. Straße gelegen, war 1887 als Dance Hall gebaut worden. 1919 wurde es zu einem Filmtheater für Schwarze umgebaut. Tate spielte dort anfangs mit einem Quintett, das zu Armstrongs Zeit zu einem Fünfzehnmannorchester mit Geigen angewachsen war. Die Show begann gewöhnlich mit Erskine Tates *Little Symphony*, einer Art Ouvertüre. Dann folgte ein Film, und in der Pause spielten Tates Jazz Syncopators. Armstrong spielte nicht nur die Jazz-Soli, sondern oft auch eine Opernarie oder ein Solostück aus dem Standardrepertoire; *Cavalleria Rusticana* war eine seiner Spezialitäten.

Mit seinen beiden Jobs verdiente Armstrong offenbar viel Geld. Lil, die ebenfalls arbeitete, kaufte in der 44. Straße ein Haus mit elf Zimmern, in dem sie bis zu ihrem Tode lebte. Sie erwarb auch ein Stück Land in Idlewild, einem Erholungsgebiet für Schwarze am Michigansee. Lil und Louis waren ein erfolgreiches Paar, aber besonders glücklich waren sie nicht. Lil war intelligent. Sie wußte, daß Louis ständig angetrieben werden mußte, und verordnete ihm unter anderem eine strenge Fruchtsaftdiät. Wenn er sich an den Tisch setzte, kommentierte er die ihm vorgesetzten Portionen mit einem Zwitschern: für ein Vögelchen gerade genug! Später gestand sie: »Der arme Louis hatte keine Chance. Ich paßte beim Frühstück, beim Mittagessen und beim Abendessen auf ihn auf.«[10] Die anderen Musiker bemerkten dies natürlich und begannen Louis »Henny« zu nennen – Pantoffelheld. Immer wieder gab es Streitereien. Armstrong soll einmal gesagt haben: »Immer, wenn wir uns zerstritten hatten, holten wir all unser Geld von der Bank und teilten es auf.«[11] Nicht gerade förderlich für die Ehe war die Tatsache, daß Armstrong den hirngeschädigten Clarence zu sich nach Chicago holte.

Um 1928 traf er sich zum erstenmal mit Alpha Smith, die später seine dritte Ehefrau wurde. Armstrong erzählte, daß sie damals in Chicago bei einer reichen weißen Familie arbeitete. Fast alle, die Alpha kannten, haben sie als eine lebendige und liebenswerte Frau in Erinnerung. Scoville Browne bezeichnet sie als eine »nette Lady«. John Hammond nannte sie »ein nettes

Weibsbild, aber ein bißchen schwierig«. Und Marge Singleton, Zutty Singletons Frau: »Wir waren ein gutes Quartett. Ich meine, wir hatten viel Spaß zusammen. Und als sie nach New York kamen, gingen wir oft zusammen aus.«[12] Louis und Alpha trennten sich 1940. Sie starb jung, und über sie ist nur wenig bekannt. Sie war nicht an Louis' Karriere interessiert. Es genügte ihr, ihren Spaß zu haben und Louis' Geld auszugeben. Armstrong meinte: »Alpha war okay, aber sie war nur hinter Pelzen, Diamanten und anderem Luxus her. Um mich und mein Glück hat sie sich reichlich wenig gekümmert . . . Sie gab mein Geld aus und ging dann weg. Manchmal hatten wir fürchterlichen Krach.«[13] Pops Foster bestätigt das: »Wenn sie miteinander stritten, flogen wirklich die Fetzen.«[14] Obgleich sie 1938 heirateten, war die Beziehung niemals sehr ernst, aber abgesehen von den Streitereien verlief sie ziemlich unproblematisch. Neben ihrer Frische und ihrem hübschen Aussehen hatte Alpha für Louis noch einen Vorzug: Sie trieb ihn nicht so an wie Lil. Lil sagte: »Kein Wunder, daß er schon bald die Gesellschaft einer weniger fordernden Frau suchte. Aber ich liebte ihn, und er sollte ein berühmter Mann werden, auf den ich stolz sein konnte.«[15] Trotz Armstrongs Verhältnis mit Alpha blieben Louis und Lil noch mehrere Jahre lang zusammen.

Das Engagement im Dreamland dauerte bis Ende März oder Anfang April 1926. Vielleicht verlangten die Armstrongs mehr Geld, aber es ist auch möglich, daß Louis beim Stand der Dinge nicht mehr bei seiner eigenen Frau beschäftigt sein wollte. Er beschloß, zu Oliver zurückzukehren, der im Plantation arbeitete. Lil opponierte heftig gegen diesen Plan, da sie befürchtete, Armstrong würde nun wieder in Olivers Schatten zurücktreten. Ob diese Befürchtung berechtigt war, wissen wir nicht. Jedenfalls lernte er um diese Zeit Earl Hines kennen.

Innerhalb von zwei oder drei Jahren war Hines zum Vorbild der meisten Jazz-Pianisten geworden. Er hatte einen Stil entwikkelt, den Teddy Wilson, Jess Stacy und andere in den dreißiger Jahren berühmt machten und der zwanzig Jahre lang die Grundlage des Jazz-Pianospiels blieb. Hines war in Pittsburgh aufgewachsen. Er hatte Unterricht in klassischer Musik bekommen, aber auch eine Menge Blues gehört. Sein Stil war üppig, vielschichtig und etwas protzig. Seine Linke war schwächer als die der Stride-Pianisten aus dem Osten, etwa die von James P. Johnson und Fats Waller. Die Rechte erging sich auch nicht in pianistischem Rankenwerk. Seine Singlenote-Linien erinnerten mehr an den Stil der Blues-Pianisten.

Hines begann seine Musikerlaufbahn schon früh in der Umgebung von Pittsburgh und kam 1923 nach Chicago, wo er bald als einer der besten Jazz-Pianisten galt. Er erzählte, daß er Armstrong bei der schwarzen Musikergewerkschaft kennengelernt hatte. Im Gewerkschaftssaal stand seit kurzem ein Piano. Hines spielte *The One I Love Belongs To Somebody Else*, als Armstrong hereinkam und sofort mitmachte. »Da wußte ich sofort, daß er ein Genie war«, sagte Hines später.[16] Wahrscheinlich erkannte auch Armstrong sogleich, daß Hines besser war als die meisten anderen Pianisten Chicagos. Sie wurden schnell Freunde. So entstand eine musikalische Partnerschaft, aus der einige der schönsten Jazz-Platten aller Zeiten hervorgingen.

Hines war der einzige gleichwertige Musiker, mit dem Armstrong damals zusammenarbeitete. Er spielte kompliziertere Harmonien als Lil, hatte Ideen und swingte unglaublich. Zweifellos lieferte er Armstrong die interessanteste Begleitung, die er je bekommen hatte, einen Background voller melodischer Ideen und harmonischer Anregungen. Es heißt, Hines habe seinen »Trompetenstil« (die Singlenote-Linien seiner rechten Hand) von Armstrong übernommen. Doch Hines spielte schon so, lange bevor er von Armstrong hörte.

Erstaunlicherweise klingt Hines manchmal wie Jelly Roll Morton auf seinen ersten Platten, doch auch der Einfluß der Stride-Pianisten ist unverkennbar. Ich nehme an, daß Hines eher Armstrong beeinflußte. Er wußte viel über ausgefallene Harmonien und Akkorde – jedenfalls mehr, als die meisten anderen jungen Musiker. Er machte in dieser Chicagoer Zeit kaum Aufnahmen mit Armstrong, aber die beiden arbeiteten fast drei Jahre lang jeden Abend zusammen, wobei es mit Sicherheit zu einem starken musikalischen Austausch kam.

Singleton, Armstrongs alter Freund aus New Orleans, arbeitete in Chicago in verschiedenen Bands – unter anderem in der von Dave Peyton. Hines, Singleton und Armstrong waren auch privat unzertrennlich. Sie besuchten gemeinsam Klubs, machten Ausflüge mit Armstrongs neuem Hupmobile Eight und spielten

Baseball. Lucille Armstrong erzählte, daß Louis sich später darüber gewundert habe, welche Risiken sie damals beim Ballspiel eingegangen seien. Eine Finger- oder Lippenverletzung hätte das Ende ihrer musikalischen Karriere bedeuten können. Diese drei jungen Männer steckten voller Energie und Ideen. Sie lebten mit dem Bewußtsein, zur Avantgarde einer neuen Musikrichtung zu gehören.

Trotz der Freundschaft war Armstrongs Beziehung zu diesen beiden Männern nicht ganz problemlos. Wenig später nahm er mit Zutty einen Job an. Obwohl sie vereinbart hatten, zusammenzubleiben, war Hines nicht mit von der Partie, was ihn ziemlich verbitterte. Zwanzig Jahre später arbeitete Hines nochmals mit Armstrong zusammen, doch nach vier Jahren trennte er sich von ihm, wieder wegen eines Konflikts, der in der Jazz-Presse ziemlich breitgetreten wurde. Hines war mittlerweile selbst ein Star mit einem starken Selbstwertgefühl geworden. Deshalb überrascht es kaum, daß es zwischen ihm und Armstrong zu Auseinandersetzungen kam.

Die Beziehung zu Zutty Singleton hingegen war eine andere. Zutty war der engste Freund Armstrongs. Louis und Zutty hatten gemeinsam als Heranwachsende in New Orleans zum Jazz gefunden, sie hatten oft zusammen in Bands gearbeitet. Zutty ging während des Ersten Weltkrieges zur Marine und arbeitete danach hauptsächlich in der Gegend von New Orleans. Erst Mitte der zwanziger Jahre kam er nach Chicago. Von 1927 bis 1929 spielte er mit Louis in verschiedenen Bands. Danach musizierte Armstrong nie wieder mit ihm. Er beschäftigte ihn auch in keiner seiner Bands.

Natürlich war Zutty deswegen verletzt und verbittert. Er war ein geselliger, intelligenter und geistreicher Mensch. In New York wurde er später zu einer Art Leitfigur unter den Jazzern. Die jungen Musiker verehrten ihn als Pionier, und die gleichaltrigen achteten ihn wegen seiner weisen und beständigen Art.

Armstrong fühlte sich von Singleton bevormundet. Einmal, als Louis schon weltberühmt war, gab der Maler Mischa Resnikov für den gerade von einer Europatournee zurückgekehrten Zutty eine Party. Armstrong erzählte: »Bei Zuttys Begrüßungsparty mußte ich natürlich dabeisein.« Singleton kam zwei Stunden zu spät und bewegte sich unter den Gästen wie eine königliche Hoheit. Als er Louis sah, sagte er nur: »Nun schau dir diesen alten Knaben an, er wird langsam fett«, und ging dann weiter. Louis glaubte, seine Pflicht erfüllt zu haben, und meinte zu Lucille: »Dann können wir ja gehen.«[17]

Louis Armstrong war ein Einzelgänger. Bei Fernsehshows wirkte er wie der mitfühlendste, freundlichste und offenherzigste Mensch der Welt, wie jemand, den jeder gern zu Gast hätte. Aber er hatte keine wirklich engen Freunde. Lucille sieht den Grund dafür in der intensiven Tourneetätigkeit, die niemals Zeit für enge Beziehungen ließ. Ohnehin gleicht das Musikerleben ein wenig dem Leben in der Armee: Man lebt ständig auf sehr engem Raum mit den Kollegen, wobei fast jeder Freundschaften schließt. Armstrong reiste jahrelang ohne Unterbrechung mit den gleichen Musikern: mit Kid Ory zehn Jahre lang, mit Johnny Dodds, seinem Mitstreiter in der Oliver-Band und bei den Hot Five, mit Zilmer Randolph, der fünf Jahre lang in drei Bands sein musikalischer Leiter war, und mit Trummy Young, zehn Jahre lang seine wichtigste Stütze bei den All Stars. Mit keinem von ihnen verband ihn jedoch eine echte Freundschaft. Er scherzte viel, ging mit ihnen zum Pferderennen, rauchte einen Joint mit ihnen und war allgemein sehr beliebt. Teddy McRae, in den vierziger Jahren eine Zeitlang Armstrongs musikalischer Direktor, sagte: »Louie . . . war ein prächtiger Bursche.«[18] Und Russell Moore, der einige Jahre mit ihm zusammenarbeitete: »Louis ist so sympathisch, einfach phantastisch . . . Es war wundervoll, mit ihm zusammenzusein.«[19]

Doch stets war eine Mauer um ihn. Marshall Brown meinte, er sei »Menschen gegenüber argwöhnisch« gewesen. Sogar Joe Glaser, der dreißig Jahre lang sein Manager war und dem Armstrong absolut vertraute, konnte diese Mauer nicht durchbrechen. Obwohl die beiden Männer eine starke emotionale Bindung hatten, trafen sie sich nur selten, hauptsächlich dann, wenn Glaser Armstrong in seinem Haus in Corona, New York, aufsuchte, um geschäftliche Dinge mit ihm zu besprechen. Lucille sagte: »Er ging nie mit Joe Glaser aus. Sie hielten es keine zwei Minuten im gleichen Raum aus. Sie waren zu verschieden.« Louis Armstrong war im Grunde ein Mensch, der sich nie wirklich öffnete.

Vielleicht spielte er deshalb später nie mehr mit Zutty Singleton zusammen. Louis hatte einfach kein Gefühl für Loyalität. Er war zwar stets freundlich und vergnügt im Beisein anderer Musiker, aber er sah in ihnen immer auch potentielle Konkurrenten, obwohl er keinen Grund dazu gehabt hätte. Man muß wohl die Umstände berücksichtigen, unter denen Armstrong aufgewachsen war, wo jeder jeden übers Ohr zu hauen versuchte, um solch mangelndes Vertrauen zu verstehen.

Als Armstrong 1926 mit der Carroll Dickerson Band ins Sunset einzog, begann seine Karriere als Entertainer, denn schon bald war er gleichzeitig Sänger, Komiker und Trompeter. Das Sunset war ein typisches Cabaret jener Zeit: ein großer Raum mit viereckigen eisernen Säulen, deren Kapitelle mit Filigran verziert waren. Den größten Teil des Raumes nahmen etwa hundert Tische ein. Das niedrige Podium lag im hinteren Teil des Saals, davor befand sich eine freie Fläche zum Tanzen und für die Show.

Die Gäste saßen an den Tischen, aßen und tranken. Die Band spielte zum Tanz auf und begleitete zwei- oder dreimal pro Abend die Floorshow. Bud Freeman, ein weißer Saxophonist und damals noch ein Jazz-Greenhorn, erinnert sich:

»Bei der Show gab es wie üblich einen Showmaster, der ein paar Witze erzählte und seinen Auftritt mit einem Steptanz beendete. Es gab auch ein Mädchenballett, die *wirklich* tanzen und singen konnten; außerdem traten noch ein paar Komiker auf . . . Zu den bekanntesten gehörten Nicodemus, Troy Brown, Buck und Bubbles, Valaida Show, Pigmeat Markham und ein Tanzensemble namens Brown and McGraw . . . Nach der Floorshow spielte die Band eine kurze Tanzserie, gewöhnlich ein Standardarrangement irgendeines Broadway-Schlagers, den Louis besonders mochte (zu seinen Lieblingssongs gehörte *Poor Little Rich Girl* von Noel Coward). Man spielte die Einleitung und den festgelegten Melodiechorus bis zur Coda, dann improvisierte Louis zwanzig oder mehr Chorusse, immer bis zu einer fabelhaften Klimax gesteigert.«[20]

Und Earl Hines: »Die Band im Sunset war gut im Notenlesen, und das war wichtig, weil wir große Shows begleiten mußten, die von Percy Venable produziert wurden. Er entwickelte die Ideen für die Shows, und alle mochten ihn. Obwohl der Klub im Zentrum des schwarzen Stadtteils lag, wurde er von Weißen wie von

Farbigen besucht. Manchmal bestand das Publikum zu neunzig Prozent aus Weißen. Weiße Mädchen mit schwarzen Zuhältern schienen eine besondere Attraktion zu sein. Eine Menge Leute kam von Chicagos Gold Coast, um sich die Show anzusehen. Die Steptänzer und Komiker aus dem Sunset waren für sie etwas völlig Neues . . . Es gab auch wundervolle ›stehende Bilder‹, für die der Produzent schwere Musikstücke wählte, beispielsweise Ouvertüren zum Schwarzwaldmädel, zu Dichter und Bauer, die Rhapsody in Blue . . . Percy probte mit den Girls, dann fanden zwei Bandproben statt, aber während der ganzen Zeit, die wir dort waren, haben wir nie eine richtige Generalprobe erlebt.«[21]

Armstrongs Aufritt war besonders wichtig. Er lockte Weiße ins Lokal. Benny Goodman, Jess Stacy, Tommy und Jimmy Dorsey, Bix Beiderbecke und die sogenannte Austin High Gang, Musiker, von denen die meisten noch Jazz-Lehrlinge waren, kamen regelmäßig. Auch Fats Waller, der damals in Chicago arbeitete, weil er in New York Alimente hätte zahlen müssen, kam oft zum Jammen ins Sunset. Benny Goodmans Bruder Freddy, selbst auch Musiker, sagte: »Damals kamen alle Musiker mehrmals die Woche in die South Side, nur um Louis und Earl zu hören. Es war wie ein Ritual: Jeden Freitagabend nach der Arbeit strömten wir alle ins Sunset.«[22]

Im Januar, als Armstrong noch im Dreamland arbeitete und erst knapp drei Monate wieder in Chicago war, schrieb Dave Peyton: »Louis Armstrong, der größte Kornettist im ganzen Land, zieht Abend für Abend viele weiße Musiker ins Dreamland, weil sie hören wollen, wie er seine verrückten Jazz-Phrasen hinausbläst. Dieser Bursche ist eine Klasse für sich.«[23]

Das Orchester des Sunset Café wurde von Carroll Dickerson geleitet, doch Dickerson war – Earl Hines zufolge – kein guter Musiker und außerdem ein Alkoholiker. Schließlich wurde er entlassen. Man stellte den Star vor die Band, benannte sie in Louis Armstrong and His Stompers um und übertrug die musikalische Leitung Earl Hines, der einen zweiten Pianisten engagierte, um nötigenfalls zum Dirigieren die Hände frei zu haben. Armstrong stand jetzt erstmalig vor einer Band und nahm auch unter eigenem Namen auf. Aber er war nicht der einzige schwarze Musiker, der das Publikum begeisterte. Auch Oliver hatte noch immer seine Fans. Der Kornettist Wild Bill Davison, ein Dixieland-Veteran, erinnerte sich, wie Oliver eines Abends mit einer braunen Melone auf dem Kopf ins Sunset kam, auf das Podium stieg und mit Armstrong abwechselnd »125 Chorusse über den *Tiger Rag* spielte. Das Publikum war wie von Sinnen – die Leute warfen ihre Kleider auf den Boden. Es war das Aufregendste, was ich je in meinem Leben gehört habe.«[24] Peyton schrieb: »Die Weißen kommen von überall her ins Plantation, um Oliver spielen zu hören.«[25]

Obwohl Oliver immer noch eine große Anhängerschaft hatte, auch andere wie Jimmie Noone, der im Apex spielte, einem kleinen Klub über dem Plantation, oder einige junge Weiße wie Beiderbecke, war Louis Armstrong 1926 der Held der Chicagoer Jazz-Welt. Am 27. Februar 1926 veranstaltete OKeh in Zusammenarbeit mit der schwarzen Musikergewerkschaft ein großes Jazz-Konzert im Coliseum, bei dem unter anderem die Bands von King Oliver, Benny Moten, Clarence Williams und Louis Armstrong sowie eine Reihe von Blues-Sängern, darunter Lonnie Johnson, auftraten. Im Juni des gleichen Jahres organisierten OKeh und die Union ein weiteres Konzert, dessen Erlös für den Bau eines neuen Gewerkschaftssaals bestimmt war. Diesmal traten fünfzehn Gruppen und Sänger vor 20 000 Zuhörern auf, doch Peyton erwähnte in seinem Zeitungsbericht über das Ereignis nur Armstrong namentlich: »Louis Armstrong und seine Hot Five brachten den riesigen Saal am 12. Juni mit ihrer heißen Musik zum Kochen. Das ist eine Jazz-Band.«[26]

Um diese Zeit wechselte Armstrong vom Kornett zur Trompete.[27] Die beiden Instrumente sind bei oberflächlichem Zuhören leicht zu verwechseln. Der tonliche Unterschied entsteht durch die verschiedenartige Bauweise der Instrumente. Das erste Drittel eines Kornetts ist gerade. Der Rest läuft kegelförmig zu und erweitert sich allmählich zum Trichter hin. Bei der Trompete ist der Anteil der geraden und der sich erweiternden Röhren gleich groß. Das Kornett klingt weicher und weniger brillant als die Trompete. Obgleich der Trompetenton etwas besser trägt, ist es reine Geschmackssache, welches Instrument der Musiker wählt. Die Spieltechnik ist gleich, nur die Mundstücke unterscheiden sich etwas, und viele Trompeter wechseln im Laufe eines Abends zwischen beiden Instrumenten.

Das Kornett hatte seinen traditionellen Platz in den Marching

Bands und bei den Musikern aus New Orleans. Einige von ihnen hatten sogar ein wenig Angst vor der Trompete, da sie meinten, nur ein klassisch ausgebildeter Virtuose könne darauf spielen. Vielleicht erklärt das Armstrongs späten Instrumentenwechsel. Er selbst gab eine Reihe von Gründen an, aber offenbar war es Erskine Tate, der ihn überredete. Armstrongs Satzkollege James Tate, der Bruder des Leaders, spielte auch Trompete. Armstrong sagte: »Nicht, daß es falsch geklungen hätte, aber Erskine glaubte, wenn das Kornett mit der Trompete zusammen spiele, klinge es nicht so heiß . . . Ich hörte mir eine Weile den Unterschied an . . . Die Trompete klang weicher und voller. Dann hörte ich mir verschiedene Kornettisten an, und das Kornett kam dabei einfach nicht so gut weg.«[28]

Im April 1927 kündigte Armstrong im Vendome, wahrscheinlich, weil ihm besser bezahlte Arbeit angeboten worden war. Mit der Clarence Jones Band wechselte er zum Metropolitan Theatre. Im Juli wurde das Sunset offenbar geschlossen, vermutlich wegen Verstoßes gegen das Alkoholgesetz. Mit seiner eigenen Gruppe spielte er zwei Wochen lang im Black Hawk, einem der wichtigsten weißen Klubs im Loop, dem Geschäftsviertel von Chicago.

Das Engagement im Black Hawk war kein Erfolg. Die Geschäftsleitung wollte die Gruppe von zwölf Mann auf sechs reduzieren. Die Musiker bestanden aber darauf, den Job nur in vollständiger Besetzung zu machen, und so war es zu diesem Zwei-Wochen-Vertrag gekommen.[29] Kurze Zeit darauf kritisierte Peyton in seiner Kolumne eine nicht genannte Gruppe, die sich in einem vornehmen Lokal schlecht benommen hätte. Sie sei zu spät zur Vorstellung erschienen, habe »zu laut gespielt, fast das Dach vom Haus geblasen und schmutzige Blues-Songs gesungen«[30]. Peyton fühlte sich als reputierter Ratgeber gelegentlich verpflichtet, seine schwarzen Mitmusiker zurechtzuweisen. Er mahnte sie ständig, sich korrekt zu kleiden, sich gut zu benehmen und bei der Arbeit nicht zu trinken. Ihm erschien es wichtig, daß die Schwarzen sich gesellschaftsfähig zeigten und gute Musik auf anständige Art spielten. Er akzeptierte Jazz und Blues nur widerstrebend, weil sie in Mode waren. Ich bin sicher, daß es sich bei der »lauten Band«, die sich in jenem vornehmen Lokal schlecht benommen hatte, um Armstrongs Sunset Stompers handelte. Schon früher hatte Peyton Armstrong einen hervorragenden Musiker genannt, ihm aber die Fähigkeit abgesprochen, eine Band leiten zu können. »Louis' Band ... ist laut, vulgär und unangenehm anzuhören ... Louis wird schon noch lernen, daß Lärm nichts mit Musik zu tun hat.«[31]

Peytons Haltung ist aufschlußreich. Sie zeigt, wie unglücklich die schwarze Mittelklasse und die gesellschaftlichen Aufsteiger unter den Schwarzen über die Verbindung zwischen ihrer Rasse und der Jazz- und Blues-Musik waren. Sie mußten diese zwar wohl oder übel akzeptieren, weil sie populär war, aber sie mochten sie nicht. Zähneknirschend warteten sie auf das Ende dieser Mode.

Doch 1927 machte der Jazz keinerlei Anstalten zu sterben. Am 31. Oktober fand ein weiteres Konzert zugunsten der schwarzen Musikergewerkschaft statt. Armstrong war Mitglied des Organisationskomitees und spielte natürlich auch selbst.

Als die Arbeit im Black Hawk beendet war, bekam die Band ein kurzes Engagement für drei Abende pro Woche. Schließlich stellten Armstrong, Hines und Singleton im Dezember mit ein paar anderen Musikern eine kleine Band zusammen und versuchten, damit ins Dance-Hall-Business einzusteigen. Sie glaubten, mit Armstrong als Aushängeschild würden sie Erfolg haben. Die Gruppe debütierte in der Usonia Dance Hall. Unglücklicherweise wurde zum gleichen Zeitpunkt in der Nähe der neue, prächtig ausgestattete Savoy Klub eröffnet, in dem ein Orchester unter der Leitung von Carroll Dickerson spielte. Das Usonia war innerhalb weniger Wochen pleite, und Armstrong mußte auch noch die Pacht bezahlen, was Dickerson teuflisch gefreut haben dürfte. Die drei Musiker machten sich daraufhin auf die Suche nach neuen Möglichkeiten.

Armstrong spielte auch weiterhin mit der Clarence Jones Band, die in jenem Winter vom Metropolitan ins Vendome umzog. Kurz darauf, in den ersten Wochen des Jahres 1928, holte Dickerson Zutty und Louis ins Savoy. Hines war offenbar gerade nicht in Chicago, weshalb sie den Job ohne ihn annahmen. Als Hines zurückkehrte und davon erfuhr, war er verstimmt, und später, als Armstrong und Zutty ihn in die Dickerson-Band holen wollten, lehnte er gekränkt ab.

Das Savoy war jetzt eines der wichtigsten Cabarets in Chicago. Es präsentierte perfekt aufgebaute Shows, und neben der Dickerson-Band spielte dort auch noch eine Sweet-Band unter der Leitung von Clarence Black leichte Unterhaltungsmusik, die vor allem beim weißen Publikum sehr beliebt war. Es gab regelmäßig Radioübertragungen aus diesem Klub. Durch die Plattenaufnahmen, die Übertragungen, die Klub- und Theaterauftritte und die Konzerte der schwarzen Musikergewerkschaft von Chicago war Armstrong ziemlich bekannt geworden. Immer öfter wurde er gebeten, in anderen Städten Gastspiele zu geben. Jesse Johnson, ein schwarzer Politiker und Veranstalter aus St. Louis, engagierte Armstrong von Zeit zu Zeit für die damals außergewöhnliche Summe von hundert Dollar pro Abend zuzüglich Spesen. Das entsprach seinem Wochenverdienst im Savoy. Im Mai hatte Dickersons Band einen Riesenerfolg im Congress Hotel.[32] Als die weiße Benny Meroff Band, in der Wild Bill Davison als Jazz-Solist arbeitete, im Savoy auftrat, wurde Armstrong als Gast eingeladen. Und im Dezember holte Johnson die ganze Dickerson-Band für einen Abend nach St. Louis. Welches Ansehen Armstrong unter den schwarzen Musikern jener Zeit genoß, geht daraus hervor, daß Peyton ihn von nun an gewöhnlich als »King Menalick« oder »The Great King Menalick« bezeichnete. (Menelik II. war jener äthiopische Herrscher, der Ende des 19. Jahrhunderts die Italiener vertrieb und das Land befreite. Von vielen Schwarzen wurde er wie ein Heiliger verehrt.)

Mitte des Jahres 1928 erwähnte Peyton Armstrong fast in jeder Ausgabe des *Chicago Defender*. Er berichtete über seinen und Lils Sommerurlaub, über ihre Rückkehr, über Krankheiten und vieles andere. Armstrong war der unangefochtene Star unter den Jazz-Musikern Chicagos. Insgesamt zählen diese Jahre in Chicago zu den glücklichsten und produktivsten seines Lebens.

Aber in seiner Karriere hatte eine Veränderung stattgefunden. Louis Armstrong hat sich nie ausschließlich als Jazz-Musiker gesehen, eher als Entertainer, der sang, Trompete spielte und mit komischen Einlagen die Leute zum Lachen brachte. Nur in den beiden Jahren in den Tonks, dann bei Ory und später noch einmal in den beiden Jahren mit Oliver spielte er hauptsächlich Jazz. In der Anstalt hatte er kaum etwas mit Jazz zu tun gehabt, und auf den Riverboats war er Dance-Band-

Kornettist gewesen und hatte Druckarrangements mit gelegentlichen Jazz-Einlagen geblasen. Die Henderson-Band war ebenfalls eine Dance Band gewesen, die nur gelegentlich Jazz-Stücke spielte.

In Chicago trat Armstrong meist in Cabarets und in Theatern vor Publikum auf, das unterhalten werden wollte. In den Theatern begleitete Armstrong Stummfilme, spielte Opernarien und ein- oder zweimal am Abend auch ein Jazz-Stück. In den Klubs spielte er zum Tanz, machte Showbegleitung und bot zwei- oder dreimal pro Abend ein Jazz-Solo. Bei den Cabaretbands hatte die Musik natürlich immer einen starken Jazz-Einschlag, war aber meist sehr kommerziell. Nach und nach kam Armstrong fast nur noch als Sänger und Komiker auf die Bühne.

Man muß sich klarmachen, daß der frühe Jazz Teil des Vaudeville war. Die Creole Jazz Band spielte regelmäßig solche Shows. Boyd Bennett, ein Musiker, der vor 1920 aktiv war, sagte, die Vaudeville-Programme hätten oft als furioses Finale einen Jazz-Akt enthalten. Die Jazz-Musik galt als humoristisch oder zumindest exzentrisch. Erst Ende der zwanziger Jahre nahmen – außer den Jazz-Musikern und ihren Fans – auch andere Leute sie ernst.

Komik und Jazz gehörten von Anfang an zusammen, und Armstrong hatte seit seiner Kindheit eine komische Ader. Er wollte beliebt sein und Leute zum Lachen bringen. Seine Komik tendierte zur Parodie, hauptsächlich zur Selbstparodie. Wenn er vor einem Saal voller Leute stand, fing er sofort an, Grimassen zu schneiden, die Augen zu rollen, obszöne Witze zu reißen und herumzualbern. Im Sunset, wo alle Shows sorgfältig einstudiert waren, brachte er schon bald eine eigene komische Nummer. Er führte zusammen mit dem dicken Schlagzeuger Tubby Hall, dem kleinwüchsigen Little Joe Walker und dem riesigen Earl Hines einen komischen Charleston auf. Dazu Armstrong: »Manchmal brachten Zutty und ich eine besondere Nummer. Es war ein riesiger Klamauk. Zutty, der ohnehin schon komisch ist, zog sich an wie eine dieser unglaublich lauten ordinären Gänse, mit einem kurzen Rock und einem Kissen auf dem Hintern. Ich trug alte Klamotten, der Schirm meiner Mütze war nach hinten gedreht wie bei den schweren Jungs, und er war meine ›Puppe‹. Wenn ›sie‹ an den Tischen vorüberging und mich bei meinem

Song unterbrach, brüllte das Publikum jedesmal vor Lachen.«[33] Rex Stewart berichtet, daß Louis im Vendome einen Gehrock und einen verbeulten Zylinder trug und dann »wie ein Baptistenprediger eine Art Litanei herunterbetete und das Publikum jedesmal antwortete«. »Eine Frau war davon so hingerissen, daß sie auf die Bühne stürzte und schrie: ›Weiter, Bruder Louis, weiter!‹ Das Publikum tobte.«[34] Auch Armstrongs Gesang hatte etwas Komisches. Bei den Aufnahmen der Hot Five wird viel geredet, man hört Louis mit den anderen Musikern herumalbern. Er ermuntert sie, noch heißer zu spielen, oder er macht anzügliche Bemerkungen. Er war von Natur aus ein Komödiant, und er sang gern. Kein Wunder, daß er am Ende der Zeit in Chicago ein perfekter Entertainer war. Er spielte in den Klubs und Theatern immer noch gelegentlich Jazz, und er machte damals einige der schönsten Jazz-Aufnahmen aller Zeiten. Doch meisterhafte Jazz-Soli waren nicht mehr sein Hauptziel – vielleicht sind sie es auch nie gewesen. Er betrachtete sich nun in erster Linie als Entertainer, und so sollte es sein ganzes Leben lang bleiben.

Armstrong wurde in den Jahren 1927 und 1928 in Chicago zum Star. Aber genau zu dieser Zeit änderte sich in Chicago nahezu alles. Jahrelang hatte eine Gruppe von Privatleuten, eine Art Bürgerinitiative, die sich Chicago Crime Commission nannte, Unterlagen über die Gangster und die korrupten Politiker zusammengetragen. Mit Hilfe der Presse brachten sie nun alles an die Öffentlichkeit. Wenn die Bürger von Chicago anfangs mehr amüsiert als entrüstet reagierten, denn schließlich hatten sie Big Bill Thompson zum Bürgermeister gewählt, weil dieser trotz des Alkoholverbots der Bundesregierung für eine »offene Stadt« eingetreten war, so waren dieselben Bürger von der zunehmenden Gewalt in ihrer Stadt und den unzähligen Morden, bei denen auch viele Unschuldige umkamen, angewidert. Thompson widersetzte sich allen Forderungen nach einer Änderung der Situation. Im Frühjahr 1928 noch war damit zu rechnen, daß er bei der kommenden Wahl gewinnen würde. Als aber in die Häuser zweier politischer Gegner – einer davon war Senator Charles S. Deneen – Bomben geworfen wurden, war das Maß übervoll. Herbert Asbury berichtete: »Die Presse, die Thompson unterstützt hatte, wendete sich nun gegen ihn. Auf mehreren Kundgebungen wurde sein Rücktritt von der Kandidatur gefordert, und die Chicago Crime Commission, die ihm bis dahin freundlich gesonnen war, empfahl in einem offenen Brief, ihn nicht zu wählen ... Bei der Wahl errang Deneens Fraktion einen überwältigenden Sieg ... Die Geburt eines ›moralischen Chicago‹ wurde auf der ganzen Welt verkündet.«[35]

Für die Musiker hatte der Wahlausgang katastrophale Folgen. Schon bald wurden viele Klubs, Cabarets, Dance Halls, Spielhöllen und Bordelle von der Polizei geschlossen, und im März 1929 schrieb Peyton: »Die meisten Nachtklubs in Chicago, die bisher kleine Bands beschäftigten, sind nun wegen Verstoßes gegen das Alkoholverbot geschlossen worden. Dadurch ist die finanzielle Situation der Musiker, die in weißen Nobellokalen gespielt haben, sehr heikel geworden.«[36] Fast zehn Jahre lang hatte der Jazz vom illegalen Alkoholkonsum gelebt. Die Jazz-Musiker, die zu jener Zeit ihre Kunst und ihre Fähigkeiten entwickelten, waren auf einer Woge der Illegalität mitgeschwommen. Das Tanzfieber, der Schallplattenboom, das intellektuelle Interesse an der Volkskunst der Schwarzen und der wachsende Bedarf an Unterhaltung hatten ebenfalls zur Verbreitung des Jazz beigetragen. Aber der Nährboden, auf dem er gedieh, war der Alkohol. Ohne die Prohibition hätte sich der Jazz gewiß auch entwickelt, aber bestimmt wesentlich langsamer und wahrscheinlich auch anders. Die Alkoholgesetze hatten Tausende von Vergnügungsetablissements aus dem Boden sprießen lassen, und in diesen Klubs hatte der Jazz sich entfalten können.

Mit all dem wurde in Chicago binnen kürzester Zeit Schluß gemacht. In diesem Oktober kam es außerdem zu jenem Börsenkrach, der sich in der ganzen Welt katastrophal auswirkte und die Vereinigten Staaten in eine ungeheure Wirtschaftskrise stürzte. Hinzu kam der Niedergang der Schallplattenindustrie, die sich gegen den Rundfunk nicht mehr behaupten konnte; man zog die kostenlose Radiounterhaltung vor. In ganz Amerika brachen für die Musiker schlechte Zeiten an. Viele von ihnen mußten sich andere Arbeit suchen. 1930 leitete Ory eine Hühnerfarm, Bechet arbeitete als Schneider, Baby Dodds fuhr Taxi. Chicago, das Kinderzimmer der neuen Musik, war für die Musiker unwohnlich geworden, und sie begannen abzuwandern. Der naheliegendste Ort war New York, schon immer das Zentrum der amerikanischen Unterhaltungsindustrie.

Die Aufnahmen der Hot Five

Die fünf Dutzend Aufnahmen, die Armstrong mit der Hot Five und Hot Seven veröffentlicht hat, zählen zu den bedeutendsten amerikanischer Musik, und sicherlich sind sie die wichtigsten Aufnahmen improvisierter Musik des 20. Jahrhunderts. Das Außergewöhnliche dieser Musik erkannten die Musiker, die Jazz-Fans und ein kleines Publikum sofort. Überall in den Vereinigten Staaten verfolgten die Musiker, was Armstrong tat. Er war das große Vorbild. Die Aufnahmen der Hot Five machten den alten New-Orleans-Stil über Nacht bedeutungslos. Wer nicht wie Armstrong spielte, hatte keine Chance. Die einzige Alternative war der feinere, aber auch begrenztere Stil von Bix Beiderbecke. Doch nur wenige gute Musiker orientierten sich an Beiderbecke, und Ende der zwanziger Jahre wurden sie allmählich von der großen Zahl der Armstrong-Imitatoren verdrängt.

Lil behauptete, es sei ihre Idee gewesen, eine Band unter Armstrongs Namen zusammenzustellen. Sicherlich hatte sich diese ehrgeizige Frau schon lange vor Armstrongs Rückkehr aus Chicago überlegt, daß er mit einer eigenen Gruppe Aufnahmen machten sollte. Die endgültige Entscheidung traf jedoch mit Sicherheit eine Schallplattenfirma.

OKeh war damals immer noch führend auf dem Gebiet der Race Records, hatte allerdings mittlerweile einige ernstzunehmende Konkurrenten. Ralph Peer, verantwortlich für die Aufnahme von Mamie Smiths *Crazy Blues* und für die Aufnahmen der Oliver-Band, arbeitete zwar immer noch bei OKeh, war aber offenbar nicht mehr unmittelbar an den Produktionen schwarzer Bands beteiligt. Chefmanager von OKeh in Chicago war Ende der zwanziger Jahre E.A. Fearn. Fearn leitete die Consolidated Talking Machine Company, die für die OKeh-Schallplatten warb und sie vertrieb. Allerdings ist nicht ganz klar, in welchem Verhältnis er tatsächlich zu OKeh stand. Fearn war hauptsächlich für die

Organisation von Großkonzerten verantwortlich. Das waren die einzigen Anlässe, bei denen die Hot Five öffentlich auftraten.

Myknee Jones aus Fearns Büro hatte sicherlich längst erkannt, daß Armstrong Karriere machen würde. Jones und Lil Armstrong kannten einander, wahrscheinlich sogar ziemlich gut. Eigentlich stellte Jones die Bands für die Aufnahmen zusammen, doch Lil könnte ihn beeinflußt haben. Vielleicht wirkte sie deshalb als Pianistin mit, obwohl es in Chicago sicherlich bessere Pianisten als sie gab. Und wahrscheinlich stammen aus diesem Grund auch sieben der ersten zwanzig Hot-Five-Stücke von ihr.

OKeh verfügte damals über ein transportables Studio in Chicago, wo vor allem im Frühling und im Herbst Platten aufgenommen wurden. Es war wohl eher Zufall, daß Armstrong und die Aufnahmeausrüstung ungefähr gleichzeitig in Chicago eintrafen. Jedenfalls war es ein glückliches Zusammentreffen. OKeh produzierte schon damals Aufnahmen von hervorragender Qualität, obwohl die Aufnahmegeschwindigkeit erst bei den Produktionen vom Februar, Juni und November 1926 stimmte (die Aufnahme des *West End Blues* vom Juni 1928 ist nur leicht verfälscht[1]).

Mit der Produktion der Hot Five machte man sich nicht viel Mühe, da man die Musik schwarzer Bands und ihr Publikum ohnehin für primitiv hielt. OKeh rief einfach bei Louis oder Lil an und fragte nach, ob sie eine bestimmte Anzahl von Stücken an einem bestimmten Termin aufnehmen könnten. Dann schrieb Lil oder Louis oder irgendein Bandmitglied schnell ein paar Titel nieder, die vielleicht deshalb oft nichtssagend waren. Die Musiker trafen sich am Morgen der Aufnahme um neun oder zehn Uhr im Studio und spielten die Stücke ein- oder zweimal durch. Dann wurde aufgenommen. In den meisten Fällen waren mehrere Takes nötig; die unbrauchbaren wurden einfach von der Wachstrommel abgekratzt. Aus diesem Grund gibt es die Stücke der Hot Five leider nicht in mehreren Versionen.

Die Gruppe nahm in einer Session zwei bis vier Titel auf, manchmal auch mehr, und jeder Musiker erhielt am Schluß fünfzig Dollar. Danach war es Sache von OKeh, wie und wann diese Aufnahmen veröffentlicht wurden – wenn überhaupt: Fünf von ihnen entdeckte 1940 der Jazz-Fan und Schallplattenmanager George Avakian in den Columbia-Archiven in Bridgeport, Connecticut. Als OKeh später erkannte, daß mit Armstrong eine

Menge Geld zu verdienen war, gab man sich etwas größere Mühe bei der Vorbereitung der Sessions. Man beauftragte Don Redman, einige Titel zu arrangieren. Dennoch wurde immer noch alles ziemlich lässig gehandhabt. Hält man sich dagegen vor Augen, mit welch ungeheurem Aufwand heute die simpelsten Schlager produziert werden, dann besticht die Leistung von Armstrongs Gruppe noch mehr. Die Musiker nahmen manchmal an einem einzigen Tag neben der üblichen Arbeit zwei oder drei Schallplatten auf, die heute zu den Klassikern des Jazz zählen.

Die Aufnahmen der Hot Five und Hot Seven lassen sich in vier Gruppen unterteilen: Bei der ersten Gruppe von sechsundzwanzig Stücken spielt stets die gleiche Besetzung. Diese Aufnahmen entstanden zwischen dem 12. November 1925 und dem 27. November 1926. Zwei davon wurden bei Vocalion als Lill's [sic!] Hot Shots veröffentlicht. Elf Stücke (die zweite Gruppe) wurden unter dem Namen Hot Seven (die Besetzung der Hot Five wurde um Tuba und Schlagzeug erweitert) im Mai 1927 innerhalb von acht Tagen aufgenommen. Eine dritte Gruppe von Aufnahmen der Hot Five entstand (wieder mit der ursprünglichen Besetzung) zwischen dem 2. September und dem 13. Dezember 1927. Nach einer Pause von sechs Monaten wurden schließlich als vierte Gruppe noch neunzehn Aufnahmen gemacht, diesmal mit Earl Hines am Piano und ansonsten wechselnden Besetzungen. Diese letzte Serie entstand zwischen dem 27. Juni und dem 5. Dezember 1928.

Alle diese Aufnahmen dokumentieren Armstrongs beeindrukkende Entwicklung. Zu Anfang der Hot-Five-Zeit war er ein sehr begabter Musiker, der allen anderen Jazz-Musikern in seiner Umgebung weit überlegen war. Bei den letzten Aufnahmen der Hot Five war er ein Genie. Dieser schnelle Aufstieg zur künstlerischen Vollendung läßt sich unter fünf Aspekten betrachten.

Am auffälligsten ist zunächst die stetige Verbesserung der Spieltechnik. Auf den ersten Aufnahmen scheint er gelegentlich zu zögern, und einige Töne kommen noch etwas unsicher. Auch seine berühmten Schnellfeuerpassagen sind noch selten. Armstrongs technische Fortschritte hingen zweitens mit seinem wachsenden Selbstvertrauen zusammen. Sein Spiel wurde allmählich stark und sicher. Drittens – und dieser Punkt ist besonders wichtig – hielt er sich immer weniger an die vorgegebene

Melodie und ging statt dessen auf musikalische Entdeckungsreisen, bei denen er sich nur an den Changes, am Harmoniegerüst, der Melodie orientierte. Bei der Oliver-Band war Armstrong in seinen Soli stets der vorgegebenen Melodielinie gefolgt, und bei den Aufnahmen mit Henderson paraphrasierte er sie meistens. Bei den Aufnahmen mit der Hot Five hingegen orientiert er sich so wenig wie möglich an den oft reichlich schwerfälligen Melodien und erfindet statt dessen völlig neue. Viertens gewann seine Musik mehr emotionale Tiefe. Die ersten Hot-Five-Aufnahmen sind ausgelassen, lebendig; auf den letzten hingegen findet sich ein breites Spektrum menschlicher Gefühle: die wilde Ausgelassenheit von *Hotter Than That*, die Tragik des *West End Blues* und die tiefe Trauer von *Tight Like This*. Diese Aspekte zusammengenommen haben fünftens zur Folge, daß Armstrong bei den Aufnahmen der Hot Five immer stärker in den Vordergrund tritt. Am Anfang spielt er noch die im New-Orleans-Jazz übliche Rolle des Leadkornettisten, der das Solospiel größtenteils den anderen Musikern überläßt. Auf den letzten Aufnahmen hingegen ist er *der* Star. Die anderen Musiker liefern ihm den Background und lösen ihn nur selten einmal mit einem Solo ab.

Wer auch immer die Musiker für die erste Hot-Five-Besetzung zusammengestellt haben mag, er hat gut gewählt. Kid Ory, der lange bei Oliver spielte, war eindeutig der beste Jazz-Posaunist jener Tage. Der Klarinettist Johnny Dodds leitete jahrelang eine eigene Gruppe in dem Chicagoer Klub Kelly's Stables. (Dodds spielt auf einigen der Aufnahmen auch Altsaxophon.) Neben Noone war Dodds der beste New-Orleans-Klarinettist weit und breit. Außer ihm wäre nur noch Sidney Bechet in Frage gekommen, der sich damals gerade in Europa aufhielt. Das Banjo spielte Johnny St. Cyr, der mit Noone im Apex Club auftrat.

Alle Mitglieder der Hot Five waren echte New-Orleans-Musiker. Bei den ersten Aufnahmen am 12. November 1925 war Johnny Dodds der eigentliche Solist – Armstrong spielte vor allem Lead. Doch bei der dritten Session am 26. Februar 1926 ließ OKeh Armstrong schon mehr Raum, bei manchen Aufnahmen singt er sogar. Armstrong sagte, der Toningenieur habe ihn zu singen aufgefordert; vermutlich stammte der Vorschlag jedoch von Myknee Jones, der an diesem Tag offenbar auch im Studio war.

Das erste Hot-Five-Stück, bei dem Armstrong sang, war *Georgia Grind* von Clarence Williams, ein ziemlich dürftiger populärer Blues. Bei der Aufnahme singt Lil recht dilettantisch, und Louis' Stimme klingt zwar gewaltig, aber das ist auch alles. Kurz darauf sang er ein wesentlich besseres Stück als *Georgia Grind*: *Heebie Jeebies*. Angeblich stammte es von Myknee Jones und Boyd Atkins, einem schwarzen Saxophonisten, der zu jener Zeit in Chicago spielte. In Wirklichkeit ist es *Heliotrope Bouquet*, einem Rag von Scott Joplin und Louis Chauvin, entnommen. Armstrong spielt bei dieser Aufnahme nur sehr wenig Kornett, singt aber einen langen Doppelchorus. Beim ersten Durchgang hält er sich weitgehend an den Originaltext, im zweiten Chorus singt er Scat, d. h., er improvisiert mit Silben und Lauten, benutzt die Stimme wie ein Instrument. Um dieses Ereignis hat sich eine weitverbreitete Legende gebildet: Armstrongs Textblatt sei zu Boden gefallen, und deshalb habe er Scat singen müssen. Jemand habe ihm das Blatt aufgehoben, und danach habe er wieder den Originaltext gesungen. Jones erinnert sich, sowohl Armstrong als auch er hätten sich nach dem Blatt gebückt; beim Bücken habe Armstrong das Mikrophon mitgerissen, und dabei seien sie mit den Köpfen aneinandergestoßen.

Ob die Geschichte sich so zugetragen hat oder nicht, ist unerheblich. Der Scat-Gesang war etwas völlig Neues und machte die Platte zum Hit. Innerhalb weniger Wochen wurden 40 000 Exemplare verkauft, ein großer Erfolg in einer Zeit, als Auflagen von 5 000 normal und 10 000 schon beachtlich waren.

Armstrong wurde zwar schon seit zwei oder drei Jahren von den Musikern und Jazz-Fans gefeiert, doch mit *Heebie Jeebies* machte er auch ein breiteres, vor allem schwarzes Publikum auf sich aufmerksam. Die Manager von OKeh beschlossen, ihn als Star aufzubauen. Sie machten für *Heebie Jeebies* im *Chicago Defender* Reklame und führten auch später gelegentlich Werbekampagnen für seine Platten durch. Eine Zeitlang erhielten die Käufer von Armstrongs Platten zusätzlich ein Starfoto von ihm. Armstrong war nicht der einzige Musiker, den OKeh auf diese Weise förderte. Beinahe in jeder Ausgabe des *Chicago Defender* erschien eine Anzeige für den einen oder anderen Blues-Sänger der Firma. Die regelmäßige Werbung sowie Fotos von ihm in den wichtigsten überregionalen Zeitungen für Schwarze machten ihn unter den Schwarzen Amerikas zu einer Art Markenzeichen.

Unmittelbar nach *Heebie Jeebies* nahm die Hot Five ein Stück auf, das ebenfalls zu Armstrongs Ruf beitrug: *Cornet Chop Suey*. Das Stück soll von ihm selbst stammen. Es besteht aus einem 16taktigen Melodieteil, der variierend wiederholt wird. Die Aufnahme war, wie schon der Titel verrät, als Feature für Armstrong gedacht – das erste von vielen. Das Stück beginnt mit einer viertaktig unbegleiteten Einleitung von Armstrong. Zunächst spielt er eine Triolensequenz, die dem bekannten Klarinettenchorus zu *High Society* von Alphonse Picou entlehnt ist. Picous Figuren bewegen sich allerdings nur aufwärts, die von Armstrong zunächst aufwärts und dann abwärts. Immer kehrt er den Melodieverlauf nach jedem ganzen Takt um. Anschließend spielt die ganze Band das Thema, das aus einem 16taktigen A-Teil und einem 32taktigen B-Teil besteht. Ory wird vom Kornett übertönt, und Dodds ist zeitweise kaum zu hören. Nach diesem Ensembleteil spielt Lil einen 32taktigen Chorus, dessen Hauptfunktion offenbar darin besteht, Louis eine Ruhepause zu verschaffen; im übrigen zeigt er nur Lils hölzerne und schwerfällige Spielweise.

Der Höhepunkt der Aufnahme ist Armstrongs 16taktiger Stoptime-Chorus. In den ersten acht Takten spielt er vier sehr einfache Phrasen, die wie ein Frage- und Antwortspiel wirken. In der zweiten 8taktigen Periode verlängert Armstrong seine Figuren, denn offenbar hat er erkannt, daß es zu schematisch und damit uninteressant geklungen hätte, das einfache Schema der ersten Periode zu wiederholen. Die erste Hälfte seiner Soli besteht oft aus kurzen, ziemlich regelmäßig aufgebauten Phrasen, die zweite Hälfte hingegen ist meist abwechslungsreicher. Die Phrasen setzen jedoch nicht nur Kontraste, sondern stellen gleichzeitig auch Beziehungen her. Der Schluß der zweiten Phrase kehrt den Schluß der ersten um, und die erste und fünfte Phrase sind auf ähnlichen Hornsignalen aufgebaut. Das Ganze ist eine wundervolle Konstruktion, die die Musiker immer wieder erstaunt hat. Und niemand musizierte so swingend wie Armstrong. In der Schluß-Coda spielt er eine lange, absteigende Figur im Stile Joe Smiths, die mit jener auf der vier Monate älteren Aufnahme von *T.N.T.* identisch ist. Das zeigt, daß Armstrong sich zu dieser Zeit noch nicht völlig von Joe Smiths Einfluß gelöst hatte.

Cornet Chop Suey ist keine perfekte Aufnahme. Armstrongs Spiel ist noch nicht so selbstsicher wie in späteren Zeiten, und gelegentlich verfehlt er einen Ton; auch das Tempo ist nicht immer stabil. Dennoch ist *Cornet Chop Suey* eine wundervolle Jazz-Aufnahme, die wie nur wenige andere die Musiker begeistert hat. Am 26. Februar 1926 hatte die Hot Five eine ihrer wichtigsten Sessions. *Cornet Chop Suey*, Armstrongs erste Gesangsnummer, wurde auch sein erster Hit. Auf Grund dieser Aufnahme wurde zumindest den Musikern klar, daß Armstrong seine Konkurrenten Joe Smith, Jabbo Smith, King Oliver und Johnny Dunn deutlich überholt hatte. Erwähnenswert ist ferner Armstrongs Stoptime-Solo auf *Oriental Strut*; außerdem entstand bei dieser Session die erste Version von Kid Orys *Muskrat Ramble*, einem der populärsten Jazz-Stücke überhaupt.

Beim nächsten Termin am 16. Juni ist Armstrongs Ton schon voller. Er tritt innerhalb des Ensembles noch stärker hervor und spielt mit mehr Selbstvertrauen. Die Session vom 16. November 1926 verlief noch erfolgreicher. Armstrong spielte *Skid-Dat-De-Dat*, sein erstes melancholisches Stück, dem viele weitere folgten. Schwermütiges in Moll wie der *St. James Infirmary Blues* war damals sehr in Mode, und Armstrong nahm einige solcher Stücke auf: *Melancholy*, *Tight Like This* und natürlich *St. James Infirmary Blues*.

Skid-Dat-De-Dat gleicht einem Flickenteppich, denn das Stück besteht im wesentlichen aus viertaktigen Breaks und Zwischenteilen, die abwechselnd von allen Musikern der Band gespielt werden. Zusammengehalten wird das ganze durch ein äußerst einfaches viertaktiges Thema, das aus vier ganzen Noten besteht. Dieses Stück ist auf eine eigenartige Weise wirkungsvoll: Es besticht durch seinen Reichtum an Klangfarben. Armstrong unterstreicht dies noch dadurch, daß er fast den gesamten Tonumfang seines Instruments bis hin zum tiefen G nutzt. Er spielt hier sparsamer und auch sanfter als gewöhnlich, und die anderen Bandmitglieder treffen die Stimmung ebenfalls gut (obwohl Musiker wie Ory oder Lil sicher ihre Schwierigkeiten hatten). Interessant ist, wie Armstrong die vier ganzen Noten des Themas behandelt. Die erste spielt er hinter dem Beat, die zweite ebenfalls, aber noch weiter hinten, und die letzten beiden wieder näher am Beat. Auf der ganzen Aufnahme sitzt kein Ton genau auf dem Beat.

Die berühmteste Aufnahme dieser Session ist *Big Butter And Egg Man*. Sie ist von den beiden Komponisten und Musikwissenschaftlern André Hodeir und Gunther Schuller ausführlich analysiert worden. Der Produzent des Sunset Café schrieb das Stück, das sich über einen ungeschickten Butter- und Eierhändler aus der Provinz lustig macht, als komische Einlage für Armstrong und die hübsche Sängerin May Alix, deren Spezialität es war, im Spagat über die halbe Bühne zu rutschen.

Das wichtigste ist Armstrongs Kornettsolo. Es beginnt mit einer sehr einfachen Figur. Plötzlich wird die Phrase umgekehrt, und im zweiten 8taktigen Block greift Armstrong auf die leichte Stimmung des Anfangs zurück. Die folgende Figur bleibt in einer ziemlich tiefen Lage. Die zweite Hälfte des Chorus beginnt mit einer schnellen Tonwiederholung, was ein wenig Spannung in die leichte Grundstimmung des Solos bringt. Diese Spannung wird erst durch eine Figur aufgelöst, die sich zur Tonika hinbewegt. Armstrong erkennt jedoch rechtzeitig, daß der Abschluß auf der Tonika zu banal klingen würde. Er läßt verwegen eine Lücke offen, wo man die Tonika erwartet hätte, und beendet sein Solo mit einem Wirbel von Tönen, als wolle er nach einer witzigen Bemerkung schelmisch davonhüpfen. Armstrong spielt mit auffallender Leichtigkeit. Er weiß, daß er etwas Wichtiges zu sagen hat und daß man ihm zuhören wird. Hier gibt es keine einzige Unsicherheit.

Die ersten sechsundzwanzig Aufnahmen der Hot Five, die innerhalb von zwölf Monaten entstanden, haben fast alle eine fröhliche, überschwengliche Grundstimmung. Und fast alle Titel sind in Dur-Tonarten geschrieben und in mäßigen Tempi aufgenommen. Das Ensemblespiel im New-Orleans-Stil nimmt immer noch einen wichtigen Platz ein. Allerdings wird es durch Armstrong entscheidend verändert. Die Variante der New-Orleans-Musik, bei der die Leadtrompete dominiert – im Gegensatz zur »demokratischeren« und ausgeglicheneren Spielweise Olivers –, wurde zum Charakteristikum des Dixieland-Stils oder Traditional Jazz.

Zusätzlich zu seinen Aktivitäten mit der Hot Five arbeitete

Armstrong als Begleitmusiker in anderen Bands und als Begleiter von Blues-Sängern, hauptsächlich für Myknee Jones bei OKeh. Viermal war er mit Bertha »Chippie« Hill im Studio, das erste Mal am 9. November 1925. Bei diesen Aufnahmen spielen nur Armstrong und Jones, der kein besonders guter Pianist war, und Armstrong scheint gegen sein schleppendes Spiel anzukämpfen. Chippie Hill war eine erstklassige Blues-Sängerin, die auf Ma Raineys Tourneen ihre Lehrzeit absolviert hatte. Armstrong machte später noch Aufnahmen mit Sippie Wallace und mehreren schlechten Sängerinnen, darunter Cab Calloways Schwester Blanche.

Interessanter sind zwei Titel, die Louis mit Erskine Tates Vendome Orchestra aufnahm. Sie vermitteln uns eine Vorstellung davon, wie Armstrong in Theatern spielte. Tates Band ist eine große Swing-Band im Stil der Henderson-Band, aber sie spielt simpler und heißer. Louis ist auf beiden Aufnahmen als Solist zu hören. Sein Chorus auf *Static Strut* ist besonders gelungen und erinnert mehr an seinen Stil bei Henderson als den bei der Hot Five: Er ist stark, laut, weniger konstruktiv und rhythmisch einfacher. Armstrong hat seine Spielweise offensichtlich den Aufnahmebedingungen angepaßt: Die Big Band war sehr laut, die Aufnahmegeräte waren schlecht, und er stand wahrscheinlich weit entfernt vom Mikrophon. In *Stomp Off, Let's Go* gibt es einen kurzen, atemberaubenden zweitaktigen Break, der aus einem Fragment eines Bugle Calls (Hornsignal) besteht, dem eine untypische, schnell absteigende Triolenfigur folgt; Armstrong sorgt hier wieder einmal für eine Überraschung.

Im Mai des Jahres 1926 nahm Armstrong zwei Stücke für Vocalion auf. (Unter diesem Label produzierte Brunswick Platten für den Race Market.) Sie wurden als Lill's Hot Shots veröffentlicht. Irgendwann hörten die Leute von OKeh die Aufnahmen und bestellten Louis ins Büro. Dort spielten sie ihm die Platten vor und fragten ihn, wer da singe. Armstrong soll geantwortet haben: »Ich weiß es nicht, aber ich tue es bestimmt nie wieder.«

Er tat es aber doch. Im April 1927 nahm er vier Titel unter dem Namen des Schlagzeugers Jimmy Bertrand und vier weitere unter Johnny Dodds Namen auf. Bei diesen acht Aufnahmen klingt er sehr merkwürdig: Sein Ton ist dünn, sein Spiel verkrampft und steif wie bei Joe Smith. Er singt auch nicht, spielt wenig Solo und vermeidet die oberen Register. Offenbar versuchte er, seinen Stil zu verstellen, um keine Schwierigkeiten mit OKeh zu bekommen.

Die Aufnahmen, die Armstrong unter eigenem Namen machte, sind und bleiben die wichtigsten. Nach Beendigung der ersten Hot-Five-Aufnahmeserie war der Firma OKeh klar, daß sie mit Armstrong viel Geld verdienen konnte. 1927, als Aufnahmen wie *Cornet Chop Suey* und *Muskrat Ramble* seit einem Jahr erfolgreich verkauft wurden, war Armstrong schon so berühmt, daß die Melrose Music Company Soli von ihm gedruckt veröffentlichte. Zu diesem Zweck holte man Armstrong ins Studio, ließ ihn Soli und Breaks improvisieren und nahm diese auf Walzen auf. Die Improvisationen wurden dann von dem Pianisten Elmer Schoebel transkribiert und als *125 Jazz Breaks for Cornet* zum Preis von einem Dollar sowie als *50 Hot Choruses for Cornet* für zwei Dollar verkauft. Der Melrose Verlag wählte Soli von Stücken aus, die er selbst veröffentlicht hatte; dazu gehörten *The Chant* und *Milnebourg Joys* von Jelly Roll Morton sowie Scott Joplins *Maple Leaf Rag*.

Die Walzen sind zwar verschwunden, doch die Noten sind auch heute noch im Handel und enthalten hochinteressantes Studienmaterial. Die Vielfalt der 125 Breaks, die Armstrong wahrscheinlich im Laufe eines Tages einspielte, ist bemerkenswert. Vor allem die Melodie variiert. Armstrong entfernt sich kaum von den Standardharmonien, obwohl er eine Figur oft einen Halbtonschritt tiefer vorbereitet. Bei der Improvisation orientierte er sich immer an den vorgegebenen Harmonien, im Gegensatz etwa zu Coleman Hawkins, der sie oft veränderte. Armstrongs Stärke lag in der melodischen Improvisation, nicht in der harmonischen. Die veröffentlichten Breaks jedenfalls zeigen deutlich, wie wenig Armstrong sich von den Grundharmonien entfernte.

Die ungeheure Vielfalt dieser Breaks liegt im rhythmischen und melodischen Bereich, nicht im harmonischen. Charakteristisch sind die ständigen Richtungswechsel: Er variiert alles – auf drei Achtelnoten folgen synkopierte Viertel, dann wieder eine schnelle Triole und schließlich eine kurze Folge von punktierten Achteln und Sechzehnteln. Die Breaks veranschaulichen, daß ständige Abwechslung ein wichtiger Bestandteil von Armstrongs Musik war.

Als diese Walzen aufgenommen wurden, hatte Armstrong seit mehreren Monaten keine Aufnahmen mehr gemacht. Vielleicht war das mobile Studio von OKeh seit dem Winter nicht mehr in Chicago. Vielleicht hatte es im OKeh-Management Veränderungen gegeben. Im November 1926 kaufte Columbia OKeh auf, wobei sicherlich die ausgezeichneten Aufnahmestudios der Firma am Union Square in New York eine Rolle spielten. Kurze Zeit später trat Ralph Peer zurück (oder er wurde entlassen). Er ging zu Victor, wo er sich weiter für volkstümliche Musik interessierte, und Ende der zwanziger bis Anfang der dreißiger Jahre war er verantwortlich für Pionieraufnahmen in dem Musikbereich, der heute als Country and Western Music bezeichnet wird.

Im Februar verließ auch Myknee Jones OKeh, obwohl er mit der Firma auch weiterhin in Verbindung stand. Der neue Direktor, Tom Rockwell, war sehr beliebt und als Verkäufer äußerst erfolgreich. Einen Teil seiner Kindheit hatte er in einem Waisenhaus in Texas verbracht. Als Fensterputzer war er bei einem Unfall gerade so mit dem Leben davongekommen. Er betrachtete das Leben als einen Kampf, bei dem es darauf ankam, selbst zuzuschlagen, ehe andere es taten. Er verfügte über keine musikalischen Vorkenntnisse. »Tom Rockwell konnte keine zwei Töne einer Melodie richtig singen, er hatte nicht die Spur von einem musikalischen Gehör«, wie Cork O'Keefe sagte. Später eröffneten O'Keefe und Rockwell zusammen eine große Agentur. Bing Crosby soll Rockwell oft wegen seiner mangelhaften Musikalität aufgezogen haben: Crosby kam gelegentlich ins Büro und bat Rockwell, ihm Songs für seine wöchentliche Show vorzuschlagen. Rockwell, der sich die Namen der Songs nicht merken konnte, sagte dann, er wisse ein gutes Stück, habe aber leider den Namen vergessen. »Dann sing doch ein paar Takte«, schlug Crosby hinterhältig vor. Wenn Rockwell daraufhin versuchte, die Melodie zu krächzen, schüttelten sich die übrigen Anwesenden vor Lachen.

Andererseits scheint Rockwell aber in bezug auf Jazz einen guten Geschmack gehabt zu haben, und er war bereit, Kunst mit Kommerz zu verbinden, was man von vielen späteren Ratgebern Armstrongs nicht behaupten kann. John Hammond sagte: »Tommy machte mit Louie bei OKeh wundervolle Produktionen, denn Tommy Rockwell war es, der mit Louie kommerzielle Songs wie *You're Driving Me Crazy*, *Sweethearts On Parade* und *Body And Soul* aufnahm. Die meisten schwarzen Künstler erhielten nie die Chance, so etwas aufzunehmen.« Rockwell war ins Musikgeschäft eingestiegen, um Geld zu verdienen, aber dennoch entstanden unter seiner Ägide einige von Armstrongs besten Stücken.

Rockwell war ab Frühjahr 1927 Direktor bei OKeh. Im Mai reiste er nach Chicago, und zwischen dem 7. und 14. Mai nahm er elf Stücke mit Armstrongs Hot Seven auf, von denen zwei erst veröffentlicht wurden, nachdem George Avakian sie viele Jahre später wiederentdeckt hatte. (Rockwells Geschmack war manchmal merkwürdig, aber er hatte recht damit, den *Twelfth Street Rag* nicht zu veröffentlichen, denn diese Aufnahme ist wahrscheinlich die schlechteste der ganzen Hot-Five- und Hot-Seven-Serie. Andererseits hielt er aber auch mehrere Monate lang eine der berühmtesten Aufnahmen dieser Band zurück, den *Potato Head Blues*.) Die Hot Seven war mehr oder weniger identisch mit der alten Hot Five, verstärkt durch den Tubaspieler Pete Briggs aus der Dickerson-Band und durch den Schlagzeuger Baby Dodds. Außerdem nahm wahrscheinlich ein Posaunist aus der Dickerson-Band den Platz von Kid Ory ein, der zu jener Zeit bei Oliver in New York war. Johnny St. Cyr spielte Gitarre und gelegentlich auch Banjo. Bei den Aufnahmen der Hot Seven spielte Armstrong zum erstenmal Trompete.

Die Band hatte sich mittlerweile noch weiter vom New-Orleans-Stil entfernt. Das Ensemblespiel verlor zugunsten des Solospiels immer mehr an Bedeutung. Dies könnte auf Rockwells Einfluß zurückzuführen sein. Er hatte zwar kaum die Kompetenz, musikalische Ratschläge zu geben, aber bestimmt war ihm der neue Trend zur arrangierten Musik nicht entgangen, bei der Jazz-Soli die Höhepunkte bildeten. (Henderson, Ellington und Goldkette waren die erfolgreichen Vorreiter.) Rockwell hatte gewiß auch erkannt, daß Armstrong sein Verkaufsrenner war und daß er ihm folglich viel Raum für Soli lassen mußte.

Die erste Aufnahme dieser Serie, *Willie The Weeper*, ist zugleich auch eine der heißesten. Den Höhepunkt bilden Armstrongs Solo gegen Ende des Stückes und die nachfolgende Ensemblepassage. Armstrong baut schon zu Beginn des Solos Spannung auf, die er im sechsten Takt wieder auflöst. Dann stellt er sie jedoch mit einer schnellen Tonwiederholung erneut her, um schließlich im zwölften Takt, wo es auf das Schlußensemble zugeht, weit hinter dem Beat die hohe Tonika zu spielen (er dunkelt sie durch eine Blues-Septime ab), die er mit einem starken Vibrato ausklingen läßt. Im fünfzehnten Takt wiederholt er das Bravourstück, hält sich aber kurze Zeit zurück, um die Spannung noch zu steigern. Doch dann schlägt er wieder zu, hält den Ton mit einem Vibrato und verläßt ihn beim ersten Taktschlag des Ensembleteils. Schließlich führt er mit einfachen, kräftigen Phrasen das Ensemble an, wobei er meist im oberen Register beginnt. Dies ist bester Hot Jazz, und wir können heute nur ahnen, wie diese Musik andere Trompeter – oder überhaupt die Jazz-Musiker jener Zeit – in Raserei versetzt haben muß.

Aber wie hot das Solo in *Willie The Weeper* auch sein mag, es ist nichts weiter als eine Paraphrase über die äußerst einfache Melodie des Stückes. Im New-Orleans-Jazz ging es eben nicht um ständige Neuschöpfungen. Man arbeitete vielmehr eine Stimme aus und wiederholte sie dann oft Abend für Abend. Bei Oliver und Henderson waren Armstrongs Soli immer sehr eng an die Melodie angelehnt. Diese Tendenz zum Paraphrasieren behielt er auch bei den Aufnahmen der Hot Five und Hot Seven bei.

Doch von nun an entfernte Armstrong sich von der Paraphrase und entwickelte zunehmend ganz neue Melodien über die Harmoniefolge der Stücke. Armstrong hat das Improvisieren über Harmoniefolgen sicher nicht erfunden, leistete aber einen wichtigen Beitrag dazu, diese Methode im Jazz zu etablieren.

Das Paraphrasieren als Prinzip der Jazz-Improvisation gab Armstrong zwar nie ganz auf, aber in der mittleren Phase der Hot-Five-Aufnahmen war die freie musikalische Erfindung seine wichtigste Methode. Sein bekanntes Solo im *Potato Head Blues* zeigt dies ganz deutlich. Hier verläßt Armstrong die Melodie völlig und improvisiert frei im Rahmen der Akkordfolge. (Das Stück ist ein gewöhnlicher Schlager, kein Blues.) Die Aufnahme beginnt mit einem festgelegten Ensemblechorus, an den Armstrong eine 16taktige Strophe anhängt, wobei er ziemlich genau der Melodie folgt. Dann übernimmt Dodds einen ganzen Chorus, und anschließend folgt Armstrongs berühmter Stoptime-Chorus. Dabei markiert die Band nur alle zwei Takte den ersten Schlag, so daß Armstrong viel Raum zum Improvisieren bleibt. Zunächst spielt er noch zweitaktige Phrasen, um seine Improvisation der vorgegebenen Form anzupassen. Doch in der zweiten Hälfte des Solos löst er sich von dieser Beschränkung und spielt freiere, stärker variierte Phrasen, ignoriert die Taktgrenze immer mehr und geht schließlich zu 4- bis 8taktigen Figuren über. Auch diese Figuren stehen im Gegensatz zu den jeweils vorhergehenden oder reflektieren sie zumindest: Bögen werden umgekehrt, vertikale Linien folgen horizontalen, sparsame Figuren folgen dichten. Armstrong geht nun oft vom Monolog zum Dialog über, was seine Improvisationslinie belebt.

Besonders interessant an diesem Solo ist die bewußte Umkehrung des Beat. Indem Armstrong seine Phrasen gegen die natürliche Folge starker und schwacher Taktschläge setzt, schafft er ein Gegenmetrum. Er beginnt die letzten acht Takte des Solos auf dem zweiten Viertel des ersten Taktes mit einem Sprung ins obere Register. Diesen Effekt wiederholt er in den beiden letzten Takten. Im Schlußtakt setzt er allerdings die betonte Note auf das dritte Viertel: Dadurch scheint das Metrum für einen Augenblick aus dem Gleichgewicht zu geraten. Auch in der Coda verlagert Armstrong beim Abstieg zur Schlußnote gelegentlich die Betonung auf das zweite oder dritte Viertel des Taktes, so daß sich die Melodie gegen das Grundmetrum abhebt. Dieses Spiel mit Gegenmetren ist wahrscheinlich das einzige, was Armstrong von Oliver übernommen hat.

Armstrongs Einfallsreichtum setzt uns auch heute noch in Erstaunen. Kein Takt ist wie der andere. Es gibt keine Klischees, kein Zurückgreifen auf Banales, um einen gelegentlichen Mangel an Einfällen zu überbrücken. Außerdem ist alles logisch und passend. Armstrong produziert ununterbrochen neue Figuren.

Dieser Eindruck der Frische täuscht allerdings. Armstrong verwendete einige der Figuren aus dem *Potato Head Blues* schon mehr als drei Jahre früher in Olivers *Tears*, und zweifellos hatte er sie auch in der Zwischenzeit benutzt. Da von den Hot-Five-Stücken jeweils nur eine einzige Aufnahme existiert, läßt sich heute nicht mehr herausfinden, wie Armstrong seine Soli in den verschiedenen Versionen eines Stückes veränderte. Zum Glück gibt es aber unter den Aufnahmen der Hot Seven ein Stück, das innerhalb von zwei Tagen zweimal aufgenommen wurde, und zwar beim erstenmal als *S.O.L. Blues* und am folgenden Tag als

Gully Low Blues. Es wurde oft behauptet, die erste Version sei vernichtet worden, weil der Text den OKeh-Managern zu vulgär gewesen sei. Das klingt allerdings etwas merkwürdig, wenn man bedenkt, daß die meisten Blues-Texte kaum verhüllte sexuelle Anspielungen enthalten. Armstrong singt bei der ersten Version nur einen einzigen Chorus, bei der zweiten hingegen zwei. Wahrscheinlich wollte OKeh einfach mehr Gesang, damit sich die Platten besser verkauften.

Die beiden Versionen des Songs sind sich erstaunlich ähnlich, bis in viele Details des Solos hinein. Beide beginnen mit einem schnellen Ensembleteil über die Melodie *I Wish I Could Shimmy Like My Sister Kate* (von der Armstrong immer wieder behauptete, er habe sie selbst geschrieben). Dodds spielt ein Solo, und anschließend wechselt der Rhythmus völlig unerwartet in ein langsames Blues-Tempo über. Armstrong singt, und die nachfolgenden Trompetensoli ähneln sich auf beiden Aufnahmen erstaunlich. Die erste Phrase ist bei beiden Aufnahmen identisch; die übrigen sind fast gleich. Ich halte es für ziemlich unwahrscheinlich, daß sich Armstrong so genau an das Solo vom Vortag erinnerte. Ferner muß man berücksichtigen, daß für ihn ein Abendauftritt zwischen den beiden Sessions lag. Armstrong hatte diesen Chorus sicher im Laufe der Zeit ausgearbeitet und benutzte ihn immer wieder beim Blues-Spiel in den Klubs und Theatern.

Dies ist die einzige Aufnahme der Hot Five und Hot Seven, die in zwei Versionen existiert. Auf Grund fehlenden Vergleichsmaterials kann leicht der Eindruck entstehen, Armstrong habe bei jeder Aufnahme neue Einfälle gehabt. Man muß sich jedoch einmal klarmachen, daß diese Aufnahmen weniger als ein Tausendstel seiner Jahresproduktivität ausmachten. Die übrigen 99,9 Prozent seiner Musik sind in der verrauchten Luft der Nachtklubs und Theater untergegangen. Armstrong wiederholte sicher mehr, als diese Aufnahmen vermuten lassen. Doch allein die Tatsache, daß sich auf sechzig Aufnahmen nur so wenige Wiederholungen finden – trotz seiner zahlreichen Soli –, ist ein Hinweis, daß ihm um diese Zeit schon ein beachtliches Reservoir an musikalischem Material zur Verfügung stand. Während der zwanziger Jahre muß er das Zehnfache von dem erfunden haben, was auf Platten erfaßt wurde, möglicherweise war es sogar die doppelte oder dreifache Menge.

Damit will ich nicht sagen, daß Armstrong im Studio keine spontanen Einfälle hatte. Doch ich glaube – und die meisten Musiker werden mir sicher zustimmen –, daß er in den stärker arrangierten Stücken wie *Cornet Chop Suey*, *Potato Head Blues* und *West End Blues* ausgearbeitete Soli spielte. Bei den einfacheren Stücken hingegen, die meist eher zufällig im Studio entstanden, hat er sich wahrscheinlich stärker auf seine spontanen Einfälle verlassen.

Die Aufnahmen der Hot Seven, die in sechs Sessions innerhalb von acht Tagen entstanden, gehören mit ihrem Feuerwerk an Kreativität zu den eindrucksvollsten Jazz-Ereignissen. Armstrong hat den Gipfel seines musikalischen Schaffens fast erreicht, und er spielt mit unglaublicher Leichtigkeit, majestätischer Kühnheit und scheinbar unendlichem Einfallsreichtum. Während des folgenden Sommers machte er keine Plattenaufnahmen, aber im September ging er erneut mit der ursprünglichen Hot-Five-Formation ins Studio. Ory hatte bei Oliver gekündigt und war nach Chicago zurückgekehrt. Da Oliver den Job im Cotton Club abgelehnt hatte, versuchte er nun verzweifelt, in New York andere Arbeit zu finden.

Im September und Dezember 1927 nahmen die Hot Five nochmals neun Titel auf. Bei einigen spielt der Gitarrist Lonnie Johnson mit, der ebenfalls bei OKeh unter Vertrag stand. Johnson spielte auch Piano und Geige. Trotz seiner musikalischen Vielseitigkeit wurde er vor allem als Blues-Gitarrist bekannt. Er hatte im Vaudeville gearbeitet und war mit Will Marion Cooks berühmten Southern Syncopators 1919 auf Europatournee gewesen. (Johnson nahm bei einer dieser Sessions auch ein paar Duette mit Johnny St. Cyr auf.)

Diese Aufnahmenserie der Hot Five ist wieder stärker am New-Orleans-Stil orientiert als die der Hot Seven. Fast alle Stücke beginnen und enden mit einem Ensembleteil, der meistens zwei Chorusse lang ist, und einige haben auch Ensembleteile zwischen den einzelnen Soli, die lauter Breaks enthalten. *Ory's Creole Trombone*, ein Stück, das Ory 1922 bereits mit seiner eigenen Gruppe aufgenommen hatte, ist ein typisches New-Orleans-Stück mit vielen Breaks und den für diese Musik typischen Melodiepassagen. Diese Entwicklung beruhte wohl eher auf einem Zufall. Armstrong ist bestimmt nicht mit Absicht zum

New-Orleans-Stil und zur ursprünglichen Hot-Five-Besetzung zurückgekehrt. Jedenfalls zeigen die Aufnahmen, daß Rockwell durchaus bereit war, reinen Jazz zu produzieren.

In der Zeit, als das Blues-Fieber auf seinem Höhepunkt war, haben die Hot Five und Hot Seven überraschenderweise kaum Blues aufgenommen, obwohl Armstrong und Dodds Meister dieses Genres waren. Das lag wohl daran, daß das breite Publikum jedes Stück als Blues durchgehen ließ, bei dem das Wort Blues im Titel vorkam und in dem von treulosen und unglücklichen Liebhabern die Rede war. *Keyhole Blues*, *Got No Blues* und *Put 'Em Down Blues* sind gewöhnliche Schlager. Die Serie enthält allerdings auch zwei ausgezeichnete Blues-Stücke: *I'm Not Rough* und *Savoy Blues*. Mit Sicherheit war die Mitwirkung von Lonnie Johnson der Grund dafür, diese beiden echten Blues-Stücke aufzunehmen.

Sie sind mit vier weiteren Stücken zwischen dem 9. und dem 13. Dezember aufgenommen worden und allesamt Klassiker; *Hotter Than That* gilt als eine der besten Jazz-Aufnahmen aller Zeiten. Damals versuchten Armstrong, Hines und Singleton gerade, ein eigenes Cabaret aufzubauen. Armstrong hatte deshalb möglicherweise weniger als gewöhnlich gespielt und war folglich bei den Aufnahmen emotional und physisch frischer als sonst.

Diese Aufnahmen enthalten so viele wichtige Details, daß es schwerfällt, etwas Bestimmtes herauszugreifen. Auf *Got No Blues* spielt Armstrong ein hervorragendes Solo. *Struttin' With Some Barbecue* (von dem sowohl Louis als auch Lil behaupten, es geschrieben zu haben) ist ein schönes Stück, das auch heute noch unter Jazz-Musikern sehr beliebt ist. In einem erstklassigen Solo über einen halben Chorus setzt Dodds ausschließlich die tiefen Register der Klarinette ein; dann folgt Armstrong mit einem seiner typischen brillanten Stoptime-Soli. Doch den absoluten Höhepunkt bildet wohl Armstrongs Lead beim Schlußensemble. Er hat die Rolle des klassischen Leadkornettisten, an dessen Melodie sich die übrigen Musiker orientieren, aufgegeben. Statt dessen erhebt er sich weit über die anderen, die vergeblich mitzuhalten versuchen. *Once In A While* ist ein schönes Jazz-Stück, das man auch heute noch oft hören kann. Hier spielt Armstrong ebenfalls einen wilden Stoptime-Chorus und eine einfache, lockere und swingende Leadstimme im Ensembleteil in der Mitte des Stückes.

I'm Not Rough ist genau das Gegenteil von dem, was der Titel verspricht, nämlich ein rauher, kraftvoller Blues im mittleren Tempo, etwas schneller als das übliche Blues-Tempo. Das Stück beginnt mit drei Ensemblechorussen. Dieser Einstieg ist für die Gruppe zu der Zeit recht ungewöhnlich. Armstrong spielt viele blue notes, und Ory zieht im Hintergrund auf der Posaune Glissandi von Ton zu Ton. Lonnie Johnsons klassisches Blues-Gitarrensolo klingt wegen seiner Ansätze zur Tempoverdoppelung etwas verkrampft. Armstrong spielt diesmal kein Trompetensolo, sondern singt einen ziemlich bissigen Text, der zum rüden Charakter des Stücks paßt. In Armstrongs Gesang zeigt sich sein besonderes Gefühl für Phrasierung: Er dehnt und verkürzt die melodischen Figuren, so daß die einzelnen Töne wie zufällig gegen den Grundbeat zu fallen scheinen. So verzögert er in den Takten drei und vier des Vokalteils, wenn er singt »But the woman that gets me got to treat me right«, seinen Einsatz und zieht die folgenden Worte so stark in die Länge, daß er ziemlich weit hinter der Melodie singt; gegen Ende der Phrase holt er dann wieder auf. Armstrong setzte dieses Prinzip der Dehnung und Kürzung von Melodien immer häufiger ein, bis es Anfang der dreißiger Jahre zum wichtigsten Merkmal seines Solospiels wurde. Die Aufnahme endet mit einem primitiven, geradezu barbarischen Riff, das von der ganzen Band gespielt wird.

Der zweite Blues, den diese Gruppe im Dezember 1927 aufnahm, ist der *Savoy Blues* von Kid Ory, ein klassisches New-Orleans-Stück mit mehreren Melodieteilen, Breaks und festgelegten Figuren für verschiedene Instrumente, insbesondere für die Posaune. Ory, von dem auch *Ory's Creole Trombone* und die bekannteste aller Dixieland-Nummern, *Muskrat Ramble*, stammen, ist einer der besten Komponisten dieses Genres, obwohl wir natürlich nie erfahren werden, wie viele seiner Ideen Teil einer allgemeinen musikalischen Tradition waren.

Beim *Savoy Blues* beginnt Armstrong zunächst allein mit dem Thema, das nur aus drei Tönen besteht und einige Male wiederholt wird. Um Monotonie zu vermeiden, variiert Armstrong die kleine Figur: Beim erstenmal betont er den ersten Ton, beim zweitenmal den zweiten und außerdem fügt er noch Verzierungen ein, verlagert die Akzente und verlängert und verkürzt die Melodie. Insgesamt spielt er die Figur im Anfangschorus sechzehnmal, und zwar jedesmal anders. Jeder, der die Feinheiten einer meisterhaften Jazz-Improvisation studieren will, sollte sich die ersten sechzehn Takte des *Savoy Blues* einmal genau anhören. Dieses Solo ist wirklich bemerkenswert!

Obgleich Armstrong seine Phrasen nicht genau unterteilt, zerfallen sie meist in Segmente von annähernd zwei Takten. Im zweiten Chorus spielt er dann nur noch drei Phrasen über die drei Teile der Blues-Form. Die Figuren steigen auf, fallen wieder ab, scheinen zu stocken und bewegen sich weiter. In diesem Chorus spielt Armstrong mit etwas mehr Druck, aber in der absteigenden Anfangsfigur sind die Achtelnoten um den Beat herum plaziert, die ersten beiden verzögert, die nächsten beiden vorgezogen; die Nuancen sind so subtil, daß sie sich fast der Analyse entziehen. Die aufeinanderfolgenden Phrasen des Solos sind logisch, aber voller Überraschungen. Sie enthalten weder Verwirrung noch starre Eindeutigkeit und nicht einen Ton zu viel oder zu wenig. Jede Note wird mit größter Sorgfalt auf die eine oder auf die andere Seite des Beat gesetzt. Und alles wird von Armstrongs vollem, sattem Ton getragen. Dies ist ohne Zweifel eines seiner schönsten Soli.

Die sanfte, ruhige Stimmung seines Spiels geht allmählich in jene Traurigkeit über, die auf den späteren Aufnahmen immer deutlicher hervortritt: angefangen mit der Bitterkeit von *Sweethearts On Parade* über die dramatische Tragik des *West End Blues* bis hin zur tiefen Melancholie von *Tight Like This*.

Es ist nicht bekannt, welches Ereignis in Armstrongs Leben diese neue Stimmung an die Oberfläche brachte. Vielleicht hatte er sich dieses Gefühl vorher einfach nicht eingestanden. Seine Musik enthüllt eine tiefe innere Traurigkeit, die er jedoch ständig unter einer Clownsmaske zu verbergen suchte.

Möglicherweise war der konkrete Anlaß für diesen plötzlichen Ausbruch von Traurigkeit der Tod seiner Mutter Mayann.[2] Als Louis seine erste Frau Daisy heiratete, zog er mit ihr in ein Haus, das nicht weit von Mayanns Wohnung entfernt lag, und er besuchte sie täglich. Auch nach Chicago lud er sie oft ein. Dort sorgte er dafür, daß sie alles hatte, was sie brauchte. Der Tod des Menschen, der ihm am nächsten gestanden hatte, muß ihn stark getroffen haben. Die Traurigkeit des *West End Blues* hängt sicher mit dem Tod seiner Mutter zusammen.

Doch nicht nur Trauer ist zu hören. Es ist bezeichnend für die Breite von Armstrongs emotionalem Spektrum, daß er kurz vor dem eher verhaltenen *Savoy Blues* mit seiner Band das überschwenglichste Jazz-Stück überhaupt aufnahm: *Hotter Than That*. Der Jazz lebt von Emotionen, so daß oft ein Höhepunkt auf den anderen folgt: Bechets Aufnahmen von *Sweetie Dear* und *Maple Leaf Rag* entstanden am 15. September 1932. Bessie Smith und Armstrong nahmen am 14. Januar 1925 fünf Jazz-Classics auf; am 16. November 1926 folgten Armstrongs *Skid-Dat-De-Dat* und *Big Butter And Egg Man*; Bix Beiderbecke spielte am 13. Mai 1927 *I'm Coming Virginia*, *Way Down Yonder In New Orleans* und *For No Reason At All In C* ein. (Am selben Tag nahm Armstrong den *S.O.L. Blues* auf.) An manchen Tagen kommen die Musiker ausgeruht ins Studio, an anderen sind sie erschöpft. Oder sie haben ein oder zwei Tage nicht gespielt, fiebern dem Musizieren also förmlich entgegen. Auch private Ereignisse können zu Hochstimmungen oder zu absoluten Tiefs führen.

Die Aufnahme von *Hotter Than That* entstand an einem Glückstag. Das Stück ist in erster Linie ein Feature für Armstrong. Es ist eine verkürzte Version des letzten Teils von *Tiger Rag*. Armstrong benutzte dieses sehr einfache musikalische Material gern als Grundlage für Improvisationen. Der Höhepunkt seines Vokalsolos wird erreicht, wenn Armstrong durch Phrasierung und Akzentuierung die Töne so zu Paaren gruppiert, daß zwei Schläge im Metrum des Vokalsolos drei Schlägen des Grundbeat zugeordnet sind und scheinbar ein zweiter Viervierteltakt entsteht. Diese bewußt eingesetzte Polymetrie ist für die damalige Zeit erstaunlich, denn hier werden die rhythmischen Experimente der Nach-Bop-Ära vorweggenommen. Besonders hervorzuheben an *Hotter Than That* ist jedoch die Art, wie Armstrong im ganzen Stück swingt.

Hotter Than That und *Savoy Blues* gehören zu den schönsten Aufnahmen, die je an einem Tag gemacht wurden. Im folgenden Jahr gelangen Armstrong mindestens drei Meisterwerke, die diesen beiden Titeln an Qualität gleichkommen oder sie gar übertreffen. Zunächst aber folgte eine längere Pause. Erst Ende Juni brachte OKeh sein mobiles Studio wieder nach Chicago, wo am 5. Juli mit Armstrong und Bix Beiderbecke Aufnahmen gemacht wurden.

Ende Juni/Anfang Juli nahm Armstrong neun Stücke auf, die unter dem Namen Hot Five veröffentlicht wurden. Die Gruppe war aber nicht mehr die gleiche, da die meisten New-Orleans-Musiker ihr nicht mehr angehörten. Außerdem hatte der New-Orleans-Stil an Bedeutung verloren. Die Musiker stammten diesmal aus der Carroll Dickerson Band, die im Savoy Ballroom arbeitete; es waren Earl Hines, Zutty Singleton, der Banjospieler Mancy Cara, der Klarinettist Jimmy Strong und der Posaunist Fred Robinson. Hines und Singleton zählten zu den besten Jazz-Musikern, die anderen drei waren eher durchschnittlich.

Beim letzten Aufnahmetermin im Dezember 1928 erinnerte nichts mehr an die frühere New-Orleans-Band. Neben den Musikern aus der Dickerson-Band arbeiteten dieses Mal auch Don Redman und ein Chicagoer Pianist namens Alex Hill als Arrangeure mit. Wahrscheinlich traf Tommy Rockwell die Entscheidung, sich von der New-Orleans-Besetzung zu trennen, denn 1928 war die Zeit der kleinen New-Orleans-Jazz-Bands unwiderruflich vorbei. Die populären Dance Bands (wie die von Whiteman, Henderson und Goldkette) waren jetzt große Zehn- oder Zwölfmann-Orchester, die spezielle Schlagerarrangements spielten, in die man ein paar Jazz-Soli eingebaut hatte. Außerdem wurden die schwarzen Bands jetzt auch von den Weißen akzeptiert. Zwar bestanden einige Luxushotels immer noch auf weißen Bands, aber das wurde immer seltener. Das große Geld konnte man natürlich nur verdienen, wenn man für das wesentlich größere und reichere weiße Publikum spielte, und Bandleader wie Henderson und Ellington bemühten sich, an solche Jobs zu kommen.

Armstrong hatte schon früher die Weißen in die Black and Tans gelockt. Deshalb versuchte Tommy Rockwell, Armstrong beim weißen Publikum bekannter zu machen, indem er seine Schallplatten in Läden der Weißen anbieten ließ. Er erweiterte die Besetzung der Hot Five, um sie dem Standard-Tanzorchester anzugleichen; allerdings gab es neben den arrangierten Teilen immer noch viele Ensemblepassagen mit Gruppenimprovisationen.

Einen Tag vor Beginn der letzten Hot-Five-Session nahm Armstrong mit der Sängerin Lillie Delk Christian vier Stücke auf, die ebenfalls ein paar sehr interessante Ensemblepassagen enthalten. Die Sängerin und ihre Songs folgen zwar nur der damaligen Mode, aber in der Begleitband, die sich Louis Armstrongs Hot Four nannte, spielten der Klarinettist Jimmie Noone, der Pianist Earl Hines und der Banjospieler Mancy Cara aus der Dickerson-Band. Noone war ein Meister im Ensemblespiel.

Die neunzehn Aufnahmen der Hot Five, die im Juni, Juli und Dezember 1928 entstanden, liegen qualitativ erheblich unter dem Niveau der früheren Aufnahmen. Strong und Robinson sind kaum mit Dodds und Ory zu vergleichen, und die simpel und sentimental arrangierten Passagen haben nicht die Kraft und das Feuer der New-Orleans-Ensembles. Immerhin erhielt Armstrong in dieser letzten Phase der Hot Five wesentlich mehr Raum für Soli als zuvor.

Von diesen Aufnahmen fand *Weather Bird*, ein Duo-Titel von Armstrong und Hines, beim Jazz-Publikum am meisten Beachtung. Armstrong hatte das Stück mit der Creole Jazz Band schon einmal als *Weather Bird Rag* aufgenommen. Vier Jahre zuvor hatten Oliver und Morton ein ähnliches Duo mit Piano und Kornett aufgenommen (eines der ersten Experimente mit dem elektrischen Aufnahmeverfahren).[3] Irgend jemand war offenbar der Meinung, die Aufnahme sei nicht kommerziell genug, weil sie weder Gesang noch jene musikalischen Späße enthielt, die das breite Publikum mittlerweile von Armstrong erwartete. Deshalb wurde sie erst anderthalb Jahre später zusammen mit *Dear Old Southland* veröffentlicht (Armstrong spielt hier mit dem Pianisten Buck Washington). Armstrong und Hines spielen zuerst Solochorusse und am Schluß (wie Oliver und Morton) abwechselnd Breaks, über deren Dialogcharakter seitdem viel gesagt und geschrieben worden ist. Beim ersten Hören ist allerdings kaum etwas von einem Dialog zu erkennen. Hines war sehr selbstbewußt und fühlte sich dem angehenden Star Armstrong gegenüber keinesfalls unterlegen. Keiner von beiden war bereit, sich auf den anderen einzustellen. Natürlich findet gelegentlich ein Austausch statt, aber das ist wohl eher zufällig. Diese beiden hervorragenden Jazz-Musiker kommunizieren zwar nicht, ergänzen einander aber kongenial. Hines spielt wie gewöhnlich markante Linien mit der rechten Hand und benutzt die linke nur sporadisch. Er setzt das Klavier wie ein zweites Blasinstrument ein. Keine andere wichtige Jazz-Aufnahme aus jener Zeit hat einen so schwachen Grundbeat wie diese, und es spricht für die Qualität der beiden Musiker, daß es ihnen trotzdem gelingt, von Anfang bis Ende zu swingen. Armstrong beendet das Stück mit einer Art Hymne, die Hines mit einer plagalen Kadenz unterlegt.

Der interessanteste Titel der letzten Hot-Five-Session ist der einfache Blues *Muggles* – ein Musikerausdruck für Marihuana. Das Stück beginnt völlig untypisch für den New-Orleans-Stil mit Soli von Piano, Posaune und Klarinette. Dann folgt Armstrong mit einem langen Break, der schon in den letzten beiden Takten von Jimmy Strongs Solo das Tempo verdoppelt. Armstrong spielt im ersten Takt dieses Breaks nur zwei Töne, die sich nicht auf das ursprüngliche Tempo beziehen, sondern synkopiert gegen die Doubletime gesetzt sind, so daß der neue Beat sofort zu hören ist. Dann entwickelt er zwei rhythmisch reizvolle, aufsteigende Figuren. Im zweiten Takt des wegen der Tempoverdoppelung nun viertaktigen Breaks spielt er eine Figur aus drei Achtelnoten, die auf der zweiten Hälfte des zweiten Schlags dieses Taktes beginnt. Im nächsten Takt folgt eine Parallelfigur, die jedoch einen halben Schlag später beginnt, wodurch der Eindruck eines Gegenmetrums entsteht. An den Break schließt sich Armstrongs Doubletime-Chorus an, den die Band im ursprünglichen Tempo begleitet. Durch diese Tempoverdoppelung (die Musiker bezeichnen sie als »long meter«) werden die Takte und die zugehörigen Akkorde auf die doppelte Länge gestreckt, so daß ein 24taktiger Blues entsteht. (Man könnte ihn auch als 12taktigen Blues im $^{8}/_{4}$-Takt bezeichnen, obwohl wir jeweils nach vier Schlägen des doppelten Tempos einen Downbeat spüren.)

Im Rest des Solos zeigt Armstrong, wie man mit rhythmischer Vielfalt und einem Minimum an Tönen unglaublich mitreißend swingen kann. Armstrong baut auf dem sich ständig wiederholenden Grundton einen ganzen Chorus auf. Er plaziert diesen Ton völlig überraschend an verschiedene Stellen und wagt manchmal auch plötzliche Ausfälle in andere Figuren, die er aber schnell wieder aufgibt, um zum Grundton zurückzukehren. Er steigert die Spannung, indem er die Töne mit viel Attacke spielt und sie plötzlich abbricht, oder indem er ihnen ein schnelles Endvibrato anhängt. Auch hier verwendet er wieder Gegenmetren. Im zehnten Takt des doppelten Tempos spielt er zwei

Viertelnoten, denen ein Sprung in die Oktave folgt. In Takt zwölf vollendet er dieses verblüffende Bravourstück: Er spielt die gleiche Figur rückwärts. Diesmal kommt er jedoch an einer anderen Stelle im Takt aus. Ich bezweifle, ob Armstrong sich darüber klar war, daß er den Takt rückwärts spielte, aber vermutlich hat er sich gedacht, daß es interessant klingen würde, den Sprung umzukehren.

Zum Schluß spielt Armstrong noch einen ergreifenden Blues-Chorus im langsamen Tempo und in einer völlig neuen Stimmung. Zum Zeitpunkt dieser Aufnahme hatte Armstrong den New-Orleans-Stil zwar schon hinter sich gelassen, aber mit diesem Blues-Chorus läßt er die Erinnerungen an das alte Storyville wieder wach werden.

Tight Like This, unter den späten Hot-Five-Aufnahmen eine der berühmtesten, läßt Armstrongs künftige Spielweise ahnen. Ein paar Wochen vorher hatten McKinney's Cotton Pickers unter der musikalischen Leitung von Don Redman *It's Tight Like That* aufgenommen, ein Stück mit einem ziemlich anzüglichen Text, das sehr populär wurde. Als Replik darauf soll der Trompeter der Cotton Pickers, Langston Curl, *Tight Like This* geschrieben haben.[4] Don Redman brachte das Stück mit nach Chicago, schrieb ein Arrangement dazu und ließ es von der Hot Five aufnehmen.

Es ist wieder ein Feature für Armstrong, der am Schluß des Stücks drei spannende Chorusse über einen einfachen Bläserriff spielt. Der Titel des Stücks hat eindeutig sexuelle Implikationen, die im Text immer wieder aufgegriffen werden. Armstrong läßt sich jedoch nicht auf diese Ebene ein, sondern schafft durch sein Spiel eine Atmosphäre voller Melancholie. In den ersten beiden Chorussen rast er geradezu durch alle Register und schleudert die Töne regelrecht von sich. Im letzten Chorus spielt er lange, hohe Töne, die über dem Begleitriff schweben, bis er sich am Schluß schnell abwärts bewegt. Nach diesem Schema beendete Armstrong bald die meisten Stücke: Seine Schlußchorusse traten an die Stelle des New-Orleans-Ensembles. Typisch für den letzten Chorus ist auch die ständige Wiederholung einer Figur im oberen Register. Am Anfang klingen diese Soli noch spontan, später werden sie immer mehr zum Klischee.

Die berühmteste der Hot-Five-Aufnahmen ist zweifellos der

West End Blues. Er wird von vielen Kritikern als Armstrongs bestes Stück angesehen. Die Aufnahme entstand im Juni, bevor Redman in die Band kam, und ist ebenfalls stark von Armstrongs neuem Stil geprägt. Joe Oliver, der diesen einfachen Blues geschrieben hatte, nahm ihn zwei Wochen vor Armstrong auf. Ob Armstrong Olivers Version kannte oder nicht, er übernahm jedenfalls nichts. Bei Olivers Aufnahme handelt es sich um einen ganz gewöhnlichen Blues, und sein Solo klingt nicht besonders interessant. Fairerweise muß man jedoch sagen, daß Oliver zu jenem Zeitpunkt Probleme mit seinen Zähnen hatte. Armstrongs Version ist so außergewöhnlich, daß nur wenige Trompeter es wagten, das Stück nochmals aufzunehmen – es sei denn, um Armstrongs Solo Ton für Ton nachzuspielen. In dieser Musik erinnert nichts mehr an Armstrongs Zeit in der Oliver-Band.

Der *West End Blues* besteht aus einer kunstvollen Einleitung, einem sehr merkwürdigen Ensemblechorus, einem Posaunenchorus, einem Ruf-und-Antwort-Chorus zwischen der Klarinette und Armstrongs Gesang, einem Pianochorus, Armstrongs Abschlußchorus und einer zwischen Piano und Trompete aufgeteilten Coda. Das Stück wird in einem langsamen Tempo gespielt und könnte vom Aufbau her kaum einfacher sein. Armstrong spielt außer seiner berühmten Einleitung und der kurzen Coda nur zwei vollständige Chorusse. Doch er fügt die einzelnen Teile des Stücks auf geniale Weise zu einem geschlossenen Ganzen. Das Stück geht konsequent und unbarmherzig wie eine elisabethanische Tragödie dem Schluß entgegen. Es hat tatsächlich etwas von Shakespeare: Es ist üppig, voller Leben und hat eine vollendete Form. Alle Stärken Armstrongs haben hier ihren Höhepunkt erreicht: der warme, goldene Ton, die messerscharfe Attacke, das starke Selbstvertrauen und die vollendete Beherrschung des Instruments. Außerdem ist der *West End Blues* ein gutes Beispiel für Armstrongs Fähigkeit, auf subtile Weise mit der Zeit umzugehen. Er wiederholt nichts; alles wird variiert und ständig verändert.

Louis Armstrongs *West End Blues* gehört zu den musikalischen Meisterwerken des 20. Jahrhunderts. Dies ist ein Stück gefrorener Zeit, und es wird so lange lebendig bleiben, wie Menschen Musik hören werden. Kürzlich spielte einer meiner Freunde das Stück einer Schulklasse vor, die diese frühe Jazz-

Musik weder kannte noch sich dafür interessierte. Die Schüler waren tief beeindruckt.

Musik von diesem Niveau ist bestimmt nicht dem Zufall zu verdanken. Zutty Singleton sagte: »Wir probten das Stück in Lils Wohnzimmer, wo ein funkelnagelneuer Stutzflügel stand, den Fatha Hines natürlich sehr liebte.«[5] Und Hines erinnerte sich: »Wir wußten nicht, wie das Stück enden sollte. Als wir zum Schluß kamen, schaute Louis mich an, und das erste, was mir einfiel, war eine Stelle aus einem mir bekannten klassischen Stück . . . Ich spielte sie fünfmal, dann hielt ich einen Akkord aus. Louis gab mit dem Kopf ein Zeichen, und alle trafen sich auf dem Schlußakkord.«[6] Es ist nicht klar, ob Hines sich hier auf die Aufnahme oder auf eine Probe bezieht. Über die Aufnahmesession erzählte er, man habe mehrere Takes aufnehmen müssen, weil einmal ein Becken vom Schlagzeug heruntergefallen sei, bei einem anderem Mal Singleton das Zeichen am Schluß nicht bemerkt habe.

Die Aufnahme war für alle Mitwirkenden, auch für Armstrong, eine Überraschung. Earl Hines sagte: »Louis und ich hörten sie uns anderthalb oder zwei Stunden lang immer wieder an. Wir waren ganz einfach sprachlos, weil sie so gut geworden war.«[7]

Spätestens mit dieser Aufnahme bewies Armstrong den Musikern und dem Jazz-Publikum, daß Jazz mehr ist als eine Musik, zu der man trinken und tanzen kann. Er zeigte der Welt, daß Jazz eine Musik mit vielfältigen expressiven Möglichkeiten ist, eine Kunstform, über die man ein Leben lang nachdenken könnte, ohne dieses weite Gebiet jemals vollständig zu erschließen.

Louis Armstrong, so wie wir ihn kennen: Als fröhlichen Entertainer, der immer lachte und Grimassen schnitt. Seine besten musikalischen Werke waren jedoch viel komplexer und reicher, und oft waren sie von der tiefen Trauer eines reifen Mannes geprägt, der alle Seiten des Lebens kennengelernt hat. Dieses Foto, das um 1932 aufgenommen wurde, zeigt die melancholische Seite Armstrongs, die er vor seinem Publikum verbarg, da es stets nur den fröhlichen Showstar sehen wollte.

Oben: Eine klassische New-Orleans-Jazz-Band um 1921, die von Buddy (Buddie) Petit geleitet wurde (vierter von links). An der Klarinette der junge Edmond Hall, der später bei Armstrongs All Stars mitspielte.

Folgende Seite oben: Pete Lalas Café, ein typisches Honky Tonk im schwarzen Storyville, wo Armstrong aufwuchs. Hier sammelte er seine ersten Jazz-Erfahrungen. Armstrong spielte in diesem Lokal, und bei seiner Musterung im Jahr 1918 gab er Pete Lala als seinen Arbeitgeber an. Das Foto enstand 1942, lange nach der Schließung von Storyville.

Folgende Seite unten: Die Besucher von Storyvil machten gewöhnlich zuerst bei Tom Anderson Station, einem Restaurant und Cabaret, in dem viele Jazz-Pioniere gespielt haben. Anderson un Lala waren die einzigen Lokale im weißen Storyville, wo schwarze Jazz-Bands spielten. Meist arbeiteten sie im schwarzen Red Light District.

JAX
BOTTLE BEER
DRINK
JAX
BOTTLE BEER
JAX
BEST BEER
IN TOWN
JAX
BOTTLE BEER

ANDERSON
BASIN ST.
"DOWN THE LINE"

Oben: Die Band der Besserungsanstalt. In der Mitte oben (im Kreis) der junge Louis. Wegen seiner schmächtigen Statur wirkt er jünger, als er tatsächlich ist.

Rechts: Louis, seine Mutter Mayann und seine Schwester Beatrice, genannt Mama Lucy.

Joe »King« Oliver (rechts) holte Louis Armstrong (links) 1922 nach Chicago.

Unten: Die Oliver-Band auf einem typischen PR-Foto der zwanziger Jahre. Von links nach rechts: Honoré Dutrey, Baby Dodds, Joe Oliver, Lil Hardin, Bill Johnson, Johnny Dodds und Louis Armstrong (kniend).

Ganz unten: Die Hot Five mit (v.l.n.r.) Johnny Dodds, Louis Armstrong, Johnny St. Cyr, Kid Ory und Lil Armstrong.

Die abgebildeten Zeichnungen machen die Haltung der Weißen gegenüber den Schwarzen deutlich.

Ein Cartoon aus dem *Melody Maker* vom März 1931, vor Armstrongs Europatournee. Die Note auf der Tafel (unten rechts) zeigt ein Bb, also ein hohes C auf der Trompete.

Die Anzeige aus dem *Chicago Defender,* die sich vor allem an die schwarze Leserschaft der Zeitung wandte, zeigt Armstrong als glückliches, unbekümmertes Naturkind. Diese Erwartungshaltung der Weißen machte es den Schwarzen schwer, ihre Musik angemessen zu präsentieren.

Folgende Seite oben: Das berühmte Skelett aus dem Film *Pennies from Heaven* (1936) – eine Anspielung auf die weitverbreitete Meinung, Schwarze fürchteten sich vor Gespenstern.

Oben: In den dreißiger Jahren sah Louis Armstrong sich zunehmend als Entertainer, weniger als Jazz-Musiker. So spielte er 1932 in dem Kurzfilm *Rhapsody in Black and Blue* mit. Bei seinem Auftritt vor dem König von Jazzmania ist er in ein Leopardenfell gekleidet.

Folgende Seite unten: Louis (links) in der Rolle des Bottom in *Swingin' The Dream* (1939), einer Swing-Version von Shakespeares *Sommernachtstraum.* In dem Stück wirkte auch Maxine Sullivan (rechts) mit.

Louis Armstrong war viermal verheiratet. Unten: Armstrong und seine vierte Frau, Lucille Wilson, mit der er fast dreißig Jahre verheiratet war. Das Foto enstand in den fünfziger Jahren bei der Ankunft des Paares in Honolulu.

Oben: Armstrongs dritte Frau, Alpha Smith. Das Foto wurde um 1940 gemacht, als ihre Ehe in die Brüche ging.

nten: Armstrong begrüßt seine zweite Frau,
l Hardin, in Paris in den fünfziger Jahren.
uch nach ihrer Scheidung blieben Lil und Louis
reunde. Lil starb bei einem Konzert zum
edenken an ihren früheren Mann, bei dem sie
itwirkte.

n: Eine seltene Fotographie von Lil Hardin,
Anfang der dreißiger Jahre entstand.

Musiker, die im Leben Louis Armstrongs eine wichtige Rolle spielten.
Oben links: Louis und Zutty Singleton machen auf der Fahrt nach New York im Jahre 1929 Rast an den Niagarafällen.

Oben rechts: Bunk Johnson nach seiner »Wiederentdeckung« in den vierziger Jahren. Johnson behauptete, er sei Armstrongs Lehrer gewesen, doch Armstrong will von ihm nur den »Ton« übernommen haben.

Folgende Seite oben: Sidney Bechet, Clarence Williams und Louis Armstrong im Jahre 1940 i den New Yorker Decca-Studios, wo das New-Orleans-Jazz-Album aufgenommen wurde. Die drei Männer haben 1924 und 1925 unter der Leitung von Williams eine Serie wichtiger Jazz-Aufnahmen gemacht.

Folgende Seite unten: Joe Glaser und Louis Armstrong auf einem Flughafen in Europa, 194 Im Hintergrund Mezz Mezzrow, der in den dreißiger Jahren eine Zeitlang mit Armstrong befreundet war.

Oben: Auf den Flughäfen in aller Welt wurde Armstrong als Botschafter »Satch« von der Presse und Fans stürmisch begrüßt. Dieses Foto entstand 1957 in Ghana.

Links: Die Menschen waren immer von Louis Armstrongs Nat lichkeit begeistert, vo seiner Fähigkeit, Gefühle offen und ehrlic auszudrücken. Dies is Armstrong, wie wir ihn kennen.

Der Scheideweg

Im Frühling 1929 war Louis Armstrong zu einem vollendeten Künstler herangereift. Er stand kurz vor seiner Rückkehr nach New York und damit auch vor einem neuen Abschnitt in seiner Karriere. Armstrong beherrschte sein Instrument meisterhaft, besaß viel Selbstvertrauen, und seine Kreativität war unerschöpflich. Aus dem führenden Jazz-Musiker war ein ganz großer Star geworden. Jazzbegeisterte Intellektuelle räumten Duke Ellington zwar gelegentlich einen gleichrangigen oder gar höheren Platz ein – wohl hauptsächlich, weil er als Komponist galt. Bei den Schwarzen, den weißen Jazz-Fans, den Musikern und beim breiten Publikum war jedoch Armstrong der Größte.

Vor allem für die Schwarzen war er eine wichtige Persönlichkeit. 1929 bestand in den USA noch weithin die Rassentrennung. Die Schwarzen waren zum Beispiel in den besseren weißen Sportvereinen nicht zugelassen; statt dessen gab es eine eigene Liga für Schwarze. Einige von ihnen arbeiteten im öffentlichen Dienst, es gab auch ein paar berühmte schwarze Künstler, und einige wenige Schwarze bekleideten leitende Positionen in der Geschäftswelt. In den Augen der Weißen – selbst derjenigen, die mit den Schwarzen sympathisierten – waren Schwarze jedoch minderwertig. Die Weißen fühlten sich ihnen in jeder Hinsicht überlegen. Viele Schwarze – wahrscheinlich die Mehrheit – glaubten an ihre Unterlegenheit, so sehr sie dies auch bestreiten mochten. In den Bereichen, in denen die Schwarzen erfolgreich waren (hauptsächlich im Showbusiness), ließ sich kaum der Beweis führen, daß sie tatsächlich »besser« waren als die Weißen.

Louis Armstrong aber war ein Schwarzer, der nicht nur eindeutig besser, sondern *der* Beste seines Fachs war. Selbst die Weißen hielten ihn für den besten Trompeter, den besten Jazz-Musiker der Vereinigten Staaten und der ganzen Welt. Für Millionen Schwarze war es wichtig, daß ein Schwarzer alle Weißen übertraf.

Armstrong war ihr Held, ein Grund für Stolz und Freude. Die Manager des Showbusiness schätzten ihn als erfolgreichen Markenartikel, der ihnen viel Profit einbrachte. 1929 stand Armstrong folgerichtig an einem Scheideweg: Auf der einen Seite wartete ein großes Publikum, das ihn als Sänger und Showstar erleben wollte. Auf der anderen Seite stand der Jazz, in dem viele Intellektuelle, Musiker und Fans mittlerweile eine ernstzunehmende Musikart sahen.

In den vorangegangenen vier Jahren in Chicago war es Armstrong gelungen, beiden Seiten gerecht zu werden. Er hatte eine Reihe wichtiger Jazz-Platten aufgenommen und die Entwicklung des Jazz grundlegend beeinflußt. Gleichzeitig hatte er es aber auch geschafft, mit Stimme und Komik nicht nur das Interesse der Jazz-Fans, sondern auch das der durchschnittlichen Schallplattenkäufer zu wecken. Robert Donaldson Darrell, der seit 1927 in den höchsten Tönen über Armstrong geschrieben hatte, bemerkte im Herbst 1929 in einer Rezension zu einer soeben erschienenen Platte von Armstrong: »Louis Armstrong hält unverändert seinen hohen Standard.«[1] Und ein paar Monate später fügte er hinzu: »Louis Armstrong ist *der* Star bei OKeh. Er eilt mit seinem Orchester von einem Erfolg zum nächsten, ohne daß die Genialität oder Individualität seines Spiels jemals nachließe.«[2] 1931 berichtete Darrell, Armstrong habe ohne besondere Reklame oder Verkaufsförderung über 100 000 Schallplatten verkauft. Im Jahr darauf schrieb Darrell:

». . . denn in den phantastischen Trompetenrhapsodien, in den himmelstürmenden Glissandi und den glühenden Feuerwerken eines schwarzen Eulenspiegels aus New Orleans bewahrt der Hot Jazz eine lebendige Kunst vor dem Untergang und kündigt eine fließendere, leichtere Musik der Zukunft an. Louis Armstrong, Goffins ›vrai roi du Jazz‹, hat ursprüngliche Ausgelassenheit und Humor in diese Musik gebracht, wie man das noch nie erlebte. Sein verrücktes, virtuoses Spiel führt die Trompete über ihre Grenzen hinaus, die Berlioz, Rimski-Korsakow und Strauß ihr auferlegt haben. Sein Gesang – wenn man diese Aneinanderreihung von unverständlichen Vokalen als Gesang bezeichnen darf – ist ein überschwenglicher Ausbruch, primitiv und subtil zugleich, ›fluide et surrealiste‹. Als Sänger und Schauspieler verblaßt sogar Schaljapin [russischer Sänger, der von 1873 bis 1938 lebte; Anm.d.Ü.] neben ihm. Wenn man Louis hört, merkt man, daß Lady Jazz immer noch etwas zu sagen hat, daß sie immer noch jung und äußerst expressiv ist.«[3]

Darrell, ein Kritiker mit klassischer musikalischer Bildung, schrieb gewöhnlich für die Liebhaber von Wagner und Beethoven. Zu dieser Zeit sahen die Intellektuellen Armstrong noch nicht hin- und hergerissen zwischen der Rolle des Entertainers und des Künstlers.

Um zu verstehen, warum Armstrong sich so entschied, wollen wir einen Augenblick innehalten und ihn genau betrachten. 1929 war er dreißig oder dreiunddreißig Jahre alt. Er war kein junger Mann mehr, sondern ein gereifter Erwachsener mit bestimmten Stärken und Schwächen. Er hatte Gutes und Böses in seinen extremsten Formen gesehen, und er machte sich sicherlich keine großen Illusionen über den Lauf der Welt. Er war ein Realist mit Verständnis für jene Gefühle, die den Menschen durchs Leben treiben. Aber er hatte auch einen Hang zur Sentimentalität, der zeitweise sein musikalisches Urteil beeinflußte. Armstrong war großzügig und offen. Man mußte ihn einfach mögen, obwohl er auch unglaublich störrisch sein konnte, wenn man ihn in die Enge trieb.

Vorschriften, wie er spielen und sich auf dem Podium verhalten sollte, akzeptierte er nicht. Er ließ sich Begleitmusiker auswählen, das Repertoire zusammenstellen und Verträge abschließen; stand er aber auf dem Podium, dann war er der Regisseur. Er bestimmte die Tempi und die Programmfolge, und er spielte den Clown, wenn ihm danach war. Dave Gold von der Agentur Glaser sagte: »Er war ein störrischer Bursche. Mir gegenüber gab er sich immer freundlich, nett und zuvorkommend, aber er konnte auch sehr heikel sein, wenn er etwas durchsetzen wollte.« Und Joe Sully, der ebenfalls für Glaser arbeitete und eine Zeitlang die Termine für Armstrong arrangierte: »Man konnte ihm keine Vorschriften machen, was er auf der Bühne tun und lassen sollte . . . In diesem einzigen Punkt war er unnachgiebig. Er wollte seine Show.« Vorschläge von Glaser lehnte er ab, dem er in anderer Hinsicht völlige Freiheit ließ, über seine Karriere zu bestimmen. Wenn man ihm einen Song zu singen gab, sang er ihn; wenn ihm aber jemand vorzuschreiben versuchte, *wie* er ihn singen sollte, jagte er den Betreffenden zum Teufel.

Das soll nun nicht heißen, daß Armstrong allein verantwortlich war für die immer stärkere Kommerzialisierung seiner Musik. Glaser forderte ihn ständig auf, »Gesichter zu schneiden«[4]. »Ich sagte immer: ›Louis, vergiß die verdammten Kritiker und die Musiker. Spiel für die Leute. Singe und spiele und lache. Lache, verdammt noch mal, lache! Mach ihnen doch die Freude.‹«[5] Seine Schallplattenproduzenten waren natürlich an Hits interessiert, weniger an gutem Jazz. Armstrong entschied jedoch alleine, was er auf dem Podium tat und wie er spielte, und es war allein seine Entscheidung, daß er sich jene Mätzchen angewöhnte, die später immer mehr die Musik zurückdrängten. Um zu verstehen, wieso er diesen Weg einschlug, müssen wir noch einen Blick auf seinen Charakter werfen, den nur die Musiker, mit denen er spielte, kannten.

Armstrong reagierte trotz seiner Scheu auf Herausforderungen recht vehement. Rex Stewart, ein glühender Bewunderer Armstrongs, besuchte einmal einen Klub, in dem Louis auftrat; er wollte einsteigen und Louis musikalisch herausfordern. Dazu Zutty Singleton: »Rex Stewart wollte Louis doch tatsächlich herausfordern. Er stieg aufs Podium und versuchte, einen hohen Ton zu treffen, verfehlte ihn aber, und ich brüllte los. Louis sagte: ›Schau da, der muß ja ganz schön Mut haben.‹«[6] Für Armstrong war die Szene ganz und gar nicht komisch. Im Gegenteil, er war verletzt, daß sein Schützling sich gegen ihn wandte. Stewart sagte, Louis habe danach eine ganze Weile nicht mehr mit ihm gesprochen. Andere Musiker, die mit ihm arbeiteten, haben ähnliches berichtet. Pops Foster, der Bassist aus New Orleans, der in den dreißiger Jahren eine Zeitlang in Armstrongs Band spielte: »Louis war richtig eifersüchtig auf andere Musiker, die gut waren. War man zu schlecht, kam man nicht in seine Band, und war man zu gut, kam man auch nicht rein. Wenn ich mit dem Baß zu wild umging, schrie er: ›Mann, wenn du Trompete spielen willst, dann komm hierher.‹ . . . Louis hat solche Eifersüchteleien gar nicht nötig; er ist doch ohnehin ein außergewöhnlicher Musiker.«[7] Auch Singleton meinte: »Armstrong war damals ziemlich eifersüchtig. Barney Bigard hat das auch immer erzählt. Und der Bassist Arvell Shaw hat das auch erwähnt.«[8]

Wie aber ist das mit dem starken Mangel an Selbstvertrauen in Einklang zu bringen, der Armstrong gegen Ende seines Lebens überkam? Nach Alexander Schiff, der ihn in den letzten Jahren auf seinen Tourneen begleitete, war er »ein höflicher, bescheidener und gütiger Mensch. Man mußte ihn schon sehr reizen, ihn erst dreimal zu Boden schicken, ehe er zurückschlug.« Und Marge Singleton: »Louis war immer ein bescheidener Mensch. Bis zum letzten Augenblick war er ein nüchterner Mensch.«[9] Als er einmal mit Zutty in einem Cadillac zur Johnny Carson Show gebracht wurde, bewunderte er den Wagen: »Schau dir das an, ist das nicht großartig?«[10] Damals war er schon weltberühmt.

Der Schlüssel zu den Widersprüchen in Armstrongs Charakter findet sich in einer Äußerung gegenüber dem Trompeter Ruby Braff: »Man kann mir alles stehlen, nur meinen Applaus nicht.«[11] Marshall Brown, der Armstrong in seinen letzten Lebensjahren näher kennenlernte, hob hervor: »Ständig bemühte er sich, dem Publikum mit seinem Onkel-Tom-Spiel zu gefallen . . . Er wollte Applaus. Das war ihm sehr wichtig.« Einem Reporter erzählte Armstrong: »Diese One-Nighter (Auftritte für einen Abend) sind gar nicht so schlecht . . . Ich spiele sie gern, weil ich die Musik liebe. Finanziell käme ich auch zurecht, wenn ich nur in New York spielte. Aber ich habe nichts gegen das Reisen, da trifft man das Publikum – und das will ich nun mal, Publikum. Ich möchte immer wieder Applaus hören.«[12]

Vor dem Publikum war der ständige, unbarmherzige und zermürbende Angriff auf sein Selbstwertgefühl zumindest zeitweise neutralisiert. Wenn er vor Tausenden von Menschen spielte, sang, lachte und Grimassen schnitt, war ihm der Applaus wie willkommene Linderung. Für einen Augenblick trat dann das Gefühl in den Hintergrund, von niemandem gemocht zu werden und nichts wert zu sein. Wie also hätte er auf die immer stärkere Dosis dieses »Betäubungsmittels« verzichten können?

Ende der zwanziger Jahre waren die Grenzen zwischen Kunst und Kommerz noch recht fließend. Henderson, Armstrong, Ellington und Oliver betrachteten sich nicht als Künstler, bestimmt nicht als Volkskünstler. Diesen Begriff kannten ohnehin nur wenige von ihnen. Ein Mann wie Armstrong, der in seiner Kindheit sein Essen in Abfalleimern gesucht und der erst als Halbwüchsiger eine Toilette mit Wasserspülung gesehen hatte, war kaum geschaffen, für die Kunst in einer Mansarde zu hungern. Für ihn und seine schwarzen Kollegen war die Alternative zum Showbusiness Tagelöhnerei. Wo sollten sie ihre Musik spielen, wenn nicht in Cabarets, Theatern und Dance Halls?

Die ersten weißen Jazz-Musiker waren schon eher bereit, in Dachkammern zu hausen und sich von Gin und Erdnußbutter zu ernähren. Viele von ihnen stammten aus Familien der Mittelklasse, mit Drucken alter Meister an den Wänden, Ausgaben von Beethovenschen Klaviersonaten und Gesamtausgaben von Shakespeare im Bücherschrank. Einige dieser weißen Jazz-Pioniere kannten Keats und Shelley und hatten davon gehört, daß man sein Leben der Kunst widmen könne. Doch für viele Schwarze, besonders für jene aus dem Ghetto von New Orleans, war ein Künstler kein außergewöhnlicher Mensch mit besonderer Verpflichtung. Allein schon die Vorstellung wäre ihnen ziemlich absurd vorgekommen. Die Musik bot ihnen eine Möglichkeit, dem Dasein als Tagelöhner zu entrinnen. Gewiß, ihre Musik war ihnen nicht gleichgültig, sie liebten sie so sehr, daß sie auch ohne Bezahlung spielten. Sie waren eigenwillig und ließen sich nicht gern sagen, was sie zu tun und zu lassen hatten. Aber sie wußten ganz genau, daß ihre Musik nur innerhalb des Musikbusiness existieren konnte. Der Jazz hatte damals nicht die Freiheit, sich nach eigenen Gesetzen zu entwickeln.

1929 war den Musikern, Managern und auch Armstrong klar geworden, daß er ein angehender Star war, der schwarze wie weiße Zuschauermassen anzuziehen vermochte, und daß sich mit ihm ein Vermögen verdienen ließ. Man fing an, ihn zu bedrängen, er solle in diesem oder jenem Klub auftreten, in diese oder jene Stadt reisen, diese oder jene Platte aufnehmen. Mangelndes Selbstvertrauen, das dringende Bedürfnis nach Beifall und Anerkennung – es wäre illusorisch gewesen, in dieser Situation von Armstrong »um der Kunst willen« den Verzicht zu verlangen. Der Druck von innen und von außen war einfach zu groß.

Die stärkste äußere Kraft fand sich in Tommy Rockwell. Bei OKeh hatte Rockwell viel mit schwarzen Entertainern zu tun, und er war in der Lage, die vielversprechenden Möglichkeiten des schwarzen Showbusiness richtig einzuschätzen. Rockwell blieb zwar noch eine Weile bei OKeh, gründete dann aber mit Cork

O'Keefe eine Agentur, die Bands managte und Konzerte veranstaltete. Außerdem beteiligte er sich an der Produktion von Shows im schwarzen Lafayette Theatre in Harlem und nahm schwarze Talente unter Vertrag. So entdeckte er die Mills Brothers und förderte sie. An Armstrong war er natürlich sehr interessiert. Offenbar schloß Armstrong irgendeine Art von Vertrag mit Rockwell, denn als er später zu einem anderen Manager überwechselte, mußte dieser Rockwell eine Abfindung zahlen.

Tommy Rockwell war der erste von drei Weißen, die im Laufe der nächsten sechs Jahre für Armstrong als Manager arbeiteten. Alle drei waren sich sehr ähnlich: draufgängerische Burschen, die nicht vor Betrug und offenem Kampf zurückschreckten. Sie waren zwar keine Gangster, aber auch nicht weit von der Unterwelt entfernt. Rockwell und Glaser wurden in den dreißiger und vierziger Jahren wichtige Figuren in der Musikbranche, die ihre Macht nutzten, sich kräftig zu bereichern. Armstrong hätte sich nicht unbedingt mit diesen Männern geschäftlich einlassen müssen. Es gab auch andere fähige Weiße in seiner Umgebung, die er um Rat und Hilfe hätte bitten können – etwa E.A. Fearn und Ralph Peer, beides erfahrene Manager in der Schallplattenindustrie, die Armstrong gut genug kannte, um sich an sie wenden zu können. Doch ausgerechnet die brutalsten Typen zogen ihn an – die aggressiven, trinkfreudigen und ordinären Bosse der Halbwelt, die Drahtzieher der Unterhaltungsindustrie.

Rockwell war allerdings nicht der Schlimmste unter ihnen und auch nicht unbedingt die schlechteste Wahl. Musikalisch war er nicht, aber er hatte, wie O'Keefe berichtet, eine gute Nase für Talente. Zwei Jahre lang hatte er mit Armstrong Schallplatten produziert und ihn während dieser Zeit künstlerisch wachsen sehen. Als Manager einer Schallplattenfirma geriet er zwar in den Interessenkonflikt, einen Künstler zu betreuen, der bei seiner eigenen Firma unter Vertrag stand, aber Rockwell störte das nicht. Obwohl er sich häufig in Chicago aufhielt, war sein fester Arbeitsplatz in der Zentrale von OKeh in New York. Deshalb arrangierte er Anfang März für Armstrong ein kurzes Solo-Engagement im Savoy, einem der wichtigsten Ballrooms für Schwarze in New York.

Armstrong wußte, daß mit dem Cabaretgeschäft in Chicago nicht mehr viel los war. Er ging also gern. Die Band des Pianisten

Luis Russell, mit dem er im Laufe der nächsten Jahrzehnte viel zusammenarbeitete, begleitete ihn. Russell, der in Panama aufgewachsen und im Alter von siebzehn Jahren nach New Orleans gekommen war, wo er meist als Alleinunterhalter in den Tonks und Cabarets gearbeitet hatte, war mit der großen Wanderung der Schwarzen im Jahre 1924 nach Chicago gekommen und spielte von 1925 an zwei Jahre lang bei Oliver. Anschließend leitete er eine eigene Band, die zum Teil aus Musikern bestand, die sich von Oliver getrennt hatten. Luis Russell war kein besonders ehrgeiziger und disziplinierter Mensch, aber während der dreißiger Jahre leitete er eine der besten schwarzen Swing-Bands. Sie war gewiß nicht die glänzendste, und sie spielte auch nicht sonderlich komplizierte Arrangements, aber Russells Band begleitete oft erstklassige Solisten und swingte weit mehr als die meisten anderen. Paul Barbarin saß am Schlagzeug, Pops Foster spielte Baß, Albert Nicholas Klarinette und ein Topmusiker wie J.C. Higginbotham Posaune sowie Charlie Holmes Altsaxophon. Higginbotham und Holmes zählten damals zu den Besten auf ihren Instrumenten.

Armstrong war das Idol der Schwarzen geworden, und sie drängten ins Savoy. Dave Peyton berichtet: »Lange vor Öffnung standen sie auf der Lenox Avenue in Schlangen, um Karten zu ergattern, aber Tausende mußten fortgeschickt werden . . . Viele Bankette wurden zu Ehren von Louis veranstaltet, die den kleinen Meister der Jazz-Musik, der ruhig, reserviert und bescheiden wirkte, nur ermüdeten.«[13]

Da Armstrong nun schon einmal in New York war, wollte Rockwell mit ihm Aufnahmen für OKeh machen. Ursprünglich sollte er mit der Russell-Band hastig zusammengeschriebene Arrangements aufnehmen, wahrscheinlich einige Stücke, die sie im Savoy gespielt hatten. Wie der Zufall es jedoch wollte, waren auf einem der Bankette für Armstrong einige der besten weißen Jazz-Musiker New Yorks – darunter Eddie Condon, ein exzellenter Banjospieler, der in der Dixieland-Bewegung der vierziger Jahre eine wichtige Rolle spielte. Rockwell hatte mit dem selbstbewußten Condon in Chicago schon einmal Aufnahmen gemacht. Condon schlug eine All Star Band aus schwarzen und weißen Musikern vor, die ohne große Vorbereitung ein paar Stücke spielen sollte. Rockwell willigte schließlich ein. Condon heuerte unter den Gästen drei weiße Musiker an, den Posaunisten Jack Teagarden, den Gitarristen Eddie Lang und den Pianisten Joe Sullivan, dazu noch zwei schwarze, den Schlagzeuger Kaiser Marshall von der Henderson-Band und den Tenorsaxophonisten Happy Cladwell, der in New York spielte. Der Aufnahmetermin wurde auf acht Uhr morgens festgesetzt, und als das Bankett endlich vorbei war, hatte es nicht mehr viel Sinn, noch nach Hause zu gehen. Marshall sagte: »Ich fuhr die Burschen mit meinem Auto durch die Gegend . . . , dann frühstückten wir um sechs, damit wir um acht rechtzeitig im Studio sein konnten. Eine Flasche Whiskey haben wir noch mitgenommen.«[14]

Später kamen die Musiker von Luis Russell dazu, und zusammen nahmen die beiden Gruppen vier Stücke auf: *I Can't Give You Anything But Love*, *Mahogany Hall Stomp* (dabei wurde Armstrong von der Russell-Band begleitet), *Knockin' A Jug* und *I'm Gonna Stomp Mr. Henry Lee* (nie veröffentlicht) mit der All Star Band.

Knocking' A Jug ist nur eine Folge von Soli ohne Ensembleteil, bei der die Rhythmusgruppe die Solisten begleitet. Jack Teagarden gelingen zwei ausgezeichnete Chorusse über diesen einfachen, aber gefühlvollen Blues. Armstrong ist der glänzende Star: Er spielt zwei Chorusse mit Rhythmus und einen unbegleitet – mehr ist von ihm auf der ganzen Aufnahme nicht zu hören. Den Höhepunkt bilden die ersten vier Takte seines Solos, ein hervorragendes Beispiel für seine konstruktive Logik. Auch die Coda zeigt überaus anschaulich Armstrongs Meisterschaft, wenn er den gesamten Tonumfang seines Instruments ausnutzt. Insgesamt eine bemerkenswerte Aufnahme, bei der nur das Schlagzeug viel zu laut ist.

I Can't Give You Anything But Love zeigt jenen Stil, in dem Armstrong schon bald fast ausschließlich spielte. Das Stück war damals ein Schlager. Armstrong wird fast durchgehend gefeatured, unterstützt von einer zurückhaltenden, gelegentlich recht ungeschickten Begleitung.

Die Aufnahme von *Mahogany Hall Stomp* hat zwar Schwächen, enthält aber auch einen von Armstrongs großartigsten Momenten. Das Stück besingt Lulu Whites berühmtes Bordell in Storyville, die Mahogany Hall. Paradoxerweise basiert die Melodie auf einem Spiritual. Der Höhepunkt ist der erste von drei

Chorussen mit Spitzdämpfer von Armstrong nach dem Gitarrensolo. Mit Sicherheit ist dieser Chorus schon lange vorher ausgefeilt und gelegentlich bei Klubauftritten verwendet worden. Er benutzt eine sehr einfache Figur, die er abwechselnd auf dem vierten Schlag eines Taktes und auf dem nachfolgenden ersten Schlag spielt, dann auf dem nächsten dritten und vierten Schlag, wodurch sich wieder jene metrische Verschiebung ergibt, an der Armstrong offenbar stets Freude hatte. Ein wunderbares, swingendes Musikstück. Nur ein Musiker wie Armstrong konnte die Phantasie und den Mut dazu haben. Offensichtlich aber war er ziemlich erledigt von seinem Auftritt am Abend und von dem Bankett bis zum frühen Morgen, so daß er im weiteren Verlauf des Solos nicht mehr zu bieten hatte als hohe Töne und Klischees.

Diese Session, die rein zufällig zustande gekommen war, erwies sich nachträglich als sehr bedeutsam. *I Can't Give You Anything But Love* wurde von den Musikern bewundert und war auch beim breiten Publikum beliebt. Armstrongs Dämpfersolo in *Mahogany Hall Stomp* wurde zu einem Klassiker. Bei den Aufnahmen mit dieser kleinen Gruppe arbeitete er endlich einmal mit Musikern, die ihm halbwegs gewachsen waren, was er in seinem Leben nur selten erlebte. Eddie Lang war der beste Jazz-Gitarrist in New York, praktisch der Erfinder jenes Jazz-Gitarrenstils, der jahrzehntelang im Jazz tonangebend blieb und auch Django Reinhardt als Vorbild diente. Teagarden war der beste Jazz-Posaunist, und auch die anderen beiden waren versierte Jazz-Musiker. *Knockin' A Jug* wird von der Jazz-Kritik mit den Aufnahmen der Hot Five oft in einem Atemzug genannt.

Dieser kurze New-York-Aufenthalt Armstrongs bestärkte Rockwell in seiner Ansicht, daß Armstrong gut beim schwarzen Publikum ankam und daß ihn auch die weißen Hörer schätzten. Es galt, Eingang in die Lokale der Weißen zu finden. Während Rockwell in New York Pläne für seinen künftigen Star schmiedete, reiste Armstrong nach Chicago zurück.

Schon bald hatte Rockwell sich etwas einfallen lassen: Vincent Youmans, ein junger Komponist, dem schon einige Hits gelungen waren, arbeitete gerade an einer neuen Show. Aus Youmans Feder stammen Evergreens wie *I Want To Be Happy, Tea For Two, Sometimes I'm Happy, I Know That You Know* und *Hallelujah*. Er war auf dem besten Weg, in der Welt des Musicals eine bedeutende Rolle zu spielen. Mit einer gerade produzierten Show war er nicht zufrieden und beschloß, sie selbst zu realisieren. Kurz zuvor war Jerome Kerns' *Show Boat* beim Publikum gut angekommen; man sah in ihm die neue Form des Musicals, eine echte Operette, keine simple musikalische Komödie mehr. Youmans wollte nun zeigen, daß auch er auf diesem Niveau zu produzieren vermochte. Das Libretto von *Show Boat* handelt von den Riverboats auf dem Mississippi, von charmanten Spielernaturen und unterdrückten Schwarzen. Youmans plante daraufhin ebenfalls ein Stück, das von Spielern, Plantagen und Schwarzen handelte. Für die Show, die schließlich *Great Day* hieß, schrieb Youmans drei klassische Songs: *More Than You Know*, *Without A Song* und die Titelmelodie. Der Rest dieser Show war furchtbar. Jedenfalls beschloß Youmans, die Band von Fletcher Henderson zu engagieren. Offenbar gelang es Tommy Rockwell, Armstrong rechtzeitig zu den Proben in Philadelphia in die Band zu schleusen – wahrscheinlich nicht nur als Trompeter, sondern auch als Sänger.

Armstrong hatte zwar schon früher in Theatern gespielt, aber dieses Mal ging es um eine weiße Show für den Broadway. Er und Lil wußten, daß ihnen ein wichtiger Schritt bevorstand, und sie trafen alle Vorbereitungen, nach Osten zu reisen. Rockwell hatte zwar nie etwas davon erwähnt, daß Armstrong eine Band mitbringen sollte, aber Louis beschloß, die ganze Carroll Dickerson Band mitzunehmen. Wahrscheinlich wollte er beim Betreten dieses Neulands von Freunden umgeben sein. Die anderen Musiker der Band hatten ohnehin nicht viel zu tun und glaubten, ihre Chancen wären bei ihrem Star besser gewahrt. Ohnehin wollte jeder, der im Showbusiness arbeitete, nach New York. So brach die ganze Dickerson-Band Ende Mai nach New York auf.

Auch diesmal war alles ziemlich dilettantisch vorbereitet. Lil gab jedem Musiker zwanzig Dollar, und die Band fuhr in drei Automobilen los. Armstrong hatte mit Rockwell keinen Vertrag, keinen Vorschuß und keine feste Garantie vereinbart, daß er in New York tatsächlich auftreten würde. Ebensowenig war es irgend jemandem eingefallen – auch Rockwell nicht –, der Band ein Engagement zu besorgen. Damals gab es noch keine Superhighways; die Straßen führten direkt durch die Stadtzentren der am Weg liegenden Städte. Die Musiker hatten unterwegs überrascht festgestellt, daß überall in den Schallplattenläden und Cafés Armstrongs Musik zu hören war, vor allem in den Wohnvierteln der Schwarzen. Armstrong war ohne Zweifel berühmt, und natürlich wäre ein Engagement in New York möglich gewesen, hätte man sich nur rechtzeitig darum gekümmert. Dazu war es nun aber zu spät. Zu allem Übel hatte eines der Autos noch Motorschaden, und so erreichten sie New York müde, vergammelt und ohne einen Dollar in der Tasche. Als sie durch die 42. Straße fuhren, so erinnerte sich Armstrong später, »kochte dieses verdammte Hupmobile wie verrückt, der Verschluß des Kühlers sprang ab und ein Bulle kam und durchsuchte den Wagen nach Waffen, weil er das Chicagoer Kennzeichen gesehen hatte«[15].

Rockwell war überrascht und wohl auch verärgert, als er die ganze Dickerson-Band in New York sah. Armstrong wollte sie nicht im Stich lassen, und innerhalb eines Tages fanden sie schließlich ein Engagement als Ersatz für die Ellington-Band im Audubon, einem schwarzen Theater in der Bronx. Als der Vorhang sich öffnete, war die Band im Orchestergraben völlig verdutzt, anstelle der Ellington-Band diese seltsame Truppe dort oben zu sehen. Zutty Singleton berichtet: »Louis spielte ein paar seiner hohen Töne . . . , und als wir hinunterschauten, war im Orchestergraben die ganze Band aufgestanden und blickte zu uns hoch.«[16]

Wenig später brach Armstrong zu den Proben mit Henderson nach Philadelphia auf. Dort fand er ein riesiges Chaos vor. Die Henderson-Band war durch ein paar weiße Musiker, hauptsächlich Geiger, verstärkt worden. Henderson hatte noch nie ein Musical dirigiert, so daß Youmans ihm dringend nahelegte, einen erfahrenen Dirigenten zu engagieren. Dieser Mann war Robert Goetzl, der als erstes Hendersons Musiker an die Luft setzte und an ihrer Stelle Weiße verpflichtete. Die Musiker der Henderson-Band waren nie besonders fleißig gewesen, was der Grund für die Entlassungen gewesen sein mag; vermutlich aber wollten die weißen Musiker nicht mit Schwarzen in einer Band sitzen. Die meisten Weißen hätten damals so reagiert; noch 1970 weigerten sich die Mitglieder großer Symphonieorchester, mit Schwarzen zusammenzuarbeiten. Da Henderson sich dagegen nicht energisch zur Wehr setzte, waren schließlich alle seine Musiker,

Armstrong eingeschlossen, entlassen oder gingen angewidert. Die berühmte Band löste sich auf. Einige der Musiker vergaßen Henderson das nie und weigerten sich, je wieder mit ihm zusammenzuarbeiten. In einer Harlemer Zeitung konnte man lesen, Armstrong sei entlassen worden, weil er »für das Showbusiness nicht geeignet« sei, die wohl groteskeste Fehleinschätzung in der Geschichte des amerikanischen Musiktheaters. Zur großen Genugtuung der gefeuerten Musiker erwies sich *Great Day* trotz der hervorragenden Partitur als Flop und kostete Youmans ein Vermögen.

Zurück in New York zog Armstrong bei Wellman Braud in Harlem ein, das sich seit 1924 stark verändert hatte. Zwischen 1924 und 1930 war diese ehemals elegante Welthauptstadt der Schwarzen zu einem üblen Slum verkommen. Für diesen Niedergang gibt es mehrere Gründe: Überbevölkerung, niedriges Einkommen, hohe Mieten, was die Familien zwang, Untermieter aufzunehmen. Analphabetismus war verbreitet, und die ständig zuziehende Landbevölkerung kam mit den Verhältnissen in der Stadt nicht zurecht. Schließlich war hier, wie in Chicago, das organisierte Verbrechen weit verbreitet. Seit Beginn der Prohibition kontrollierten die Gangster die Cabarets, den illegalen Alkoholhandel, den Drogenhandel und das Glücksspiel. Überall gab es als Drugstores oder Konditoreien getarnte Schnapsläden. Die Prostitution florierte. Profitgierige Prediger von eigenen Gnaden leiteten Privatkirchen. Magische Tränke und Glücksamulette fanden in entsprechenden Läden für Schwarze reißenden Absatz. Die Jugendlichen schwänzten die Schulen und wurden früh straffällig. Die Straßen waren voll von streunenden Kindern ohne Zuhause. Osofsky schreibt: »Innerhalb eines Jahrzehnts hatte sich Harlem von einem ansatzweise idealen Gemeinwesen zu einem Stadtteil mit vielfältigen sozialen und ökonomischen Problemen verwandelt.«[17]

»Zu dieser Zeit, als Harlem zum verrufensten Slum von ganz New York herunterkam, erfreute es sich jedoch bei den weißen Amerikanern und auch bei einigen Schwarzen eines ganz anderen Images: Es galt als Oase der Fröhlichkeit, bewohnt von einem ›singenden Volk‹.«[18] In den Augen der kultivierten Weißen stand die schwarze Renaissance noch immer in Blüte, und Harlem war für sie der Ort, wo man bei der besten Hot Music exotisch und erotisch unterhalten wurde. Mit unfreiwilliger Ironie sagte Heywood Broun, ein berühmter Zeitungskolumnist jener Zeit, in einer Rede vor der New York Urban League, einer für den Fortschritt arbeitenden Gesellschaft von Schwarzen, das baldige Auftauchen »eines schwarzen Künstlers mit höchsten Qualitäten« voraus, der ». . . die Aufmerksamkeit der Welt erobern und dadurch mehr als jede andere Institution dazu beitragen wird, die Benachteiligungen zu beseitigen, gegen die die schwarze Rasse kämpft . . . Dieser große Künstler kann jederzeit erscheinen.«[19] Brouns Vorhersage bewahrheitete sich. Wahrscheinlich hatte er an einen Maler, einen Schriftsteller oder einen Komponisten gedacht. Er wäre wohl wie seine Zuhörer entsetzt gewesen, zu erfahren, daß jener schwarze Künstler ein ungebildeter, hergelaufener Trompeter war, der in einem Nachtklub vor weißem Publikum auftrat, tanzte und anzügliche Lieder sang.

Nach dem Fiasko von *Great Day* hatte Rockwell nicht nur eine arbeitslose Band am Hals, sondern auch noch einen arbeitslosen Star. Wenn er Armstrong in New York halten wollte, mußte er der Gruppe möglichst bald ein Engagement besorgen. Die Theater in Harlem, von denen es rund ein Dutzend gab, boten die besten Arbeitsmöglichkeiten für schwarze Musiker. Einige von ihnen waren, weil auf das weiße Publikum zugeschnitten, das einen Bummel durch die Black and Tans machen wollte, elegant – so etwa Smalls Paradise und der Lenox Club. Daneben gab es auch noch die kleineren, schäbigeren Klubs, in denen hauptsächlich schwarzes Publikum verkehrte. *Variety* erwähnte in einem Bericht über das Nachtleben von Harlem einen Klub namens Madhouse als »den guten Typ für ausgefallene Unterhaltung zu später Stunde . . . , überwiegend von Farbigen besucht. Die Fürsprache befreundeter farbiger Musiker und Künstler ermöglicht auch den Weißen den Zutritt. Wenn sie jemandem besonders wohlgesonnen sind, nehmen sie ihn in den Performers Club mit, einen beliebten Treffpunkt der Musiker und Artisten nach Feierabend.«[20]

Das Vergnügen in diesen kleineren Klubs war oft vulgärer, erotischer und häufig bizarrer Natur. Der Cotton Club, in dem Ellington schon seit zweieinhalb Jahren engagiert war, und Connies Inn boten ein künstlerisch anspruchsvolles Programm, das allerdings auch nicht gerade für Betschwestern geeignet war.

Wie in den Chicagoer Cabarets traten auch hier in den Shows Komiker, Tänzer, Sänger und die unvermeidlichen Häschen auf, die, sehr sparsam bekleidet, nur eine Aufgabe hatten: zu lächeln. Gelegentlich gab es komische Einlagen. Eine davon beschrieb der Jazz-Historiker Marshall Stearns.

»Ein hellhäutiger Farbiger mit Muskelpaketen stürzt durch einen Pappmachédschungel auf die Tanzfläche: Er ist mit einer Fliegermütze, einer Schutzbrille und Shorts bekleidet. Ganz offensichtlich hatte er im tiefsten afrikanischen Busch notlanden müssen. In der Mitte der Tanzfläche trifft er auf eine weiße Göttin mit langen goldenen Zöpfen, die von kreischenden Schwarzen verehrt wird, welche im Kreis um sie herumsitzen. Der Flieger zaubert aus dem Nichts eine Peitsche herbei, rettet die blonde Schöne und ergeht sich mit ihr in einem erotischen Tanz.«[21] In diesen Cabarets gab es immer eine Band, die die Begleitmusik zur Show, die Tanzmusik zwischen den einzelnen Darbietungen und mitunter auch musikalische Shownummern spielte. Manchmal wurden aus diesen aufwendigen Cabaret-Shows regelrechte Revuen.

Der Cotton Club gehörte Owney Madden, einem der Könige der New Yorker Unterwelt. Maddens Hauptrivale im Kampf um die Herrschaft über die Stadt war Dutch Schultz. Obgleich der Bandenkrieg in New York weniger brutal geführt wurde als in Chicago, gab es ihn auch hier. Nur wenige Monate nach Armstrongs Ankunft in New York wurde in Harlem das Plantation zerstört. Wahrscheinlich ging dieser Anschlag auf das Konto der Gruppe um Madden, die die Konkurrenz ein wenig einzuschüchtern versuchte.

Wichtigster Konkurrent des Cotton Club war Connies Inn, ein Cabaret, das von den Brüdern Connie und George Immerman geführt wurde. Connies Inn befand sich offenbar nicht in der Hand einer Bande, aber die Immermans hatten vermutlich mit Madden ein Abkommen getroffen. Die Shows in Connies Inn waren mit der Zeit immer perfekter geworden. Songschreiber und Produzenten arbeiteten zusammen. Kurz vor der Ankunft der Dickerson-Band in New York hatten die Immermans einen jungen schwarzen Entertainer namens Thomas »Fats« Waller gebeten, eine neue Show zu schreiben. Waller war ein Vertreter des New Yorker Stridepiano-Stils. Manchmal hatte er in Connies

Inn die Orgel gespielt und zusammen mit seinem Partner Andy Razaf Nummern für Klubshows arrangiert. Razaf behauptete, ein Neffe der Königin Ranavalona III. von Madagaskar zu sein. Sein vollständiger Name soll Andrea Menentania Razafinkeriefo gelautet haben. Ein gelungener Werbegag, aber auch schon wieder so unwahrscheinlich, daß die Geschichte wahr sein könnte. Razaf war ein begabter Texter und arbeitete über viele Jahre mit Waller zusammen. Die neue Show hieß *Hot Chocolates* und enthielt unter anderem zwei Songs: *Ain't Misbehavin'* und *Black And Blue*. Die Show hatte im Mai Premiere, und unter den Mitwirkenden befanden sich Eddie Green, der später in der berühmten Radiosendung *Duffy's Tavern* den Kellner spielte, und James Baskette, der in dem Disneyfilm *Song Of The South* Uncle Remus darstellte.

Die Begeisterung für das schwarze Entertainment war nicht mehr zu bremsen. Es gab unzählige Showprojekte mit schwarzen Darstellern, und viele von ihnen wurden auch realisiert. Die Immermans wollten ebenfalls auf dieser Welle mitschwimmen. Sie vergrößerten die Produktion von *Hot Chocolates* und spielten etwa ab dem 3. Juni im Windsor Theatre in der Bronx. Da die Show auch dort erfolgreich lief, beschlossen sie, an den Broadway zu gehen, wo die Vorstellungen in der zweiten Juniwoche beginnen sollten. Aus einem uns nicht bekannten Grund hielten sie es für besser, die Show zu kürzen, sie noch ein wenig aufzuheizen, so daß die Premiere am Broadway auf den 20. Juni verschoben werden mußte. Die Verzögerung zahlte sich aus, denn die Show erhielt durchweg gute Kritiken, obwohl die Premiere an einem der heißesten Abende des Jahres stattfand. Die Schlagzeile im *New York American* lautete: »Hot Chocolates ist eine großartige, melodiöse und flotte Revue.« Und weiter: »Connie Immermans Farbigenrevue gestern abend im Hudson Theatre war absolute Spitze.«[22] Im *New York Evening Journal* hieß es, die Show sei nicht gerade feinsinnig gewesen, aber ansonsten war auch diese Kritik positiv.[23] Besonders hervorgehoben wurden die Sängerin Edith Wilson und die Tänzer Baby Cox und Jazz Lips Richardson.

Jeden Abend nach der Show eilten die Künstler zurück zu Connies Inn und führten dort eine gekürzte Fassung von *Hot Chocolates* auf. Da die Hausband des Connies Inn unter Leroy

Smith im Hudson Theatre im Orchestergraben saß, brachte Rockwell die Dickerson-Band als Ersatz unter. Bis Ende des Sommers wechselten sich die Bands von Smith und Dickerson in Connies Inn ab.

Worum es in *Hot Chocolates* geht, zeigt ein Ausschnitt aus einem Sketch mit dem Titel *Big Business*. Eine Gruppe von Schwarzen versucht, einen unsauberen Wettkampf zu veranstalten. Ein Mann tritt auf und sagt: »Alle Hände hoch, ich komme aus Chicago. Hört zu, ich vertrete das südliche Syndikat. Wir waren bisher mit gezinkten Karten und Würfeln im Geschäft. Im Wettkampfbusiness sind wir neu, und weil wir neu sind, wollen wir zum Einstand einen zusätzlichen Gewinn aussetzen, um unsere ehrlichen Absichten unter Beweis zu stellen. Wir bieten 5000 Dollar für den Kampf mit Kid Licorice.« Kid Licorice antwortet darauf: »5000 Dollar sind doch kein Geld. Bevor ich den Kampf für diese Summe verkaufe, belasse ich's beim Unentschieden.«[24] Doch die Kritiker interessierten sich nicht für die Sketche, sondern nur für die Gesangs- und Tanznummern, für die die Schwarzen angeblich prädestiniert waren.

Irgendwann vor der Broadway-Premiere von *Hot Chocolates* kam Armstrong in die Show. Seine Rolle war zunächst nur eine kleine: Vom Orchestergraben aus sang er *Ain't Misbehavin'* als Reprise zwischen den einzelnen Akten. Es ist nicht ganz sicher, wann er dazukam, aber es muß zwischen der Zeit im Windsor und kurz vor der Premiere am Broadway gewesen sein. Die Kritik in der *New York Times* endet nämlich mit der Bemerkung: »Ein Song, eine etwas konstruierte, aber sehr eingängige Jazz-Ballade mit dem Titel *Ain't Misbehavin'* erregte besondere Aufmerksamkeit, und ihr Vortrag zwischen den Akten durch ein ungenanntes Mitglied des Orchesters war der Höhepunkt der Premiere.«[25] Sehr rasch wurde den Immermans klar, daß Armstrong eine Attraktion war. Daraufhin wurde seine Rolle erweitert, bis er schließlich *Ain't Misbehavin'* auf der Bühne sang, dazu eine Nummer mit Edith Wilson und Fats Waller, mit dem Titel *A Thousand Pounds of Rhythm*.

Louis war also doch noch zu seiner Broadway-Show gekommen. Daß er Fats Wallers berühmtes Stück singen durfte, war ein Wendepunkt in seiner Karriere: Jetzt kannten ihn auch die anspruchsvolleren New Yorker Theaterbesucher. Wichtiger aber war wohl, daß Rockwell nun eine gute Verhandlungsposition bei den Klubbesitzern hatte. Er hatte keine Zweifel an Armstrongs Karriere und begann, Lil und Louis Flausen von Ruhm und Reichtum in den Kopf zu setzen. Gleichzeitig verschaffte er Armstrong so viele Engagements wie nur möglich – alle Manager von Louis haben es so gemacht. Armstrong sang in der Broadway-Show, eilte dann nach Harlem und wiederholte den Auftritt in Connies Inn. Doch nicht genug damit: Rockwell schickte Armstrong Ende Juni mit der Dickerson-Band für eine Woche ins Lafayette. Die *New York Age* schrieb: »Nie zuvor in der Geschichte der Harlemer Theater wurde ein Künstler so empfangen wie Louis Armstrong im Lafayette Theatre. Das Publikum erhob sich von den Stühlen und jubelte, als dieser genialste aller Kornettisten aus seiner goldenen Trompete eine Musik zauberte, wie man sie noch nie gehört hat.«[26] Kritiker bei schwarzen Zeitungen waren oft freie Mitarbeiter ohne feste Einkünfte, weil man davon ausging, daß sie von Theatermanagern und Klubbesitzern geschmiert wurden. Solche Elogen auf eine Show waren also keine Seltenheit. Trotzdem belegt diese Kritik, daß Armstrong sowohl beim schwarzen wie auch beim weißen Publikum ein Renner war.

Dave Peyton berichtet, irgendwann im Juli hätten »die weißen Musiker von New York für Louis ein Bankett veranstaltet . . . und ihm eine wunderschöne Uhr geschenkt, auf der eingraviert war ›Für Louis Armstrong, den größten Kornettisten der Welt, von den New Yorker Musikern‹«[27]. Man sprach über ihn, die Zeitungen der Schwarzen berichteten regelmäßig über ihn, und gelegentlich wurde er auch in den Blättern des weißen Showbusiness erwähnt. *Variety* berichtete: »Drei von OKehs vier größten Hits sind Aufnahmen mit Louis Armstrongs Savoy Ballroom Quintett . . . , darunter Songs wie *Tight Like This*, *Fireworks* und *Save It Pretty Mama!*«[28] Als Armstrong im Oktober wieder im Lafayette auftrat, hieß es im *New York Age*: »Das alte S.R.O.-Zeichen (standing room only = nur noch Stehplätze) wurde im Lafayette Theatre am Montag schon früh aufgehängt.«[29] King Oliver arbeitete zur gleichen Zeit im Quogue Inn, einem Ausflugslokal auf Long Island, während sein früherer Schützling auf dem Weg zum Weltruhm war.

Natürlich machte OKeh auch weiter Aufnahmen mit Armstrong. Im Juli nahm er zusammen mit der Dickerson-Band vier Songs aus *Hot Chocolates* auf, darunter *Ain't Misbehavin'*, und im November folgte eine Serie mit beliebten Schlagern jener Zeit, unter ihnen *When You're Smiling*.

Hot Chocolates wurde am Broadway 219mal gegeben; erst Ende des Jahres stellte man die Aufführungen ein. Die Kurzversion in Connies Inn lief wahrscheinlich ebenso lange – solche Revuen wurden in der Regel alle sechs Monate gewechselt. Mit dem Ende der Show war auch das Ende der Dickerson-Band bei Connies gekommen, doch diesmal hielt Rockwell sich aus allem heraus. Er hatte die Luis Russell Band unter Vertrag, und es erschien ihm vorteilhafter, Armstrong von Russell begleiten zu lassen. Er versprach Armstrong das Blaue vom Himmel und überredete ihn, die Dickerson-Band aufzugeben. Die Treue war nicht mehr so groß. Ich vermute, daß Lil erheblich dazu beitrug, Louis auf Rockwells Seite zu ziehen.

Ohne Armstrong war die Dickerson-Band nur irgendeine unter vielen Bands in der Stadt. Natürlich zeigten sich die Musiker von Dickerson über das Verhalten ihres Meisters enttäuscht und verärgert. Besonders Singleton war verletzt. Er sagte später: »Louis ließ die Band einfach im Stich . . . Jimmy Strong heulte, weil er nicht einmal das Geld hatte, nach Chicago zurückzufahren.«[30] Die meisten Musiker reisten schließlich heim; nur Zutty erhielt ein Angebot von Alonzo »Ally« Ross, der die Leitung der Leroy Smith Band in Connies Inn übernommen hatte. Zutty wollte bei Louis bleiben und wartete deshalb auf ein Angebot von ihm, das jedoch nie kam. Zusammen mit seiner Frau Marge besuchte er Louis. Dazu Marge: »Als wir an jenem Abend bei ihm ankamen, schien Lil nicht besonders glücklich . . . In geschäftlichen Dingen hat sie Louis immer getrieben . . . Ich wußte, wieviel Geld Rockwell ihm angeboten hatte, und ich wußte auch, wie sehr Lil hinter dem Geld her war . . . Er sagte uns an diesem Abend: ›Ich werde jetzt kommerziell arbeiten. Ich kann eine Menge Geld verdienen.‹ Aber ich meine, wie er die Band behandelt hat, das war nicht richtig.«[31] Und Singleton sagte dazu: »Ich fragte Louis, ob ich bei ihm bleiben solle. Andernfalls hätte ich einen Job in Connies Inn . . . Da erzählte mir Louis, wieviel Geld er wahrscheinlich verdienen werde. Darauf sagte ich zu ihm: ›Weißt du, Louis, Freundschaft ist eine Sache, Geschäft eine andere.‹«[32]

Was Armstrong widerfuhr, passiert vielen, wenn nicht den meisten Stars: Irgendwann müssen sie ihr altes Leben aufgeben und ein neues beginnen. Auf dem Weg zum Ruhm lassen sie alte Freunde hinter sich. Bei Armstrong spielten vermutlich zwei Faktoren eine Rolle. Einmal Tommy Rockwell, der sicher glaubte, Armstrong ohne seine alten Freunde besser steuern zu können. Zum anderen war da die Eifersucht, die sich besonders gegen Louis' älteste Freunde gerichtet zu haben scheint. Danach arbeitete Armstrong nie mehr mit einem der Musiker aus New Orleans zusammen, mit denen er musikalisch aufgewachsen war – nicht mehr mit den Brüdern Dodds, mit Noone, Ory, Singleton, St. Cyr und vielen anderen. Es hatte den Anschein, als sollten sie nicht dabeisein, wenn er zum Star aufstieg. Natürlich saßen auch in Russells Band ein paar Musiker aus New Orleans, aber Armstrong hatte zu keinem von ihnen ein besonderes Verhältnis, und er hat sich auch nie für sie eingesetzt.

Andererseits war es ihm auch nicht möglich, einige der früheren Kollegen mitzunehmen. Keiner der Schwarzen war in der Lage, gegen einen überzeugenden, erfolgreichen weißen Manager mit dem versprochenen Ruhm, dem Reichtum anzukommen – Armstrong nicht, Luis Russell nicht, und von den anderen Musikern erst recht keiner. Armstrong hätte von Rockwell bestimmt mehr fordern können, als er selbst für möglich hielt. Die Schwarzen gestanden den Weißen mehr Macht zu, als diese tatsächlich besaßen, und oft gaben sie zu schnell auf, wenn sie von Leuten unter Druck gesetzt wurden, die ihnen als Autoritäten erschienen. Oft wußten sie nicht recht, wie die Lage wirklich aussah, wer am Drücker saß oder wie sie sich vor gerissenen Zeitgenossen schützen konnten. Die ihnen bekannte Welt der Unterhaltungsindustrie war einerseits voll rücksichtsloser Gangster, und auf der anderen Seite gab es noch die Weißen, die eine andere Sprache sprachen und ihr Leben in Büros, Hotels und Restaurants verbrachten, zu denen Schwarze keinen Zutritt hatten. In dieser Welt des Showbusiness kämpften die Schwarzen immer mit gefesselten Händen. Sie konnten sich ducken, sich verstecken und hoffen, daß die Leute, in deren Händen sie sich befanden, nicht zu arg mit ihnen umsprangen – mehr konnten sie nicht.

Louis Armstrong besaß wenig Sinn fürs Management, für den

harten Kampf ums Geschäft. Er wollte seinem Publikum gefallen, mit den Menschen in seiner Nähe zurechtkommen und glücklich sein.

Er war also nicht der Mann, der sich für die Dickerson-Band einzusetzen bereit war. Zutty beharrte darauf, daß die Dickerson-Band jener von Russell weit überlegen war. Marge Singleton sagte: »Zutty ging zu Loews State, um zu sehen, wie Louis die Band leitete. Später beim gemeinsamen Essen sagte er zu Louis: ›Wie kannst du nur mit so einer Band spielen?‹ Und Louis antwortete: ›Ich höre sie nicht einmal.‹ Die Carroll Dickerson Band hatte wie ein Chor hinter Louis gestanden, für ihn gespielt. Aber Luis Russells Band hat nie für Louis gespielt.«[33]

Die Singletons haben Armstrongs Verhalten Zutty gegenüber nie verwunden. Marshall Brown, der lange mit Zutty zusammenarbeitete, sagte: »Zutty war kein großer Schlagzeuger. Er spielte immer noch Snare Drum, Preßwirbel und dergleichen. Louis brauchte aber einen Swing-Schlagzeuger, einen wie Gene Krupa, auf dem Ridebecken. Zutty konnte das zwar auch, aber für ihn war es unnatürlich.« Möglicherweise gab es für Armstrong also auch musikalische Gründe, Zutty nicht in seine Band zu nehmen.

Andererseits hat Armstrong immer wieder mit viel schlechteren und ihm weit unterlegenen Musikern gespielt. Er hätte einen Platz für Zutty gehabt. Meiner Meinung nach gab es zwei Gründe, weshalb Louis ihn nicht mitnahm: Er hat Singletons Selbstsicherheit als vielleicht seiner Karriere hinderlich eingeschätzt. Und Zutty kam aus New Orleans.

Dennoch blieb die Freundschaft bestehen, wenn auch unter Schwierigkeiten. 1969 erlitt Zutty einen Schlaganfall, der ihn teilweise lähmte. Marge erzählte, Louis habe ihn nach diesem Vorfall besucht, ihn gebadet und herumgefahren. »Er versuchte, ihn zu rasieren, und tat alles für ihn. Louis wußte, daß Zutty ihn gern hatte, und er mochte Zutty auch.«[34] Einmal verbrachten die Singletons vier Tage in Armstrongs Haus. Louis saß mit Zutty in dessen Schlafzimmer, während die beiden Frauen sich unten unterhielten. Irgendwann tauchte die Frage auf, warum Louis Zutty nie in seiner Band beschäftigt hatte. Lucille war der Meinung, Zutty sei für diese Entfremdung verantwortlich. Marge zeigte sich verärgert. »›Ich gehe jetzt rauf und kläre das sofort mit Louis, vor Zutty!‹ Darauf Lucille: ›Nein, tu das nicht. Stör

Louis nicht und attackier ihn nicht.‹ Ich erzählte ihr, Zutty sei so verrückt nach Louis und liebe ihn so sehr, daß ich ihm immer wieder sagen müßte: ›Du bist ihm vollkommen egal, vergiß ihn also besser. Ich werde noch verrückt, wenn du ständig nur über Louis, Louis und nochmals Louis redest.‹ Vor seinem Tod wollte Louis mit Zutty Frieden schließen, denn er hatte Zutty schlecht behandelt. Ich erzählte Zutty nichts davon, bis wir wieder zu Hause waren. Lucille hatte mich inständig darum gebeten.«[35]

Ende 1929 hatte Armstrong sich entschieden: Die alten Freunde waren auf der Strecke geblieben, und bald darauf war auch Lil nicht mehr bei ihm. Armstrong änderte nun sogar seine Spielweise. Er gab den Stil auf, der ihn berühmt gemacht hatte, womit nicht gesagt sein soll, daß sein neuer Stil schlechter war – besser war er aber auch nicht.

Schwierigkeiten und Unruhe

Die Musiker der Dickerson-Band machten sich, wie bereits erwähnt, mit Ausnahme von Zutty Singleton auf den Heimweg nach Chicago. Armstrong, der seine alten Verbindungen gelöst hatte, begann unter der Regie von Tommy Rockwell einen neuen Abschnitt seiner Karriere. Louis war zwar zum Künstler gereift, aber in der Welt des Showbusiness war er noch immer ein Anfänger. Verträge richtig zu lesen, fiel ihm schwer; außerdem wußte er nicht, mündliche Zusagen richtig einzuschätzen. Die Folge war, daß die nächsten sechs Jahre seines Lebens in ständiger Unruhe verliefen. Die Manager nahmen ihn aus wie eine Weihnachtsgans, seine Bands waren wahllos zusammengewürfelt und oft nicht gut eingespielt, und außerdem funktionierte seine Ehe mit Lil nicht mehr und zerbrach schließlich. Armstrong war ständig auf Tournee. Er war jedoch nicht bereit oder nicht in der Lage, sein Schicksal selbst in die Hand zu nehmen. Er tat immer nur, was man ihm sagte.

In dieser Zeit freundete Armstrong sich mit dem weißen Klarinettisten Milton Mezzrow an. Mezz (Mezz heißt soviel wie Marihuana-Zigarette), wie ihn alle nannten, wurde von den anderen Musikern nicht ernst genommen. Dennoch hatte er gelegentlich Engagements und machte auch Plattenaufnahmen, die er meist selbst leitete. Er bewunderte die Schwarzen, nicht nur ihre Musik, sondern die gesamte schwarze Kultur, und versuchte verbissen, selbst ein Schwarzer zu werden. Schließlich nahm sich der französische Jazz-Schriftsteller Hugues Panassié seiner an. Er schätzte Mezzrows musikalische Fähigkeiten anders ein als die Musiker, und als Panassiés Schützling wurde Milton Mezzrow in Paris zu einer Art Kultfigur. In der französischen Hauptstadt verbrachte er die letzten Jahrzehnte seines Lebens. 1946 veröffentlichte Mezzrow ein Buch mit dem Titel *Really the Blues*, das zwar ungenau und selbstgerecht ist, aber eine Menge Informationen über die Welt der Drogen enthält, in der Mezzrow zu Hause war. Es wurde eine der bekanntesten Publikationen über den Jazz. Mezzrow macht darin viel Aufhebens von seiner Freundschaft mit Armstrong und behauptet, Armstrong habe ihn mehrmals gebeten, Arrangements für ihn zu schreiben, sein Manager zu werden und vieles anderes mehr. Über den Wahrheitsgehalt solcher Äußerungen hat der Leser selbst zu entscheiden, aber viele Aussagen sprechen dafür, daß Mezzrow eine Zeitlang Armstrongs wichtigster Marihuana-Lieferant war, und es trifft auch zu, daß die beiden befreundet waren. Mezzrow soll bei der Aufnahme von *Hobo, You Can't Ride This Train* im Studio gewesen sein und die Lokomotivglocke zu Anfang des Stücks geläutet haben. Daß Mezzrow einen nennenswerten Einfluß auf Armstrongs musikalische Karriere gehabt hätte, scheint recht zweifelhaft.

Ab Dezember 1929 leitete Armstrong die Luis Russell Band, mit der er vorwiegend in Theatern im Nordosten jeweils für eine Woche spielte – im Dezember im Standard in Philadelphia, im Januar im Howard in Washington, D.C., dann im Regal in Chicago, wo »das ausverkaufte Haus ihn mit mehreren Minuten langem, brausendem Beifall empfing . . . Das hat es in dieser Gegend seit langem nicht mehr gegeben.«[1] Bis zum Winterende 1930 spielte Armstrong auch weiterhin in Connies Inn, wenn er nicht gerade auf Tournee war. Dann trennte er sich aus unbekannten Gründen von der Russell-Band – wahrscheinlich, weil Russell im Saratoga Arbeit gefunden hatte, einem Klub in Harlem, wo seine Band anschließend für lange Zeit Hausband wurde. Armstrong musizierte als Solist mit der Mills Blue Rhythm Band unter der Leitung von Irving Mills. Zwei Monate später spielte er mit ihr in einem neuen Nachtklub in Harlem, dem Cocoanut Grove. Im April machte er mit dieser Begleitband eine Tournee durch die Theater im Nordosten der USA. Dann ging er auf Solotour durch die Paramount-Publix Theatre.

Während dieser Zeit machte er weiterhin Aufnahmen für OKeh. Ein starres Konzept, an dem er zwei Jahrzehnte lang festhielt, bestimmte nun seine Auftritte. Jedes Stück war als Feature für ihn konzipiert. Am Anfang spielte er das Thema, sang dann einen Chorus und spielte schließlich ein oder zwei effektvolle Instrumentalchorusse. Das war alles. Die Begleitband spielte gerade soviel, um ihm zwischendurch Ruhepausen zu lassen und ein wenig Abwechslung in die Show zu bringen. Das Publikum wollte nur Armstrong. An gutem Jazz bestand kein besonderes Interesse, weder beim Publikum noch beim Manager. Keiner wollte Geld für gute Arrangements ausgeben, obwohl es damals genug fähige Arrangeure gab. Die Begleitmusiker sollten auch nicht viel Geld kosten. Es ging nur darum, Armstrong mit möglichst geringem Aufwand eine Begleitband hinzustellen und den Rest ihm zu überlassen.

Zwei Tendenzen wurden unter dem Einfluß dieser Situation stärker: Armstrongs Vorliebe für hohe Töne nahm erheblich zu. Fulminante Schlüsse kamen beim Publikum gut an, man erwartete sie von ihm, so daß er am Ende eines Stücks eine ganze Menge hoher Cs spielte, denen als vermeintlich krönender Abschluß ein darüberliegendes hohes F folgte. Angeblich soll er bis zu 250 (!) hohe Cs nacheinander gespielt haben. Dabei setzte Armstrong den Halbventileffekt zeitweise so häufig ein, daß er für das Ohr zur Qual wurde. Natürlich haben hohe Töne und Schleifer in der Musik ihren Platz und ihre Berechtigung, aber bei Armstrong waren sie irgendwann keine integralen Bestandteile der Musik mehr. Der Entertainer in Armstrong gewann die Oberhand über den Jazz-Musiker.

Zum anderen wurde der Hang zum Sentimentalen immer ausgeprägter. Fünfzig Jahre lang nahmen die Jazz-Fans entsetzt zur Kenntnis, daß Armstrong die Guy Lombardo Band bewunderte. Die Band von Tommy Dorsey oder die von Glenn Miller – das hätte man noch verstanden, weil in diesen kommerziellen Orchestern einige gute Jazz-Solisten saßen, die auch zu swingen verstanden. Lombardo aber war für die Jazz-Gemeinde die Inkarnation des Anti-Jazz. Und Louis Armstrong sein Fan?

Weitgehend unbekannt ist, daß nicht nur Armstrong, sondern viele schwarze Musiker in Chicago Lombardo damals bewunderten. Dave Peyton, der nicht viel vom New-Orleans-Jazz hielt, fand bewundernde Worte für Lombardo. Zutty Singleton und andere Musiker, mit denen Armstrong arbeitete, hörten, wenn möglich, jede Radiosendung von Lombardo. Umgekehrt schätzten Lombardo und seine Musiker Armstrong und besuchten oft die Klubs, in denen er auftrat. Im September 1928 waren Louis und Zutty im Cranada Café Lombardos Gäste. Nach Peyton war dieses Café

»einer der nobelsten Klubs im ganzen Land«. Die beiden Schwarzen wurden »bis in die frühen Morgenstunden bewirtet und gefeiert«[2]. Damals brauchte man viel Mut und Einfluß, wenn man Schwarze in einen Klub dieser Art schleusen wollte.

Armstrong hat nie genau erklärt, was ihm an der Lombardo-Band so gut gefiel, außer, daß sie Melodien schön zu spielen verstünde. Ich habe bereits erwähnt, daß Armstrong (im Gegensatz zu Duke Ellington, Don Redman und vielen späteren Jazz-Musikern) kein Interesse an harmonisch ausgefallenen Strukturen zeigte. Sein Sinn für Melodik war zwar sehr ausgeprägt, aber er konnte die trivialsten harmonischen Wendungen ertragen, ohne sich zu langweilen. Ihm gefiel, wie Lombardo einfache Melodien präzise und sauber spielte. Armstrong hatte ein hervorragendes Ohr und wußte genau, wann ein Stück richtig gespielt wurde. »Die Band spielt das Stück richtig, sie spielen die Melodie wundervoll. Es gibt keine andere Band, die eine einfache Melodie so gut spielen kann.«[3] Es sei daran erinnert, daß Armstrong sich nie in erster Linie als Jazz-Musiker verstand. In der Band der Besserungsanstalt war er zu der Überzeugung gekommen, seine wichtigste Aufgabe sei es, Melodien zu spielen, und dabei blieb er auch später.

Seine Vorliebe für Lombardos Musik hängt sicherlich mit Armstrongs ausgeprägtem Harmoniebedürfnis zusammen. Immer wieder hat er betont, er habe stets versucht, glücklich zu sein. Von seiner Mutter habe er gelernt, sich nicht von Dingen, an denen er ohnehin nichts ändern könne, beeindrucken zu lassen. Armstrong schluckte den Ärger hinunter, hielt mit seiner Meinung zurück und ging jedem Streit aus dem Wege. Diese Haltung schlug sich auch in seinem musikalischen Geschmack nieder. Ohne schlechtes Gewissen konnte er sentimental den guten alten Süden mit seinen Magnoliendüften besingen. Zeit seines Lebens konnte er nicht verstehen, was die Jazz-Kritiker an einer schönen Melodie auszusetzen hatten.

Im Sommer 1930 beschaffte Tommy Rockwell Armstrong ein Engagement in einem Cabaret in Los Angeles, das den Metro-Goldwyn-Meyer-Studios direkt gegenüberlag und Frank Sebastians New Cotton Club hieß. Armstrong spielte dort als Solist mit der Hausband unter Leon Elkins. Zu dieser Band gehörte der junge Posaunist Lawrence Brown, der später ein bedeutender

Solist der Ellington-Band wurde. Am Schlagzeug saß Lionel Hampton, der mit Vibraphonen experimentierte. Die Elkins-Band hatte ihre Schwächen und wurde im September entlassen. Man engagierte eine neue Band unter der Leitung des Saxophonisten Les Hite. Von der alten Gruppe blieb nur Hampton. Hite hatte mit dem Trompeter Mutt Carey aus New Orleans zusammengearbeitet, jenem Mann, der zehn Jahre zuvor in den Westen gezogen war, um in Orys Band zu arbeiten, als Armstrong abgewunken hatte. Hite war ein versierter Jazz-Improvisator – und spielte sauber. Hites Niveau färbte offenbar auf die anderen Musiker ab; jedenfalls machte Armstrong mit ihnen einige ausgezeichnete Aufnahmen.

Für Armstrong war dieses Engagement im Sebastians, das bis zum nächsten Frühjahr dauerte, ein Ruhepunkt inmitten all der Hektik dieser Jahre. Die ungestörte Arbeit am gleichen Ort und mit der gleichen Band, ohne Reisen oder zusätzliche Klub- und Theaterengagements, ließ ihn endlich einmal wieder ein wenig zu sich selbst kommen, was seit seinem Aufbruch von Chicago nicht mehr möglich gewesen war. Die positiven Folgen dieser Pause zeigen sich in den damals entstandenen Big-Band-Aufnahmen, die zu Armstrongs besten zählen. *Variety* nannte ihn »den heißesten aller Hot-Trompeter, Vorbild für unzählige andere Orchester, dem ständig hitverdächtige Schallplattenaufnahmen gelingen«[4].

Zum erstenmal wirkte Armstrong nun auch in einem Film mit. Dieser 1930 entstandene Streifen hieß *Ex: Flame*, ein »familiäres Drama mit Anklängen an das Theaterstück *East Lynne* aus dem Jahre 1861, angereichert mit einigen mehr oder weniger passenden Songs«[5]. Armstrong trat in diesem Film zusammen mit seiner Begleitband auf.

Doch im sonnigen Kalifornien gab es auch Probleme. Charlie Carpenter, ein Songschreiber, mit dem sich Louis in Chicago angefreundet hatte, berichtete: »Louis machte im Savoy Ballroom erstmals mit Pot (Marihuana) Bekanntschaft.«[6] An einem heißen Abend waren die Musiker in der Pause nach draußen gegangen. Irgend jemand rauchte Marihuana und überredete Armstrong, es doch auch einmal zu versuchen. Es ist kaum zu glauben, daß Armstrong nicht schon vorher mit Marihuana in Berührung gekommen war. In New Orleans war es sehr verbreitet, und Erle Waller zufolge wurde um 1919 in Chicago »Marihuana als Kinderkram angesehen«[7]. Armstrong rauchte es von nun an regelmäßig. Verglichen mit anderen Jazz-Musikern, die von harten Drogen, Alkohol oder von beidem abhängig waren, nimmt sich Armstrongs Konsum relativ bescheiden aus. Er ist immer nur ein mäßiger Trinker gewesen, trotz seiner nächtlichen Touren mit Mayann, und es gibt keinerlei Hinweise darauf, daß er jemals harte Drogen konsumierte. Marihuana jedoch rauchte er bis zum Ende seines Lebens täglich. Er hat sich nie dafür zu rechtfertigen versucht. Zu John Hammond sagte er einmal: »Du fühlst dich gut, wenn du es nimmst. Es entspannt und läßt einen all die bösen Dinge vergessen, die ein Nigger ständig erlebt. Es gibt dir das Gefühl, gemocht zu werden, und wenn du mit einem anderen Teeraucher zusammen bist, hast du das Gefühl einer besonderen Verwandtschaft.«[8] Später bat er Präsident Dwight D. Eisenhower in einem Brief, Marihuana zu legalisieren. Er hielt es für wesentlich harmloser als Alkohol.

Aber es war nun einmal illegal. Anfang November ging Armstrong mit dem weißen Schlagzeuger Vic Berton in einer Pause auf einen nahegelegenen Parkplatz, wo sie von der Polizei beim Rauchen erwischt und festgenommen wurden. Die Geschichte wird sowohl von Armstrong als auch von Bertons Bruder Ralph bestätigt. Offenbar verursachte der Vorfall in der Presse eine Menge Wirbel. *Variety* berichtete unter der Schlagzeile »Jazz-Musiker unter Drogenanklage«: »Vic Berton, der Schlagzeuger von Abe Lymans Band, und Louis Armstrong, der farbige Trompetenstar aus Sebastians Cotton Club, Culver City (Kal.), wurden vor dem Klub von Beamten des Rauschgiftdezernats festgenommen und wegen Marihuana-Besitzes angeklagt. Beide Musiker wurden innerhalb von vierundzwanzig Stunden gegen Kaution freigelassen und für den 25. November zur Vernehmung beim städtischen Gerichtshof vorgeladen. Sie werden eines Verbrechens beschuldigt, das nach dem Strafgesetzbuch mit mindestens sechs Monaten und höchstens sechs Jahren Haft bestraft werden kann.«[9]

Offenbar war Armstrong verpfiffen worden, möglicherweise vom Besitzer eines anderen Nachtklubs oder von einer Band, die Armstrong aufgefordert hatte, in einem ihrer Klubs zu spielen. Anfangs nahmen Armstrong und Berton die Verhaftung nicht ernst. Dazu Ralph Berton: »Die Bullen nahmen Vic und Louis mit aufs Revier, wo sie die Nacht in einer Zelle verbrachten und unentwegt lachten – sie waren immer noch high. Das Lachen verging ihnen allerdings am nächsten Morgen, als der Richter ihnen sechs Monate und jedem zusätzlich eine Geldstrafe von tausend Dollar aufbrummte.«[10] Berton berichtet weiter, der Bandleader seines Bruders, Abe Lyman, habe gute Beziehungen gehabt. So willigte der Richter schließlich ein, die Strafen unter der Voraussetzung auszusetzen, daß die beiden sechs Monate lang fünf Nächte in der Woche im Gefängniskrankenhaus schliefen. Armstrong erwähnte nur die Strafaussetzung, nicht aber das Schlafen im Gefängniskrankenhaus. Der normalerweise gutunterrichtete Walter C. Allen behauptet, der Richter habe Armstrong nur unter der Bedingung entlassen, daß er Kalifornien verließe. Er ist allerdings bis zum nächsten Frühjahr geblieben. Wie dem auch sei, die Aufregung in der Presse legte sich, und Armstrong rauchte bald darauf wieder Marihuana.

Um diese Zeit kam es zwischen Louis und Lil endgültig zum Bruch. Seit einiger Zeit hatten sie schon keine richtige Ehe mehr geführt. Charlie Carpenter erinnerte sich, daß Armstrong 1928 ein »kleines Ding« erwähnt hatte. 1931 war die Kluft zwischen beiden so groß geworden, daß Lil keinen Versuch mehr unternahm, Louis zu halten. Nach Jones und Chilton, die 1967 ein Interview mit Lil führten, soll Lil zu Louis gesagt haben: »Jetzt, wo du tausend Dollar die Woche oder vielleicht sogar am Tag verdienst, brauchst du mich nicht mehr.«[11] Nach der gerichtlichen Scheidung erhielt Lil das Haus und den größten Teil von Armstrongs Vermögen. Lucille Armstrong meinte, Louis habe es so bei jeder Scheidung gehalten: »Er wollte nichts mit Unterhaltszahlungen zu tun haben. Bei der Scheidung gab er seiner ehemaligen Frau alles, was er hatte, und fing dann wieder ganz von vorne an.«

Lil verwand den Verlust nie und heiratete auch nicht wieder. Chris Albertson schrieb: »Sie trug ihr Leben lang die Ringe, die er ihr geschenkt hatte, und hütete mit der Hingabe eines Museumsdirektors sein altes Kornett, seine Briefe, Fotografien und seine ersten Kompositionsversuche. Wenn sie über ihn sprach, tat sie das mit einer Gleichgültigkeit, die in einem seltsamen Mißverhältnis zum Leuchten ihrer Augen stand.«[12] Lil lebte bis zu ihrem

Tod in dem Haus, das sie gemeinsam mit Louis gekauft hatte, und in vorgerücktem Alter verbrachte sie viel Zeit auf Idlewild, dem Landsitz in Michigan, auf dem sie in den ersten Jahren ihrer Ehe mit Armstrong die Ferien verbracht hatte.

Lil Armstrong wurde von den Jazz-Musikern geschätzt und war äußerst beliebt bei ihnen. In einem Nachruf auf sie schrieb John Hammond: »Lil Hardin-Armstrong war einer der liebenswertesten Menschen, die es in der Welt der Musik gab. Sie war Louis' Frau und Beschützerin in den frühen Chicagoer Jahren. Lil war herzensgut und stets freundlich. Die Geier, die Louis in seiner kreativsten Zeit umschwirrten, hatten bei ihr keine Chance.«[13] Und Preston Jackson sagte: »Ihr ist vieles zu verdanken. Wäre Lil nicht gewesen, Louis wäre heute nicht da, wo er ist.«[14] Man kann sich kaum vorstellen, wie Armstrongs Karriere ohne Lil verlaufen wäre. Sicher war die Trennung von Oliver entscheidend, die sie forciert hatte, da Louis bei Henderson und in den verschiedenen Chicagoer Gruppen erst den notwendigen Raum für seine künstlerische Entwicklung erhielt. Nach dieser Phase der kreativen Befreiung mußte zwangsläufig irgendwann ein Produzent auf Armstrong stoßen und Aufnahmen mit ihm unter seinem Namen machen. Nachdem Lil ihn aus Olivers Schatten herausgeholt hatte, konnte er die ersten eigenen Schritte tun. Alles weitere folgte fast wie von selbst.

Die Beziehung zwischen Louis und Lil, so stürmisch sie auch gewesen sein mag, war äußerst fruchtbar. Zilmer Randolph erinnerte sich, wie Lil und Louis in einem Theater für Schwarze einmal eine Show improvisierten. »Noch nie hatte ich so etwas unglaublich Gutes gesehen. Es war einfach unbeschreiblich ... Sie schienen zusammen zu atmen ... Lil war eine gute Tänzerin, aber sie tanzte nicht viel, nur die witzigen kleinen Einlagen, wie man sie von ihr und Louis kannte. Sie sang, und Louis spielte auf seinem Horn. Und dann fingen sie an, sich gegenseitig aufzuziehen.«[15] Die Rede ist von einer Szene, die sie schon 1927 zusammen aufgeführt hatten: *That's When I'll Come Back To You.* Abgesehen von einem Streit um die Rechte einiger Stücke, die sie gemeinsam für die ersten Hot-Five-Aufnahmen geschrieben hatten, blieben sie gute Freunde.[16] Ihre Ehe war zwar nicht ideal, aber für Louis war die Beziehung zu Lil sehr wichtig. Daß Lil Armstrong am 27. August 1971 ausgerechnet bei einem Gedächtniskonzert für Louis in Chicago einem Herzanfall erlag, ist beinahe tragikomisch.

Als Armstrong im März nach Chicago zurückkehrte, trat ein gerissener, raffgieriger Geschäftemacher aus der Halbwelt in sein Leben – Johnny Collins. Collins war damals fünfunddreißig oder vierzig Jahre alt, ein großer Mann mit elegantem Schnauzer. Er wurde Pop genannt. Außer der Tatsache, daß er im April 1931 Armstrongs Manager wurde, ist nicht viel über ihn bekannt.

George James, ein Saxophonist, der zu jener Zeit mit Armstrong arbeitete, behauptete, Collins habe ein großer Gangsterboß werden wollen, wozu er aber offenbar nicht clever genug war.[17] Er erkannte jedoch schnell, daß er Armstrong vor seinen Karren spannen konnte, und überredete ihn, einen Vertrag bei ihm zu unterzeichnen. Louis war aber noch bei Tommy Rockwell unter Vertrag, der selbst Verbindungen zur Unterwelt hatte. Pop Collins war überdies Alkoholiker und ein unzuverlässiger Typ. Er gehörte zu jenen Widerlingen, zu denen Armstrong sich immer wieder hingezogen fühlte. Während der nächsten beiden Jahre nutzte Collins ihn rücksichtslos aus und machte ihm ansonsten nur Scherereien.

Mit den Scherereien ging es schon bald los. In Chicago hatten der Gitarrist Mike McKendrick und der Saxophonist Al Washington im Auftrag von Collins eine neue Begleitband für Armstrong zusammengestellt; Washington hatte auch schon im Sunset Café in Armstrongs Band mitgespielt. McKendrick, der immer einen Revolver bei sich hatte und unter dem Namen »Big Mike« bekannt war, wurde stellvertretender Bandleader. Er war für das pünktliche Erscheinen der Musiker zu den Proben und Auftritten verantwortlich; außerdem zahlte er ihnen täglich ihr Geld aus. Collins verschaffte der Band ein Engagement in dem weißen Klub Showboat im Loop von Chicago, wo sie im April ihren ersten Auftritt hatte.

Am zweiten Abend des Engagements kamen zwei New Yorker Gangster in den Klub. Armstrong erinnerte sich viele Jahre später: »Eines Abends stürzt dieser verfluchte Kerl in meine Garderobe und erklärt mir, daß ich am nächsten Abend in dem und dem New Yorker Nachtklub zu spielen hätte. Ich sage ihm, daß ich dieses Engagement in Chicago angenommen und auch nicht vorhätte, zu verreisen. Ich drehe ihm den Rücken zu, damit er sieht, wie *cool* ich bin. Plötzlich höre ich Geräusche: SCHNAPP! KLICK! Als ich mich umdrehe, hat er einen riesigen Revolver gezogen und richtet ihn direkt auf mich. Wie gebannt starre ich auf die Knarre und sage: ›Al-so . . . vielleicht spiele ich morgen . . . *doch* in New York.«[18]

Dann gelang es Armstrong offenbar, sich in einer Telefonkabine zu verstecken. Dazu George James: »Mike rief alle in die Garderobe und sagte, Pops [Armstrong] sei geschnappt worden. Nur er wußte, wo Armstrong geblieben war. Er sagte zu uns: ›Keiner von euch verläßt den Klub, bis ich es sage. Bleibt einfach hier in der Nähe, als sei nichts geschehen. Sonst könnte es Pops schlecht ergehen.‹ Wir gingen hinter die Bühne. Alle waren aufgeregt und flüsterten, weil wir nicht wußten, wo Louis war. Dann kam Mike zurück. Er hatte Pop Collins aufgesucht, und der hatte gemeint: ›Erzähl niemandem etwas über Louie. Wenn dich jemand fragt, weißt du von nichts.‹ Wenigstens an diesem Abend hat Pop einmal richtig gehandelt.«

Daraufhin schickte Collins die Band mit der Bahn nach Louisville, Kentucky, und einige Stunden später gelang es ihm auch, Louis aus Chicago herauszuschmuggeln, der irgendwo unterwegs den Zug erreichte. Die Musiker kamen am Abend des Kentucky-Derbys in der Stadt an. Collins hatte der Band im Roof Garden des Kentucky Hotels ein Engagement besorgen können. Es war die erste schwarze Band, die dort spielte.

Niemand weiß genau, warum die Gangster hinter Armstrong her waren. George James glaubt, Armstrong habe eine Art Vertrag mit dem Besitzer des New Yorker Cotton Club, Owney Madden, gehabt, einem der mächtigsten Gangsterbosse der Stadt (möglicherweise hing das mit dem Vertrag zusammen, den er mit Tommy Rockwell geschlossen hatte). Ebensogut könnte Rockwell davon erfahren haben, daß Armstrong bei Collins unterschrieben hatte. Als er von der Premiere im Showboat hörte, beauftragte er befreundete Gangster, Armstrong zur Rückkehr zu zwingen.

Später kamen Rockwell und ein Freund nach Chicago, um mit Armstrong zu reden. Cork O'Keefe berichtet, sie hätten ein freundschaftliches Gespräch miteinander geführt. Danach sei Rockwell auf sein Zimmer im Morrison Hotel zurückgekehrt. Kurz darauf klopfte es an der Tür. Rockwell fragte, wer draußen sei. »Ist das das Zimmer von Tom Rockwell?« Rockwell bestätigte dies. Darauf die Stimme vor der Tür: »Freundchen, hör gut zu. Der 20th Century fährt morgen früh von hier ab. Sieh zu, daß du den Zug erwischst, und komm nie wieder in diese Stadt. Und hör endlich auf, die Künstler anderer Leute zu belästigen.«

Über Armstrongs damalige Probleme mit den Gangsterbanden berichteten Barney Bigard, Preston Jackson, Zilmer Randolph, George James, Cork O'Keefe und andere. Alle diese Berichte wirken unklar und widersprüchlich und dürften kaum in allen Details stimmen. Offenbar stand Louis in der Zeit zwischen 1930/31, als er bei Johnny Collins unter Vertrag war, und 1935, als er bei Joe Glaser einen Vertrag unterschrieb, zwischen zwei Managern und/oder rivalisierenden Banden, die auf ihn Anspruch zu haben glaubten. Die Gruppe um Owney Madden stand wahrscheinlich mit Rockwell in Beziehung. Die andere Partei könnte die Bande von Capone in Chicago gewesen sein, aber das ist nicht sicher. Die Angelegenheit ist insofern wichtig, weil so zu erklären ist, warum Armstrong sich häufig in diesen Jahren außerhalb der beiden Zentren des Entertainments, New York und Chicago, aufhielt: Er fürchtete sich vor den Gangstern. Später sagte er einmal: »Damals lauerte überall Gefahr.« Glaser klärte die Sache mit Hilfe seiner einschlägigen Verbindungen und zahlte Collins aus.

Von Louisville aus bereiste die Band den Mittelwesten. Sie spielte gedruckte Arrangements, die Armstrong aus Los Angeles mitgebracht hatte. Ende Mai arbeitete sie im Greystone Ballroom in Detroit, wo Zilmer Randolph zu ihr stieß. Vier Jahre lang blieb er Armstrongs musikalischer Berater und Organisator. Randolph war ausgebildeter Musiker, hatte in St. Louis Musiktheorie und Arrangement studiert und Lil Armstrong in Theorie unterrichtet. So lernte Armstrong ihn wahrscheinlich kennen, und deshalb wollte er ihn in der Band haben. Randolph übernahm schon bald die Aufgaben eines Bandleaders. »Ich hatte es mir zur Gewohnheit gemacht, nach der Pause grundsätzlich fünf Minuten vor Spielbeginn wieder auf der Bühne zu sein.« So hielt er es auch am ersten Abend in Armstrongs Band. »Als ich zurückkam, rief Armstrong: ›Hey, Randy.‹ Ich antwortete: ›Ja.‹ Er sagte: ›Stell einen Set zusammen und teil die Noten aus. Von jetzt ab ist das deine Band.‹ Als er das sagte, schauten sich alle an . . . Also suchte ich einen Set zusammen und gab den Musikern ein Zeichen . . . Von da an war ich für die Band verantwortlich.«[19]

Es ist bezeichnend für Armstrong, daß er die Leitung der Band abgab. Er machte anderen Menschen nur ungern Vorschriften. Bei dem Respekt und der Bewunderung, die die Musiker Armstrong entgegenbrachten, hätten sie gewiß lieber von ihm Anweisungen entgegengenommen als von Randolph, der zwar Musik studiert hatte, aber kein Jazz-Musiker war. Doch Armstrong wollte diese Verantwortung nicht tragen.

Randolph verbesserte die gedruckten Arrangements, fügte Einleitungen hinzu, veränderte die Schlüsse und versuchte überhaupt, die Band ein wenig professioneller zu leiten. Denn auch diese Begleitband galt als ziemlich amateurhaft. Armstrongs Bands kamen bei den Jazz-Kritikern nie gut weg, was nicht ganz fair war, da seine Manager den Musikern nur sehr wenig zahlten. Folglich mußte man oft auf junge, unerfahrene Musiker zurückgreifen. John Hammond sagte: »Als Louis von Johnny Collins gemanagt wurde und auch später, in der ersten Zeit bei Glaser, hatte er stets die billigsten Musiker, die zu bekommen waren. Die Manager sahen Louis offenbar als eine Art Goldesel an. Sie waren weder an seiner Kunst noch an irgend etwas anderem interessiert. Die meisten Plattenaufnahmen machte Louie mit vollkommen unfähigen Musikern.«

Die Musiker waren nicht durchweg schlecht, und einige von ihnen wurden später gute Jazz-Musiker. Unser Urteil heute beruht einzig und allein auf den Plattenaufnahmen, die unter ganz miserablen Umständen zustande kamen. Dazu Scoville Browne:

»Wir nahmen eine Menge Stücke auf, von denen wir keine Noten hatten. Wir lernten sie auswendig. Oft spielten wir völlig unbekannte Stücke, und Arrangements gab es auch nicht. Deshalb klingen die meisten dieser Aufnahmen nicht besonders . . . Wir arbeiteten die Arrangements im Studio aus. Ein paar von Louis' Freunden brachten ein Stück mit und sagten: ›Spiel das hier, Louis.‹ Ich glaube nicht, daß wir von *I Got A Right To Sing The Blues* Noten hatten. Wahrscheinlich hatten wir eine Melodiestimme und ein paar Akkordsymbole. Die Aufnahmen waren ohnehin immer nur drei Minuten lang; deshalb gab es mit den Arrangements keine Probleme. Gewöhnlich spielte Louis den ersten Chorus, und wir spielten die Harmonien dazu. Auf den Tourneen hatten wir feste Arrangements, die wir vorher einmal probten. Wir hatten genug Repertoire, um zum Tanz zu spielen, und während der Tournee kamen ständig neue Stücke hinzu.«

Zilmer Randolph bestätigte das. *Stardust* war fast ein Head-Arrangement[20], das heißt, es war nicht aufgeschrieben, sondern nur abgesprochen oder vereinbart.

Es mag heute merkwürdig erscheinen, daß die Plattenfirmen die Band nur neue Stücke aufnehmen ließen, also keine Titel, die sie Abend für Abend spielte; doch das war jahrzehntelang die übliche Praxis in dieser Branche. Als das Geschäft mit der populären Musik Anfang unseres Jahrhunderts zu florieren begann, kam es beim Verkauf in erster Linie auf den Titel an, nicht auf das Orchester, das ihn spielte, und so blieb es lange Zeit. Populäre Titel sind nur sehr kurze Zeit zu verkaufen, manchmal sind sie schon nach wenigen Wochen wieder aus der Mode. Deshalb waren die Plattenfirmen nicht daran interessiert, daß ihre Bands Titel aufnahmen, die schon bekannt waren. Heutzutage sind Studiomusiker so versiert, daß sie in einer halben Stunde einen neuen Titel aufnahmereif haben. Armstrongs Band hingegen brauchte viel Zeit zum Proben, um ein neues Stück gut zu spielen, und die Zeit gab es im Studio nie.

Von Detroit aus bereiste Armstrong den ganzen Mittelwesten. Im Juni war die Band in den Suburban Gardens engagiert, einem vornehmen Restaurant mit Spielsalons außerhalb von New Orleans. Auf diese Weise kam Armstrong erstmals wieder in seine Heimatstadt, die er 1922 mit seinem Kornett und einem Fischsandwich verlassen hatte, um sich King Olivers Band in Chicago anzuschließen. Damals war er ein unbedeutender junger Kornettist gewesen, den nur die schwarzen Musiker von New Orleans kannten. Jetzt, bei seiner Rückkehr, war er ein Star. Seine Ankunft verursachte einen riesigen Tumult. In der Nähe des Bahnhofs hatte man Spruchbänder mit seinem Namen über die Straße gespannt. Die Zeitungen hatten von seinem Kommen berichtet. Eine riesige Menschenmenge hatte sich versammelt, und mehrere Bands spielten: ein Willkommen wie im Bilderbuch.

In der Jazz-Literatur hat es viel Aufhebens darum gegeben, daß der Radiosprecher sich bei der Premiere in den Suburban Gardens weigerte, »diesen Nigger« anzusagen, was Armstrong dann selbst tat. George James, der Zeuge dieses Vorfalls war, berichtet darüber: »Ein paar Leute hatten kein Verständnis, weil sie einfach keins haben wollten, aber die Mehrheit des weißen Publikums war außer sich vor Freude, daß Louie mit seiner Band zu Gast war.«

Trotzdem versuchte die weiße Musikergewerkschaft, die Band am Auftritt zu hindern, und die Situation konnte nur mit Hilfe der Gangster gerettet werden, unter deren »Schutz« der Klub stand. Dennoch war das Engagement für die Band insgesamt erfreulich. Dazu George James: »Die Suburban Gardens waren ein wunderschöner Ort. Es gab dort prächtige Lichter, die man vom Fluß aus sehen konnte. Da Schwarze den Klub nicht betreten durften, saßen sie am Flußufer und hörten Louie von dort aus singen und spielen. Und wenn wir gegen Morgen aufhörten, war immer einer da, der Frühstück für uns machte oder ähnliches.« Louis hatte Alpha mitgenommen. Sie mieteten sich ein Appartement und kauften einen kleinen Ford. Das Engagement, das ursprünglich nur für drei Wochen geplant war, dauerte schließlich drei Monate.

Im September verließ die Band New Orleans und arbeitete bis ins folgende Jahr hinein für die Paramount-Publix-Kette. Wieder gab es Schwierigkeiten. Collins reiste als Roadmanager mit. Daß jedoch auch seine Frau mitreiste und sich um den Transport kümmerte, war für die Weißen im Süden eine unmögliche Sache. Normalerweise benutzte die Band ziemlich heruntergekommene Busse, die jeweils gemietet wurden. In Memphis hatte Mary Collins einen Bus mit bequemen Rücksitzen bestellt, damit Armstrong sich hinlegen und schlafen konnte. Die Busfirma gab ihr statt dessen jedoch ein äußerst unbequemes Vehikel. Mrs. Collins bestand darauf, den Bus auszutauschen. Irgendwann rief jemand die Polizei. Die sah einen Schwarzen auf der Lehne eines Sitzes neben einer weißen Frau – zu jener Zeit in den Südstaaten eine undenkbare Situation. Daraufhin wurde die Band festgenommen. Glücklicherweise war Mike McKendrick noch unterwegs, um irgend etwas zu erledigen. Als er zurückkam, erkannte er sofort, was vorging, und machte sich unbemerkt davon, um irgend jemanden zu Hilfe zu holen – wahrscheinlich den Besitzer des Theaters, in dem sie am Abend auftreten sollten. Die Polizei willigte schließlich ein, die Band freizulassen, wenn sie vorher noch in einer Radiosendung spielte. Während dieser Sendung soll Armstrong gesagt haben: »Dig this, Mezzerola« und dann Mezzrow und andere Freunde in New York gegrüßt haben. Insider wußten, daß mit Mezzerola nichts anderes als Tee (Marihuana) gemeint war. Dem Polizeichef von Memphis widmete Armstrong das Stück *I'll Be Glad When You're Dead, You Rascal, You.* Die Band kam um Mitternacht an ihrem Auftrittsort an, wo das Publikum geduldig auf sie gewartet hatte.

Bis Februar 1932 folgte ein Engagement dem anderen. Schließlich kam die Band nach New York, wo sie im Paramount-Publix Theatre am Broadway engagiert war. Louis sollte außerdem im Lafayette auftreten. In der *New York Age* hieß es: »Armstrong gilt bei der Kritik als der beste Kornettist der Welt, als König des Blues, Komponist populärer Songs und als eine der dynamischsten Persönlichkeiten im amerikanischen Showbusiness. Dies ist Armstrongs erster Auftritt seit über zwei Jahren. Die Paramount-Publix Corporation erlaubte ihm, noch vor seinem Auftritt am Broadway im Lafayette zu spielen.«[21]

Doch da tauchten plötzlich wieder Leute auf, die Collins bisher hatte fernhalten können. Tommy Rockwell und die Immermans, die Besitzer von Connies Inn, verklagten Armstrong auf Vertragsbruch. Armstrong reichte eine Gegenklage ein, doch wegen des juristischen Gerangels konnte die Band nicht auftreten. Gewöhnlich war es Armstrong, der in solchen Situationen die Flucht ergriff. Jetzt aber war es vor allem Collins, der es furchtbar eilig hatte, zu verschwinden, denn er fürchtete, seinen »Goldesel« an Rockwell oder die Gangster zu verlieren. Also machten sie sich schnell auf nach Chicago, wo einige Platten aufgenommen wurden. Danach löste die Band sich auf. Armstrong ging nach Kalifornien, wo er im Sebastians Cotton Club mit einer hastig zusammengestellten Gruppe auftrat.

Bevor Armstrong New York verließ, wirkte er mit seiner Band noch in zwei entsetzlichen Kurzfilmen mit. Der eine hieß *Rhapsody in Black and Blue*, in dem ein Schwarzer von seiner Frau bewußtlos geschlagen wird und als König von Jazzmania wieder aufwacht. Dieser König befiehlt Armstrong, der aus unerfindlichen Gründen in ein Leopardenfell gekleidet ist, für ihn zu spielen. Der andere Film hieß *I'll Be Glad When You're*

Dead, You Rascal, You, ein Feature für Betty Boop, teilweise ein Live-Film und teilweise ein Cartoon. In beiden Kurzfilmen spielt Armstrong seinen Part unglaublich schlecht. Doch diese beiden Rollen beweisen, wie populär Armstrong geworden war.[22]

Armstrongs Situation während der Zusammenarbeit mit Collins war also nicht gerade rosig. Hinzu kamen auch noch Probleme mit dem Ansatz. Armstrong hatte schon früher in dieser Hinsicht Schwierigkeiten gehabt, weil er stets mit viel Druck spielte und seine Spielweise auch nicht, wie andere Trompeter, auf die Non-Press-Technik umstellte. Vermutlich hätte er ein Jahr dazu gebraucht. Außerdem benutzte er meist ein sehr enges Mundstück. Das Ende eines Trompetenmundstücks ist ein Kreis mit einer Öffnung in der Mitte. Die Größe des Lochs, durch das die Luft einströmt, ist zwar immer ziemlich gleich, der Rand kann jedoch beliebig breit sein. Ein breiter Rand ist so etwas wie ein dickes Kissen für die Lippen.

Armstrong benutzte lieber ein Mundstück mit sehr schmalem Rand, der zwar ein wenig ins Fleisch schneidet, gleichzeitig aber den Lippen mehr Halt bietet, so daß das Mundstück nicht hin- und herrutschen kann. Man sagt gar, er habe sich Rillen in das Mundstück schneiden lassen, damit es sich nicht auf den Lippen bewegte. Ob das immer so war, ist fraglich; allerdings hat das Kornett, das sich im Jazz-Museum von New Orleans befindet und auf dem Armstrong in der Besserungsanstalt gespielt haben soll, tatsächlich Rillen.

Da er sich jeden Abend stundenlang dieses scharfkantige Instrument an die Lippen preßte, ist es nicht verwunderlich, daß er sie sich damit ruinierte. Dazu Armstrong: »Als Junge, in den Honky-Tonks, riß ich mir die Lippe auf, weil das Mundstück zu scharf war.« Erschwerend kam hinzu, daß seine Vorliebe für hohe Töne immer stärker wurde. »Einmal, als wir im Süden auf Tournee durch die Dance Halls der Farbigen waren, riß ich mir in Memphis böse die Lippe auf. Seitdem ist das Fleisch immer noch nicht ganz nachgewachsen. Möglicherweise drangen die Zähne von innen durch die Haut, während ich die Lippen gegen das Mundstück drückte. In England platzte mir auf der Bühne des Holman [sic!] Empire die Lippe, und das Blut lief über mein Tuxedohemd, aber niemand bemerkte es. Ich verbeugte mich, verließ die Bühne und trat vier Monate lang nicht auf.«[23] Ähnliches passierte Armstrong immer wieder, und auch Lucille Armstrong erinnerte sich an zwei Vorfälle dieser Art.

Aber nicht genug damit. Nach Marshall Brown litt Armstrong an ständig nachwachsenden Wucherungen des Narbengewebes, das sich an den Innenseiten seiner Lippen gebildet hatte. 1959 teilte Brown in Atlantic City mit Armstrong zwei Wochen lang einen Umkleideraum. Brown hatte die gleichen Probleme. »Wenn die Lippe sich gegen die Zähne drückt, bildet sich Narbengewebe – aber nur bei manchen Leuten. Ähnliche Schwierigkeiten haben die Gitarristen gelegentlich mit ihren Fingern. Buck Clayton hatte es auch. Louis Armstrong litt sein Leben lang darunter, und zwar von Anfang an. Er erzählte mir, alle vier oder fünf Jahre müsse er das Narbengewebe entfernen lassen, was immer zwei, drei oder gar sechs Monate Pause bedeute. Er sagte mir auch, wie er das Problem löste: Er nahm eine Rasierklinge und brachte sich selbst in Ordnung.«

Sich mit Hilfe von Hausmitteln selbst zu kurieren, war in dem Milieu, in dem Armstrong aufgewachsen war, üblich. Die Schwarzen von New Orleans waren so arm, daß sie sich Arztbesuche nur in sehr dringenden Fällen leisten konnten. Armstrong schwor auf jede Salbe, die angeblich seine Lippen heilte. Und ebenso selbstverständlich entfernte er sich auch das Narbengewebe selbst. Brown schlug Armstrong vor, zu einem Chirurgen zu gehen und sich fachmännisch behandeln zu lassen, da die Lippe dann auch schneller heile. Doch Armstrong war nicht zu überzeugen, und als er kurz vor seinem Lebensende endlich zu einem Arzt ging, wollte der die Operation nicht mehr riskieren, da Armstrong mittlerweile noch an anderen Krankheiten litt.

Armstrong mißhandelte seine Lippen unglaublich, schlimmer wohl als jeder andere professionelle Trompeter seiner Zeit. Er glaubte, ohne Rücksicht auf seine Gesundheit unentwegt arbeiten zu müssen. Wahrscheinlich liegt hier auch der Grund für das stetige Nachlassen von Armstrongs künstlerischer Leistung. Dr. Gary Zucker, der ihn gegen Ende seines Lebens ärztlich behandelte, sagte: »Als ich die Lippe zum erstenmal sah, hatte sie schon viele Risse und Geschwüre, und als die verheilt waren, traten Narben an ihre Stelle. Narbengewebe ist dünner und härter als normales Gewebe. Man hat dann nicht mehr das weiche Fleisch der Haut und das normale Bindegewebe unter der

Haut.« Jede Wunde erzeugt neues Narbengewebe, und so nimmt die Flexibilität allmählich ab. Beim Spielen einer schnellen Passage muß ein Trompeter mehrmals innerhalb einer Sekunde die Spannung seiner Lippen verändern. Wenn die Lippe weitgehend aus Narbengewebe besteht, werden schnelle, feine Anpassungen schwierig, wenn nicht ganz unmöglich.

Armstrong hat nie zugegeben, daß seine Spielfähigkeit immer mehr nachließ, aber daran besteht meiner Meinung nach kein Zweifel. Wir werden später sehen, welche Auswirkungen das auf seine Musik hatte. Schon 1929 zeigten sich erste Folgen, und ab 1932 wurden sie auch für Nichtmusiker erkennbar. John Hammond, der Armstrong im Januar jenes Jahres in Philadelphia hörte, schrieb damals: »Er scheint mit einem neuen, ›wolkigen‹ Ton zu experimentieren.« Armstrong war weit davon entfernt zu experimentieren – seine Lippe war einfach ruiniert.

Es gab aber auch noch andere Probleme. Armstrong wurde von allen Seiten unter Druck gesetzt. Hammond berichtet: »Armstrong sieht nicht gerade gut aus; er wirkt überarbeitet, und er hat sich die Haare so kurz schneiden lassen, daß nur noch ein Haarbüschel über der Stirn geblieben ist.«[24] Die juristische Auseinandersetzung mit Rockwell zog sich noch über das ganze Frühjahr hin, und im Hintergrund lagen die Gangster auf der Lauer. Außerdem kam es zu einem Scheidungsvertrag mit Lil, der Louis viel Geld kostete. Mit Johnny Collins gab es ebenfalls nur Schwierigkeiten.

Irgend jemand hatte die Idee, Armstrong nach Europa zu schicken. Die amerikanischen Schwarzen glaubten nämlich, in Europa sei die Lage angenehmer für sie. Vielleicht wollte Armstrong nur herausfinden, ob das stimmte. George James hat vermutet, Collins oder Armstrong oder beide seien von den anhaltenden Problemen mit den Gangstern entnervt gewesen. Das könnte ein Motiv für die Europareise gewesen sein. Collins und Armstrong hatten vielleicht das Gefühl, in einem dichten Netz gefangen zu sein. London bot sich da als Ausweg an. Jedenfalls traf man mit einigen Leuten vom britischen Showbusiness reichlich unklare Vereinbarungen. Anfang Juli 1932 fuhren Armstrong, Alpha, Collins und dessen Frau Mary auf der *Majestic* nach England.

Die ersten Big-Band-Aufnahmen

In der Zeit zwischen Sommer 1929 und Frühjahr 1932, als seine letzte Aufnahme vor der Europareise entstand, nahm Armstrong rund sechzig Stücke auf (wenn man ein paar Doubletten dazurechnet, die heute ebenfalls im Handel erhältlich sind). Von wenigen Ausnahmen abgesehen spielt er am Anfang dieser Aufnahmen jeweils eine leichte Abwandlung der Originalmelodie, oft mit dem Dämpfer. Dann folgt ein Ensemblezwischenteil oder ein kurzes Solo von einem Mitglied der Begleitband, so daß Armstrong Zeit zum Luftholen hat. Im Anschluß daran spielt er je nach Tempo des Stücks einen oder mehrere Chorusse, die fast immer im oberen Register enden. Oft redet Armstrong auch während der Aufnahmen: Er feuert seine Musiker an, führt Selbstgespräche, spricht mit dem Publikum.

Die aufgenommenen Stücke lassen sich in drei Gruppen gliedern: in bekannte sentimentale Balladen, in Good-Darky-Stücke aus der Coon-Song-Tradition und in Swing-Stücke in halsbrecherischen Tempi. Der Gesangschorus war der Mittelpunkt all dieser Aufnahmen, jedenfalls nach der Meinung von Louis, der Schallplattenfirma und des Publikums. Er spielte immer noch viel Trompete, aber nicht, um zu improvisieren, sondern um die Melodie vorzustellen. Der Schlußchorus war dann mehr eine athletische als eine künstlerische Leistung. Wenn man auf etwas bei diesen Aufnahmen verzichten kann, dann auf das Trompetenspiel, nicht auf den Gesang.

Die Musik, die Louis Armstrong in dieser Zeit mit den Big-Band-Besetzungen aufnahm, machte ihn beim weißen Publikum zunehmend populär. Sie mochten seine Art zu singen, seinen »Jive Talk«, sie mochten auch das Bild vom gutmütigen Schwarzen, das er lieferte, und sie kauften seine Platten. Die meisten amerikanischen Jazz-Fans waren von diesem neuen Armstrong enttäuscht bis entsetzt. Gerade viele der weißen Fans sahen im

Jazz eine subjektive Wahrheit, die vom breiten Publikum mißverstanden wurde, dem der seichte Stil eines Guy Lombardo ohnehin mehr behagte. Dieses puritanische Establishment sah im Jazz nur ein Synonym für Sünde und Vulgarität. Diese Haltung beschrieb Bud Freeman, als er auf ein fünfzigjähriges Jazz-Musikerleben zurückblickte: »Ist es nicht verwunderlich, daß Kunstmäzene auch nicht einen Gedanken darauf verschwendet haben, die einzige echte amerikanische Kunstform, den Jazz, zu fördern? Wenn sie sich überhaupt darüber Gedanken gemacht haben, sind sie wohl zu dem Schluß gekommen, jeder Idiot könne Jazz spielen.«[1]

Diese jungen Weißen, Fans wie Musiker, sahen sich als Gralshüter. Für viele von ihnen war Armstrongs Abkehr vom New-Orleans-Stil und seine Hinwendung zu den kommerziellen Dance Bands mit ihren Schlagern Verrat an der Kunst. 1939 schrieb Wilder Hobson in einem der besten frühen Bücher über den Jazz: »Louis Armstrong ist heute ein berühmter Entertainer und ein Virtuose, der schon vor langer Zeit in seine kommerzielle Ausbeutung eingewilligt hat . . . Aber diejenigen, die Armstrong bei vielen seiner Auftritte (insbesondere bei ungeplanten) in letzter Zeit gehört haben, wissen, daß er immer noch – wie in seinen Chicagoer Jahren – mit Einfallsreichtum und lyrischer Wärme spielen kann, zurückhaltend, voller Spannung oder überschwenglich.«[2] Rudi Blesh, ein einflußreicher Jazz-Autor der vierziger und fünfziger Jahre, hingegen bestreitet, daß Armstrong nach der Hot-Five-Periode überhaupt noch Jazz gespielt habe. Er war entsetzt über den »Verlust, den die Musik durch Louis' Hinwendung zum Swing erlitten hat«[3]. Und Sidney Finkelstein, ein anderer Kritiker jener Zeit, meinte: »Gäbe es in Amerika eine genuine musikalische Kultur, die für ihre Talente sorgt und ihnen die Chance gibt, zu lernen und zu wachsen, statt sie zu zerstören, so wäre Armstrong möglicherweise ermutigt worden, große amerikanische Musik zu schaffen. Doch so war es leider nicht. Statt dessen stand er ständig unter Druck, neue Schlager produzieren, neue Songs nachspielen oder die gleichen Songs unter neuem Namen veröffentlichen zu müssen. Sicherlich hätte Armstrong wesentlich bessere Musik machen können, als er es tatsächlich getan hat.«[4]

John Hammond schreibt unmißverständlich: »Armstrongs

Niedergang begann, als er anfing, sich als Solist, als Vortragskünstler und nicht mehr als Ensemblemusiker zu verstehen.«

Was diese Autoren schrieben, gilt gewiß für die Zeit nach 1939. Aber schon in den Jahren zuvor hatten sich kritische Stimmen erhoben. Viele dieser Kritiker standen politisch links, waren also zwangsläufig verstört darüber, daß Armstrong ein Teil jenes kapitalistischen Systems geworden war, das sie so haßten. Erst als in den sechziger Jahren einige von Armstrongs Big-Band-Aufnahmen aus den dreißiger Jahren wiederveröffentlicht wurden, begannen sie, ihre Ansicht zu revidieren. Dan Morgenstern, früher Herausgeber des Jazz-Magazins *Down Beat* und heute Leiter des Institute for Jazz Studies an der Rutgers University, wies auf die Bedeutung dieser Neubewertung hin. Im Covertext zu einer der ersten Wiederveröffentlichungen schrieb er: »Armstrongs meisterhafte Beherrschung seines Instruments *und* seine musikalische Kreativität wuchsen auch weiterhin weit über die Schwelle der dreißiger Jahre hinaus. Hier erleben wir den ersten und größten Virtuosen und Meisterimprovisator des Jazz im Prozeß des Erblühens und der Selbstfindung.«[5]

Morgenstern hat sicherlich teilweise recht. Er meint, einige Kritiker hätten Armstrong deswegen getadelt, weil er den New-Orleans-Stil zugunsten populärer Schlager aufgegeben habe. Tatsache ist aber, daß schon ein großer Teil der Hot-Five-Aufnahmen auf größtmögliche Popularität angelegt war, so etwa *Big Butter And Egg Man*, *Heebie Jeebies*, *Sugar Foot Strut*, *Squeeze Me* und viele andere. Außerdem waren die meisten der Stücke, die für die Aufnahmen der Hot Five von Lil und anderen geschrieben worden waren, musikalisch recht dürftig. Doch Anfang der dreißiger Jahre und insbesondere unter seinem Produzenten Tommy Rockwell nahm Armstrong Songs auf, die für uns heute zu Evergreens geworden sind. *Body And Soul*, *Stardust* und *Blue Turning Grey Over You* sind qualitativ gewiß besser als etwa *King Of The Zulus* und *I'm Gonna Gitcha*. Einige der Kritiker, die mit Armstrong so hart ins Gericht gingen, weil er kommerzielle Stücke mit Big Bands spielte, priesen Ellington und Henderson in den höchsten Tönen, obwohl diese auch nichts anderes taten. Armstrong hatte jahrelang mit Big Bands gearbeitet, weil das Publikum deren Musik hören wollte. Es war vermessen von den Kritikern, von ihm zu verlangen, auch weiterhin einen dem Untergang geweihten Stil zu spielen. Armstrong hätte davon nicht leben können.

Andererseits hatten jene frühen Kritiker nicht ganz so unrecht. Der sterotype Aufbau der Big-Band-Aufnahmen, die nur dazu dienten, Armstrong ein Maximum an Entfaltungsmöglichkeit zu geben, wirkt auf die Dauer eintönig und langweilig. Die schlechte Qualität der Begleitorchester, insbesondere die mangelhafte Intonation der Saxophone, verstärkt diesen negativen Eindruck. Auch ist dem offenbar überarbeiteten und desinteressierten Armstrong häufig nicht viel eingefallen.

Allein auf kommerziellen Druck ist die geringe Qualität nicht zurückzuführen. Armstrong hatte Probleme mit der Justiz und litt unter dem schlechten Management des geizigen und nicht gerade ehrenwerten Johnny Collins. Privat befand er sich in einer schwierigen Situation, da sowohl Alpha als auch Lil Forderungen an ihn stellten. Seine Bands waren meist dilettantische Haufen, denen nicht genug Zeit zum Proben zur Verfügung stand. Außerdem war er überarbeitet: Auf Theaterengagements mit fünf Vorstellungen pro Tag folgten am Abend One-Nighter-Tourneen, und zwischendurch gab es noch Radiosendungen und Aufnahmen im Studio. Um Armstrongs Gesundheit, um seine Psyche und um den Zustand seiner anfälligen Lippen kümmerte sich niemand. Weder Collins noch OKeh und auch keiner der Klubbesitzer, für die Armstrong arbeitete, hatten das geringste Interesse an seinen künstlerischen Möglichkeiten. Für sie war er nichts weiter als einer jener komischen Darkys, die es so gut wie möglich auszubeuten galt.

Armstrong war zu dieser Zeit auf dem Tiefpunkt seiner Kreativität. Zwischen Juli 1929 und dem Frühjahr des folgenden Jahres nahm er über zwanzig Titel mit verschiedenen Bands auf, von denen ihm keine auch nur annähernd gewachsen war. Er behauptete zwar, seine Begleitband gar nicht zu hören, aber einen Menschen mit einem Ohr für Harmonie und einem ausgeprägten Gespür für feinste Unterteilungen des Beat muß die fehlerhafte Intonation und die schlechte Phrasierung dieser Begleitbands gestört haben. Jedem Musiker tut es zutiefst weh, wenn er eine komplexe Figur zu einem schönen Abschluß zu bringen versucht und der zugehörige Akkord von den übrigen Musikern verpatzt wird. Schlechter Rhythmus ist für einen Jazz-

Musiker noch unerträglicher. Ein Improvisator, der die Töne bewußt hinter oder vor dem Beat spielt, ist darauf angewiesen, daß der Beat exakt gespielt wird. Schon Abweichungen von einer Zehntel- oder einer Zwanzigstelsekunde können schwerwiegende Folgen haben. Armstrong kann seinen Mitmusikern gegenüber nicht völlig indifferent gewesen sein. Schließlich war er bemüht, aus dem Zusammenspiel das Bestmögliche zu machen.

Unter den Aufnahmen, die zwischen 1929 und 1932 entstanden sind (mit Ausnahme der allerersten), gibt es etwa ein Dutzend vom Niveau der besseren Hot-Five-Aufnahmen, wenn auch nicht so gute wie jene vom *West End Blues* oder von *Tight Like This*. Armstrongs Gesang ist immer erfrischend, ungeheuer musikalisch, erfindungsreich und sehr originell. Nie zuvor hatte jemand populäre Songs so gesungen wie er, und niemand wird es ihm je nachmachen. Abgesehen von den Sängern des klassischen Blues war Armstrong ohne Frage der beste Jazz-Sänger, den es je gab. Auf den frühen Big-Band-Aufnahmen finden sich einige seiner frischesten und ausgelassensten Gesangschorusse. Offensichtlich lag Armstrong hier oft mehr am Singen als am Trompetenspiel.

Im Sommer 1929 finden wir bei ihm eine neue Art zu musizieren. Er bläst nun sparsamer, meist fließende Phrasen in der hohen Lage, die er öfter dehnt als verkürzt, was den Eindruck erweckt, als spiele er hinter dem Beat. Geoffrey L. Collier, ein Komponist und Spezialist für komplexe Rhythmen, fertigte Transkriptionen von einigen der späteren Armstrong-Soli an, wobei er besondere Sorgfalt auf die genaue Notation der Rhythmen verwandte. Dabei fand er einige wichtige Charakteristika heraus: Armstrong arbeitet mit weniger Tönen. Bei den Aufnahmen der Hot Five hatte er im Schnitt fünf bis sechs Töne pro Takt gespielt, im langsamen wie im schnellen Tempo; bei *Cornet Chop Suey* und *Tight Like This* waren es sechs Töne pro Takt. Mitte der dreißiger Jahre spielt er jedoch gewöhnlich nur noch drei bis vier Töne pro Takt, unabhängig vom jeweiligen Tempo; in *Ev'ntide* sind es im Schnitt etwa vier pro Takt, in *Struttin' With Some Barbecue* sind es etwas mehr als drei. Armstrong arbeitet nun auch mehr mit Pausen. Die zweiunddreißig Takte des Solos von *Ev'ntide* bestehen zu zwanzig Prozent aus Pausen. Ferner beginnt er mit seinen Figuren oft auf dem zweiten oder dritten Viertel eines Taktes, während er früher schon im vorausgehenden Takt mit einem Auftaktachtel begonnen hatte und die Phrase dann genau auf der ersten Zählzeit einsetzen ließ – nicht immer, aber häufig. Außerdem benutzt er in den schnelleren Phrasen eine Menge Triolen und Quintolen, wo er vorher punktierte Achtel mit anschließenden Sechzehnteln gespielt hatte. All das macht seine improvisierten Linien geschmeidiger und verstärkt den Eindruck, daß bestimmte Töne verzögert werden oder nachhinken.

Besonders interessant ist es, die beiden Versionen von *Struttin' With Some Barbecue* zu vergleichen – die der Hot Five von 1927 und die Big-Band-Aufnahme von 1938. Beide enthalten brillante Soli, die seinerzeit die Musiker begeisterten, und das Solo der zweiten Fassung wurde eindeutig aus dem der ersten entwickelt. Trotzdem sind die Unterschiede größer als die Ähnlichkeiten. Armstrong spielt in der ersten Version fünfzig Prozent mehr Töne als in der zweiten. (Die Aufnahme von 1938 ist etwa um zehn Prozent schneller als die von 1927, was allerdings kaum auffällt.) Dennoch sind die Phrasen in der zweiten Version etwas *länger*. In der ersten Version sind Armstrongs Phrasen den Originalphrasen des Stücks angelehnt, und viele der Figuren passen sich den viertaktigen Melodiesegmenten an. Bei der zweiten Version variieren die Phrasen stärker in der Länge und ignorieren oft die Taktstriche: Sieht man einmal von den Riffs am Ende ab, befinden sich fünfzig Prozent von ihnen in den zweiten und dritten Takten der viertaktigen Perioden. Armstrong läßt also den Anfang und das Ende dieser Segmente weg und deutet nur in der Mitte etwas an. In der Originalversion ist er dagegen ausgesprochen rege und spielt viele Ziernoten. Im ganzen Solo der ersten Version gibt es nur drei halbe Noten und, was noch unglaublicher ist, insgesamt nur sechs Viertel-Pausen. Bei der zweiten Version bleiben achtundzwanzig Viertel leer, und elf Töne sind länger als zwei Schläge, selbst wenn man die des Riffs am Schluß nicht mitrechnet.

Insgesamt spielt Armstrong, der früher ein überaus eifriger Improvisator war, aus dem die Ideen nur so hervorsprudelten, in der zweiten Version sparsamer. Er scheint das Stück auf das Wesentliche zu reduzieren und nur gerade soviel von der Melodie zu spielen, daß die Umrisse erkennbar werden. Durch Einfügen von Pausen plaziert er seine Phrasen im Verhältnis zur Grundstruktur an seltsamen Stellen. Armstrong spielt die Töne nicht mehr nur einfach vom Beat weg, sondern befreit die gesamte Melodielinie von der viertaktigen, in populärer Musik üblichen Segmentierung. Statt dessen legt er lange, unregelmäßige Melodiebögen über die unterschwellige Struktur des Stücks. Die Phrasen sind nicht mehr so stark aufeinander bezogen wie früher, und es sind auch weniger Ansätze eines Dialogs zu erkennen. Statt dessen spielt Armstrong gelegentlich Phrasen, die in einer subtilen, schwer faßbaren rhythmischen Beziehung zur Melodie des Stücks stehen. Sein neuer Stil ist weniger temperamentvoll; wenn er nicht virtuos protzt, ist die Musik groß in ihrer Einfachheit.

Der Grund für die Veränderung läßt sich auf verschiedene Faktoren zurückführen. Im Juli spielte Armstrong in der Broadway-Show, in Connies Inn und gelegentlich auch im Lafayette Theatre. Außerdem machte er Plattenaufnahmen und gab gelegentlich Gastspiele außerhalb von New York. Die meiste Zeit fühlte er sich müde, wahrscheinlich auch emotional erschöpft. Ein einfacherer Stil mit mehr Pausen war da natürlich weniger aufreibend. Seine Lippe dürfte damals in einem schlechten Zustand gewesen sein.

Überdies spielte Armstrong nun für ein anderes Publikum. In New Orleans hatte er in den Black and Tans überwiegend vor weißen Arbeitern gespielt. Die reichen Weißen von der Gold Coast in Chicago, die ins Sunset und ins Savoy kamen, waren Spieler, Zuhälter und Gangster. In New York hingegen spielte Armstrong für die weiße Mittelklasse – jene Leute, die in die Broadway-Shows gingen und in den Broadway-Klubs tanzten.

In Armstrongs Augen waren sie vornehme Leute – höflich und mit guten Manieren. Wahrscheinlich glaubte er, ihnen die direkte Art der Hot-Five-Aufnahmen nicht zumuten zu können. Nie hätte er vor ihnen versteckte sexuelle Anspielungen wie in *Tight Like This* gemacht oder sie mit dem rohen Gebrüll von *I'm Not Rough* konfrontiert. Er mühte sich jetzt um bessere Manieren – in der Auswahl der Stücke wie auch hinsichtlich seines Gesangs und seines Improvisationsstils. Armstrong orientierte sich nicht mehr in erster Linie an Oliver und Keppard und an den

Trompetern der Brass Bands, die er als Junge gehört hatte, sondern konzentrierte sich auf die schöne Präsentation der Melodie, auf einen guten Ton, eine saubere Attacke und auf eine präzise Spielweise. Dabei waren improvisatorische Risiken nach Möglichkeit zu umgehen. Dem neuen Publikum lag nicht so viel daran, daß er unentwegt wundervolle neue Melodien erfand – jedenfalls vermutete er das, und diese Annahme erwies sich auch als richtig.

Aber nicht nur seine Spielweise änderte sich, sondern auch sein Gesangsstil. Schon im Jahre 1925, als Armstrong zu singen begann, tat er das mit jener heiseren Stimme, an die wir bei ihm immer denken werden. Solche Heiserkeit entsteht gewöhnlich durch Knötchen auf den Stimmbändern, die unter anderem durch starkes Rauchen und falschen Gebrauch der Stimme hervorgerufen werden können. Redner und Lehrer leiden darunter oft ebenso wie Sänger. Armstrong hatte eine Zeitlang viel geraucht, und außerdem hatte er schon ziemlich früh viel gesungen.

Als Armstrong 1928 die letzte der Hot-Five-Serien aufnahm, sang er bei fast jeder Aufnahme. Sein Erfolg beruhte ebensosehr auf dem Gesang wie auf seinem Trompetenspiel. So versuchte er, sich eine sanftere Tenorstimme anzueignen, wobei ihm sicherlich jener süßliche Gesang vorschwebte, der seinerzeit so beliebt war. Wahrscheinlich spielte Bing Crosby hier eine wichtige Rolle. Crosby hatte einen sanften, gefälligen Stil, den man später als »laid back« bezeichnete. 1929 machte er seine ersten Aufnahmen mit dem populären Orchester von Paul Whiteman, und am Ende des Jahres war er ein Star. Crosby war Alkoholiker und Jazz-Fan. Aus diesem Grund ging er immer in die Black and Tans, wenn er in Chicago war. Er und Armstrong sind sich dort sicher irgendwann einmal begegnet. Bestimmt hatten sie als Musiker voneinander gehört, und Crosby wurde gewiß von Armstrong beeinflußt. Crosby war allen jungen Sängern ein Vorbild – es gab bald eine Schule von Crooners, von Schnulzensängern, die in seine Fußstapfen traten. Erinnern wir uns, daß Armstrong schon immer einen Hang zum Süßlichen hatte, wie seine Begeisterung für den Lombardo-Sound zeigt. Etwa um die Zeit, als er sich im März 1928 wieder der Dickerson-Band anschloß, experimentierte er mit der neuen, »feineren« Stimme. Vielleicht war er der Meinung, für das piekfeine Savoy sich einen anderen Gesangsstil zulegen zu müssen.

Die sanfte Stimme taucht erstmals 1927 im *Put 'Em Down Blues* auf. Armstrong setzte sie danach regelmäßig bei Balladen ein, unter anderem bei seinen ersten Hits *When You're Smiling*, *I Ain't Got Nobody*, *Rockin' Chair* und anderen. Die rauhe Stimme benutzte er weiterhin für schnelle, komische Stücke. Besonders interessant ist sein Gesang in *I Can't Give You Anything But Love* von Mitte 1929. Im Mittelteil singt er Scat, und zwar eine Babala-Babala-Figur, Crosbys Markenzeichen. Anschließend »hoppineh, and I geh«, ein Gag, den Crosby benutzte, um ganz relaxed zu wirken.

Aber dann veränderte sich etwas an Armstrongs Sound. Zwischen dem Aufnahmetermin am 19. August 1930, mit *Confessin'* und *If I Could Be With You*, und jenem am 9. Oktober mit *Body And Soul* verschwand die süße Tenorstimme. Ob er nun fürchtete, die Stimme durch die unnatürliche Forcierung zu ruinieren, oder ob er ganz einfach zu seinem alten Gesangsstil zurückkehren wollte, ist nicht genau auszumachen. 1936 unterzog sich Armstrong in New York einer Operation an den Stimmbändern, um Knötchen entfernen zu lassen. Vom Sommer 1936 bis zum Frühjahr 1937 machte er deshalb keine Aufnahmen. Dieser Eingriff war offenbar wenig erfolgreich, denn Anfang 1937 klang seine Stimme schon wieder so rauh wie zuvor, und um den 14. Januar 1937 ließ Armstrong sich im Provident Hospital in Chicago nochmals operieren. Der behandelnde Arzt war H.T. Nash.[6] Danach besserte sich die Stimme tatsächlich, aber im Herbst des gleichen Jahres war das alte Reibeisen wieder da, das ihn weltberühmt machen sollte. Zwischendurch gelang es Armstrong zwar, süßliche Tenoreffekte zu erzielen, aber mit zunehmendem Alter wurde seine Stimme immer rauher.

Nach seiner Ankunft in New York veränderte sich sein Trompetenstil. *I Can't Give You Anything But Love*, im März 1929 aufgenommen, war ein populärer Titel. Armstrong spielte wie in alten Tagen: farbenprächtig, sprudelnd, umwerfend. Als er am 19. Juli des Jahres mit der Carroll Dickerson Band ins Studio ging, um seinen Hit aus dem Musical *Hot Chocolates*, *Ain't Misbehavin'*, aufzunehmen, war der neue Trompetenstil schon ausgeprägt. Die Linien klangen wesentlich einfacher und wirkten nicht mehr so gehetzt und klischeehaft wie Monate zuvor.

Erste Anzeichen künstlerischer Erschöpfung, deren Ursachen in emotionaler und physischer Überlastung zu suchen sind, lassen sich jedoch nicht überhören. Armstrong hat in seinen Soli selten Zitate verwendet, aber hier spielt er in einem Break eindeutig eine Stelle aus Gershwins *Rhapsody in Blue*. Natürlich können Zitate durchaus einen künstlerischen Zweck erfüllen; oft aber sind sie ein Zeichen für Ermüdung oder Mangel an Phantasie. Armstrong griff von nun an immer häufiger auf Zitate zurück. Außerdem beginnt er, sich in einem Stück zu wiederholen, was er vorher nie getan hatte.

Drei Tage später nahm Armstrong drei weitere Songs aus *Hot Chocolates* auf, darunter *Black And Blue*. Man hat gesagt, dies sei ein Klagelied auf die Situation der Schwarzen. In Wahrheit handelt das Stück jedoch von der Betrübnis einer Frau, die wegen ihrer dunklen Hautfarbe keinen Mann findet. »Brown and yellows all get fellows, gentlemen prefer them light«, lautet der Vers, der heute nicht mehr gesungen wird. Erst Armstrong, der den Song übrigens nicht in der Show gesungen hatte, machte den Titel zu jener Klage des schwarzen Mannes, als die er seitdem gilt.

Die beiden anderen Aufnahmen dieser Session sind nur mittelmäßig. Von diesem Zeitpunkt an gelang Armstrong innerhalb von fünfzehn Monaten nur eine einzige erwähnenswerte Aufnahme: *Dear Old Southland*. OKeh hatte ja immer noch die alte Duettaufnahme *Weather Bird* von Armstrong und Hines im Archiv, die man seinerzeit nicht veröffentlichen zu können glaubte. Inzwischen war Armstrong bekannt, und man wollte einen passenden Rückseitentitel dazu aufnehmen. Also holte man Buck Washington vom berühmten Song-and-Dance-Team Buck and Bubbles zusammen mit Armstrong ins Studio. Als Pianist war Washington natürlich kein Earl Hines, und die Aufnahme von *Dear Old Southland* reicht nicht an das Niveau von *Weather Bird* heran. Doch nach all den Belanglosigkeiten der vorangegangenen Monate wirken die ersten Töne von *Dear Old Southland* wie ein Sonnenaufgang. Der größte Teil des Stücks wird rubato, also ohne festes Metrum gespielt. Armstrong spielt mit einem herzergreifenden Sound und bewegt sich immer am Rande des Beat, ohne den Bezug jedoch zu verlieren.

Zwischen der Aufnahme von *Black And Blue* im Juli 1929 und *Dear Old Southland* im April 1930 gibt es keine weitere erwähnenswerte Schallplatte von Armstrong.

Im Sommer 1930 verließ Armstrong New York in Richtung Westküste und quartierte sich in Culver City (einem Teil des Filmgeländes von Los Angeles) für mehrere Monate im Sebastians New Cotton Club ein. Endlich konnte er sich ein wenig erholen. Armstrong arbeitete dort mit der Band von Les Hite, die erheblich besser war als die meisten Gruppen, mit denen er zuvor zu tun gehabt hatte. Mit dieser Band nahm Armstrong zwischen Oktober 1930 und März 1931 acht erstklassige Schallplatten auf, darunter einige der besten dieser Big-Band-Periode. Hite verstand es, Armstrong nicht in die Quere zu kommen. Die Band spielt ihre Begleiterrolle korrekt wie ein erfahrener Butler, der nur eingreift, wenn sein Herr um eine Serviette bittet, und beiläufig ein Wort über den Fisch verliert. Die Stücke wurden vermutlich von Tommy Rockwell ausgewählt und gehören zu den besten jener Zeit: *Body And Soul*, *Memories Of You* und *You're Lucky To Me*.

Diese Aufnahmen sind es wert, sich eingehender mit ihnen zu beschäftigen. Selbst *Shine* mit seinem abscheulichen Coon-Song-Text (Just because my teeth are pearly, just because my hair is curly) enthält schöne Momente, etwa den zweiten Gesangschorus im Up-Tempo, den Armstrong im Scat-Stil so singt, wie er ihn auf der Trompete gespielt hätte. *The Peanut Vendor*, unverändert aus Louis Moreau Gottschalks *Cubana* übernommen, ist ein bezaubernder Einfall. Besonders interessant ist *Just A Gigolo* (Schöner Gigolo). Hier zeigt Armstrong, daß er auch aus dem dürftigsten musikalischen Material etwas Großartiges zu machen versteht. Jede Wiederholung des abgedroschenen Melodiemotivs verändert er. Beim erstenmal fügt er Akzente hinzu; beim zweitenmal verzögert er seinen Einsatz und spielt eine seiner bekannten auf- und absteigenden Figuren; beim drittenmal wiederholt er diese Bewegung, beim viertenmal ebenfalls, diesmal allerdings in einer steiferen Rhythmik. Beim fünftenmal reduziert er die Melodie auf einen einzigen Ton. Es ist kaum anzunehmen, daß Louis sich das alles vorher überlegt hat. Sein musikalischer Instinkt scheint sich an der Banalität der Vorlage entzündet zu haben.

Das beste Stück dieser Serie ist das heute fast völlig in Vergessenheit gerate *Sweethearts On Parade*. Carmen Lombardo hat es geschrieben, und Armstrong muß es wohl bei der Lombardo-Band gehört haben, denn später erzählte er dem Jazz-Schriftsteller Leonard Feather: »Als ich vor fünfundzwanzig Jahren mit meiner Big Band spielte, versuchten wir, unseren Saxophonsatz so wie den von Lombardo klingen zu lassen – das hört man auf *When You're Smiling* und *Sweethearts On Parade*.«[7] Die ganze Aufnahme des Lombardo-Titels konzentriert sich, abgesehen von zwei kurzen Instrumentaleinschüben vor und nach seinem Gesangschorus, auf Armstrong. Das Arrangement entstand wahrscheinlich im Studio, denn die Begleitung besteht lediglich aus liegenden Akkorden, die die Musiker sich schnell merken konnten.

Armstrong stellt wie gewöhnlich das Thema mit Dämpfer vor. Ganz am Anfang spielt er jedoch eine merkwürdige viertaktige Einleitung: Er läßt den ersten Takt der Einleitung frei, setzt eine hübsche absteigende Figur in den zweiten Takt, läßt dann eine Pause und eine aufsteigende Bugle-Call-Figur folgen. Diese Figur geht über den nächsten Taktstrich hinweg und endet mit einem einfachen synkopierten Zweitonmotiv. Fast unbemerkt beginnt er dann mit der eigentlichen Melodie, die er zunächst paraphrasiert. Plötzlich greift er die synkopierte Figur vom Ende der Einleitung wieder auf, die er jetzt innerhalb des Taktes zwei Schläge später plaziert, so daß sich eine jener metrischen Veränderungen ergibt, mit denen er so gerne experimentierte.

Anschließend folgt eine abwärtsgerichtete Zickzackfigur, die Armstrong so zu gefallen scheint, daß er sie an der Parallelstelle in der zweiten achttaktigen Periode des Stücks wiederholt. Dann entwickelt er in den Takten sieben und acht eine lange Phrase, die aufsteigt und wieder fällt. Ihre Prägnanz wird durch die Verwendung großer Sexten und Septimen gesteigert. Die ersten zwölf Takte und die Einleitung des Stücks sind ein Kleinod des Jazz. Das melodische Material dieser wenigen Takte böte vielen Songschreibern auf Jahre Stoff für Kompositionen.

Der folgende Gesangspart ist relativ einfach gehalten. Glücklicherweise trägt Armstrong den Text so unverständlich vor, daß man von seinem peinlichen Inhalt fast gar nichts hört. Nach einem kurzen Saxophonbreak von Hite, in dem er den Posaunisten Frankie Trumbauer zitiert, spielt Armstrong mit offener Trompete den Schlußchorus. Das Solo besteht sowohl aus ruhigen, leicht süßlichen als auch aus schnellen, ratternden und dichten Doubletime-Passagen. Es ist ein weiteres hübsches Beispiel für Armstrongs Dialogtechnik: Jede Phrase scheint auf die vorhergehende zu antworten. Armstrong erzählt etwas, und man glaubt, die Worte beinahe verstehen zu können. Der Inhalt der Botschaft ist klar: Sie beschreibt den allmählichen Durchbruch zu einer tieferen Wahrheit.

Diese Aufnahme zeigt, daß Armstrongs Genie keinesweg kapituliert hatte, sondern daß er verbissen darum kämpfte, dem kommerziellen Sumpf zu entkommen – um große Musik zu machen.

Sweethearts On Parade entstand unmittelbar vor Weihnachten 1930. Armstrong arbeitete etwa noch zwei Monate lang im Sebastians und kehrte dann nach Chicago zurück, wo er mit der Band spielte, die Mike McKendrick für ihn zusammengestellt hatte und die Zilmer Randolph für ihn leitete. Im April nahm diese Gruppe im Studio jenes Stück auf, das Armstrongs Erkennungsmelodie wurde: *When It's Sleepy Time Down South.*

Diesen Song hatten zwei Kreolen aus New Orleans, Leon und Otis René, geschrieben, die später nach Südkalifornien emigrierten. Der Schriftsteller Jason Berry[8] hat Leon René interviewt und folgendes berichtet: Armstrong und einige Musiker der Hite-Band seien von dem Cousin der beiden, Benny Prescott, in das Haus von Leons Mutter in Pasadena zu einem traditionellen Essen eingeladen worden. Später setzte sich Leon ans Klavier und spielte den Song; Otis sang. Armstrong sagte sofort: »Das ist mein Song, gib mir die Noten, ich werde ihn jeden Abend im Cotton Club spielen.« Er bat den Arrangeur Brake English: »Schreib mir nur drei Saxophonstimmen als Untermalung, die Melodie spiele ich selbst.«[9] Der Song wurde im Klub ein großer Erfolg. Armstrong nahm ihn erst fast ein Jahr später auf.

Dieser Titel ist im Grunde genommen ein Plantagen-Song in der Minstreltradition, die sich bis in die erste Hälfte des 19. Jahrhunderts zurückverfolgen läßt. Er ist jedoch nicht ganz so peinlich wie die Coon-Songs mit ihren Anspielungen auf gebratene

Hühner und Perlmuttzähne, auch wenn Mammys vorkommen, die auf die Knie fallen, und Darkys, die leise und schmachtend singen. In diesem Stück wird ein Loblied auf den guten alten Süden gesungen, aus dem die Schwarzen damals zu Zehntausenden in die Ghettos der kalten Städte im Norden flohen. Armstrong spielte den Titel sein Leben lang mit großer Hingabe. Er war eben sentimental. Obwohl er nur noch gelegentlich im Süden zu tun hatte, sang er zwei Generationen lang von den Freuden des geheimnisvollen Südens, wobei er sogar das häßliche Wort Darky benutzte. Bürgerrechtler zwangen ihn dann Jahre später, diesen rassistischen Begriff durch einen anderen zu ersetzen.

Es war typisch für Armstrong, daß er die Widersprüche in solchen Songs ignorierte. Coon-Songs wie *Shine*, *Snowball* oder *Shoe Shine Boy* hatten nicht wenig zu seiner Popularität beigetragen. Sie bildeten nur einen kleinen Teil seines Repertoires, auf den er notfalls auch hätte verzichten können. Aber offensichtlich sang er sie gern. Mit ihnen versuchte er, sich bei seinem weißen Publikum einzuschmeicheln, das in den dreißiger Jahren immer zahlreicher wurde. Armstrong sah darin nichts Anstößiges. Er fühlte sich zeitlebens von Mächtigen angezogen – von Oliver, Rockwell, Collins –, und für die Schwarzen jener Zeit war ein Weißer immer mächtig. Als man Billie Holiday einmal auf Armstrongs »Tomming« (Onkel-Tom-spielen) ansprach, soll sie geantwortet haben: »Das schon, aber Pops tommt von Herzen.« Das trifft den Kern. Armstrongs Anziehungskraft hatte sicher etwas mit seiner Bereitschaft zu tun, immer freundlich zu sein, zu schmeicheln oder sich bescheiden zu geben.

When It's Sleepy Time Down South war nicht der schlechteste Song dieser Art. Die Aufnahmequalität der ersten Version ist allerdings sehr schlecht, und die Band spielt ziemlich miserabel.

Von allen Titeln, die Armstrong in dieser Zeit aufnahm, sind *Stardust* und *Between The Devil And The Deep Blue Sea* am berühmtesten. Für die musikalische Analyse sind sie insofern interessant, als von ihnen zwei oder mehr Versionen existieren, was bei diesen frühen Aufnahmen selten ist. So können wir die Änderungen in Armstrongs Solostil verfolgen. Die Versionen dieser beiden Stücke, die fast ausschließlich aus Trompeten- und Gesangschorussen bestehen, sind keineswegs identisch, doch enthalten sie erstaunlich ähnliche Passagen. Vom neunten bis zwölften Takt des Trompetenchorus am Anfang von *Stardust* spielt Armstrong zum Beispiel eine Doubletime-Passage, die in beiden Versionen mehr oder weniger gleich ist. In beiden Versionen von *Between The Devil And The Deep Blue Sea* experimentiert Armstrong ebenfalls mit Doubletime-Phrasen; im Mittelteil spielt er lang ausgehaltene Noten und benutzt in den letzten Takten einander ähnelnde Figuren.

Stardust wurde 1927 von Hoagy Carmichael geschrieben, der zu jener Zeit zu den weißen Jazz-Enthusiasten gehörte. Das Stück ist komplizierter als die meisten damaligen Popsongs, die Melodie ist nicht ohne weiteres zu pfeifen, und auf dem Klavier läßt es sich auch nicht so einfach herunterklimpern. Deshalb wurde es auch nur langsam populär. (Der wundervolle Text stammt nicht von Carmichael, sondern von Don Redman.) Das Stück wurde zu einer Art Symbol, zu *der* Verkörperung des Popsongs, und es brachte Carmichael ein Vermögen ein. Wegen seiner ausgefallenen Struktur und wegen seiner nicht alltäglichen Harmonien wird es für einen Jazz-Improvisator eher zu einer Last als zur Startrampe, so daß es wesentlich weniger eindrucksvolle Versionen von diesem Stück gibt, als man auf Grund seiner kompositorischen Qualität vermuten könnte. Armstrong überwand dieses Hindernis, indem er große Teile des Stücks paraphrasiert, und es gelingt ihm tatsächlich, einen ohnehin guten Song noch zu bereichern. Man achte zum Beispiel darauf, wie er in der ersten Version seinen Trompetenchorus am Schluß des Stücks beginnt. In der Originalkomposition steigt und fällt die Melodie in gleichmäßigen Intervallschritten. Armstrong ändert diese Schritte, um das Stück bewegter und interessanter zu gestalten. In der zweiten Version reduziert er die Melodie an der gleichen Stelle bis aufs Skelett, wodurch sie eine bizarre Gestalt gewinnt, mit großen Pausen und vielen Anspielungen.

Between The Devil And The Deep Blue Sea interessiert in erster Linie wegen des Dämpfersolos nach dem Gesangsteil. Hier zeigt sich wieder einmal die ungeheure rhythmische Vielfalt in Armstrongs Spiel. In den ersten sechzehn Takten spielt er Passagen von Sechzehntelnoten, die sich über zwei oder mehr Takte erstrecken und unter die er Triolen und andere, eindeutig zu bestimmende rhythmische Figuren mischt. Gelegentlich verdoppelt Armstrong das Tempo seiner Sololinie, wodurch diese Sechzehntelnoten im Doubletime-Tempo zu Achtelnoten werden. Die Linie bewegt sich nicht in dramatischen Sprüngen, sondern kreist um die Mittellage. Außerdem gibt es eine Art Dialog: Aufgeregtes Geschwätz wechselt mit nachdenklichen Bemerkungen. Dieser Effekt hat Dan Morgenstern an Charlie Parker erinnert, der später wahre Wirbelstürme von Triolen und Sechzehnteln erzeugte. Aber das hier ist kein Bebop. Die Bebop-Musiker hatten ein anderes Verhältnis zu Rhythmen, und völlig verfehlt wäre der Schluß, Parker hätte sich an diesem Stück orientiert. Eine gewisse Ähnlichkeit ist allerdings nicht von der Hand zu weisen, was einmal mehr zeigt, wie weit Armstrong sich dank seiner großen Phantasie von seinem gewöhnlichen Stil zu entfernen vermochte.

Die frühen Big-Band-Aufnahmen sind in ihrer Qualität recht unterschiedlich. Sie waren kommerziell ausgerichtet und sollten Armstrong rasche Popularität verschaffen und viel Geld einspielen. Niemand dachte an bleibende Werte. Deshalb verschwanden diese Platten auch schon bald wieder vom Markt. Die Arrangements sind einfallslos und die Stücke meist mäßig gespielt. Sämtliche Aufnahmen sind unter großem Zeitdruck entstanden, oft mit übermüdeten, desinteressierten Bands. Auch Armstrong wirkt häufig müde und einfallslos. Unter diesen Umständen ist es im Grunde erstaunlich, daß überhaupt noch akzeptable Musik entstand. An guten Tagen allerdings, mit einer guten Band und guten Stücken, entstand Wundervolles, und einige der Aufnahmen stehen denen der Hot Five um nichts nach.

Europa

Einer der hartnäckigsten Jazz-Legenden zufolge wurde Armstrong zunächst in seiner Heimat verachtet und erst in Europa erkannt und aufgewertet. Die Europäer hätten die Amerikaner vom Wert ihrer eigenen Musik überzeugen müssen, schrieb der englische Jazz-Autor Benny Green noch vor kurzem. Schon früh äußerte sich der belgische Jazz-Schriftsteller Robert Goffin im gleichen Sinne: »Die europäischen Intellektuellen erlagen schnell dem Charme der amerikanischen Musik. Weshalb entdeckten sie ihn noch vor den Amerikanern? Die Antwort ist einfach: Rassische Vorurteile spielten damals wie heute eine wichtige Rolle. Für die Amerikaner war es unbegreiflich, daß eine Rasse, auf die man herabblickte, ihrem Land eine unsterbliche Kunstform geschenkt haben sollte.« Dann merkt er noch an, »die europäischen Kritiker haben den amerikanischen Jazz-Fans den Weg gewiesen«[1].

Die Europäer waren in dieser Hinsicht sehr von sich überzeugt. Als Hugues Panassié 1938 zum erstenmal in die USA reiste, um dort Schallplatten zu produzieren, wollte er tatsächlich den amerikanischen Musikern erzählen, wie Jazz zu spielen sei. Dazu Goffin: »Wir alle stehen in der Schuld von Hugues Panassié, weil er das Bewußtsein der Musiker von Chicago für ihre künstlerische Mission gestärkt hat.«[2] Die Musiker sahen das allerdings etwas anders. Eddie Condon meinte nur: »Schließlich gehen wir ja auch nicht zu denen da drüben und erzählen ihnen, wie sie auf ihre Trauben springen sollen.« Condon verstand zwar nichts von der Kunst der Weinherstellung in Frankreich, aber die arrogante europäische Haltung hatte er sofort erkannt. Die Meinung, die Europäer verstünden mehr vom Jazz als die Amerikaner, herrscht nun schon so lange vor, daß sie auch von vielen Amerikanern akzeptiert wird, die es eigentlich besser wissen müßten. Noch 1946 wurde im *Down Beat* ohne jeden kritischen Kommentar die Äußerung von Charles Delaunay, dem Herausgeber des französischen Jazz-Magazins *Jazz Hot*, zitiert, in den USA gäbe es noch keine Jazz-Kritik vom Rang eines Panassié.[3]

Die Entstehung dieser Legende läßt sich damit erklären, daß die Lebensbedingungen der Schwarzen in Europa tatsächlich wesentlich besser waren als in Amerika. Ideal waren sie allerdings auch in Europa nicht: Ralph Dunbar, ein schwarzer englischer Musiker, beklagte sich über die Schwierigkeiten, die er bei der Zimmersuche hatte[4], und Armstrong wurde bei seinem ersten Besuch in London in vielen Hotels abgewiesen. Aber immerhin konnten schwarze Jazz-Musiker, die in Europa auf Tournee waren, in einigen guten Hotels wohnen, in bekannten Restaurants essen und sich mit weißen Frauen treffen. All das war in den Vereinigten Staaten völlig ausgeschlossen.

Außerdem wurden die Musiker, was sie sehr erstaunte, von Mitgliedern der sogenannten besseren Gesellschaft akzeptiert, ja hofiert. Sie bemerkten aber nicht, daß, abgesehen von der kleinen Gruppe der Fans, die europäische Öffentlichkeit dem Jazz gleichgültig oder gar feindselig gegenüberstand. Von den führenden europäischen Jazz-Kennern sind anfangs nur wenige in die USA gereist, und einige von ihnen sind bis heute noch nicht dort gewesen. Deshalb hatten sie keine Vorstellung davon, wie weitverbreitet das Interesse am Jazz in Amerika war. Sogar John Hammond schrieb anläßlich der Englandreise Armstrongs, er sei davon überzeugt, daß England für den Jazz ein wesentlich besserer Ort sei als Amerika. Hammond arbeitete für den *Melody Maker*, hatte Europa besucht und kannte die führenden europäischen Jazz-Publizisten. Wenn dieser angesehene Amerikaner schon von der Vernachlässigung des Jazz in seiner Heimat sprach, warum sollten die Europäer das bezweifeln?

Es ist einigermaßen unverständlich, wie Hammond zu dieser Auffassung kam. In den USA bestand immer ein größeres Interesse am Jazz als in Europa, ob man dies nun am Publikumsinteresse oder an der Vielfalt der kritischen Literatur zu diesem Thema mißt. Wir haben gesehen, daß der Jazz von Anfang an eng mit der amerikanischen Unterhaltungsindustrie verquickt war. Er war Teil der populären Kultur. Alle hatten von ihm gehört, und eine bedeutende Minderheit mochte ihn. In Europa hingegen war Jazz eine esoterische Angelegenheit, eine Musik kleiner elitärer Zirkel. Bis nach dem Zweiten Weltkrieg gab es in

Europa so gut wie keine Jazz-Klubs. In London wurde in den dreißiger Jahren Jazz in einigen Restaurants nach Feierabend gespielt. Die Musiker kamen zu Jazz-Sessions, und man entlohnte sie mit Drinks.[5] 1938 wurden in Paris die Auftritte von Django Reinhardt von höchstens vierhundert Zuhörern besucht, wobei es sich immerhin um Konzerte, nicht um Auftritte in Jazz-Klubs handelte.[6] Und Reinhardt ist wahrscheinlich der größte Jazz-Musiker, den Europa hervorgebracht hat. Zur gleichen Zeit gab es in der 52. Straße in New York schon sechs bis acht Klubs, und allein den Cotton Club besuchten allabendlich mehr als vierhundert Gäste, um Armstrong oder Ellington zu hören.

Die europäischen Jazz-Kritiker meinten, die amerikanischen Intellektuellen hätten den Jazz allzulange vernachlässigt, und erst durch die europäischen Jazz-Autoren, insbesondere durch die Bücher von Panassié und Goffin, hätten sie seine Qualitäten entdeckt. Die Arbeiten von Ron Welburn und auch meine eigenen, weniger umfangreichen Recherchen beweisen jedoch eindeutig, daß die amerikanischen Intellektuellen von Anfang an am Jazz interessiert waren. In den zwanziger Jahren, als Jazz in den USA bekannt wurde, erschienen in den großen Magazinen über hundert Artikel zu diesem Thema und einige hundert in den Tageszeitungen. Es trifft auch nicht zu, diese Berichte seien im Grundtenor negativ gewesen. Welburn betont: »Die Amerikaner waren geteilter Meinung über den Wert des Jazz.«[7] Er spricht also von einer Auseinandersetzung, nicht von einer grundsätzlichen Ablehnung.

Die Zeitungen interessierten sich natürlich in erster Linie für den Semi-Jazz der populären Dance Bands, aber die Intellektuellen schrieben auch über echten Jazz. Schon 1917 brachte der *Literary Digest* zwar unqualifizierte, in der Grundtendenz aber positive Artikel zum Thema Jazz. Don Knowlton schrieb 1926 in *Harper's*: »Vor fünf Jahren verabscheuten die Intellektuellen den Jazz, heute gehört er für sie zum guten Ton.«[8] Ab 1927 schrieb Robert Donaldson Darrell, den man den ersten Jazz-Kritiker nennen kann, in der *Phonograph Monthly Review* regelmäßig intelligente Besprechungen neuer Schallplatten von Armstrong, Ellington und anderen[9], und ab 1928 tat Abbey Niles dasselbe in *The Bookman*.

Die Engländer hingegen erfuhren erst 1929 nach dem ersten

Besuch der Herausgeber des *Melody Maker* in den USA von der Bedeutung der schwarzen Jazz-Musiker.[10] Noch 1932 berichtete der Korrespondent der *New York Times* aus Paris, bis vor kurzem konnte man »nur mit Mühe ein paar Armstrong-Platten kaufen. Die von Duke Ellington waren bisher gänzlich unbekannt . . . All das hat sich schlagartig geändert, seit es in Paris das gibt, was wir ›le jazz hot‹ nennen.«[11] Die Bücher von Panassié und Goffin waren ungenau und wurden von sachkundigen Amerikanern nicht ernst genommen.[12] Otis Ferguson nannte Panassiés Buch in der *New Republic* »ein Standardwerk schlimmster Falschinformation«. Das erste Buch von Goffin war in den USA nicht in Übersetzung erschienen, aber eine Rezension seiner Armstrong-Biographie *Horn of Plenty* im *Metronome* trug die Überschrift »Goffins Horn Fluffs Aplenty« (Goffins Horn verpatzt eine Menge).[13] Man muß sich vor Augen führen, daß 1930, als die Europäer die ersten authentischen Informationen über den Jazz erhielten, Duke Ellington die Hausband des bekanntesten Nachtklubs der Vereinigten Staaten leitete und Armstrong gerade ein Broadway-Erfolg gelungen war.

Natürlich haben die Europäer viele ausgezeichnete Beiträge zur Jazz-Forschung geleistet, vor allem auf dem Gebiet der Diskographie und der Analyse, also auf Gebieten, die weniger auf amerikanischen Quellen basieren als biographische und historische Untersuchungen. Viele wichtige Ansätze zur Jazz-Forschung wurden von Europäern entwickelt. Das ändert jedoch nichts an der Tatsache, daß die Amerikaner dem Jazz stets mehr Aufmerksamkeit geschenkt haben, mehr über ihn wußten und, was vielleicht wichtig ist, auch eher bereit waren, ihn zu fördern. Warum sollte es auch anders sein?

Um 1930 ging den europäischen Jazz-Autoren allmählich auf, was Jazz wirklich war. Eine wichtige Rolle spielte dabei die englische Musikzeitschrift *Melody Maker*. Hier konnte man lesen, Louis Armstrong sei der größte Jazz-Musiker. Parlophone, eine britische Plattenfirma, veröffentlichte nun fast jeden Monat eine Aufnahme von ihm: einige mit den Hot Five, meist jedoch Big-Band-Einspielungen aus der Zeit nach 1929, etwa *Ain't Misbehavin'* und *When You're Smiling*. In den Jahren 1930 und 1931 stieg Armstrongs Ansehen bei den europäischen Jazz-Fans, die meist selbst Musiker waren, erheblich. Sein Einfluß auf Europa war jedoch nicht direkt, da hier nicht jene Schulen von Nachahmern entstanden, die sämtliche Chorusse von ihm auswendig lernten. Nur Nat Gonella, der nach eigenen Worten als Nachahmer von Nichols und Beiderbecke begann, versuchte, wie Armstrong zu singen und zu spielen.[14] Erstaunlicherweise nehmen die europäischen Jazz-Musiker auch heute noch überwiegend weiße, nicht schwarze Amerikaner zum Vorbild. Armstrongs Einfluß in Europa war dennoch groß. Die Europäer bestaunten seine Technik und noch mehr seine Phantasie und die Schönheit seiner musikalischen Einfälle. Sie bewunderten auch Fletcher Henderson und Duke Ellington, die sich der besonderen Gunst des einflußreichen Spike Hughes erfreuten. Und sie hatten von jenen weißen Musikern gelernt, die während der zwanziger Jahre in London und Paris gearbeitet hatten. Wie zuvor den Amerikanern demonstrierte Armstrong nun den Europäern die Vielfalt der im Jazz beschlossenen Möglichkeiten: Sie sahen, wie er die Grenzen des Jazz ständig hinausschob.

Als im Frühjahr 1932 gerüchteweise von Armstrongs Englandreise zu hören war, zeigten sich die europäischen Fans begeistert. Sie trauten der Sache zunächst aber nicht so recht, als ahnten sie, daß der ganze Plan einer Augenblicksidee entsprungen war. Über den Agenten Harry Foster vermittelte George Black Armstrong vom 18. Juli an ein vierzehntägiges Engagement im Londoner Palladium. Weitere Engagements waren nicht vereinbart worden. Weder reiste eine Begleitband mit, noch wurden Unterkünfte reserviert, und auch sonst hatte man wenig geklärt. Die Koffer wurden gepackt, und man reiste los.

Welche Bedeutung der Ankunft Armstrongs in London beigemessen wurde, belegt die Tatsache, daß der *Melody Maker* seinen Erscheinungstermin um vierundzwanzig Stunden verschob, um mit der Nachricht ganz aktuell zu sein, die denn auch die Hälfte der Titelseite einnahm. Unter der Schlagzeile »Farbiger Trompetenkönig tritt im Palladium auf« hieß es: »Es besteht nicht der geringste Zweifel, daß die Londoner Musiker Armstrong einen begeisterten Empfang bereiten werden. Sogar diejenigen, die ihn nicht mögen, werden sich wahrscheinlich von der Begeisterung ihrer Kollegen mitreißen lassen. Und wie steht es mit der Öffentlichkeit? Sobald sie sich von ihrer Verblüffung erholt hat, wird sie Armstrong in ihr Herz schließen. Nur im

Palladium ist das möglich, denn dieses Haus hat ein Stammpublikum, das ausgefallene Unterhaltung schätzt. Dagegen befürchten wir, daß Louis das Publikum in der Provinz oder in den Vorstädten überfordern wird.«[15]

Das Palladium wandte sich an den damals führenden englischen Bandleader Jack Hylton in Sachen Begleitband. Hylton war jedoch auf Tournee. Man fragte bei Ralph Dunbar an, einem schwarzen Klarinettenvirtuosen, der gelegentlich Beiträge im *Melody Maker* veröffentlichte. Dunbar sollte eine Band aus schwarzen Musikern zusammenstellen, doch stellte sich heraus, daß es in London nicht genügend schwarze Musiker gab. Schließlich setzte sich Foster mit Collins in Verbindung und holte eine Gruppe schwarzer Musiker aus Paris, meist Amerikaner. Unter ihnen waren der Trompeter Charlie Johnson, die Holzbläser (Saxophon und Klarinette) Joe Hayman, Fletcher Allen und Peter DuCongé und der Gitarrist Maceo Jefferson. Die Schlüsselfigur in dieser Band war DuCongé, ein Kreole aus New Orleans, der bei Lorenzo Tio studiert hatte. Er war etwas jünger als Armstrong, hatte in seiner Jugend von ihm gehört, ihn aber nie getroffen. DuCongé war 1928 mit einer Band nach Europa gekommen und dort geblieben. Er heiratete die berühmte Bricktop (Spitzname für die Rothaarige) Ada Smith und lebte bis zum Ausbruch des Zweiten Weltkrieges in der Nähe von Paris.

Armstrong und seine Truppe sollten am Donnerstag, dem 14. Juli, in London ankommen, so daß bis zur ersten Vorstellung im Palladium am 18. Juli nicht viel Zeit für Proben blieb. Seine Fans vom *Melody Maker* hatten ein Dinner für ihn organisiert, zu dem berühmte Musiker und die Presse geladen waren. Zur Ankunft des Schiffs sollte ein Empfangskomitee nach Southampton entsandt werden, doch das Schiff legte in Plymouth an. Als die Gruppe endlich um Mitternacht mit dem Zug in London eintraf, war nur Dan Ingman vom *Melody Maker* zur Paddington Station gekommen, um die Gäste zu begrüßen. Später schrieb er:

»Ich hatte nicht mehr damit gerechnet, daß überhaupt jemand käme. Als der Zug schließlich da war, kletterten aus einem Abteil fünf Leute, offensichtlich Ausländer. Ein großer Mann mit einem kleinen Schnurrbart und einer Zigarre im Mund war Johnny Collins. Er hatte seine Frau dabei. Dann war da noch eine ältere Dame, die ich für Alphas Mutter hielt. Schließlich entstiegen dem Zug noch ein junges, charmantes schwarzes Mädchen und ein kleiner schmächtiger Bursche, der eine große weiße Mütze und einen langen hellbraunen Mantel trug. Außerdem hatte er, wenn ich mich recht entsinne, einen purpurroten Anzug an. Einen Augenblick lang hielt ich Ausschau nach Armstrong. ›Das‹, sagte der große Mann, der wie ein Gangster aussah, ›sind Mr. und Mrs. Armstrong.‹ Ich war völlig konsterniert. Auf Grund der Fotos hatte ich einen stämmigen Zweimetermann mit einem Schnurrbart erwartet, mindestens fünfunddreißig Jahre alt.«[16] (Armstrong war tatsächlich knapp fünfunddreißig, aber noch nicht mit Alpha verheiratet.)

Ingman war nicht gerade begeistert, als er hörte, daß Collins sich noch nicht um Hotelzimmer gekümmert hatte. Er telefonierte verzweifelt herum, aber kein Hotel wollte Schwarze aufnehmen. Schließlich fand er doch noch eines, das bereit war, die Truppe zu beherbergen. Der Empfang am nächsten Abend verlief in angenehmer Atmosphäre. Am Samstag kam die Band aus Frankreich, und man begann sofort mit den Proben.

Natürlich verlief die Premiere unter diesen Umständen nicht sonderlich perfekt, was aber nicht weiter wichtig war. Die Musiker im Publikum zeigten sich überwältigt. Auf Armstrongs vollen Ton und seinen Ideenreichtum waren sie vorbereitet, nicht aber auf seine Bühnenshow, seine Grimassen, seine komischen Einlagen und auf das große weiße Taschentuch. So etwas hatten sie noch nie gesehen. Der *Melody Maker* schrieb: »Hohe Fs sprudeln nur so hervor . . . Bei seinem halbstündigen Auftritt mobilisiert er so viel Energie wie ein gewöhnlicher Mensch in mehreren Jahren. Kurz gesagt, Armstrong ist ein wahres Phänomen, eine elektrisierende Persönlichkeit – mit Sicherheit das Beste, was Amerika bis jetzt hervorgebracht hat.«[17]

Im Gegensatz zu den Musikern war das übrige Publikum nicht so hingerissen, obwohl es ja angeblich »ausgefallene Unterhaltung schätzte«. Viele Zuhörer amüsierten sich, andere aber ertrugen Armstrong nur schwer. Bei jeder Vorstellung im Verlauf dieser zwei Wochen verließen einige den Saal. Nat Gonella behauptete, nach jedem Auftritt sei das Haus halbleer gewesen.[18] Harry Francis, der einige Vorstellungen besuchte, berichtet, gelegentlich sei sogar gepfiffen worden, und von den Rängen herab hätten einige »dreckiger Nigger« gerufen.[19] Gonella versuchte, Zuschauer vom Gehen abzuhalten, und Francis warf zusammen mit einem Freund einen Besucher hinaus, der sich in rassistischen Pöbeleien erging.

Selbst einige Musiker hielten Armstrongs Bühnenshow für primitiv und abstoßend. Andere, die die gefühlvolle und bewegende Musik des *West End Blues* und *Muggles* erwartet hatten, wie sie sie von den Platten her kannten, waren von Armstrongs Possen und seinen virtuosen Mätzchen enttäuscht.[20] Doch insgesamt war das Engagement im Palladium ein Erfolg. Die meisten Musiker und Fans waren begeistert, das Palladium machte Kasse, und Armstrong, der sich wahrscheinlich über die Konflikte, die er heraufbeschwor, nicht im klaren war, schien glücklich über den freundlichen Empfang.

Nach dem Engagement im Palladium geschah nicht mehr viel. Die Musiker aus Paris reisten ab. Der *Melody Maker* arrangierte mit Armstrong Soloauftritte bei Amateurwettbewerben. Und schließlich gelang es Collins, für Armstrong jeweils einwöchige Engagements im Glasgow Empire, im Holborn Empire und im Trocadero im Londoner Stadtteil Elephant and Castle zu vereinbaren, bei denen ihn gute britische Bands begleiteten.

Inzwischen war außer dem *Melody Maker* auch die übrige Presse auf Armstrong aufmerksam geworden. Das Publikum war nun etwas besser vorbereitet, und die Auftritte hatten mehr Erfolg. Bei einem Bandwettbewerb in York, bei dem Armstrong kurz auftrat, »wagte niemand zu tanzen . . . , aber die rund tausend Zuhörer drängten sich um das Podium, wiegten sich im Takt, kicherten und klatschten, während der Meister-Tanzmusiker eine mitreißende Phrase nach der anderen spielte und sang«[21].

Im Herbst wurde die England-Tournee beendet. Armstrong machte noch einen kurzen Abstecher nach Paris und reiste dann an Bord der *Majestic* nach New York zurück. Am letzten Abend auf See gaben die Bordmusiker für Armstrong ein Dinner. Das Schiff erreichte New York am 9. November um 14.30 Uhr, und am gleichen Abend noch war Armstrong in Connies Inn, wo man ihn mit großem Beifall empfing. John Hammond erzählte: »Louis Armstrong ist wieder da. Ich habe ihn am Abend seiner Ankunft in Connies erlebt, und er sieht so gut wie schon lange nicht mehr aus.« Laut Hammond war Armstrong begeistert von Europa und plante für das folgende Jahr eine Europa-Tournee.[22] Im großen und ganzen war die Reise ein Erfolg. Armstrong hatte seinen Ruf als Jazz-Musiker und Showman gefestigt und auch bei den Nicht-Fans Interesse am Jazz geweckt. Die geringe Zahl der Auftritte hatte ihm nach den vielen anstrengenden Jahren endlich einmal die Möglichkeit gegeben, sich etwas auszuruhen. Bei seiner Rückkehr in die USA ging es ihm gesundheitlich wesentlich besser als bei der Abreise. Einen neuen Spitznamen hatte er auch mitgebracht: In England hatte er sich gelegentlich als »Satchelmouth« (Großmaul) bezeichnet. Ein Redakteur des *Melody Maker*, mit dem Südstaaten-Akzent nicht ganz vertraut, verstand »Satchmo«. Damit war ein berühmter Name geboren.

Selbst die englischen Kritiker bemerkten, wie wenig Collins für Armstrong tat. Sein Auftreten scheint auch nicht immer besonders manierlich gewesen zu sein. Einmal forderte er die Gage vorab und drohte, Armstrong den Auftritt zu untersagen, als sei er in einer Dance Hall in Alabama. Der nicht sonderlich zuverlässige Goffin beschreibt die erste Probe so: »Plötzlich kam Armstrongs Manager, Johnny Collins, völlig betrunken in den Saal. Er hatte in dieser Hinsicht wohl einigen Nachholbedarf. [Goffin war offenbar der Meinung, während der Prohibitionszeit hätte man in den USA keinen Alkohol bekommen.] In volltrunkenem Zustand begann er, mit Louis zu streiten. Seinem Abgang stand ein Spiegel im Weg. Er rannte hinein, und seine gewaltig qualmende Zigarre zerbrach.«[23] Später berichtete Goffin, die Gruppe habe einen Klub aufgesucht, in dem Nat Gonella spielte. Als die Zeit der letzten Runde gekommen war, bestellte Collins dreißig Bier. Er weigerte sich jedoch zu zahlen und begann zu streiten. Dazu Goffin: »Wir mußten Collins wie einen Sack Kartoffeln hinaustragen, und Armstrong schrieb einen Scheck aus.«[24]

Allen außer Armstrong war klar, daß eine Trennung von Collins unumgänglich war. Statt dessen ließ er sich auch weiterhin von Collins das Geld abnehmen. Louis hätte bei seiner Rückkehr in die USA dringend eine gute Band, ein professionelles Tournee-Management und eine gut vorbereitete Schallplattenproduktion gebraucht. Nichts dergleichen bekam er. Da man ihn nun als den größten Jazz-Musiker der Welt feierte und sein Name in der amerikanischen Öffentlichkeit weithin bekannt war, hätte er eine solide Karriere aufbauen können. Statt dessen wurde auch weiterhin alles dem Zufall überlassen.

Zuerst spielte Armstrong im Lafayette Theatre für kurze Zeit eine neue Version von *Hot Chocolates*. Der Schlagzeuger Chick Webb, der eine der besten Swing-Bands jener Zeit leitete, begleitete ihn. Dann folgte eine kurze Tournee und anschließend ein weiteres Engagement in einem Theater am Broadway, wobei er entweder von der Band von Chick Webb oder von einer anderen unter Charlie Gaines begleitet wurde.

Im Mai des Vorjahres hatte Armstrong OKeh verlassen und, wahrscheinlich auf Grund der Schwierigkeiten mit Rockwell, einen Vertrag bei Victor unterschrieben. Das war, wie sich herausstellen sollte, ein Fehler. Von allen Plattenfirmen, mit denen Armstrong zusammenarbeitete, bis er 1947 wieder zur kleinen Besetzung zurückkehrte, hatte OKeh sich mit Abstand am meisten für ihn eingesetzt. Tommy Rockwell war zwar alles andere als ein Heiliger, aber er hatte Armstrong nie so erbarmungslos kommerzialisiert, wie andere Plattenfirmen das später taten. OKehs Mutterfirma, die Columbia, bemühte sich zwar weiterhin um ihn, aber der Vertrag mit Victor blieb bestehen. Im Dezember machte Armstrong in deren berühmten Studios erste Aufnahmen. Diese Studios befanden sich im Kellergewölbe einer ehemaligen Kirche in Camden, New Jersey, zwei Autostunden von New York entfernt. Mezz Mezzrow hat diese Plattensession in seinem Buch *Really the Blues* ausführlich beschrieben. Auch wenn dieses Buch im großen und ganzen mit Vorsicht zu genießen ist, scheint Mezzrow in diesem Fall authentisch zu berichten. Armstrong hatte im Lincoln Theatre in Philadelphia eine Vorstellung mit der *Hot-Chocolates*-Show gehabt und setzte um 1.30 Uhr morgens nach Camden über. Mezzrow schreibt: »Er hatte Probleme mit seiner Lippe, und außerdem war er hundemüde. Am Tag zuvor hatte er in fünf Shows und zwei Radiosendungen gespielt.«[25] Mezzrow behauptet, bei diesem Aufnahmetermin als musikalischer Direktor fungiert zu haben, was mir zweifelhaft erscheint.

Die Band nahm vier Titel auf. Trotz der Lippenprobleme war Armstrong hervorragend in Form. Er spielt mit warmem Ton und guter Höhe, die er, wie häufig, übertrieben einsetzt. Gut gelungen ist das schnelle *Hobo, You Can't Ride This Train*, auf dem

Armstrongs typischer Jive-Talk zu hören ist. Er singt endlos Verse und spielt am Schluß einen einfachen, aber logisch aufgebauten Chorus. Das beste Stück dieser Serie ist *I Hate To Leave You Now*, ein gefälliger Popsong. Louis spielt das Anfangsthema sehr gefühlvoll mit einem Cup-Dämpfer.

Dies sind die besten Aufnahmen, die Armstrong während der sechs Monate bei Victor machte. Die Studioband ist bei weitem besser als seine damaligen Begleitbands. Sie bestand aus versierten Jazz-Solisten und einer guten, swingenden Rhythmusgruppe unter der Leitung von Chick Webb. Die Band spielt die Ensemblepassagen temperamentvoll und präzis.

Es ist schade, daß Armstrong nicht auch weiterhin mit Webb zusammenarbeitete, aber der wollte offensichtlich unter eigenem Namen auftreten, vor allem im Savoy, wo seine Band in den dreißiger Jahren lange als Hausband engagiert war. Armstrong ging im Dezember erneut für Victor ins Studio, um ein ziemlich abscheuliches Potpourri seiner Hits aufzunehmen, darunter die unverwüstlichen *You Rascal You* und *When It's Sleepy Time Down South*. Er spielt zwar einige ausgezeichnete Soli – sein Chorus in *When It's Sleepy Time Down South* ist möglicherweise die gelungenste Version dieses Stücks, eine von sanfter Sehnsucht erfüllte Paraphrase –, aber die Begleitband spielt sehr unbeholfen und unsauber.

Im Januar kehrte Armstrong nach Chicago zurück, wo er Zilmer Randolph und Mike McKendrick erneut mit der Zusammenstellung einer Band beauftragte. In dieser neuen Formation spielten überwiegend junge Musiker. Der beste von ihnen war Teddy Wilson, der später im Benny-Goodman-Trio mitwirkte und zu einem der einflußreichsten Pianisten des Jazz wurde. Ferner war der Posaunist Keg Johnson dabei, ein exzellenter Jazz-Musiker, der nie die Anerkennung fand, die er eigentlich verdient hätte. In der ersten Jahreshälfte 1933 war diese Band auf Tournee und absolvierte überwiegend kraftraubende One-Nighter. Darüber hinaus fanden zwei Plattensessions statt: eine dreitägige Ende Januar, bei der zwölf Titel aufgenommen wurden, und eine zweite am 24. und 26. April, bei der weitere elf Aufnahmen entstanden. Dies alles macht deutlich, mit welcher Menschenverachtung die weißen Bosse ihre Macht ausnutzten – der Produzent von Victor, die Theatermanager und Klubbesitzer und vor allem Johnny Collins, der Armstrong wie einen Nigger schuften ließ. Wahrscheinlich ist nie ein großer Entertainer derartig ausgebeutet worden wie Armstrong in jener Zeit.

Warum lehnte Armstrong sich nicht gegen Collins auf? Wer diese Frage stellt, übersieht seine Herkunft und seinen Werdegang. Armstrong war in einer Umgebung aufgewachsen, in der es nicht nur völlig aussichtslos war, sich gegen Weiße zu erheben, sondern sogar selbstmörderisch. Seine Lebenserfahrung sagte ihm, daß Weiße Autoritätspersonen sind, die man nicht in Frage stellen darf.

Seine Gier nach Applaus ließ ihn darüber hinaus zu einem anpassungsfähigen Werkzeug werden. Er spielte den »guten Nigger«, und weil er genau das tat, was man von ihm erwartete, wollten sie mit ihm arbeiten. Seine Bedürfnisse interessierten keinen.

Die Folgen sind auf diesen Aufnahmen für Victor zu hören. Einige sind musikalisch hervorragend; aber man hört auch einen dünnen und zittrigen Ton, ein unsicheres oberes Register und einen Mangel an Ideen. Bei dem ohnehin schwachen Stück *Honey Don't You Love Me Anymore?* intoniert Armstrong beim Singen schlecht, was ihm nur sehr selten passierte. Bei *He's A Son Of The South*, der letzten Aufnahme vom 26. Januar, pausiert er nach jedem hohen Ton. Am Ende der Session vom 27. Januar war seine Lippe so stark lädiert, daß der Trompetenchorus am Anfang von *Honey Do* von Elmer »Stumpy« Whitlock gespielt werden mußte. Bei *Tomorrow Night*, das gegen Ende der Session vom 24. April entstand, gelingen Armstrong die hohen Töne nur mit Mühe, und das nächste Stück, *Dusky Stevedore*, hält er kaum bis zum Schluß durch. Bei den anderen Terminen waren sechs Titel produziert worden. Nun sind es nur noch fünf – mehr war nicht möglich.

Man ließ Armstrong zwar einen Tag pausieren, aber als er am 26. April zurückkam, muß jeder gewußt haben, wie es um ihn stand. Doch niemand kam auf die Idee, die Produktion ausfallen zu lassen und ihn nach Hause zu schicken. Das Studio war schließlich gebucht und kostete Geld. Also entfiel bei einigen Stücken Armstrongs Anfangschorus, und man überließ anderen Bandmitgliedern längere Soli, die er hätte spielen sollen. Aber auch das war keine Lösung. Armstrong musizierte ohne seinen strahlenden Ton, und gegen Ende konnte er kaum noch spielen. Bei der letzten Aufnahme des Tages, *Don't Play Me Cheap*, möchte man weinen, wenn man hört, wie er sich abquält, den hohen Ton zu treffen, den er seinem Publikum schuldig zu sein glaubt. Danach war er endgültig am Ende. Was muß in den Köpfen der Leute von Victor und von Johnny Collins vorgegangen sein, daß sie darauf bestanden, daß sich ein großer Künstler derart ruinierte, um der Plattenfirma ein paar Dollars einzusparen. Victor verdient heute noch an diesen Aufnahmen.

Auch bei diesen Aufnahmen waren die Begleitbands schlecht. Unter Tommy Rockwell hatte Armstrong außerdem stets gute populäre Songs bekommen, bei Victor war es nur kommerzieller Ramsch: mittelmäßige Schlager, dümmliche Jive-Songs und unsägliche Nummern über Happy-Go-Lucky-Schwarze in der Coon-Song-Tradition, die nach Meinung der Plattenfirma beim weißen Publikum ankamen. Einige dieser Songs – wie *Dusky Stevedore*, *He's A Son Of The South* und *Mississippi Basin'* – wurden von dem Schwarzen Andy Razaf zusammen mit anderen Komponisten wahrscheinlich für die Show in Connies Inn geschrieben. Das Stück *Snowball* mit so entsetzlichen Versen wie »Snowball, ma honey, don't you melt away, 'cause your Daddy likes those dark brown eyes . . . You're a chocolate ball, I'll eat you up some day« stammt von Hoagy Carmichael.

Armstrong war nicht ganz unschuldig an seinem beklagenswerten Zustand. Die ständigen hohen Schlußchorusse überstrapazierten seine Lippen. Und bei dem gewaltigen Arbeitspensum mußten ihm Gefühl und Ideen ausgehen, so daß er immer häufiger auf Klischees zurückgriff.

Dennoch gibt es auch immer wieder schöne Stellen. In *Hustlin' And Bustlin' For Baby*, einem nichtssagenden, aber charmanten Stück, das Armstrong bei der ersten Session im Januar aufnahm, ist sein Ton noch gut und sein hohes Register kräftig, obwohl ihm einige Fehler unterlaufen. Den Anfangschorus spielt er mit Dämpfer, er bleibt sehr nahe an der Melodie und rhythmisch immer am Beat. Interessant ist auch *I Gotta A Right To Sing The Blues*, das sehr populär wurde. Die Aufnahme entstand ebenfalls Anfang Januar, als sein Ansatz noch relativ gut war. Armstrong spielt hier extrem vorsichtig: in den beiden ersten Takten insgesamt nur vier Töne und in den nächsten beiden ein halbes Dutzend. Die Einleitungsfigur der zweiten Hälfte seines Solos ist eine sparsame Paraphrase. Trotzdem wirkt sein Solo brillant, gefühlvoll und ausgewogen – ein gutes Beispiel für seinen neuen Stil.

Armstrong trat zu dieser Zeit öfter in Theatern als in Dance Halls auf. Die Theaterengagements dauerten gewöhnlich eine halbe oder eine ganze Woche. Meist begann die Band ohne Louis mit einem schnellen Stück wie *Tiger Rag* mit Stumpy Whitlock als Leadtrompeter. Dann kam Armstrong auf die Bühne und spielte ein brillantes Solo. Normalerweise sagte Louis die Titel an und gab die Tempi vor.[26] Anhand einer Kritik von Irving Kolodin für die New Yorker *Sun* über einen Auftritt im Lafayette Theatre (Februar 1933) kann man sich ein Bild von Armstrongs Theaterauftritten machen. »Er sagt *When You're Smiling* an . . . , geht links vorn an den Bühnenrand, lehnt sich vornüber wie ein Kurzstreckenläufer vor dem Start, zählt schaukelnd das Stück an ›one, two, three . . .‹ Dann rennt er wieder auf das Orchester zu, dreht bei der Vier eine Pirouette, bleibt mit dem Gesicht zum Publikum gewandt stehen und bläst den ersten Ton, während die Band hinter ihm zu swingen beginnt.«[27]

Den Jazz-Fans gefielen diese Mätzchen nach wie vor nicht, aber das schwarze Publikum erwartete von einem Entertainer, der in einem Theater auftrat, daß er nicht nur Musik machte, sondern auch eine Show lieferte. Und diese Musikshows standen noch immer in der Vaudeville-Tradition. Auch Bessie Smith tanzte und sang bei ihren Auftritten, und noch in den fünfziger Jahren brachten die Bands Komiker oder Tänzer mit auf die Bühne. In der Swing-Ära trugen selbst die populärsten Bands Showkleidung, und der Blech- oder Saxophonsatz stand während der Vorstellung auf und bewegte sich im Takt. Cab Calloway unterhielt sein Publikum mit einer noch ausgefalleneren Bühnenshow als Armstrong: Er tanzte im weißen Anzug über die Bühne, rollte mit den Augen und grinste. All das gehörte damals zu einer Show.

Mit seiner neuen, jungen Begleitband fühlte Armstrong sich sehr wohl. Er machte Witze, rauchte Pot und alberte mit den Musikern herum. Dazu Scoville Browne: »Wir waren froh, überhaupt spielen zu können, vor allem junge Burschen wie wir. Wahrscheinlich hätten wir auch umsonst gespielt. Ich kann mich noch gut daran erinnern, wie sie mich anriefen und mir den Job anboten. Ich konnte es einfach nicht glauben. Ich war wie von Sinnen und erzählte allen Leuten: ›Ich werde mit Louie spielen.‹ Ich war überglücklich. Dann kam die erste Platte heraus, ich glaube, es war *Mahogany Hall Stomp* [eine spätere Version]. Mit meinem Ford fuhr ich hinter dem Wagen der Plattenfirma her, der über Lautsprecher Reklame machte. Meine kleinen Freundinnen saßen im Wagen und hörten meiner Musik zu . . . Louie war einfach Spitze. Ich kenne niemanden, der die Leute mit seinem Horn so begeistern konnte . . . Er holte sich das unscheinbarste Mädchen aus dem Publikum auf die Bühne und gab ihm einen Kuß auf die Wange. Er war wirklich ein netter Kerl. Bei ihm sollten sich immer alle wohl fühlen. Ich kann mich noch gut daran erinnern, wie es war, wenn wir zum zweitenmal an einen Ort kamen. Er begrüßte die Leute mit ›Hallo Joe‹, ›Hallo Amos‹, ›Hallo Percival‹, und er hatte diese Leute über ein Jahr lang nicht gesehen.«

Mit der Zeit verschlechterte sich jedoch die Stimmung in der Band. Die schäbigen Dance Halls im Süden, wo es keine Garderoben gab und in die es manchmal hineinregnete, wirkten auf die Dauer deprimierend. Außerdem wurden die Musiker sehr schlecht bezahlt. Sie bekamen zirka vierzig Dollar pro Woche. Auf dem Höhepunkt der Weltwirtschaftskrise war das für einen jungen Musiker eigentlich ein guter Lohn. Doch die vierzig Dollar waren für sieben Tage berechnet; wenn nur an drei Tagen gespielt wurde, gab es entsprechend weniger. Essen und Unterkunft mußten die Musiker selbst bezahlen. So kamen sie gewöhnlich ohne einen Cent in der Tasche von den Tourneen zurück. Die Musiker wurden aufsässig, unzuverlässig und lustlos. McKendrick berichtete, die Band habe schließlich wegen der schlechten Bezahlung gestreikt. Sie zwangen Collins, ihnen generell die volle Wochengage auszuzahlen. Wahrscheinlich traf Collins aus diesem Grund nach der Rückkehr der Band nach Chicago Vorbereitungen für eine weitere Europareise. Armstrong stimmte den Reiseplänen vermutlich zu, um etwas verschnaufen zu können.

In der kurzen Zeit zwischen den beiden Europareisen hatte er nicht viel erreicht und seine Karriere keine Fortschritte gemacht. Mit Hilfe eines guten Managements hätte Armstrong bestimmt viel Geld verdienen können. In einem Bericht der Zeitschrift

Variety über die Gagen der führenden Dance Bands rangierte die von Armstrong an zwölfter oder dreizehnter Stelle. Er hatte zwar einige gute Stücke aufgenommen – *Hustlin' And Bustlin' For Baby* war sogar hervorragend –, aber im großen und ganzen war es seit den OKeh-Aufnahmen vom Vorjahr bergab gegangen. Armstrong verließ sich jetzt immer mehr auf Tricks und Paradestückchen. Dafür ist der *Mahogany Hall Stomp* ein gutes Beispiel. Bei der Aufnahme für OKeh von 1929 hatte er jenes berühmte Dämpfersolo mit den metrischen Überlagerungen gespielt. Bei der Neueinspielung ergeht er sich im zweiten Chorus endlos in hohen Tönen. In einer dritten Version, die drei Jahre später entstand, spielt er wieder das ursprüngliche Solo, und diese Aufnahme ist denn auch wesentlich besser als die für Victor.

Trotz des offenkundigen Niedergangs war Armstrong, wenn er wollte, immer noch der beste Jazzer. Die Musiker jener Zeit, die keine Vergleiche mit dem Gewesenen anstellen konnten, bewunderten sein technisches Können, seinen Einfallsreichtum und sein swingendes Musizieren.

Im Frühsommer 1933 wurde die Band entlassen, und im Juli fuhren Louis, Alpha, Collins und dessen Frau auf der *Homeric* nach England. Zufällig war auch John Hammond auf dem Schiff. Später schrieb er: »Louis war nun zum drittenmal verheiratet, mit Alpha, einem sehr attraktiven Mädchen aus dem Ballett vom Sebastians Cotton Club in Los Angeles [sic!]. Außer Louis war auch sein Manager, Johnny Collins, auf dem Schiff, den ich nicht ausstehen konnte. Eines Abends betrank er sich in Louis' Kabine, als ich ihm Vorhaltungen machte, weil er das Wort Nigger benutzte und Armstrong so schlecht behandelte. Denn schließlich verdiente der für ihn das Geld. Collins wurde so wütend, daß er mich angriff. Ich bin kein Schläger, aber irgendwie gelang es mir, seinen Hieb abzuwehren, so daß Collins auf dem Hintern landete. Ich glaube, Louis hat diesen Kampf nie vergessen. Wahrscheinlich hatte er noch nie erlebt, daß ein Weißer für ihn in einer Schlägerei Partei ergriff.«[28] Louis war zwar weder mit Alpha verheiratet (obwohl sie wie Mann und Frau zusammenlebten), noch hatte er sie im Sebastians kennengelernt, aber jedenfalls war dieser Vorfall ein Fingerzeig.

Die Truppe kam Ende Juli in London an. Armstrong spielte mit einer Begleitband aus englischen und französischen

Musikern im Holborn Empire und ging anschließend auf Tournee durch ganz England. Doch schon kurz nach Ankunft auf der Insel (wahrscheinlich unmittelbar nach dem Engagement im Holborn Empire) trennte er sich von Johnny Collins. Louis hatte Collins die Regelung der finanziellen Angelegenheiten überlassen (bei Joe Glaser war das später genauso). Der skrupellose Manager zahlte ihm jedoch nur einen Bruchteil der Gage aus und hielt auch die Band kurz. Louis betrachtete sich Collins gegenüber als dessen Angestellter. Sie hatten ausgemacht, daß Collins Armstrongs Rechnungen zahlte und sich um die anderen finanziellen Verpflichtungen kümmerte. Unter anderem sollte Collins Armstrongs Einkommenssteuer begleichen und Lil regelmäßig Geld schicken. Lucille Armstrong berichtet, Louis habe im August entdeckt, daß Collins weder die Einkommenssteuer bezahlt noch Lil jemals Geld geschickt hatte.[29] Plötzlich kamen auf Armstrong riesige Rechnungen zu, die er nicht bezahlen konnte. Er explodierte und brüllte Collins an – so jedenfalls Arthur Briggs.

Auch das war typisch für Armstrong: Ganz geduldig ertrug er Kränkungen, machte schlechte Erfahrungen und lächelte dazu, aber irgendwann hatte auch er genug. War dieser Punkt einmal erreicht, explodierte er, wurde starrsinnig und ließ nicht mehr mit sich reden.

Collins hatte Armstrongs Geduld überstrapaziert. Da er die restlichen Verträge jedoch auf seinen Namen abgeschlossen hatte, blieb er bis zum September in England, um seinen Anteil zu kassieren. Dann reiste er zurück und nahm aus purer Bosheit Armstrongs Paß mit; ein neuer war allerdings ohne Schwierigkeiten zu beschaffen. Darüber hinaus hatte Collins restlos abkassiert und Armstrong sogar noch Schulden aufgehalst. Später versuchte er, sich mit Armstrong wieder auszusöhnen, aber der wollte mit Collins nichts mehr zu tun haben. Nach Collins' Abreise kümmerte sich die Agentur von Jack Hylton um Armstrongs Belange. Hylton war nicht nur Englands bekanntester Bandleader, sondern auch Konzertagent. Zum erstenmal seit seiner Trennung von Tom Rockwell befand sich Louis nun in der Obhut eines kompetenten Managements. Hylton arrangierte weitere Engagements in England und anschließend in Holland und Skandinavien. In Dänemark erhielt Armstrong seine erste größere Filmrolle. Tonfilme waren damals eine Novität und die

Ansprüche des Publikums niedrig. Der Film heißt *Kopenhagen, Kalundberg, og* und besteht aus einer grotesken Folge von Shownummern. Neben Armstrong wirkten mit: Marian Anderson, ein schwarzer amerikanischer Sänger, eine dänische Band namens Erik Tuxen and His Boys, die eine *Greenland Rhapsody* spielt, die auf alten Eskimo-Liedern basiert und von einem vor den Nazis geflohenen Komponisten namens Peter Deutsch geschrieben wurde. Das einzige verbindende Element zwischen den drei Nummern ist die Folklore. Armstrong tritt in diesem Film so auf, wie Kolodin ihn im weiter oben erwähnten Zitat beschrieben hat: Er bückt sich wie ein Sprinter, rast auf der Bühne herum, schwitzt und wedelt mit seinem riesigen weißen Taschentuch.

In Hyltons Obhut scheint Armstrong sich gut erholt zu haben. Hylton, der selbst Musiker war, hetzte ihn nicht von Job zu Job und riet ihm, die Mätzchen und das Herumreiten auf den hohen Tönen einzuschränken, da das dem englischen Publikum ohnehin nicht gefiel. Ende Januar 1934 waren laut *Melody Maker* Armstrongs Lippen »vollständig ausgeheilt«[30]. Armstrong war glücklich, und wie es schien, wollte er London zum neuen Wohnsitz wählen, hauptsächlich in Europa arbeiten und die USA nur gelegentlich bereisen. Doch dies war eher ein schöner Wunsch als ein ausgereifter Plan. Armstrong verhielt sich ausgesprochen ungeschickt, so daß er sich in neue Schwierigkeiten brachte, denen er nur durch eine fluchtartige Rückkehr in die Vereinigten Staaten entkam.

Bis zum Jahr 1934 waren Ellington, Calloway und andere schwarze Bands in England auf Tournee gewesen. Die schwarzen amerikanischen Musiker glaubten deshalb, in England bessere Lebens- und Arbeitsbedingungen vorzufinden. So rief eines Tages Coleman Hawkins bei Jack Hylton an, und Hylton lud ihn ein, sofort nach England zu kommen.

Diese Nachricht löste unter Musikern und Jazz-Fans große Begeisterung aus. Sie kannten Hawkins von den Platten der Henderson-Band und von einigen anderen Aufnahmen unter eigenem Namen, die erst kurz zuvor veröffentlicht worden waren. In den USA versuchte man, Hawkins den Plan auszureden (wahrscheinlich steckte Henderson dahinter). Hylton riet Hawkins, mit dem nächsten Schiff zu kommen. In der Ausgabe vom 24. März 1934 teilte der *Melody Maker* seinen Lesern in großer

Aufmachung mit, daß der berühmte Saxophonist tatsächlich nach England komme.

Hylton wollte Hawkins und Armstrong zusammen auftreten lassen. Nach Meinung seiner Agentur war Armstrong in England jedoch zu oft präsentiert worden – das Jazz-Publikum in Europa war wesentlich kleiner, als die Begeisterung der Fans vermuten ließ. Die großen Theater wie das Palladium und das Holborn Empire wollten Armstrong nicht mehr. Die Auftritte dort aber waren wichtig, damit andere Theater und Klubs nachzogen. Deshalb war Hylton auf die Idee gekommen, mit Hilfe des unverbrauchten Hawkins Armstrong wieder in die Londoner Theater zu bringen.

Hawkins kam am 29. März in London an. Man arrangierte Treffen mit Armstrong, schmiedete Pläne und organisierte Konzerte. Doch kurz vor dem ersten Konzert, das mit riesigem Werbeaufwand angekündigt worden war, weigerte sich Armstrong plötzlich, mit Hawkins aufzutreten. Die englischen Sponsoren waren verärgert, Hawkins reagierte bestürzt. Armstrong führte fadenscheinige Gründe an, vor allem, er habe nicht genug Zeit gehabt, sich auf die Zusammenarbeit vorzubereiten, und wolle sich nicht unvorteilhaft präsentieren. Als diesen Ausflüchten niemand Glauben schenkte, gab Armstrong schlicht zu: »Ich habe mir die Sache überlegt, und mir scheint, daß dabei nichts Gutes für mich herauskommt.«[31] Er packte seine Koffer, reiste ab, und Hawkins ging als Solist in England auf Tournee.

Die englischen Fans konnten Armstrongs Reaktion nicht verstehen, da sie nicht wußten, wie er sich im Sunset Café gegen Konkurrenten zur Wehr gesetzt hatte. Die Vorstellung, »sein« Publikum zu verlieren, war ihm offenbar unerträglich. In Europa war er seit einiger Zeit der Star, der im Mittelpunkt des Geschehens stand. Und jetzt galten die Schlagzeilen, die Empfänge und die Interviews einem anderen Musiker. Das Auftauchen von Hawkins wirkte wie Gift in Armstrongs kaum verheilten Wunden. Er reagierte verletzt und voller Emotionen.

Alle Überredungsversuche von Hylton und den Leuten vom *Melody Maker* vermochten ihn nicht umzustimmen. Er hatte sich entschieden, und dabei blieb es. Armstrong wußte natürlich, daß er seine Gönner in England düpiert hatte, und wie so oft, wenn er sich bedrängt fühlte, floh er – diesmal auf den europäischen

Kontinent. Er und Alpha blieben eine Weile bei Bricktop und Peter DuCongé in Bricktops luxuriösem Haus am Ufer der Seine westlich von Paris. Den Sommer verbrachte er mit Nichtstun. Einem Bericht zufolge soll er bei einem schwarzen Boxer namens Al Brown Boxunterricht genommen haben. Das erscheint mir aber angesichts der Anfälligkeit seiner Lippen als reichlich unwahrscheinlich. Schließlich legte er sich noch einen weiteren Manager zu, einen Franzosen namens N.J. Canetti.

Canetti galt als der beste französische Kenner des Jazz. Gelegentlich berichtete er für den *Melody Maker* über die Jazz-Szene auf dem Kontinent. Als Armstrong sich in Paris niederließ, stieg Canetti ins Musikgeschäft ein, schloß mit Louis einen Vertrag und organisierte Konzerte für ihn. Eine Band unter der Leitung von DuCongé hauptsächlich aus schwarzen, in Paris ansässigen Musikern begleitete Armstrong. Unter ihnen waren der Pianist Herman Chittison, der sich später in den USA ein gewisses Ansehen erwarb, und der Saxophonist Casper McCord, der 1930 schon in einer von Louis' Studiobands mitgewirkt hatte. Im September reiste die Band durch Belgien und kehrte im Oktober nach Paris zurück, wo sie für Brunswick Aufnahmen machte. Diese Aufnahmen, die bis vor kurzem nur schwer erhältlich waren, sind die einzigen Belege für Armstrongs Arbeit zwischen April 1933 und Oktober 1935. Während seiner Londoner Zeit war er nie im Studio gewesen. Offenbar gab es Probleme wegen des Vertrags mit Victor. Da Victor jedoch eine europäische Tochterfirma hatte, ist es im Grunde verwunderlich, daß in England keine Produktion mit Armstrong zustande kam. Jedenfalls nahm er in Paris für Brunswick ein paar Stücke aus seinem Standardrepertoire auf: ein typischer Querschnitt dessen, was er damals in Konzerten zu spielen pflegte.

Im November gab Armstrong mit seiner Band ein Konzert in der französischen Hauptstadt, dem in der Pariser Ausgabe des *New York Herald* eine begeisterte Kritik folgte. Unter der Schlagzeile »Lou Armstrong mit Riesenerfolg« berichtete die Zeitung: »Frenetischen Beifall gab es sowohl gestern als auch vorgestern abend am Ende des Konzerts im Salle Rameau . . . Ein Jazz-Programm, das kristallklar, ehrlich und gelegentlich sogar tiefgründig war.«[32] Besonders hervorgehoben wurde der Pianist Herman Chittison.

Mir ist rätselhaft, was der Kritiker vom *Herald* sich dabei gedacht hat. Armstrongs Bühnenshow war damals noch schlechter als seine Aufnahmen. Es gibt ein paar Konzertmitschnitte, die uns einen Eindruck von seiner damaligen Programmgestaltung vermitteln. Er spielte viele halsbrecherische Nummern wie *Tiger Rag*, *Dinah* und *Chinatown My Chinatown*, die stets in eine Art Wettrennen ausarteten. Bei langsameren Stücken hingegen versorgte er das Publikum am Ende der Stücke immer wieder mit vierzig bis fünfzig hohen Cs. Die Jazz-Fans waren unglücklich, doch das übrige Publikum johlte begeistert.

In Paris traf Armstrong auch Django Reinhardt, der damals am Anfang seiner Karriere stand. Er war der erste Europäer, der den Amerikanern auf dem Gebiet des Jazz gewachsen war. Reinhardt hatte zunächst wie Eddie Lang gespielt, seinen Lehrmeister aber schon bald überflügelt, und Ende der dreißiger Jahre, als seine ersten Platten auf dem amerikanischen Markt erschienen, war er der beste Jazz-Gitarrist seiner Zeit. 1934 war er zwar noch nicht auf dem Gipfel angelangt, aber auch damals war er schon der beste Jazz-Gitarrist. Ihn mit Armstrong zusammen auftreten zu lassen, lag nahe. Allerdings war es nicht einfach, ein Treffen zwischen den beiden zu arrangieren. Armstrong soll Reinhardt schlicht ignoriert haben, als dieser ihn aufsuchte, um ihm vorzuspielen. Nach einem anderen Bericht besuchte Armstrong irgendwann einen Klub, in dem Reinhardt arbeitete, ohne mit ihm zusammen zu spielen. Wie dem auch sei, eines Nachts, es war schon gegen Morgen, sang Armstrong im Haus der Bricktops mit der Hausband. Jemand holte Reinhardt dazu, der Armstrong begleitete. Armstrong schenkte dem Gitarristen wiederum keinerlei Aufmerksamkeit. Reinhardt stand bei den französischen Fans in hohem Ansehen. Vielleicht hielt Armstrong sich von ihm fern, weil er Konkurrenz witterte. Reinhardt verehrte Louis zutiefst und war von dessen Verhalten sehr verletzt.

Im November organisierte Canetti eine lange Tournee durch Frankreich, Italien und die Schweiz, woran sich eventuell noch Auftritte in Nordafrika anschließen sollten. Zur Band gehörte auch die Tänzerin Arita Day. Armstrong wurde im Laufe der Tournee zunehmend unzufriedener. In Turin, die Band war gerade auf dem Weg nach Genf, hatte Armstrong offenbar genug.

Er behauptete, Probleme mit seiner Lippe zu haben und die Tournee nicht fortsetzen zu können. Er verließ die Band und reiste mit Alpha nach Paris zurück, begleitet von seinem Hausdiener Joe Henderson und einem schwarzen Journalisten. Canetti setzte sich mit Arthur Briggs in Paris in Verbindung und bat ihn, für Armstrong einzuspringen, doch Briggs reagierte nicht.[33] Daraufhin mußte Canetti die Tournee abbrechen. Die Agentur in Genf verklagte Canetti, und dieser verklagte Armstrong.

Die Musikblätter hatten nun genug Stoff für Klatschgeschichten. Canetti veröffentlichte seine Version im *Melody Maker.* »Bald stellte sich heraus, daß Armstrong Chittison und die Tänzerin nicht leiden konnte, und daraus entwickelten sich endlose Streitereien.«[34] *Melody Maker* vertrat die Ansicht, Armstrong habe »nicht zum erstenmal Ansatzprobleme als Ausrede vorgeschoben, um sich aus der Affäre zu ziehen«[35]. Canetti behauptete ferner, Armstrong habe sich geweigert, die oft zirkusähnlichen Finale seiner Arrangements zu ändern.[36]

Das alles erinnert an die Affäre mit Hawkins. Allerdings hatte Armstrong dieses Mal wohl tatsächlich Lippenprobleme, unabhängig davon, was zwischen ihm und Chittison und der Tänzerin Arita Day vorgefallen sein mag. Dazu Arthur Briggs: »Als Louis nach Paris kam, konnte er nicht spielen, weil er Probleme mit seinen Lippen hatte . . . Sie waren so hart wie ein Stück Holz, und sie bluteten ununterbrochen. Wir dachten, er hätte – nun, wir sagten natürlich nicht, daß er Krebs haben könnte, denn damals hätten wir nicht daran gedacht –, aber wir dachten, er habe eine sehr schlimme Krankheit.«[37] Es scheint sich also nicht nur um eine Verletzung, sondern um eine Infektion gehandelt zu haben. Als Armstrong kurze Zeit später nach Amerika zurückgekehrt war, riet ihm der Arzt dringend zu einer sechsmonatigen Pause.

Canetti war vielleicht formal im Recht. Wir kennen aber Berichte, die ihn als verschlagen und Armstrong gegenüber als arrogant darstellen. Im *Melody Maker* erwähnt er ausdrücklich, er habe Armstrong zu Professor Darier gebracht, der ihn zwei Monate zuvor während der Tournee durch Holland schon einmal von einem »Affekt« seiner Lippen geheilt hätte. Dies ist eindeutig eine Schutzbehauptung, denn auch ein Professor Darier vermochte wohl kaum etwas an der Tatsache zu ändern, daß es bei solchen Beschwerden nur eine einzige Medizin gibt: Zeit und Ruhe. Da Canetti Armstrongs Schwierigkeiten ja offenbar bekannt waren, hätte er ihn nicht schon so bald wieder auf eine lange Tournee schicken dürfen. Und gewiß war es anmaßend von Canetti, Armstrong musikalisch etwas vorschreiben zu wollen.

So schwelte der Streit weiter. Es war zu spät, irgend etwas zu schlichten, und Armstrong war klar, daß ihm eine Gefängnisstrafe drohte, sollte Canetti den Prozeß gewinnen, was durchaus im Bereich des Möglichen lag. Deshalb schlich er sich um den 24. Januar 1935 an Bord der *Champlain* und reiste nach New York zurück. Er hinterließ Canetti einen Koffer mit sämtlichen Arrangements. Nach seiner Abreise veröffentlichte Panassié eine lange leidenschaftliche Apologie zugunsten Armstrongs, in der er Musiker zitierte, die auf seiner Seite standen. Der *Melody Maker* jedoch berichtete, die englischen Musiker aus Armstrongs Begleitband hätten Canettis Version Punkt für Punkt bestätigt.[38] Die Situation hatte sich derart zugespitzt, daß Armstrong zehn Jahre lang nicht mehr nach Europa zurückkehrte.

Wie es mit Armstrong in Europa weitergegangen wäre, ist sicherlich eine interessante Spekulation. Immerhin hatte er eine Zeitlang mit dem Gedanken gespielt, London zu seinem ständigen Wohnsitz zu machen. Mit Hyltons Agentur hätte er nicht nur ein wirklich professionelles Management gehabt, sondern Hylton hätte, da er selbst Musiker war, für Armstrongs persönliche Belange sicherlich Verständnis aufgebracht. Er hätte für einen vernünftigen Terminplan und eine gute englische Begleitband gesorgt und vielleicht auch für gelungene Arrangements und qualitativ hochwertige Stücke. Als Arrangeur wäre Spike Hughes in Frage gekommen, der unter dem Einfluß von Ellington stand und 1933 in New York mit einer schwarzen Band ausgezeichnete Eigenkompositionen im Stile Ellingtons aufnahm. Womöglich hätte Armstrong in England mit einer Band nach dem Vorbild Ellingtons zusammenarbeiten können. Man stelle sich einmal vor, was für eine Musik dabei entstanden wäre. Doch Armstrong ging in die USA zurück und legte sein Schicksal in die Hände von Joe Glaser, der von da an allein die weitere künstlerische Karriere Armstrongs bestimmte.

Der Star

Joe Glaser lebte wie eine Figur aus einer Geschichte von Damon Runyon: der Bursche vom Broadway mit Verbindungen zur Unterwelt, der weiß, wo die Leichen vergraben sind, der Zugang zum Rathaus hat und der trotz allem ein goldenes Herz besitzt. Zumindest war dies das Bild, das seine Geschäftspartner von ihm hatten.

War jener legendäre Joe Glaser wirklich so? Glaser war ein Großmaul, er führte sich auf wie ein Raufbold, drohte ständig, jemandem die Knochen zu brechen oder sich um ihn zu kümmern, und entsprechend handelte er auch. Max Gordon, jahrzehntelang Besitzer des Village Vanguard, einer der wichtigsten Jazz-Klubs der Welt, sagte: »Joe Glaser war der widerlichste und unverschämteste Agent, mit dem ich je zu tun hatte.«[1] Und Cork O'Keefe meinte: »Wenn er auf dich sauer war, weil er meinte, du hättest etwas getan, was ihm nicht gefiel, war er fertig mit dir. Dann versuchte er, dich zu erledigen.« Milt Gabler, jahrelang Armstrongs Produzent bei Decca: »Er wußte, daß ich Louie wollte und daß er Louie von Decca wegholen konnte. Deshalb zwang er mich, noch drei weitere Künstler für Decca unter Vertrag zu nehmen. Es waren zweit- und drittklassige Leute, von denen wir schon vorher wußten, daß mit ihnen nichts zu holen war. Wir nahmen sie nur, um Armstrong halten zu können. Ein alter Trick. Schon Tommy Rockwell hatte es so gemacht. Jahrelang produzierten wir mit den Mills Brothers, aber wir hatten nie einen Vertrag mit ihnen, und Rockwell drohte uns ständig, sie uns wegzunehmen, was er eines Tages auch tatsächlich tat.« Für Glaser war Bestechung normal. Er hielt seine Verbindungen fest im Griff. Gabler sagte: »Glaser war ein großer Baseballfan. Er hatte eine Kabine direkt hinter dem Dugout (im Yankee-Stadion). Von da aus brüllte er während des Spiels den Manager an. Sein Büro lag zwischen Nr. 57 und 58 auf der 5th Avenue in der Nähe vom Plaza Hotel, in einer Gegend mit sehr starkem Verkehr. Auf der 5th Avenue floß der Verkehr damals in zwei Richtungen. Wenn Joe mit seiner Limousine zum Baseballspiel fuhr, hielt der Polizist an der Ecke den gesamten Verkehr an, und Glaser fuhr in weitem Bogen auf die gegenüberliegende Straßenseite, als wäre er der Bürgermeister von New York.«

Glaser hatte aber auch eine völlig andere Seite. Er konnte reserviert sein, sich zurückziehen. Die schwarzen Künstler, die mit ihm zusammenarbeiteten, hielten ihn für gutherzig, für jemanden, der zu seinem Wort stand – obwohl sie ihn manchmal fürchteten und haßten. O'Keefe sagte: »Mir gegenüber war er immer sehr anständig.« Und Max Gordon: »Er hatte meistens recht, und am Ende mochte ich ihn sogar.«[2] Gabler meinte: »Er war ein dynamischer, starker Charakter, ein harter Bursche mit einem goldenen Herzen. Er war zwar sehr ungehobelt, aber wenn man ihn näher kannte, war er ein verdammt guter Kumpel.« Andy Kirk, der eine schwarze Swing-Band leitete und den Glaser in den dreißiger Jahren unter Vertrag hatte, sagte: »Wenn er etwas versprach, hielt er es auch.« Kirk hatte einmal mit Glasers Büro eine Streitigkeit wegen fünfundsiebzig Dollar, im Grunde also ein lächerlicher Betrag, aber Kirk sprach deshalb bei Glaser vor. Glaser tobte und brüllte, wie es seine Art war. Kirk sagte: »Joe, ich sitze ziemlich nahe bei dir, warum brüllst du so? Willst du vor deinen Angestellten den großen Mann markieren?« Darauf Glaser: »Raus hier!« Am nächsten Tag rief Oscar Cohen, jetzt Präsident dieser Firma, damals noch sehr jung, Kirk an und bat ihn noch einmal ins Büro. Kirk ging hin, und Glaser entschuldigte sich vor dem gesamten Personal. »Das werde ich ihm nie vergessen«, meinte Kirk.

Joe Glaser wurde um die Jahrhundertwende in eine Chicagoer Mittelschichtfamilie geboren. Seine Mutter, Bertha Kaplan, war eine russische Immigrantin; sein Vater, George Martin Glaser, war Arzt. Es gab einige Ärzte in der Familie, und man erwartete von Joe, daß auch er diesen Beruf ergreifen würde. Glaser behauptete, er habe tatsächlich einmal mit dem Medizinstudium begonnen, was mir aber zweifelhaft erscheint. Nach Alexander Schiff (einem alten Freund Glasers, der später einer von Armstrongs Ärzten wurde) war er das schwarze Schaf der Familie.

In seiner Jugend setzte sich Joe Glaser von der bürgerlichen

Mittelschicht ab. Er zeigte eine Neigung für das, was man in jener Zeit »low life« nannte und was soviel heißt, daß jemand Verbindungen zur Unterwelt und zur Vergnügungsbranche hatte (die erst allmählich in den besseren Kreisen zu Ansehen gelangte). Vor allem Schwarze aus der Unterhaltungsbranche waren gefragt, die von der feinen Gesellschaft nicht akzeptiert waren. Glaser verklärte die Unterwelt wahrscheinlich, wie das so viele Leute zu jener Zeit taten. Vielleicht fühlte er sich auch in der Gesellschaft von Alkoholdealern, Huren und Jazz-Musikern wohler als in den Kreisen der Mittelschicht, der er entstammte. Er trieb sich in den Cabarets der South Side herum und lernte dort einige Gangster kennen, höchstwahrscheinlich Mitglieder der Bande von Al Capone und vielleicht sogar Al Capone selbst. Niemand hat je behauptet, Glaser sei Mitglied dieser Bande gewesen, aber er machte sich wohl gelegentlich als Bote und auch als Strohmann nützlich. Cork O'Keefe sagte: »So wie ich Joe kenne, fungierte er wahrscheinlich bei vielen Geschäften als Strohmann und verdiente dabei auch eine Menge, aber deshalb muß er noch nicht selbst Gangster gewesen sein. Ich glaube, Joe hatte eine Schwäche für diese Art von Leben. Man konnte dabei leicht zu Geld kommen. Plötzlich legt dir jemand fünftausend Dollar vor die Nase, und das, obwohl du noch ein junger Kerl bist.«

Ende der zwanziger Jahre besaß Glaser eine Automobilagentur und managte Boxer, zu denen nach seinen eigenen (wohl nicht besonders zuverlässigen) Aussagen Ray Miller und ein Fliegengewicht namens Eddie O'Shay gehörten. Vermutlich hatten ihm Gangster beim Aufbau dieser Unternehmen geholfen, und wahrscheinlich spielten sie auch bei seinem dritten Tätigkeitsbereich eine Rolle – der Prostitution. Drei Zeugen, die Glaser gut kannten, berichteten unabhängig voneinander, daß er Zuhälter war. Seine Frau Esther leitete entweder in Cleveland oder in Youngstown, Ohio, ein Bordell.

Mit Sicherheit war Glaser nicht im Nachtklub-Geschäft tätig. Er behauptete zwar immer wieder, Besitzer des Sunset Café oder zumindest dessen Geschäftsführer gewesen zu sein. Aber Earl Hines, der ein Jahrzehnt lang in Chicagoer Klubs arbeitete, die von Gangstern kontrolliert wurden, meinte, Glasers Mutter sei die Besitzerin des Hauses gewesen, in dem sich das Sunset befand. Ansonsten habe Joe jedoch keinerlei Verbindung zu diesem Klub gehabt. Das Lokal wurde von Leuten geleitet, die wahrscheinlich Verbindungen zu den Gangstern hatten. Da Glaser sich oft im Sunset aufhielt, könnten die Musiker, die dort arbeiteten, ihn durchaus mit dem Laden in Verbindung gebracht haben. Er hatte wohl auch damals schon, wie Earl Hines sagte, »gute Einfälle« in bezug auf das Showbusiness, und zweifellos äußerte er sie auch gelegentlich.[3] Er behauptete immer, vorgeschlagen zu haben, Armstrong als »The World's Greatest Trumpet Player« anzukündigen.

In den zwanziger Jahren ging es Glaser finanziell sehr gut. Um 1928 jedoch wurden auf Drängen des »moralischen Chicago« viele Klubs geschlossen. Der Einfluß der Gangster schwand, und als Amerika 1930 unter den Auswirkungen der Weltwirtschaftskrise zu leiden hatte, war es mit dem üppigen Leben vorbei. 1933 setzte die Aufhebung der Prohibitionsgesetze dem illegalen Alkoholhandel ein Ende, womit auch die Nachtklubs viel von ihrer Attraktivität verloren. Das »low life«, Glasers Milieu, hatte zurückzustecken. Um diese Zeit kam Glaser mit dem Gesetz in Konflikt. Es ist mir zwar nicht gelungen herauszufinden, weswegen man ihn damals anklagte, aber es muß eine ernste Sache gewesen sein. Offenbar blieb ihm eine hohe Gefängnisstrafe nur auf Grund seiner Verbindungen zur Unterwelt erspart.[4] Wie es heißt, mußte er aus Chicago verschwinden, wurde aber bald wieder in der Stadt gesehen.

Als Armstrong 1935 aus Europa in die USA zurückkam, stand es um Joe Glaser nicht gut. Auch Armstrong war damals ziemlich mitgenommen. So erfreulich die Reisen nach England und auf den europäischen Kontinent begonnen hatten, so katastrophal hatten sie geendet. Finanziell stand Armstrong vor einem Desaster. Collins hatte ihn systematisch ausgenommen, und jetzt rächte es sich, daß er sich nie um seine finanziellen Angelegenheiten gekümmert hatte. Lil hatte ihn verklagt oder drohte mit einer Klage, und Alpha drängte ihn, sie endlich zu heiraten, nachdem er schon sechs oder sieben Jahre mit ihr zusammenlebte. In den USA hatte Armstrong seit über zwei Jahren keine Schallplatten mehr gemacht, und der Vertrag mit Victor stand auf wackligen Füßen. Der Staat Kalifornien hatte der Bundesbehörde für Drogenvergehen mitgeteilt, Armstrong habe durch seine Auslandsreisen die Voraussetzungen für eine Haftverschonung verletzt. Außerdem waren seine Lippen ruiniert. Ein Arzt riet ihm zu einer sechsmonatigen Pause. Vertraglich war er noch immer an Johnny Collins gebunden, der eine Zeitlang alle Auftritte verhinderte. Armstrong erzählte dem *Life*-Journalisten Richard Meryman:

»Ich hatte einmal einen Manager namens Johnny Collins, ein unglaublicher Kerl. Immer war irgend etwas nicht in Ordnung, ständig hatte er Schwierigkeiten mit den Veranstaltern. Er versuchte, mich in den Bankrott zu treiben. Einfach unglaublich. Er brockte mir miese Publicity-Tricks ein. In England machte ich dann endlich Schluß mit ihm. Eines Morgens, als ich aufwachte, war er ohne ein Wort mit dem Schiff abgereist und hatte meinen Paß mitgenommen. Ich war heimatlos. Als ich nach Amerika zurückkam, blies ich fast sechs Monate lang keinen Ton. Ich hatte die Nase gestrichen voll. Es war einfach unerträglich mit all den Gaunern um mich herum. Alles war verpfändet. Ich hatte einen Buick, der 3200 Dollar wert war – damals war das ein Schmuckstück –, und mußte ihn für 390 Dollar verkaufen. Da entschied ich mich für Joe Glaser als meinen Manager. Ich habe immer bewundert, wie er seine Leute behandelte.«[5]

Joe Glaser entsprach genau jenem Typ von Mann, den Armstrong immer gesucht hat. Er war laut, unverschämt und brutal, und er kommandierte gern herum. Er und Armstrong bildeten ein seltsames Paar. Man muß sich das vorstellen: Der Mann aus der respektablen Mittelschicht brüllt obszöne Dinge herum und ist mit Gangstern befreundet, und das Ghettokind daneben zeigt sich als scheuer, umgänglicher und höflicher Künstler. Trotzdem hatten diese beiden Männer erstaunlich viele Gemeinsamkeiten. Beide waren mit dem Gesetz in Konflikt geraten, beide hatten Prostituierte geheiratet, beide hatten ihre Jugend unter Zuhältern, Taschendieben und Mördern verbracht, beide waren auf sehr verschiedene Art talentiert, und beide wollten – jeder auf seine Weise – erfolgreich sein. Und außerdem brauchten beide dringend Hilfe.

Zuerst sah Glaser in Armstrong wohl auch nur eine Art Goldesel, eine schnelle Rettung aus seiner Misere. Aber sehr bald schon erkannte er, daß er in Armstrong einen wahren Fels gefunden hatte, auf den ein dauerhaftes Imperium zu gründen war. Glaser hatte den triumphalen Aufstieg des schwarzen Entertainments in den zwanziger Jahren miterlebt. Um 1935 hatten sich die schwarzen Künstler als wichtiger Teil des Showbusiness etabliert. Sie durften zwar immer noch nicht mit weißen Bands und Orchestern auftreten – oder zumindest nur in Ausnahmefällen. Aber schwarze Komiker wie Jack Bennys Eddie Anderson traten in bekannten Rundfunksendungen auf. Paul Robeson, Canada Lee und andere erhielten Rollen am Broadway. In den meisten Ballrooms und Dance Halls spielten schwarze Bands, und auch in Filmen traten immer häufiger schwarze Künstler auf. Die Situation war zwar nicht gerade paradiesisch für die Schwarzen, aber einigen von ihnen gelang es, im Showbusiness reich und berühmt zu werden.

Doch sie alle brauchten Weiße, die sich für sie einsetzten, denn die Theater, die Filmgesellschaften, die Ballrooms und die Schallplattenfirmen gehörten Weißen. Und viele von diesen Weißen verhandelten nicht gern mit Schwarzen, schon gar nicht mit einem schwarzen Agenten, der einen bedeutenden schwarzen Star vertrat und sich deshalb in einer Machtposition befand. Außerdem wußten damals nur wenige Schwarze, mit den Tricks und den Mechanismen des Business umzugehen. Sie hatten keine Ahnung, wer in der Geschäftswelt welche Fäden in der Hand hielt. Ohne einen weißen Manager war es auch für den talentiertesten Schwarzen unmöglich, im Showbusiness Karriere zu machen, wie Jelly Roll Morton schmerzlich erfahren mußte.

1935 wollte nicht jeder Manager Schwarze unter Vertrag nehmen. Es bestand eine große Nachfrage. Glaser erkannte seine Chance. Bald nachdem er Armstrongs Manager geworden war, traf er zwei Musiker aus dessen Band, Scoville Browne und Keg Johnson, in einer Bar in der Nähe des Apollo Theatre. Er sagte zu ihnen: »Ich kaufe euch beiden jetzt einen Drink. Das sind zwar meine letzten fünf Dollar, aber ich will euch was sagen: Ich werde einmal das gesamte schwarze Showbusiness kontrollieren.«[6] Das gelang ihm auch tatsächlich weitgehend.

Glasers Haltung den Schwarzen gegenüber war zwiespältig, soweit er geschäftlich mit ihnen zu tun hatte. Einerseits war er bereit, sich mit ihnen persönlich einzulassen, was die meisten Weißen grundsätzlich ablehnten. Außerhalb der Südstaaten waren die Weißen, insbesondere die Weißen der Mittelschicht, von den Schwarzen weitgehend isoliert, obwohl diese in ihrer Nähe wohnten. Die Schwarzen lebten überwiegend in ihren Ghettos. Selten sah man einen Schwarzen in einem Laden oder in einer Bank der Weißen, nicht einmal als Angestellten. Glaser ließ sich jedoch zumindest anfangs auf der Straße mit Armstrong sehen, und er verkehrte mit den Musikern, obwohl er stets in besseren Hotels übernachtete als die Schwarzen, die ohnehin Schwierigkeiten hatten, eine Unterkunft zu finden. In dieser Hinsicht war Glaser eine Ausnahme. Nur wenige Weiße jener Zeit hielten mit den Schwarzen so engen Kontakt. Andererseits bezeichnete Glaser (nach Max Gordon) seine Mandanten, darunter Billie Holiday, Sarah Vaughan, Pearl Bailey und Ella Fitzgerald, als »Schwarzes«[7], ein herabsetzender jiddischer Ausdruck für Schwarze.

Marshall Brown berichtet, daß der Schlagzeuger Gene Krupa, der ebenfalls von Glaser gemanagt wurde, mit der Leitung des Metropole – einem Klub am Broadway, der vom Tourismus lebte – einmal Ärger bekam. Krupa, der vom Metropole für zwei Wochen engagiert worden war, hatte in dieser Zeit noch einen anderen Konzerttermin vereinbart, den er unbedingt wahrnehmen wollte. Als das Metropole sich weigerte, Krupa freizugeben, ging dieser zu Glaser. Und dem fiel ein, daß Armstrong an diesem Abend frei war. Dazu Brown: »An diesem Abend standen die Leute um sechs Blocks Schlange, weil Louis Armstrong mit all seinen Hits im Metropole für Gene Krupa eingesprungen war.« Glaser wußte, daß Armstrong so oft wie möglich auftreten wollte, obwohl er sich hätte schonen müssen. Er mochte Armstrong, liebte ihn sogar.

Armstrong und Glaser hatten zunächst nur eine mündliche Vereinbarung getroffen. Schließlich bestand die Musikergewerkschaft auf einem schriftlichen Vertrag, der allerdings nie eine Rolle spielte. In der gesamten Zeit ihrer Zusammenarbeit vertraute Armstrong Glaser völlig. Er machte sich nie die Mühe, die Bücher zu prüfen, und fragte Glaser nicht ein einziges Mal, wie hoch seine Gagen seien. Glaser arrangierte die Auftritte, und Armstrong akzeptierte jeden Termin, den sein Manager ihm nannte. Louis fragte ihn nie nach seinem Einkommen. Von Anfang an nahm Glaser das Geld in Empfang, beglich die Rechnungen und gab Armstrong soviel, wie er für angemessen hielt.

Nicht einmal Lucille, Armstrongs letzte Frau, erfuhr nach seinem Tod, wie es um das Geld stand. Erst nach Glasers Tod im Jahre 1969 übergab seine Agentur die Akte Armstrong unabhängigen Verwaltern, um allen Gerüchten, Glaser habe sich unrechtmäßig bereichert, zu begegnen.

Wann genau der Vertrag zwischen Armstrong und Glaser geschlossen wurde, ist nicht auszumachen, ebensowenig, wie lange Armstrong 1935 tatsächlich pausierte. Im Februar hatte Armstrong ein einwöchiges Engagement im Apollo Theatre in Harlem, das Collins platzen ließ. Er behauptete, er sei Armstrongs Manager und folglich berechtigt, die Gage zu kassieren. Als Glaser Armstrongs Management übernahm, zahlte er Collins sofort eine Abfindung, klärte die finanziellen Unstimmigkeiten mit Lil und brachte ein bißchen Ordnung in Armstrongs Leben. Im März war Armstrong in Chicago und sollte, wie schon erwähnt, auf ärztliches Anraten sechs Monate lang pausieren. Statt dessen bat er Zilmer Randolph, eine neue Band für ihn zusammenzustellen. Nach Randolph bestand sie aus sechs Blechbläsern (wahrscheinlich vier Trompeten und zwei Posaunen), vier Saxophonen und der üblichen Rhythmusgruppe. Unter den Musikern waren die Tenorsaxophonisten Leon Washington und – vermutlich – Budd Johnson, die Altsaxophonisten Scoville Browne und George Oldham, der Posaunist Eddie Fant, der Trompeter Milt Fletcher, der Bassist Bill Oldham, der Schlagzeuger Richard Barrett und der Pianist Prentice McCarey sowie Randolph und Armstrong. Im Juli ging die Band auf Tournee. Glaser ließ sie so oft wie möglich in Theatern auftreten, aber nicht in den billigen Dance Halls, die Collins mit Vorliebe gebucht hatte. In den Theatern konnte Glaser höhere Gagen verlangen, und außerdem war ein solches Haus geeigneter für Armstrongs Show. Armstrong arbeitete also wieder, übrigens für den Rest seines Lebens. Neunzig Prozent seiner Zeit verbrachte er in Hotelzimmern, Bussen, Flugzeugen, Garderoben und natürlich auf Bühnen.

Im Sommer oder Herbst 1935 schloß Glaser mit Decca einen Schallplattenvertrag ab. Die Decca war im Jahr zuvor von Jack Kapp gegründet worden. Kapp hielt die bisherigen Schallplattenpreise für zu hoch und wollte Platten für zirka fünfunddreißig Cent produzieren. Geld bekam er von der englischen Firma

Decca, die auf diese Weise amerikanische Stars an sich binden konnte. Kapp kaufte einige kleinere Firmen auf, die Bankrott gemacht hatten, und nahm jeden Künstler unter Vertrag, den er bekommen konnte. Der wichtigste unter ihnen war Bing Crosby. Jack Kapp dachte nicht im mindesten an Kunst, sondern von Anfang an eindeutig kommerziell. Bei Decca war man nur an Aufnahmen interessiert, die ebensoschnell hergestellt wie verkauft werden konnten – und dann auch möglichst schnell wieder vergessen werden sollten. Wie Victor versuchte auch Decca, eine Mischung aus simplen kommerziellen und komischen Nummern zu produzieren. Die meisten Songs, die Kapp im Laufe der nächsten zehn Jahre produzierte, sind heute nur noch bekannt, weil Armstrong sie aufnahm. Decca veröffentlichte mehrere Stars zusammen auf einer Platte, so daß die Käufer für ihr Geld mehr zu erhalten glaubten. Auf diese Weise entstanden seltsame Kombinationen: Armstrong mit den Mills Brothers, mit den Polynesians und dem Lyn Murray Chorus. Auch bei Decca mußte Armstrong bis zu sechs Titeln am Tag aufnehmen, aber im großen und ganzen wurde er von dieser Firma nicht ganz so brutal ausgebeutet wie von Victor. Zwar trieb die Decca Armstrong noch stärker in den Kommerz, aber die Produktionen wurden professionell abgewickelt. Die Band spielt besser, und die Aufnahmen wirken sauberer und frischer.

Bei der ersten Produktion für Decca im Oktober 1935 wurde die Band nicht mehr von Randolph und McKendrick betreut. Ungefähr im September war ein Engagement in einem Klub namens Great White Way in New York geplatzt. Die Musikergewerkschaft betrachtete die Band als reisende Band, die keine längeren Engagements annehmen durfte. Sie verlangte von Glaser eine Art Ausfallhonorar, das zu zahlen er sich weigerte. Für ihn war es billiger, die Band zu entlassen und die von Luis Russell zu verpflichten, die seit einiger Zeit in New York ansässig war. Die Musiker von Randolph waren natürlich verbittert, und noch Jahre später erklärte Zilmer Randolph, Glaser hätte sich durchaus mit der Gewerkschaft einigen können. Ihm sei der Vorfall nur willkommen gewesen, um die Band loszuwerden. »Wir hätten jahrelang dort spielen können, wenn diese Burschen anders an die Sache herangegangen wären«, sagte Randolph.[8] Die Russell-Band begleitete Armstrong von da an mehrere Jahre lang.

Ab Herbst 1935 bewegte sich Armstrongs Karriere wieder in geregelten Bahnen. Er arbeitete kontinuierlich, machte oft Plattenaufnahmen und verdiente gutes Geld. Joe Glaser war in jeder Hinsicht ein guter Manager. Anfangs begleitete er sogar die Band auf ihren Reisen, um für einen korrekten Tourneeablauf zu sorgen. Dazu Pops Foster: »Damals war es hart, im Süden auf Tournee zu sein. Wir hatten zwei Weiße bei uns – den Busfahrer und Joe Glaser. Wenn man damals einen farbigen Busfahrer hatte, konnte es passieren, daß er in irgendeiner kleinen Stadt wegen Überschreitung der Höchstgeschwindigkeit eingesperrt wurde. Im Süden war es für Schwarze auch immer sehr schwer, ein Bett zu finden. In die Hotels der Weißen durfte man nicht, und Hotels für Schwarze gab es nicht. Man mußte also Privatzimmer mieten, und wir dachten dabei auch immer an eine Kochgelegenheit. Auf jeder Tournee hatten wir Töpfe und Pfannen mit.«[9] Und Armstrong sagte: »Tourneen waren für Schwarze immer ein Problem. Es gab keinen anständigen Ort zum Schlafen. Schon eine Toilette zu finden, war manchmal ein Drama. Wenn die Leute in einer Servicestation einen Bus mit Schwarzen kommen sahen, beeilten sie sich, die Toiletten abzuschließen.«[10]

Obwohl Armstrong lange nicht in den USA gewesen war, zog sein Name immer noch. Im November veröffentlichte das schicke und anspruchsvolle Magazin *Vanity Fair* einen dümmlichen Artikel über den Jazz-Jargon mit einem ganzseitigen Bild von Louis Armstrong, das der damals bekannte Fotograf Anton Bruehl aufgenommen hatte. *Esquire* brachte im Oktober 1935 einen grauenhaften Beitrag über Armstrong. Und im Februar 1936 erschien in *Vanity Fair* ein fingiertes Gespräch zwischen dem Geiger Fritz Kreisler und Armstrong. Die Zeitungen der Schwarzen berichteten regelmäßig über ihn: Als er im Januar 1936 an den Polypen operiert wurde, machte die *Louisiana Weekly*, eine Zeitung der Schwarzen im Gebiet von New Orleans, eine Titelgeschichte daraus.[11]

Armstrong war so bekannt, daß er immer häufiger Filmangebote erhielt. Er war nicht nur ein bekannter Bandleader, der sang, sondern ein Naturtalent, das Grimassen schnitt und mit den Augen rollte. Die Filmproduzenten erkannten, daß er eine starke persönliche Ausstrahlung besaß, die beim Publikum ankam. In der zweiten Hälfte der dreißiger Jahre wirkte Armstrong regelmäßig in Filmen mit. Nach Dan Morgenstern war er der erste Schwarze in Filmen der A-Kategorie.[12] 1936 trat er in *Pennies from Heaven* zusammen mit Bing Crosby auf; 1937 war es *Artists and Models*; 1938 *Every Day's a Holiday* mit Mae West und *Going Places*, in dem er ein Pferd mit dem Song *Jeepers Creepers* anhimmelt.

Noch wichtiger war vielleicht, daß Armstrong ab 1937 als erster Schwarzer regelmäßig in Werbesendungen im Radio zu hören war, so in der *Norge Show* und in *Fleischmanns Yeast Program*. Normalerweise nahm man keine Schwarzen, weil man fürchtete, damit weiße Käufer zu verärgern. Armstrong war aber auch bei den Weißen beliebt genug. Zweifellos hatte Joe Glaser diese Radioauftritte arrangiert.

Ende der dreißiger Jahre war Armstrong ein Star. Er hatte einen guten Manager, seine finanziellen Probleme waren gelöst, er arbeitete, sooft er wollte, trat in Filmen auf und war regelmäßig im Radio zu hören. Doch in diesem Augenblick erlebte das Musikgeschäft einen gewaltigen Wandel. Plötzlich war Armstrong von Swing-Bands umgeben, die ihn zu überrollen drohten.

Die Swing-Ära war wie eine Modewelle. Sie setzte 1935 ein und dauerte bis zum Ende des Zweiten Weltkrieges. Neu waren die Swing-Bands nicht. Sie hatten sich aus den Dance Bands entwickelt, die von Männern wie Henderson, Redman, Goldkette, Ellington, Whiteman und anderen geleitet wurden. Zwar gab es diese Bands schon lange, aber es dauerte eine Weile, bis das Publikum Gefallen an ihnen fand und die Medien auf sie aufmerksam wurden.

In diesem Zusammenhang ist vor allen anderen der Klarinettist Benny Goodman zu erwähnen, der lange Zeit in New Yorker Theaterbands und in Radio- und Schallplattenstudios gearbeitet hatte. 1934 stellte Goodman, bestärkt von John Hammond, eine Band zusammen, die nicht nur erfolgreich sein sollte, sondern deren Ziel auch die Wiedergabe von Hot Music war. Anfangs gab es finanzielle Probleme, bis mit der Radiosendung *Let's Dance* der Durchbruch gelang. Eine Tournee durch das ganze Land wurde veranstaltet, die jedoch ein Reinfall war. Dem tanzbegeisterten Publikum war die Musik nicht schnulzig genug. In Denver forderten die Leute sogar ihr Eintrittsgeld zurück. Goodman erinnerte sich später, dies sei das demütigendste Erlebnis in seinem ganzen Leben gewesen.

Schließlich kam die Band erschöpft und entmutigt nach Kalifornien. Im Palomar Ballroom in Los Angeles fanden die überraschten Musiker eine riesige Menschenmenge vor. Die Band begann ihren Auftritt mit den üblichen Nummern, die vorher immer gewünscht worden waren, doch an diesem Abend war alles ganz anders: Das Publikum wollte keine Schnulzenmusik. Als Goodman Swing zu spielen begann, brach ein Sturm der Begeisterung los.

Die Swing-Ära blieb auch für Armstrong nicht ohne Folgen. Die Weltwirtschaftskrise, das Ende der Prohibition und ein geschärftes gesellschaftliches Bewußtsein Ende der dreißiger Jahre ließen die Nachtklubs, die Schwarzbrennerei und den Hot Jazz als etwas Frivoles erscheinen. Die Hot Music, die vor allem bei den Jugendlichen beliebt war, wurde in den Untergrund abgedrängt. Goodmans Auftritt im *Let's-Dance*-Programm wurde für die Jugendlichen im Osten der USA zu spät ausgestrahlt. An der Westküste hingegen waren die Jungen wegen der Zeitverschiebung noch wach. Von diesem Moment an änderte sich die Situation für Goodman schlagartig: Seine Musik wurde zur Sensation. Andere Bandleader kamen, und der Begriff Swing, den Armstrong und andere Musiker seit Jahren benutzt hatten, wurde zum Etikett für die Musik dieser Bands. Die Medien zogen mit, und der Boom war da. In den nächsten zehn Jahren hießen die Stars des Musikgeschäfts Glenn Miller, Jimmy und Tommy Dorsey und Harry James, die wie Filmstars gefeiert wurden. Die Jugend stürzte sich auf den Swing, als hätte sie auf ihn gewartet. Goodman wurde schnell berühmt. 1938 gab er in der Carnegie Hall vor ausverkauftem Haus ein Konzert, eines der ersten dieser Art.

Armstrong hatte seit der Arbeit mit Henderson mit ähnlichen Bands gespielt, aber er stand nur mit einem Fuß in der Swing-Bewegung. Swing-Bands waren im Grunde Tanzorchester, für die Arbeit in Ballrooms geeignet, wenngleich sie oft auch in Theatern auftraten. Armstrong hingegen ist mit seinen Shows immer ein Vaudeville-Künstler geblieben. Die Leiter der Swing-Bands waren Instrumentalsolisten, die oft selbst mitspielten, und in den Bands saßen hervorragende Solisten. Armstrong war immer der Mittelpunkt der Show: Die übrigen Musiker traten solistisch nur dann hervor, wenn er eine Pause brauchte.

Sehr wichtig für die Swing-Musik sind die Arrangements und die Art und Weise, wie sie gespielt werden. Gutes Musizieren spielt dabei eine zentrale Rolle. Die Bandleader achteten deshalb sorgsam darauf, nicht nur gute Jazz-Solisten, sondern auch sonst gut ausgebildete Musiker zu engagieren, die fließend Noten lesen und die Arrangements präzise spielen konnten. Bei Armstrong spielte die Band kaum eine Rolle, und auf ausgefeilte Arrangements legte er wenig Wert. Er schien in die Swing-Ära hineinzugehören, spielte aber eigentlich nicht die Musik der Swing-Bands. Und hinsichtlich des glänzenden Zusammenspiels solcher Bands wie der von Goodman, Miller und Lunceford hatte er auch nicht viel zu bieten.

Für die Swing-Fans war Armstrong keineswegs der führende Trompeter. Sie hatten nie eine Platte der Hot Five gehört, weil die längst nicht mehr im Handel waren. Außerdem war der New-Orleans-Stil mittlerweile völlig aus der Mode. Vor allem in rhythmischer Hinsicht hatte sich allerhand ereignet: Der Swing war leichter, rasanter, gerader und weniger starr als der alte Two-Beat-Rhythmus. Den Swing-Fans wären die Aufnahmen der Hot Five wahrscheinlich schwerfällig und altmodisch vorgekommen. Nur wer sich intensiv mit dem Jazz beschäftigte, wußte um Armstrongs Bedeutung.

Ende der dreißiger Jahre war Armstrong von jüngeren Trompetern umgeben, die ihm technisch weit überlegen waren. Roy Eldridge und sein Protegé Dizzy Gillespie, Harry James, Bunny Berigan und ein Dutzend andere konnten höher und schneller spielen als Armstrong – und sie spielten weniger Fehler. Aber es war nicht nur die Technik: Eldridge, Gillespie, James (wenn er wollte), Berigan, Cootie Williams, Rex Stewart und viele andere spielten ausgezeichneten Jazz. Die jungen Trompeter orientierten sich hauptsächlich an Roy Eldridge. Von Armstrongs Musik waren sie einmal ausgegangen, und die meisten von ihnen, so Berigan, James, Williams und Stewart, hatten als Imitatoren Armstrongs begonnen. Sie spielten seine Soli Ton für Ton nach. James behandelte die Ventile ähnlich wie Armstrong und trieb diesen Tick bis zur Unerträglichkeit, und Rex Stewart bestritt mit diesem Effekt sogar sein ganzes Spiel.

Armstrong erlebte, was schon viele Neuerer vor ihm erlebt hatten: Andere Musiker hatten sich (zunächst in aufrichtiger Bewunderung oder gar regelrechter Vergötterung) mit seinem Stil beschäftigt, ihn weiterentwickelt – und eines Tages überflügelten sie ihr einstiges Idol. So jedenfalls sah es aus. In Wahrheit konnte Armstrong es mit seinen Epigonen immer noch gut aufnehmen. Wenn er wollte, spielte er ausgezeichnet. Seine Lippen hatten durch das Narbengewebe zwar viel von ihrer Flexibilität eingebüßt, und 1940 konnte er einige der schnellen Figuren, die er 1928 so gern geblasen hatte, nicht mehr spielen. Aber immer noch hatte er den warmen, vollen Ton, die präzise Attacke, das gute Ohr und einen ungeheuren melodischen Ideenreichtum. Daß er nicht immer so spielte, wie das möglich gewesen wäre – davon wird später noch zu reden sein.

Für die jungen Swing-Fans, die Tommy Dorsey und Glenn Miller verehrten, war Armstrong einer unter zwei oder drei Dutzend zweitklassigen Bandleadern. Sie kannten allenfalls seinen Namen. Das Jazz-Magazin *Down Beat* begann damals im Rahmen einer Umfrage die beliebtesten Bands und Solisten des Jahres zu ermitteln. Die jungen Leute, die *Down Beat* abonniert hatten, waren intelligenter als die meisten Swing-Fans. Dennoch kannten sie die Geschichte des Jazz nicht sonderlich gut, und Armstrong eben auch nicht. 1937 kam er unter den Trompetern auf Platz drei, und 1944 erhielt Armstrongs Band noch nicht einmal die vierzig Stimmen, die man brauchte, um aufgeführt zu werden. Als Trompeter lag er weit hinter Jimmy Pupa und Shorty Cherock, die beide zweifellos professionelle Musiker waren, ansonsten aber nicht an ihn heranreichten.

Doch Armstrong hatte immer noch sein Stammpublikum, das seine Karriere seit Anfang der dreißiger Jahre verfolgt hatte. Er wirkte weiterhin in Filmen mit, wenn auch nicht mehr so häufig. 1940 trat er wieder am Broadway auf, diesmal in der Hauptrolle eines Musicals nach Shakespeares *Sommernachtstraum*: *Swinging the Dream*. Dieses Musical hatte Gilbert Seldes geschrieben, von dem man Besseres erwartet hatte. Unter den beteiligten Musikern fand sich eine Reihe von Jazz-Stars: Benny Goodman, Bud Freeman, Zutty Singleton und Lionel Hampton. Armstrong war »angezogen wie ein Feuerwehrmann, mit einer Kopfbedekkung, die an ein Stinktier erinnerte«[13]. In der Besprechung im

Down Beat hieß es: »Louis Armstrong, der hier nur gelegentlich Trompete spielt, klagt über das Engagement in der Show und im Cotton Club, weil das seine Lippe sehr belaste. Dennoch zieht er sich ehrenvoll aus der Affäre.«[14] Die Show war jedenfalls ein Flop und wurde bald abgesetzt.

Trotz der Filme, der Broadway-Show und der Radiosendungen ging es mit Armstrong zu Beginn des Zweiten Weltkrieges bergab. Er hatte zwar noch sein Publikum, aber er war nicht mehr in. Seine Fans begeisterten sich vor allem für seinen Gesang und die komischen Einlagen, die immer primitiver wurden. Sein Trompetenspiel jedoch interessierte so gut wie niemanden mehr.

Im Gegensatz zu seiner Karriere ging es im Privaten besser. 1938 hatte Armstrong Alpha geheiratet. Dazu Lil: »Louis wollte Alpha eigentlich nicht heiraten, aber sie drohte, ihm ein Verfahren wegen Eheversprechens anzuhängen, und er hatte Angst vor der schlechten Presse. Deshalb bat er mich, ich sollte mich nicht von ihm scheiden lassen, weil er darin die einzige Möglichkeit sah, aus der Sache herauszukommen. Ich glaube, ich ließ mich dann doch scheiden, nur um ihn zu ärgern.«[15] Die Ehe mit Alpha war von Anfang an zum Scheitern verurteilt. Louis und Alpha hatten sicher viel Spaß zusammen, sie stritten allerdings auch häufig. Eine tiefe Beziehung war es wohl nicht. Deshalb überraschte es niemanden, als diese Verbindung schon bald zerbrach. Kurz nach der Hochzeit traf Louis jene Frau, mit der er bis zum Ende seines Lebens zusammenblieb: Lucille Wilson.

Lucille wurde 1914 in New York geboren, wo ihre Familie seit mehreren Generationen ansässig war. Ihr Vater hatte sich als Besitzer eines kleinen Taxiunternehmens ein ansehnliches Vermögen erarbeitet. Lucille wuchs in behüteten Verhältnissen in der Gegend von Corona auf, damals ein ruhiges Viertel mit Ein- und Zweifamilienhäusern inmitten kleiner Gärten. Ihre Mutter hatte nie arbeiten müssen, und die Kinder erhielten Klavierstunden und Tanzunterricht. Die Familie war katholisch und hatte sehr genaue Vorstellungen von Anstand. Lucille hätte gewiß ein College besucht, aber der Vater verlor durch die Weltwirtschaftskrise sein ganzes Vermögen. Sie mußte arbeiten gehen und zum Unterhalt der Familie beitragen. Lucille bekam schnell eine Stelle als Tänzerin im Alhambra Theatre auf der 7th Avenue an der 125th Street in Harlem. Das Jahr 1930 verbrachte sie im Alhambra, trat dann kurze Zeit in der Broadway-Show *Flying Colors* auf und arbeitete anschließend einige Jahre lang im Cotton Club. Dort lernte sie 1938 Armstrong kennen, der in jenem Jahr für sechs Monate im Cotton Club engagiert war.

Louis fühlte sich von Lucille sofort angezogen. Sie sagte: »Ich war immer schon clever. Erst zwei Monate vor Ende der Show habe ich mich mit Louie getroffen. Vorher rannte ich ständig weg vor ihm, und er versuchte unentwegt, mich trotzdem zu erwischen. Ich traute ihm einfach nicht . . . Er schickte mir dauernd Essen in die Garderobe. Doch als ich merkte, daß er mich mochte, verdrückte ich mich zwischen den Shows. Seine Band hatte am Schluß eine Tanzserie zu spielen. Als ich eines Abends die Treppe herunterkomme – ich war gerade auf dem Weg ins Kino –, steht Louie da. Ich hatte gedacht, er müßte wie üblich noch eine halbe Stunde spielen. Er steht also unten an der Treppe und sagt: ›Du läufst dauernd vor mir weg. Also egal, mit wem du ausgehen willst, mit Mann, Frau oder Kind, ich gehe mit.‹« Als er nicht in New York war, rief er Lucille an oder schrieb ihr, und als er ein Jahr später wieder zurückkam, trafen sie sich häufiger. Lucilles Familie war der Ansicht, daß Louis zu alt für sie sei, aber nach zwei Jahren beruhigten sie sich, und so heirateten die beiden am 12. Oktober 1942.

Soweit Lucilles Darstellung. In Wirklichkeit war alles viel komplizierter. Lucille war seit acht oder neun Jahren im Showbusiness, als sie Louis kennenlernte. Sie war jung, aber keineswegs naiv, und sie war intelligent. Sie wußte, was sie wollte, und ließ sich von seiner Berühmtheit nicht blenden. Lucille war Louis eine gute Frau, die ihm treu blieb und seine Bedürfnisse verstand, ohne jedoch ihre Selbständigkeit zu verlieren oder neben ihm unterzugehen. Sie wußte ihn auf ihre Art zu leiten, auch wenn das nur bis zu einem gewissen Punkt möglich war. Beide stritten oft miteinander. Obwohl Louis immer wieder betonte, das Leben in Hotelzimmern nicht gegen eine feste Bleibe eintauschen zu wollen, kaufte Lucille Anfang der vierziger Jahre ein Haus in ihrem alten Viertel Corona. Im Laufe der Zeit fand auch Armstrong Gefallen daran, einen Platz zum Ausruhen und Entspannen zu haben. Veränderungen liebte er nicht. Als das Viertel später verkam, wollte Louis nicht mehr umziehen. In diesem

Haus starb er auch. Seine Witwe lebt noch heute dort. Nach dem Tod ihres Mannes sagte Lucille: »Ich denke, meine Ehe war wie jede andere Ehe. Es gab Gutes und Schlechtes, Höhen und Tiefen. Louie war sehr großzügig, sehr liebevoll, ein sehr netter Mensch, wenn er wollte, aber er konnte auch ein Teufel sein. Er war ein Mann, mit dem man umgehen können mußte. Man durfte keine Forderungen an ihn stellen, dann wurde er störrisch, sondern mußte ihn mit Samthandschuhen anfassen.«

Im großen und ganzen hielt Lucille sich aus Armstrongs geschäftlichen und musikalischen Angelegenheiten heraus. Zu Anfang war sie viel mit ihm auf Reisen: »Meine Flitterwochen bestanden aus einer achtwöchigen Tournee von Tagesgastspielen, und ich dachte schon, vielleicht wäre es besser, die ganze Ehe zu vergessen. Ich war noch nie von zu Hause weg gewesen und konnte diese Situation einfach nicht ertragen. Im Laufe der Jahre besserte sich das. Als Louie die Big Band auflöste und die All Stars zusammenstellte, hatten wir öfter längere Engagements in Klubs. Wenn Louie dann ins Hotel zurückkam und niemanden hatte, mit dem er reden konnte, brauchte er mich. Dafür braucht man wirklich einen Kameraden.« Obwohl Lucille sich aus der Musik heraushielt, wurde sie manchmal von der Band aufgefordert, bei Armstrong zu intervenieren. »Ich war sein Barometer für die Spannungen in der Band. Oft sagte ich: ›Ich kann das einfach nicht mehr aushalten, ich glaube, ich fahre nach Hause, damit du genug Platz für deine Ellbogen hast.‹ Sobald ich zu Hause war, rief er an und sagte: ›Wann zum Teufel kommst du wieder her?‹ Dann antwortete ich: ›Ich habe mir gedacht, du müßtest eine Weile allein sein.‹ Ich weiß nicht, was in der Zwischenzeit passierte, aber jedesmal, wenn ich zurückkam, sagten die Musiker zu mir: ›Wir sind so froh, daß du wieder da bist, es war die Hölle für uns.‹«

Im Grunde war es eine gute Ehe – ganz gewiß gut für Louis. Ihm gefiel es, ein vernünftiges und geordnetes Leben zu führen. Lucille war anspruchsvoller als Daisy und Alpha. Sie trat in sein Leben, als seine Karriere in den Händen eines cleveren Profis lag, und brauchte ihrem Mann in dieser Hinsicht keinen Rat zu geben. Es gab nicht jene Konflikte, die die Ehe mit Lil so belastet hatten.

Der Weg in den Kommerz

Im Covertext einer frühen, wiederveröffentlichten LP aus der Decca-Zeit schreibt Dan Morgenstern: »Es gehört zu den Merkwürdigkeiten der Jazz-Kritik, daß Louis' Arbeit mit kleinen Gruppen (seine Pionieraufnahmen mit den Hot Five und Hot Seven zwischen 1925 und 1928 und seine All-Star-Aufnahmen der Jahre nach 1947) stets in den höchsten Tönen gelobt wurde, während man seine Big-Band-Aufnahmen der dazwischenliegenden Jahre überging, bemäkelte und herabsetzte – zumindest in den Kritiken. Die Musiker und die eingeschworenen Armstrong-Fans hingegen bezeichnen Armstrongs Big-Band-Aufnahmen meist als ihre Favoriten . . . Die Meisterwerke dieses Albums – meiner Meinung nach *Struttin' With Some Barbecue*, *Jubilee*, *The Skeleton In The Closet*, *Ev'ntide* und das phantastische *Swing That Music* – sind in der Geschichte des Jazz einzigartig. Sie sind eine Art Miniaturkonzerte für Trompete (manchmal auch Gesang) und Orchester. Miniaturen sind sie jedoch nur hinsichtlich ihres Umfangs; von ihrer Konzeption her sind sie groß.«[1]

Morgenstern hat sicherlich recht, wenn er die Bewunderung der Musiker für Armstrongs Big-Band-Aufnahmen erwähnt. Vielen von ihnen erschien der New-Orleans-Stil altmodisch. Ihnen gefiel das Konzept des Startrompeters, der vor einem großen Orchester swingt. Sicherlich wäre es auch falsch zu behaupten, der New-Orleans-Stil sei »besser« als der Big-Band-Stil. Schließlich produzierten Big Bands erstklassigen Jazz, angefangen von Henderson und Goldkette über Ellington und Basie bis hin zu Woody Herman und Thad Jones/Mel Lewis.

Im allgemeinen ist Morgenstern ein scharfsinniger Kritiker, der sich sein Leben lang beruflich mit Jazz beschäftigt hat und dessen Urteil man ernst nehmen sollte. In diesem speziellen Fall kann ich mich seiner Meinung jedoch nicht anschließen. Wenn wir uns einige der besten Big-Band-Aufnahmen Armstrongs aus der Decca-Periode von 1935 bis 1947 anhören – und es gibt darunter sicherlich wundervolle Aufnahmen –, sind wir zwar auch hier von Armstrongs schönem Ton gefesselt, von seiner rhythmischen Subtilität und seinem Ideenreichtum. Hört man sich diese Aufnahmen aber nacheinander an, dann ist das Ergebnis bedrückend. Zwei grundsätzliche Probleme treten deutlich zutage: Zum einen sind Armstrongs Manien beinahe zwanghaft; sie entspringen weder echtem Gefühl noch echter musikalischer Motivation. Armstrong spielt ständig ohne Grund im hohen Register. Er hängt aufgeblähte Schlüsse an, die offenbar nur demonstrieren sollen, wie hoch er auf der Trompete spielen kann. Die Halbventileffekte werden unerträglich. Besonders enervierend aber wirken die endlosen, unsinnigen Riffs. Daß Künstlern, vor allem wenn sie risikofreudig musizieren, Unebenheiten oder gar Fehler unterlaufen können, ist selbstverständlich. Doch diese Entgleisungen resultieren eindeutig aus dem Wunsch, dem Publikum zu imponieren.

Das zweite Problem, es hängt mit dem ersten zusammen, liegt im Fehlen jener Phantasie, die Armstrongs Spiel in früherer Zeit ausgezeichnet hatte. Bei den Big-Band-Aufnahmen gibt es ganze Serien, in denen Armstrong keine einzige neue Phrase spielt, sondern ohne musikalischen Sinn ein Klischee an das andere reiht. Von Abwechslung, die für Armstrongs frühere Aufnahmen so kennzeichnend war, kann keine Rede sein. Er selbst meinte einmal: »Im ersten Chorus spiele ich die Melodie, im zweiten Chorus spiele ich um die Melodie herum und im dritten Chorus spiele ich Routinefiguren.«[2] Damit bezog er sich auf die letzten Chorusse seiner schnelleren Stücke; dieses Schema gilt aber auch für die langsameren. Mit anderen Worten, im ersten Chorus spielt er mehr oder weniger die Originalmelodie, dann eine Paraphrase und schließlich eine lange Kette von hohen Tönen, oft auch nur den gleichen Ton sechzehn Takte lang. Das Fehlen von durchlaufenden Achteln, Triolen und Sechzehnteln, denen wir in den früheren Aufnahmen so häufig begegnen, macht die Musik noch langatmiger.

Will man Armstrongs gesamtes Werk beurteilen, dann muß man neben den Glanzpunkten auch das Mißlungene mit einbeziehen. Nehmen wir zum Beispiel *Swing That Music*, ein Stück, das Morgenstern als Meisterwerk bezeichnet. Das Thema ist eingängig und basiert auf einfachen Akkorden, über die sich gut improvisieren läßt. Das Tempo scheint ein wenig zu schnell für Armstrong, aber nur unwesentlich. Die Rhythmusgruppe swingt, und die Band spielt im großen und ganzen gut – sogar die Saxophone meistern den extrem schnellen Chorus. Auch Armstrongs Gesangschorus ist gelungen. Im ersten Chorus spielt er die Melodie ziemlich genau nach. Der zweite Chorus besteht aus Vierteln und längeren Noten, die zu kurzen Figuren zusammengefaßt werden. Dieser Chorus wäre der ideale Ausgangspunkt für ein abwechslungsreiches Solo gewesen. Statt dessen nutzt ihn Armstrong nur für den Sprung ins hohe Register. Ein vierter Chorus besteht aus hohen Gs, die jeweils leicht nach unten intoniert werden und an Hundegebell erinnern. Ein Meisterwerk ist das wohl nicht: Die Ideen sind mager, die hohen Töne ohne jede Poesie, wie billige Reklamesprüche. Das Solo hat er auch keineswegs spontan erfunden: Als Armstrong das Stück drei Monate später mit einer anderen Band noch einmal aufnahm, spielte er es fast genauso.

The Skeleton In The Closet, das Morgenstern ebenfalls hervorhebt, ist ein anspruchsloser Schlager aus dem Film *Pennies from Heaven*. Armstrong, der wie im Film von Jimmy Dorseys Band begleitet wird, gelang mit diesem Stück ein erstaunlicher Verkaufserfolg. Sein Endchorus ist einfallsreich, auch gut gespielt, aber die Hälfte der Zeit spielt er die simple Melodie des Stücks exakt nach. Der fünfte und sechste Takt enthält einen logisch eingefügten Break. In einem zweiten Break am Ende des Mittelteils begnügt Armstrong sich damit, die Melodie zu spielen. Die Coda, die aus älterem Material besteht, ist gut. Insgesamt ist dies ein erfreuliches Stück, aber sicher ebenfalls kein Meisterwerk.

Nicht viel anders verhält es sich mit *Jubilee*. Dieser Song aus dem Film *Every Day's A Holiday* stammt von Hoagy Carmichael. Armstrong singt ansprechend, die Band spielt gut, seine Trompetenchorusse am Schluß sind ausgewogen, sauber und enthalten fast keine Schleifer. Mehr Gutes läßt sich wirklich nicht sagen. Im ersten Chorus spielt Armstrong zwar am Ende der ersten acht Takte eine interessante Figur, aber der Rest des Chorus ist eine getreue Wiedergabe der Originalmelodie, nicht zu vergleichen mit jener Art, in der er sich Carmichaels *Stardust* einige Jahre zuvor angenommen hatte. Armstrongs zweiter Chorus beginnt mit einer Obligatofigur, die aus einem Abwärtssprung von Unisonoposaunen hervorgeht. Dann folgt Armstrong den Posaunen nach unten und verschwindet an einer Stelle, an der er nun wirklich besser im hohen Register geblieben wäre. Die zweite achttaktige Periode besteht aus einer viertaktigen Zweitonfigur und deren Wiederholung. Das Ganze ist mehr Etüde als Melodie. Von den zweiundsiebzig Takten des Solos sind nur acht wirklich improvisiert.

Die beiden anderen Aufnahmen, die Morgenstern erwähnt (*Struttin' With Some Barbecue* und *Ev'ntide*), sind ausgezeichnet und zeigen Armstrong nahezu in Bestform. Wenn man sie aus dem, was er ansonsten in jener Zeit machte, herauslöst, könnte man Morgenstern zustimmen, der Armstrongs Hot-Five-Aufnahmen zum Vergleich heranzieht. Leider handelt es sich dabei aber nur um zwei von einem Dutzend Aufnahmen.

Für diese Entwicklung ist Armstrong jedoch nicht allein verantwortlich zu machen. Joe Glaser trieb ihn ständig an: »Lache, verdammt noch mal, lache«[3] und »schneide Grimassen«[4]. Außerdem war er bei einer Schallplattenfirma unter Vertrag, die an schnellen Verkaufserfolgen interessiert war und Armstrong wahrscheinlich ständig bedrängte, »die Melodie zu spielen«. In musikalischer Hinsicht ließ er sich zwar nie hineinreden, so Dave Gold[5] von der Associated Booking Corporation; andererseits wissen wir aber auch, daß er »Melodien liebte«, wie sein langjähriger Produzent Milt Gabler bestätigte. Es war also beides im Spiel: der Druck von außen und der Wunsch, es so und nicht anders zu machen.

Ständig neue melodische Einfälle zu haben, ist nicht das A und O des Jazz-Musikers. Muggsy Spanier und Wild Bill Davison zum Beispiel arbeiten mit einem Repertoire von Standardphrasen, die sie immer wieder neu mischen und der jeweiligen Situation anpassen, und dennoch spielen sie stets erstklassigen Jazz. Die meisten Kritiker sind der Auffassung, daß das erste und wichtigste Element eines Jazz-Solos das Swingen ist. Und Armstrong swingt auf diesen Platten. Die meisten Stücke beginnen mit der Melodie, oft mit dem Spitzdämpfer gespielt, und alle atmen ohne Ausnahme eine Qualität, die sich jeder klaren Definition entzieht. Darin war Armstrong ein Meister: eine einfache und banale Melodie swingen zu lassen. Unter seinen Händen hat ein Liedchen oft mehr Jazz-Qualität als die Improvisation eines weniger begnadeten Musikers. Es gelingt ihm, die faden Melodien von *Naturally* und *I've Got A Pocket Full Of Dreams* mit Jazz-Feeling funkeln zu lassen, selbst dann, wenn er sie fast original spielt, einfach durch den geschickten Einsatz von Vibrato, Akzenten und Plazierung der Töne im Verhältnis zum Beat. *On The Sentimental Side*, das auf sequenzierten Achtelnoten aufgebaut ist, die nur schwer zum Swingen zu bringen sind, erfüllt er mit einem Charme, den das Stück ursprünglich gar nicht hatte. In *Naturally* spielt er den letzten Chorus in jeder Hinsicht so makellos, daß wir kaum bemerken, wie eng er sich ans Original hält. Hier gibt es keine Halbventileffekte und auch keine sinnlosen Highnote-Kaskaden. Saubere, messerscharfe Attacke, ein voller, warmer Ton, perfekte Intonation und das swingende Moment bestimmen das Bild. Die Art und Weise, wie Armstrong die Melodie behandelt, macht ihm keiner nach, weder Berigan noch James noch andere Trompeter, die ihm technisch weit überlegen waren, und auch nicht Instrumentalvirtuosen wie Benny Goodman, Tommy Dorsey und Johnny Hodges, die Melodien meisterhaft zu präsentieren verstanden. Wenn ein Stück Qualitäten hatte, fand Armstrong das heraus und verdeutlichte sie. Viele recht uninteressante Stücke wie *I Can't Give You Anything But Love* und *It's Wonderful* gehören noch heute zum Jazz-Repertoire, weil sie durch Armstrongs Interpretation aufgewertet wurden.

Armstrongs Sinn für die Melodie animierte andere Sänger mit wesentlich besseren Stimmen, von ihm die Kunst des Phrasierens zu erlernen. Er sang jetzt auch mit einer weicheren Stimme. In *To You Sweetheart Aloha*, einem scheußlichen Stück, und *Sweet As A Song*, auch nicht viel besser, gelingt ihm eine ziemlich gute Imitation von Bing Crosby. Meist allerdings hat Armstrong seine Reibeisenstimme. Obwohl er, vom Technischen her gesehen, die schlechteste Stimme hatte, die je auf Platte veröffentlicht wurde – mit Ausnahme vielleicht der von Fats Waller –, gibt er diesen musikalisch meist unbedeutenden Songs Frische, Ausgelassenheit und Zärtlichkeit, so daß selbst die schlimmsten noch erträglich werden. Louis Armstrong war einer der großen Sänger der Popmusik seiner Zeit. Sein Gesang, nicht sein Trompetenspiel, verhalf ihm schließlich zu Millionen begeisterter Fans.

Aus diesem Grund sind die Decca-Aufnahmen aus den Jahren zwischen 1935 und 1947 (danach trennte Armstrong sich von der Big-Band-Besetzung) nicht ganz so scheußlich, wie sie auf den ersten Blick erscheinen mögen.

Es ist interessant, einige OKeh-Produktionen (mit den Hot Five) mit späteren Versionen dieser Stücke zu vergleichen, die Armstrong für Decca aufnahm – so *Ain't Misbehavin'*, *I Can't Give You Anything But Love* und *Mahogany Hall Stomp*. Die ersten beiden entstanden im Juni 1938 mit einer kleinen Gruppe von weißen Studiomusikern. Trotz der Mitwirkung des ausgezeichneten Jazz-Gitarristen Dave Barbour klingt der Background ziemlich holprig. Keine der beiden Aufnahmen reicht in qualitativer Hinsicht an die jeweilige ältere Version heran. *I Can't Give You Anything But Love* beginnt mit getragenen, jeweils vier Takte langen Phrasen, wobei der Rhythmus im weiteren Verlauf der Aufnahme an wichtigen Stellen eindeutig schwankt, und leidet an einem mißratenen, bombastischen Schluß. Die neuere und berühmtere Version des Songs ist im Grunde nichts anderes als eine Paraphrase der Melodie, weniger dicht und weniger interessant als die ursprüngliche Fassung, insgesamt aber zusammenhängender. Armstrongs Spiel ist hier, neun Jahre später, sicherlich disziplinierter, aber auch einfallsloser. Wir hören das ganz deutlich in der dritten Version von *Mahogany Hall Stomp*. Armstrong läßt die ermüdenden Riffs der zweiten Version weg und wiederholt das Solo der ersten Aufnahme zwar sauber, aber nicht mit dem gleichen Feuer. Die Neuaufnahme von *Sweethearts On Parade* wirkt ebenfalls geordneter auf Kosten des Ideenreichtums. Armstrongs Solo in der ersten Version enthält unzusammenhängende Passagen, aber sie hat auch sehr gefühlvolle Momente. Sein Solo in der zweiten Fassung ist überragend. Offensichtlich lag Armstrong dieses Stück sehr am Herzen.

Einige von Armstrongs besten Aufnahmen aus dieser Zeit entstanden unter sehr merkwürdigen Umständen. Von der Verkaufsstrategie der Decca, mehrere Gruppen zusammenzuspannen, war schon die Rede. So arbeitete Armstrong mit einer Gruppe aus Hawaii, die sich Polynesians oder Andy Iona and the Islanders nannte, und mit den Mills Brothers zusammen. Armstrong leistete dennoch glänzende Arbeit. Die starren Strukturen dieser Gruppen verboten jede Form von Highnote-Akrobatik.

Sein Spiel wirkt bedächtig und zurückhaltend. Mußte Armstrong einen Sänger begleiten, der die Melodie vortrug, war er gezwungen, zu improvisieren. Bei *On A Coconut Island* beispielsweise setzt Armstrong einen Chorus gegen die auf einer Hawaiigitarre gespielte Melodie. Den weinerlichen Klang dieses Instruments fängt Armstrong durch eine wundervolle kleine Melodie auf. Er beginnt mit einem einfachen Bugle Call, den er in einer abwärts verlaufenden Phrase fortspinnt, unerwartet abbricht, um mit einer jener zunächst ansteigenden und dann wieder fallenden Figuren fortzufahren, wie sie für seine beste Zeit so typisch waren. Danach imitiert er die zu Anfang gespielte Figur und läßt eine andere, logisch anschließende folgen, die die Periode hübsch abrundet. In den zweiten acht Takten trägt die Gitarre ein Stück der Melodie vor; Armstrong spielt dann eine Figur, die aufwärts zu führen scheint, bricht sie jedoch plötzlich ab und entwickelt eine neue. Leider endet das Solo sehr abrupt, da Louis Zeit braucht, sich auf den Gesangschorus vorzubereiten. Insgesamt ist das Stück gut konstruiert und melodisch interessant, wie fast alles aus der Hot-Five-Zeit.

In *On A Little Bamboo Bridge*, einem Titel, den Armstrong mit der gleichen Gruppe aufnahm, finden sich ebenfalls einige interessante musikalische Aspekte. Und bei den Aufnahmen mit den Mills Brothers, als Armstrong auch gezwungen war, etwas anderes als die Melodie zu spielen, gelingen ihm ein paar wunderschöne Improvisationen. Kompositionen des 19. Jahrhunderts waren zur Swing-Zeit in Mode. Benny Goodman nahm *Loch Lomond* auf und Bunny Berigan *Wearing Of The Green*. Auch Armstrong spielte eine ganze Reihe solcher Stücke, darunter vier zusammen mit den Mills Brothers.

Ungewohnte Musik und ausgefallene Rahmenbedingungen scheinen Armstrong angespornt zu haben. So spielt er in *The Music Goes Round And Around*, einem der größten Hits jener Zeit, zwei sehr ausgelassene Chorusse, locker swingend und völlig unverkrampft. Im dritten Takt verwendet er auf dem ersten Viertel eine verzahnte Phrase, auf dem vierten Beat eine parallel zur ersten verlaufende, wobei er wieder einmal mit dem Metrum spielt. Dem folgt ein eckiger Sprung nach unten. Dies alles ergibt einen hübschen Kontrast zur Paraphrasierung im vorangegangenen Chorus.

Unter den insgesamt etwa einhundertvierzig Big-Band-Aufnahmen gibt es noch andere wundervolle Stellen: ein schönes Solo in *When The Saints Go Marching In*, ein paar reizvolle Einfälle in lange vergessenen Stücken wie *La Cucaracha, Got A Bran' New Suit, Shoe Shine Boy, I'm Puttin' All My Eggs In One Basket, You Are My Lucky Star, I Come From A Musical Family* und viele andere. Armstrong hatte nichts von seinem Können eingebüßt, sondern es sogar noch verfeinert. Von allen Decca-Aufnahmen sind meiner Ansicht nach die besten: *I Double Dare You, Ev'ntide* und *Struttin' With Some Barbecue*, ein Stück, das Armstrong noch sehr oft aufnahm. *Ev'ntide* ist ein klassisches Beispiel für Armstrongs Paraphrasenstil. Im dritten und vierten Takt seines Solos (den Auftakt nicht mitgerechnet) beginnt er seine Phrasen jeweils nach dem ersten Viertel des Taktes und spielt insgesamt über acht Takte nur sieben Töne, was für einen Jazz-Chorus sehr wenig ist. Doch auch hier wechseln sparsamere Teile mit dichteren: Den sparsamen Anfangstakten folgen in den Takten fünf bis acht wesentlich aufwendigere Figuren. Die Takte neun und zehn sind wieder sparsam, die Takte elf und zwölf dagegen dichter. Dieses Solo zeigt aber auch, daß Armstrong in langsameren Tempi rhythmisch beweglicher war. Wir finden hier zahlreiche komplexe Phrasen, in denen Triolen, Achtel und punktierte Figuren geschickt gemischt werden. Obgleich das Solo sich nie weit von der Melodie entfernt, enthält es doch einige interessante Stellen, ein gutes Beispiel dafür, was man im Rahmen einer Paraphrase alles machen kann. Sogar der hohe Schluß paßt – er wirkt nicht gekünstelt und ist musikalisch motiviert.

Struttin' With Some Barbecue ist zu einem Jazz-Standard geworden. Das Stück besteht aus viertaktigen pyramidenförmigen Figuren, jeweils mit einem schnellen Aufstieg beginnend, der mit einem langen Ton abschließt. Darauf folgt eine abwärts verlaufende Figur, die auf einer liegenden ganzen Note endet. Diese einfache Struktur kommt mit den Grundakkorden aus, weshalb das Stück sich zum Improvisieren besonders eignet. Armstrong spielt so sparsam, wie das im Jazz überhaupt möglich ist. Im Anfangschorus wiederholt er praktisch wortwörtlich die Originalmelodie; dennoch finden wir auch hier feine Abweichungen.

Das beste Solo der ganzen Decca-Serie ist wahrscheinlich das in *I Double Dare You*, einem Stück, das auch heute noch gelegentlich von Jazz-Musikern gespielt wird. Das Solo basiert auf langen, gewundenen Linien, die relativ langsam steigen und fallen. Es beginnt mit einem atemberaubenden Break, in dem schnelle Triolen emporschießen, worauf eine lange, absteigende Verzahnung folgt, die rhythmisch abwechslungsreich ist. Zwei lange, rollende Figuren füllen die ersten acht Takte, und im dreizehnten Takt windet sich eine Phrase sieben Takte lang durch den Mittelteil des Stücks. Stets sind die langen Figuren wie zufällig gegen die Struktur des Stücks gesetzt, so daß überall Abwechslung und Kontrast entsteht. Ein glänzendes Solo, ein Geniestreich der Jazz-Improvisation.

Neben den Armstrong-Soli enthalten die Decca-Aufnahmen auch noch andere schöne Details. Der Posaunist J.C. Higginbotham und der Altsaxophonist Charlie Holmes waren führende Solisten ihrer Zeit, und sie spielen hier einige ihrer besten Soli. Higginbotham ist besonders gut in *I Double Dare You*, *When The Saints Go Marching In* und *Mahogany Hall Stomp*. Außerdem spielt die Begleitband vor allem nach 1936 recht gut, was sicherlich auf Joe Glasers Bemühen zurückzuführen ist, das Niveau der Luis Russell Band ständig zu verbessern. Red Allen, in New Orleans geboren und einer der besten Trompeter in der Tradition Armstrongs, kam als Verstärkung für den Blechsatz dazu und unterstützte Armstrong beim Solospiel. Der New-Orleans-Klarinettist Albert Nicholas und die Posaunisten Wilbur DeParis und George Washington schlossen sich der Band an, ferner Sidney Catlett, den viele für den besten Schlagzeuger des Swing hielten und der Paul Barbarin ersetzte. Weitere Umbesetzungen folgten, und schließlich übernahm 1943 in Salt Lake City der Saxophonist Joe Garland anstelle von Russell die musikalische Leitung. Luis Russell blieb allerdings noch eine Weile als Pianist in der Band. Später erzählte er George Hoefer vom *Down Beat*: »Ich war es leid, mir den Kopf über eine Band zu zerbrechen, die ein anderer leitete.« Hoefer zog daraus den Schluß: »Auf Grund anderer Aussagen scheint Joe Glaser als Armstrongs Manager einen Bandleader mit mehr Autorität als Russell gewollt zu haben.«[6] Im Frühjahr 1944 stellte man eine völlig neue Band zusammen, die nun von dem Saxophonisten Teddy McRae geleitet wurde.

Armstrong wurde wieder einmal von den Ereignissen überholt. Die kleine Formation, die Combo, war seitens der Musikindustrie schon nach der Weltwirtschaftskrise für tot erklärt worden. Dennoch war sie plötzlich wieder gefragt. Diese Renaissance ging nicht allein von den Musikern aus, die schon immer gern in kleinen Besetzungen gespielt hatten, sondern wurde sehr stark von den Medien propagiert. *Down Beat* machte den Anfang. Diese seit 1934 erscheinende Zeitschrift war ursprünglich kein Jazz-Magazin, sondern ein Branchenblatt für populäre Musik. Herausgeber und Autoren waren aber mit Leib und Seele Jazz-Fans, so daß die populäre Musik aus der Sicht der Hot Music betrachtet wurde. Überdies erschienen Artikel zur Jazz-Geschichte, Jazz-Kritiken und Beiträge zur Diskographie. Damit gab es in den USA erstmals ein solches Forum. Die Swing-Fans, die in diesem Magazin Neues über ihre Lieblingsbands zu finden hofften, hörten zum erstenmal etwas von einer anderen Art Musik, dem Jazz, der besser sei als die populäre Tanzmusik der Swing-Bands. 1939 erschienen drei wichtige Bücher: *Jazzmen* von Frederic Ramsey, Jr., und Charles Edward Smith, *Jazz. Hot and Hybrid* von Winthrop Sargeant und *American Jazz Music* von Wilder Hobson. Diese Bücher waren inhaltlich nicht immer korrekt, für ihre Zeit aber beachtlich. Das Buch von Hobson war die erste umfassende und um Vollständigkeit bemühte Jazz-Geschichte – auch wenn Goffin und Panassié das Gegenteil behaupteten. Und diese Bücher wiesen auch wohlwollend auf die ältere Jazz-Musik hin. Ende der dreißiger Jahre wandte die Zeitschrift *Esquire* sich dem Jazz zu, und in den vierziger Jahren erschienen auch in Wochenzeitungen gelegentlich Artikel zu diesem Thema.

Ab 1935 traten in einigen kleineren Cabarets nur noch Jazz-Combos auf. Viele dieser Klubs waren aus den ehemaligen Speakeasys an der 52th Street in New York hervorgegangen. Bis 1948 blieb diese Straße das Zentrum des Jazz. Außerdem gab es noch Klubs in Harlem, ein paar in Greenwich Village und einige in den übrigen Vereinigten Staaten. Hier wurde nicht die alte New-Orleans-Musik gespielt, sondern allenfalls eine Modifikation. Als die Nachfrage nach Combo-Jazz stark genug geworden war, trat Bing Crosbys jüngerer Bruder Bob mit einer Band hervor, die jene Musik spielte, welche man später Dixieland nannte. Und bei den Konzerten der Swing-Bands spielten auch immer kleine Formationen, die aus Musikern des Orchesters gebildet worden waren. Auf diese Weise kam es zum Benny Goodman Trio und Quartett, zu Artie Shaws Gramercy Five, Bob Crosbys Bobcats, Tommy Dorseys Clambake Seven und zu Woody Hermans Woodchoppers.

Milt Gabler, der Inhaber des Commodore Record Shop, der sich ursprünglich im Commodore Hotel an der New Yorker Central Station befand, gründete 1939 die erste unabhängige Schallplattenfirma, die ausschließlich Jazz-Aufnahmen publizieren wollte. Er nannte die Firma Commodore und machte Aufnahmen mit den besten Jazz-Musikern jener Jahre, darunter Billie Holiday, Coleman Hawkins und Jess Stacy. Gabler wurde durch dieses Unternehmen nicht gerade reich, aber andere große Firmen wie Decca, Columbia und Victor merkten, daß Jazz zu vermarkten war. So entstand bei Decca der Plan, Louis Armstrong auch Jazz spielen zu lassen.

Man hatte Armstrong und Glaser schon lange bedrängt, dem Jazz mehr Platz einzuräumen, obwohl viele Kritiker und Fans von Armstrongs öffentlichen Auftritten enttäuscht waren. Dieser hatte wohl nur wenig Interesse daran, zum reinen Jazz zurückzukehren – schließlich konnte er Abend für Abend soviel improvisieren, wie er wollte. Dennoch war er zu einer Umstellung bereit.

Im Oktober 1938 organisierte ein bekannter Diskjockey namens Martin Block – einer der ersten dieses Berufszweigs – für eine seiner Radiosendungen eine Jam Session mit Armstrong, Jack Teagarden, Bud Freeman, Fats Waller und zwei von Wallers Begleitmusikern, dem Schlagzeuger Slick Jones und dem Gitarristen Al Casey. Armstrong war an diesem Tag nicht gerade in Topform. Einige Stücke bewegten sich in jenem Tempo, das Armstrong stets zum Spielen in der hohen Lage verführte. Seine Soli sind voller Klischees, und bei einigen Nummern singt er mehr, als daß er Trompete bläst. Die besten Soli dieser Session stammen von dem Posaunisten Jack Teagarden. Waller, ein ausgezeichneter Jazz-Musiker, hat offenbar wenig Interesse; jedenfalls tritt er solistisch kaum hervor.

Der Mitschnitt dieser Jam Session ist natürlich nicht mit der Qualität einer Studioaufnahme zu vergleichen. Decca versuchte erstmals im April 1939, dem Interesse für Combo-Jazz Rechnung zu tragen. Als Armstrongs beste Aufnahmen galten jene der Hot-Five-Periode, die jedoch nicht mehr im Handel waren. Eine Wiederveröffentlichung glaubte man den Käufern wegen der schlechten Qualität nicht zumuten zu können, und außerdem gehörten die Matrizen auch gar nicht der Decca. Also entschloß man sich, ähnliche Aufnahmen in modernisierter Form zu machen. Man wählte dazu Stücke aus wie *Heah' Me Talkin' To Ya*, *Save It Pretty Mama*, *West End Blues*, *Savoy Blues*, *Our Monday Date* und *Confessin'*. Auf diesen Produktionen werden die alten Titel nachgespielt, wobei lediglich die Soli vom Original abweichen. Allerdings spielt Armstrong seine alten Soli ziemlich genau nach. Aber irgendwie ist das Ganze ohne Leben. Nur beim *Savoy Blues* spürt man den Geist der Hot Five. *West End Blues* ist fraglos schlechter als die alte Version, obwohl Armstrong so nahe wie möglich am Originalsolo bleibt. Der größte Teil des Pianosolos fehlt, die wichtige Coda entfällt, und nach den wiederholten absteigenden Figuren im Schlußchorus läßt Armstrong die folgende Figur weg – möglicherweise konnte er sie nicht mehr spielen. Der ganze Effekt ist damit verlorengegangen. Dies zeigt, daß ein Jazz-Musiker nur selten zu wiederholen vermag, was ihm in der ersten Begeisterung gelingt.

Dennoch wirken diese Aufnahmen im Vergleich zu anderen, die Armstrong damals machte, wie eine frische Brise. Decca glaubte auch weiterhin an das Geschäft mit dem Jazz und entschloß sich im Jahre 1940, eine ganze Serie von Platten zu produzieren. Die Kritiker unterteilten den Jazz mittlerweile in New-Orleans-Jazz, Chicago-Jazz usw. Decca hatte schon ein Chicago-Style-Album herausgebracht, weshalb jetzt ein New-Orleans-Style-Album mit Armstrong und Sidney Bechet als Solisten sowie dem Posaunisten Claude Jones folgte. In der Rhythmusgruppe saßen der Schlagzeuger Zutty Singleton, der Bassist Wellman Braud von der Ellington-Band, der Pianist Luis Russell und der angesehene Gitarrist Bernard Addison. Armstrong und Bechet hatten fünfzehn Jahre zuvor in der Clarence Williams' Blue Five zusammengespielt; alle Musiker außer Jones und Addison stammten aus New Orleans. Die aufgenommenen Stücke waren: *Perdido Street Blues*, *Down In Honky Tonk Town*, *2:19 Blues* und *Coal Cart Blues*. So gut die Idee auch war, das Ergebnis ist leider enttäuschend. Das größte Handicap war der Kampf zwischen Armstrong und Bechet. Bechet sagte dazu: »Louis wollte aus der ganzen Sache offenbar eine Art Wettstreit machen. Statt dessen hätten wir zusammenarbeiten sollen, um echtes Feeling entstehen zu lassen.«[7] 1940 war Sidney Bechet beim großen Publikum noch unbekannt, nur die Jazz-Fans kannten ihn. Armstrong sah in ihm einen Konkurrenten, und Bechet hat mit seiner Bemerkung recht. Die beiden Aufnahmen von *2:19 Blues* und *Perdido Street Blues* sind dennoch gelungen.

1941, bei Eintritt der USA in den Zweiten Weltkrieg, war der Markt für Combo-Jazz zwar noch bescheiden, aber solide und mit ansteigender Tendenz. Eine Reihe kleinerer Firmen, die meist von Jazz-Fans betrieben wurden, hatte sich mit Commodore zusammengetan, um diese Musik herauszubringen. Während des Krieges beteiligte sich die US-Regierung am Plattengeschäft. Sie produzierte und vertrieb Hunderte sogenannter V-Discs für die amerikanischen Truppen, wobei die meisten dieser V-Discs populäre Stücke enthielten, gespielt von bekannten Bands, aber es waren auch Jazz-Aufnahmen dabei. An einer Session, die am 7. Dezember 1944 um Mitternacht stattfand, nahm eine All-Star-Auswahl teil, darunter Jack Teagarden, Hot Lips Page und Bobby Hackett. Armstrongs Mitwirkung war eigentlich nicht vorgesehen, er kam aber dennoch ins Studio, als man schon bei den Aufnahmen war. Mit einer zusammengewürfelten Gruppe spielte er seinen Lieblingstitel *Confessin'* sowie einen Blues ein, der ursprünglich unter dem Titel *Play Me The Blues* veröffentlicht worden war und später als *Jack Armstrong Blues* Teil seines Standardrepertoires wurde. Das Stück besteht im wesentlichen aus Soli und aus dem Ruf »play me the blues«, mit dem Armstrong, Teagarden und der Posaunist Lou McGarity sich gegenseitig anfeuern. Armstrong spielt ungefähr ein halbes Dutzend Chorusse, die anfangs recht gut sind. Dann aber klettert er nach oben, sein Ton wird dünner, bis er schließlich nur noch ein paar Quietscher zustande bringt. Offenbar ist hier irgend etwas schiefgelaufen, denn in *Confessin'* singt und spielt er wundervoll.

Im Jahre 1943 führten die Herausgeber der Zeitschrift *Esquire* eine Umfrage unter Kritikern über Jazz-Musiker durch, eine Art Gegenstück zu ähnlichen Unternehmungen im *Down*

Beat. Der ersten *Esquire*-Umfrage folgte ein Konzert der Gewinner, das am 18. Januar 1944 im Metropolitan Opera House stattfand und aufgenommen wurde. Die Gewinner der folgenden Umfragen machten unter der Leitung von Leonard Feather Studioaufnahmen. Armstrong gewann viermal als Sänger, aber nur zweimal als Trompeter. Die Aufnahmen bestätigen im Grunde nur dieses Votum. Ständig versucht er, mit Mätzchen zu brillieren, und oft geht er schnelle Stücke viel zu schnell an. Beim Konzert in der Met gab Armstrong eine recht schwache Figur ab. Bei den Studioaufnahmen ist die Musik dann etwas besser. In *Snafu* spielt er ein schönes, wenn auch irgendwie bekannt klingendes Solo, und sein Anfangschorus über *Blues For Yesterday* ist zwar nicht schlecht, aber ebenfalls altbekannt.

Louis Armstrongs Jazz-Platten, von den Hot-Five-Neuaufnahmen 1938 bis zu den *Esquire*-Sessions im Jahre 1947, sind alles in allem erschreckend schlecht. Während dieser Zeit spielt er in den kommerziellen Big Bands erheblich besser als in den Jazz-Combos. Einen Monat vor der Session mit Bechet hatte er eine ausgezeichnete zweite Version von *Sweethearts On Parade* aufgenommen. Auch die zweite Fassung von *Ain't Misbehavin'* ist gelungen. Was war los?

Ende der dreißiger Jahre interessierte Armstrong sich nur wenig für Jazz. Er war nun einmal ein Jazz-Musiker, durchaus bereit, diese Musik zu spielen, sofern sich die Gelegenheit ergab. Die Initiative dazu aber ergriff er nicht. Das Goodman-Trio hatte seit 1935 ausgezeichneten, kompromißlosen Jazz für das breite Publikum gespielt. Armstrong wußte also, daß das möglich war. Anscheinend wollte er aber nicht. Und er kam auch nie zu den Jam Sessions, die vor allem während der Kriegsjahre in vielen Lokalen regelmäßig stattfanden: zu Milt Gablers Sonntagnachmittags-Session im Jimmy Ryans auf der 52. Straße, zu Harry Lims Sessions im Village Vanguard und zu vielen anderen. Jazz-Musiker aus kommerziellen Bands nutzten diese Gelegenheit, für Jazz-Fans zu spielen, auch wenn nur wenig gezahlt wurde. Man hätte Armstrong gern bei diesen Veranstaltungen gesehen, doch er hielt sich zurück. Natürlich war er sehr beschäftigt und hatte Probleme mit der Lippe. Aber hin und wieder hätte er sich dort sehen lassen können.

So paradox es klingt: Das erste Genie des Jazz sah sich im

Grunde nicht als Jazz-Musiker. Armstrong hatte die Besserungsanstalt als *Musiker* verlassen. Es ist auffallend, wie selten er in seinen Büchern und Interviews das Wort »Jazz« benutzt; statt dessen verwendet er fast immer den Begriff »Musik«.

Das erklärt natürlich nicht, warum Armstrong bei vielen dieser späteren Jazz-Aufnahmen so schlecht spielte. Zwei Gründe liegen auf der Hand: Zum einen war um 1940 seine Lippe so stark vernarbt, daß er in seiner Spielfähigkeit ernstlich behindert war. Er vermochte die schnell auf- und absteigenden Figuren einfach nicht mehr zu spielen. Zum anderen gab es noch immer die emotionalen Probleme: seine Unfähigkeit, sich selbst zu akzeptieren, und sein ständiges Bedürfnis, vom Publikum anerkannt zu werden. Die breite Masse wollte ihn singend, Grimassen schneidend und hohe Töne blasend sehen. Also spielte er eben ständig hohe Töne.

Außerdem war er in den Jazz-Combos von wirklichen Konkurrenten umgeben, von ausgezeichneten Jazz-Musikern. Auf dem New-Orleans-Album für Decca war es Bechet, bei der Radiosendung für Block waren es Teagarden und Waller, auf den V-Discs waren es zwei erstklassige Trompeter, und bei den Aufnahmen für *Esquire* waren es gleich eine ganze Reihe von Stars. Armstrong setzte sich mit jener Waffe zur Wehr, die er am besten zu beherrschen glaubte: mit bravourösem Spiel in der hohen Lage. Das beeindruckte zwar so manchen – nur merkte Armstrong nicht, daß seine vermeintliche Waffe in Wirklichkeit künstlerisch versagte.

Die All Stars

Ende des Zweiten Weltkrieges kam es in Amerika zu einer jener Geschmackswandlungen, die alte Stars verschwinden und neue auftauchen lassen. Die Tanzbegeisterung zu Beginn des Jahrhunderts hatte den Ragtime groß gemacht. Der Jazz der zwanziger Jahre verdrängte die Rags, und die arrangierte Swing-Musik der dreißiger Jahre machte dem improvisierten Jazz des vorangegangenen Jahrzehnts den Rang streitig. Diesmal waren die Swing-Bands, die die populäre Musik Amerikas zehn Jahre lang beherrscht hatten, dem Untergang geweiht: Nach Kriegsende, im Herbst 1945, gab es die Big Bands noch, aber achtzehn Monate später waren sie verschwunden.

Für das Big-Band-Sterben gibt es verschiedene Gründe. Während des Krieges war eine Cabaret-Steuer eingeführt worden, die auch noch in der unmittelbaren Nachkriegszeit beibehalten wurde, was den Nachtklubs schwer zu schaffen machte. Außerdem waren während des Krieges gute Musiker nur selten zu bekommen, was einen Anstieg der Gagen zur Folge hatte. Und während des Krieges bestand ein großer Bedarf an Unterhaltung, den die US-Regierung zum Teil finanzierte. Die Preise spielten folglich keine Rolle. Nach Kriegsende waren die Gagen, die die Bands inzwischen forderten, vielen Klubbesitzern zu hoch. Der Hauptgrund für den Niedergang der Big Bands ist jedoch in einer Wandlung des Publikumsgeschmacks zu suchen. Das Publikum interessierte sich nun nicht mehr für die Bandleader, die meist Instrumentalisten waren, sondern für Sänger.

Natürlich hatte es auch vorher beliebte Sänger gegeben. Bing Crosby war Ende der zwanziger Jahre mit der Paul Whiteman Band bekannt geworden und hatte dann Mitte der dreißiger Jahre mit einer eigenen Radiosendung Karriere als Solist gemacht; dazu kamen viele Filme. Nicht minder berühmt waren Rudy Vallee, Gene Austin und Ethel Waters. Aber die Zahl der

Gesangsstars hatte sich in Grenzen gehalten. Die eigentlichen Stars waren die Bandleader: Paul Whiteman, Ben Bernie, Ted Lewis und später Benny Goodman, Glenn Miller und Tommy Dorsey. Sie machten Musik zum Zuhören, nicht mehr ausschließlich zum Tanzen. So traten auch die Sänger immer stärker in den Vordergrund.

Für Cabaret- und Theaterbesitzer war ein teurer Sänger, der von einer Combo begleitet wurde, immer noch billiger als eine Big Band mit sechzehn Instrumentalisten. Ein Streik der Musikergewerkschaft im Jahre 1948 betraf vor allem die Instrumentalisten, nicht die Sänger, da diese nicht gewerkschaftlich organisiert waren. Also erschienen nur noch Platten mit Gesangssolisten, die von Vokalgruppen begleitet wurden. Ende der vierziger Jahre war die Zeit der Swing-Bands endgültig vorüber. Sänger wie Eddie Fisher, Perry Como, Dick Haymes, Sarah Vaughan, Patti Page und Dutzende anderer bekamen nun Fernsehshows und Arbeit in Hollywood.

Gleichzeitig entstand in der populären Musik erneutes Interesse am Jazz, was auch für Armstrong nicht ohne Folgen blieb. Zunächst gab es Ende der dreißiger Jahre die Dixieland-Renaissance, Mitte der vierziger folgte der Bebop, und schließlich entwickelte sich Ende der vierziger und Anfang der fünfziger Jahre der Cool oder Modern Jazz. In den zwanziger Jahren war Jazz ziemlich populär gewesen, und von Mitte der vierziger bis in die sechziger Jahre, als der Rock das junge Publikum faszinierte, hatte der Jazz erneut an Beliebtheit gewonnen. Jazz war nicht vorherrschend – das war nie der Fall gewesen –, aber es gab einen ansehnlichen Markt im Plattengeschäft, bei den Radiosendern und in den Klubs. Um 1950 verdienten etliche Jazz-Musiker ein beachtliches Vermögen, so Dave Brubeck, Chet Baker, Count Basie, Eddie Condon, Stan Kenton, Woody Herman und später Miles Davis und John Coltrane.

Ende des Zweiten Weltkrieges gab es also zwei Tendenzen in der populären amerikanischen Musik, von denen Armstrong profitierte. Für Sänger war eine gute Zeit angebrochen, und er war ja Sänger, wenn auch kein professioneller Crooner (Schnulzensänger) wie Como oder Fisher. Außerdem war er Jazz-Musiker, und Jazz war wieder gefragt.

Das war es, was Armstrong brauchte. Jeder hatte geglaubt

– außer ihm natürlich –, daß seine Zeit vorüber sei. Bei Kriegsende war das noch nicht so abzusehen gewesen. Armstrong trat in Militärklubs in ganz Amerika auf, hatte regelmäßig Sendungen im Programm der Armed Forces Radio Services und in anderen wichtigen Radioprogrammen. Aber wie sollte es weitergehen, wenn der kriegsbedingte Bedarf an Unterhaltung wegfiel?

Besonders schmerzlich war für Armstrong, daß er beim jungen Publikum kaum neue Fans gewann. Er hatte nie eine Swing-Band geleitet und folglich unter den weißen Swing-Fans nie eine größere Anhängerschaft gefunden. Jetzt verlor er auch unter den jungen Schwarzen an Boden.

Die Fans glaubten, Armstrong habe sich längst dem Kommerz verschrieben. Das forderte Kritik heraus. Und dann brach 1945 plötzlich aus dem Untergrund eine neue Form des Jazz hervor, die man Bebop oder Bop nannte. Eine neue Generation aggressiver junger Schwarzer hatte sie entwickelt, nicht nur als Revolution innerhalb des Jazz, sondern auch als Protest gegen die Situation der Schwarzen in Amerika. Den jungen Schwarzen erschienen die Weißen als verlogen, oberflächlich und tot. Ihre politische Einstellung war schillernd und vielfach wirr, aber generell wollten diese Leute mit der Kultur der Weißen so wenig wie möglich zu tun haben und statt dessen eine eigene Kultur schaffen.

Die neue Musik war aggressiv und rebellisch. Der Bop basierte auf komplizierten Harmoniestrukturen, die in den Ohren der älteren Jazz-Musiker und ihrer Fans dissonant klangen. Die Stücke waren entweder sehr langsam oder sehr schnell und bewegten sich nur selten in einem mittleren, »tanzbaren« Tempo. Rhythmisch akzentuierten die Bopper das zweite und vierte Viertel der Takte oder sogar jedes zweite Achtel. Den älteren Jazz-Fans erschien der Bebop geradezu abartig. Die rhythmischen Neuerungen konnten die älteren Musiker noch weniger akzeptieren als die harmonischen, und nicht einer von ihnen schaffte den Anschluß an die neue Richtung.

Für die Bopper und ihre Fans klang Armstrongs Musik hoffnungslos veraltet, und man mußte nicht einmal ein Bopper sein, um das so zu empfinden. Selbst die Bands von Woody Herman und Stan Kenton hatten den Swing so weit vorangetrieben, daß

Armstrongs Musik schon ihnen gegenüber altmodisch klang. Im Grunde ging es gar nicht nur um die Musik. Die rebellierenden jungen Schwarzen hatten nichts übrig für die rassistischen Scherze der älteren schwarzen Entertainer. Mit dem Schimpfwort »Tomming« taten sie das alles verbittert ab, und obwohl Armstrong nicht allein die Schuld daran trug – Cab Calloway, Eddie Anderson, Step'n Fetchit und andere machten ähnliche Bühnenshows –, traf ihn die härteste Kritik. Die jungen Schwarzen und ihre weißen Sympathisanten sahen Armstrong als Inbegriff des Onkel Tom, des grinsenden Minstrel Man, der sich zum Amüsement seines weißen Herrn zum Clown erniedrigt. Und Armstrong war ja tatsächlich stets darauf aus gewesen, sich beim Publikum beliebt zu machen.

Die jüngere Generation hatte vergessen – oder vielleicht hatte sie es auch nie verstanden –, daß sich 1945 die Situation der Schwarzen in den USA gegenüber der von 1915 stark verändert hatte. 1915 biederte sich ein Schwarzer bei den Weißen nicht an, um reich zu werden, sondern um zu überleben. Wäre Armstrong 1920 oder 1930 als militanter Schwarzer aufgetreten, hätte er wohl nie Karriere gemacht, und vielleicht wäre er sogar gelyncht worden.

Armstrong, Calloway und die anderen schwarzen Entertainer kamen aus der Minstrel-Tradition, zu der der Schwarze mit schlurfendem Gang und rollenden Augen gehörte. Die jungen Schwarzen wollten das nicht verzeihen, und vielleicht hatten sie auch recht damit. Später verstand man Armstrong besser. Dazu Dizzy Gillespie: »Wenn mich jemand nach meiner Meinung über ihn fragte, mit dem Taschentuch über dem Kopf, grinsend trotz des weißen Rassismus, habe ich nie gezögert zu sagen, daß es mir nicht gefiel . . . Später wurde mir klar, daß dieses Grinsen die absolute Weigerung war, irgend etwas an sich heranzulassen, das ihm seine Lebensfreude hätte nehmen können – nicht einmal die Wut über den Rassismus.«[1]

Aber zunächst herrschte offener Krieg zwischen Armstrong und den Boppern. Armstrong: »Diese jungen Burschen wollen in erster Linie Geld machen, weil sie durch und durch mies sind. Ihnen geht es nur darum, das Alte herabzusetzen. Für sie ist alles gut, was anders ist, als du es bisher gemacht hast. Ihre schrecklichen Harmonien sind völlig sinnlos. Die Leute wollen das alles nicht hören, weil es nicht gut ist. Da gibt es keine Melodie und keinen Beat, nach dem man tanzen kann. Deshalb bleiben sie alle arm, und niemand von ihnen bekommt Arbeit. Das ist alles, was sie mit dieser Modekrankheit erreicht haben.«[2]

Armstrong stand nicht völlig ohne Fans da. Die Jazz-Freaks interessierten sich nicht mehr für ihn, und die Swing-Fans hatten ihn nie richtig ernst genommen. Treu blieb ihm jene Gruppe älterer Schwarzer, die in ihm Anfang der dreißiger Jahre einen Volkshelden gesehen hatten, und eine beträchtliche Zahl von Weißen, denen sein Gesang und seine komischen Einlagen im Radio und in den Filmen immer gefallen hatten – ein älteres, langsam schwindendes Publikum. Weder Joe Glaser noch Armstrong waren sich darüber im klaren, auf welch brüchigem Untergrund Armstrongs Karriere stand. Armstrong interessierte nur, jeden Abend ein heftig applaudierendes Publikum zu haben. Das genügte ihm. An das Morgen dachte er nicht. Glaser hatte durchaus bemerkt, daß der Publikumsgeschmack sich gewandelt hatte, daß jetzt Sänger und nicht mehr Bands gefragt waren. Er hatte sich gute Gesangsstars aufgebaut, wie Billie Holiday, Pearl Bailey, Barbra Streisand und Ella Fitzgerald. Glaser brauchte Louis eigentlich nicht mehr, wollte ihn aber auch nicht fallenlassen. Daß etwas Einschneidendes geschehen müsse, daran hat er wahrscheinlich nicht gedacht. Der Krieg war zu Ende, der Alltag wieder eingekehrt. Armstrong würde eben da anfangen, wo er aufgehört hatte.

Und Armstrong hatte, wie so oft in seinem Leben, wieder einmal Glück. 1946 fand der Jazz – sowohl der in Form des Dixieland wieder auflebende New-Orleans-Jazz als auch der Bebop – das Interesse der Medien. Allmählich sah man den Jazz als Teil der kulturellen Tradition Amerikas. Die Geschichten von Storyville, den Riverboats, vom Blues, der für die Prostituierten in den verräucherten Dance Halls gespielt worden war, von den Trauerhymnen, die sich auf dem Rückweg vom Friedhof zu fröhlichen Jazz-Weisen verwandelten – all das wurde ein Teil des amerikanischen Mythos und fand seinen Platz neben den in Plymouth hungernden Pilgern, neben den Wagenburgen, in denen man sich in der Pionierzeit gegen die Indianer verteidigt hatte – amerikanische Geschichte, sehr romantisch gesehen. Und prompt beschloß Hollywood, daraus Geld zu machen. 1946 kündigte der Produzent Jules Levy einen abendfüllenden Jazz-Film mit dem Titel *New Orleans* an.

Als Hauptdarsteller schien Armstrong geradezu prädestiniert. Er galt als eine Zentralfigur der Jazz-Geschichte, war in New Orleans aufgewachsen und beim Filmpublikum nicht unbekannt. Die Jazz-Fans reagierten erfreut, aber auch mißtrauisch. Jahrelang hatte Hollywood die Jazz-Musiker als Alkoholiker, Drogensüchtige oder verkommene Genies diffamiert.

Für den Film stellte man eine Band zusammen, in der unter anderen Kid Ory spielte, der damals im Zuge der Dixieland-Renaissance an der Westküste eine New-Orleans-Band leitete; außerdem waren der Klarinettist Barney Bigard dabei, Bud Scott, ein Gitarrenveteran aus New Orleans, der Schlagzeuger Zutty Singleton und zwei Musiker aus Los Angeles, der Bassist Red Callender und der Pianist Charlie Beal, die mit Armstrong in der Les Hite Band gespielt hatten. Die Dreharbeiten fanden im Sommer 1946 statt, doch der Film kam erst im Juni 1947 in die Kinos.

Als sich die Situation in Frankreich nach der deutschen Besetzung wieder normalisiert hatte, bat der französische Jazz-Schriftsteller und Produzent Charles Delaunay Leonard Feather, für sein französisches Swing-Label eine Aufnahme mit Armstrong zu organisieren. Feather schrieb später, er habe Armstrong in Los Angeles besucht. Armstrong erzählte Feather, er arbeite gerade an den Filmaufnahmen für die musikalischen Partien des Films *New Orleans*, und lud ihn ein, in die Hal Roach Studios in Culver City zu kommen. Bei Feathers Ankunft probte Armstrong mit der Band. Feather schreibt:

»Man hatte Louis die Noten der frühen Aufnahmen von *When The Saints Go Marchin' In*, *Maryland, My Maryland*, *Hot Time In The Old Town Tonight* usw. gegeben, damit er sich mit ihnen vertraut machte. Einige dieser Stücke waren von einem Musikwissenschaftler-Team transkribiert und in Louisiana aufgenommen worden, andere Aufnahmen stammten von Bunk Johnson. Die Musiker hörten sich diese Aufnahmen an. Armstrong, Bigard und die anderen brachen in brüllendes Gelächter aus über die falschen Töne, die schlechte Intonation der Bläser, überhaupt über die erbärmliche Qualität der Musik.«[3]

Feather brachte für seine Produktion den Posaunisten Vic

Dickenson anstelle von Ory in die Band und steuerte auch noch einen moderner spielenden Gitarristen anstelle von Scott bei: Allen Reuss. Er selbst spielte bei zwei Blues-Titeln Piano.

Im Oktober nahm die Band mit Minor Hall anstelle von Zutty Singleton am Schlagzeug einige Titel aus dem Film für eine Plattenveröffentlichung auf. Das brachte Feather auf den Gedanken, Armstrong als Jazz-Musiker zu verkaufen. Hammond hatte 1938 die Carnegie Hall mit einem Konzert unter dem Titel *Spirituals to Swing* gefüllt. Goodman war dasselbe mit einem Swing-Konzert gelungen. Und *Esquire* hatte es 1944 im Metropolitan Opera House geschafft. Also entschloß sich Feather zu einem Armstrong-Konzert mit einer Jazz-Combo. Da Armstrong jedoch mit einer Big Band arbeitete und sich stets geweigert hatte, sich hinsichtlich seiner Auftritte Vorschriften machen zu lassen, mußte man einen Kompromiß finden: Armstrong sollte in der ersten Hälfte der Show von einer kleinen Band unter der Leitung des Klarinettisten Edmond Hall begleitet werden, die damals gerade im Café Society Downtown spielte. Die zweite Hälfte würde er mit seiner Big Band bestreiten. Das Ganze war als eine Art Retrospektive gedacht: mit der kleinen Band Songs aus seiner Anfangszeit, mit der Big Band neuere Stücke, darunter *Do You Know What It Means To Miss New Orleans?* mit Billie Holiday, einem Song aus dem Film, der kurz vor der Premiere stand.

Das Konzert wurde auf den 8. Februar 1947 festgesetzt. Für Armstrongs New Yorker Fans war dies die erste Gelegenheit seit Jahren, ihn in einem Jazz-Konzert zu hören. Das Haus war total ausverkauft, und die Kritiken waren überwiegend positiv. Die Rezensentin des *Down Beat*, Ira Levin, schrieb: »Louis spielte am Anfang des Konzerts schwach und unsicher, wurde dann aber besser, und an einigen Stellen (*Save It Pretty Mama*) war er so gut wie auf seinen besten Aufnahmen. Insgesamt spielte er großartig und sehr gefühlvoll.«[4]

Das Konzert fand so großen Anklang, das es einen Veranstalter namens Ernie Anderson ermutigte, ein zweites zu organisieren. Anderson hatte mit dem Gitarristen Eddie Condon zusammengearbeitet, einer Schlüsselfigur in der überwiegend weißen Dixieland-Bewegung. Mit Condon hatte Anderson zahlreiche Radiokonzerte in der New York City's Town Hall veranstaltet. Die

Frage, ob Armstrong bei diesem zweiten Konzert mit Big Band auftreten sollte oder nicht, hatte sich erübrigt, denn Armstrongs Big Band existierte mittlerweile nicht mehr. Bei Andersons Town-Hall-Konzert am 17. Mai 1947 sollte Fred Robbins, ein bekannter Diskjockey, der sich auf Jazz spezialisiert hatte, durch das Programm führen. Um diese Zeit litt Armstrong unter Magengeschwüren, und außerdem erlitt er einen Herzanfall. Anderson beauftragte den Trompeter Bobby Hackett, den man wegen seines eleganten und fließenden Stils sehr bewunderte, eine Begleitband für Armstrong zusammenzustellen und mit ihr zu proben. Hackett engagierte Jack Teagarden, die Schlagzeuger George Wettling und Big Sid Catlett, den Pianisten Dick Cary, den Klarinettisten Peanuts Hucko und den Bassisten Bob Haggart. Für Jazz-Fans war das eine Traumband: Diese Musiker galten als die besten ihres Stils. So wurde auch dieses Konzert ein riesiger Erfolg, sowohl in kommerzieller Hinsicht als auch aus der Sicht der Jazz-Kritik.

Am 9. Juni fand die Premiere des Films *New Orleans* statt, und im Anschluß daran veranstaltete man im Winter Garden Theatre ein einstündiges Konzert, das offenbar Robbins organisiert hatte. Auch hier trat wieder die Besetzung des Town-Hall-Konzerts auf. Der Film entsprach den schlimmsten Befürchtungen der Fans: eine Liebesgeschichte mit Bing Crosby bildete den Mittelpunkt, und Billie Holiday spielte eine Dienstmagd. Der Trubel um den Film brachte Armstrong allerdings viel Publicity.

In den zehn oder zwölf Monaten vor der Premiere von *New Orleans* hatte Louis Armstrong als *Jazz*-Musiker mehr Beachtung gefunden denn je. Man präsentierte ihn jetzt nicht mehr als den Minstrel-Clown der Filme und Radiosendungen oder als Leiter einer Swing-Band wie bei seinen Schallplatten, sondern als Teil der wiederentdeckten Jazz-Legende – als den Jungen aus der Anstalt, der den Jazz in den Bordellen von Storyville kennengelernt hatte. Die Story war gut. Armstrong oder Glasers Büro hatten nicht mehr viel zu tun: Das Image eines Jazz-Genies aus den Slums von New Orleans baute sich beinahe von selbst auf.

Wann man sich entschloß, Armstrong wieder mit kleinen Bands auftreten zu lassen, ist nicht mehr genau festzustellen. Feather berichtete, er habe Glaser oft bedrängt, die Big Band aufzugeben und Armstrong wieder mit einer Combo auftreten zu lassen; mit diesem Wunsch stand er sicherlich nicht allein da. Armstrong und Glaser hatten sich solche Überlegungen seit Jahren anhören müssen. Armstrong erzählte Jones und Chilton, es sei Glasers Idee gewesen: »Da sie von einem Mann kam, den ich liebte und der zu mir hielt, war es für mich kein Problem, mich umzustellen. Mir war es egal, wem es gefiel und wem nicht. Joe Glaser forderte mich dazu auf, und das war das einzige, was für mich zählte.«[5] Die Äußerungen sind mit Vorsicht zu genießen. Glaser glaubte nicht, daß sich Jazz gut verkaufen ließ. Das kann also kaum der Grund gewesen sein, Armstrong mit Jazz-Musikern auftreten zu lassen. Vermutlich erkannte Glaser seinen Vorteil: Eine kleine Band war wesentlich billiger und leichter zu organisieren. Da es Armstrongs Big Band im Sommer 1947 nicht mehr gab, stand er unter Zugzwang.

Das Big-Band-Sterben hatte viele hervorragende Jazz-Musiker arbeitslos gemacht: Earl Hines etwa, der fünfzehn Jahre lang eine erfolgreiche Swing-Band geleitet hatte, oder Jack Teagarden, dessen Versuche, sich als Bandleader zu etablieren, wenig erfolgreich waren. Glaser engagierte beide, holte Barney Bigard hinzu, der zehn Jahre lang Soloklarinettist bei Duke Ellington gewesen war, während des Krieges jedoch frei gearbeitet hatte. Ferner engagierte er Big Sid Catlett, fast zehn Jahre lang Schlagzeuger in Armstrongs Big Band, den Pianisten Dick Cary, der beim Town-Hall-Konzert mitgewirkt hatte, und den Bassisten Morty Corb. Glaser testete die Gruppe versuchsweise in Billy Bergs, einem Klub in Los Angeles, der in finanzielle Schwierigkeiten geraten war. Die Werbung wurde sehr sorgfältig betrieben – Glaser war zu diesem Zeitpunkt schon einer der wichtigsten Männer der Branche und konnte andere Leute um einen Gefallen bitten.

Zur Eröffnung am 13. August 1947 erschienen zahlreiche bekannte Größen des Showbusiness: Johnny Mercer, Hoagy Carmichael, Benny Goodman, Woody Herman und viele andere. Die Presse berichtete ausführlich. In *Time* erschien eine Kolumne, in der es hieß: »Louis Armstrong hat dem Mammon abgeschworen und ist zum Jazz zurückgekehrt.«[6] Der Klub war jeden Abend voll, das Engagement wurde verlängert, und jeder wußte, daß die All Stars ein Hit sein würden. Glaser begann, die Band zu Preisen bis zu viertausend Dollar pro Woche zu verkaufen, damals ein stolzer Preis für eine sechsköpfige Band. Von diesem Tag an bis zu seinem Tod konnte Louis Armstrong soviel arbeiten, wie er wollte, wo er wollte – und das zu Höchstgagen.

So sehr die Gruppe dem Publikum auch gefiel, die Kritiker waren geteilter Meinung. Im Herbst 1947 kam die Sängerin Velma Middleton dazu, die auch schon in Armstrongs letzter Big Band mitgewirkt hatte. Velma Middleton war eine korpulente Dame, die für komische Einlagen sorgte und gut zu Armstrongs Clownerien paßte. Als Sängerin war sie weniger überzeugend, mit geringem Jazz-Feeling. Daß sie in die Band kam, war ein Indiz für das, was folgen würde. Ralph Gleason, ein Zeitungskolumnist von der Westküste, der sich für Jazz interessierte, klagte, Armstrongs neue Band swinge nicht[7], und George Hoefer meinte: »Die Gruppe als ganzes ist keine Dixieland-Band und gibt auch nicht vor, es zu sein. Sie bringt nichts Neues in die Musik. Satchmos hervorragende Bühnenpräsenz verbindet eine Gruppe von Jazz-Stars zu einer Jazz-Produktion, die die Herzen nostalgischer Musikliebhaber höher schlagen läßt . . . Louis spielt und singt mit mehr Gefühl und Inspiration als die Jahre zuvor.«[8] Jazz war es schon, das bestritten die Kritiker nicht, sie waren sich aber nicht über die Qualität einig. Joe Glaser gab nicht viel auf die Meinung der Kritiker; obwohl Armstrong sich schon dafür interessierte, war für ihn letztlich ausschlaggebend, ob der Klub Abend für Abend voll war.

Es ist schwer zu sagen, was die Leute an den All Stars fanden. Damals war man in Amerika dem Jazz gegenüber sehr aufgeschlossen, und die All Stars begeisterten viele der älteren Fans, die Teagarden, Hines und Bigard ebenso gern hörten wie Armstrong. Aber die Jazz-Fans machten nur einen kleinen Teil des Publikums aus. Die meisten waren zu den Modernisten oder zur Dixieland-Bewegung um Eddie Condon abgewandert, und nur wenige konnten sich den Besuch der teuren Klubs leisten, in denen Armstrong nun häufig auftrat. Im Laufe der Zeit brachte Glaser relativ unbekannte Musiker in die All Stars, die weniger Gage verlangten, und vielleicht läßt sich daraus schließen, daß die Namen der Begleiter kaum eine Rolle spielten.

Woran aber lag es, daß Armstrong innerhalb weniger Jahre zum bekanntesten Entertainer der Welt wurde? Natürlich war er ein Vollblutmusiker. Seine Trompete war nicht mehr so brillant wie früher, sein Ansatz litt stärker denn je unter den Narben. Aber er hatte immer noch seinen warmen, gewinnenden Ton, seine scharfe Attacke und sein ausgeprägtes rhythmisches Gefühl. Obwohl ihm nur noch selten etwas wirklich Neues einfiel, konnte er Melodien immer noch besser als jeder andere vorführen.

Für die meisten seiner Fans waren der Gesang und der Jive-Talk ohnehin das wichtigste. Allerdings war auch in dieser Hinsicht seine Kondition erheblich schlechter geworden. Im April 1958 hörten zwei Hals-, Nasen- und Ohrenspezialisten von der Universität Virginia ihn in einem Konzert singen und baten, ihn untersuchen zu dürfen. Armstrong willigte ein, und ihr Bericht, den sie seinem Hausarzt zuschickten, läßt auf ernsthafte Stimmbandveränderungen schließen.[9]

Dem Publikum jedoch gefiel die rauhe Stimme. Sie klang liebenswert und anziehend. Aber wie immer, wenn man Armstrongs Qualitäten zu definieren versucht: Es gibt da noch jene nicht zu fassende Offenheit und Direktheit, die beim Zuhörer das Gefühl entstehen läßt, unmittelbar in sein Inneres blicken zu können. Das wärmte und machte alles Unglück vergessen.

Die Apotheose des Louis Armstrong

Louis Armstrong war 1946 ein Star zweiter Garnitur, der nur deshalb populär war, weil er gelegentlich in Filmen auftrat, und nicht, weil er mit seiner eher unbedeutenden Swing-Band musiziert hatte. Drei Jahre später galt seine Gruppe nach *Down Beat* »wahrscheinlich als die bestbezahlte ihrer Größe«[1]. In jenem Jahr machte Armstrong die erste einer nahezu endlosen Reihe von Auslandsreisen, die er bis in das Jahr seines Todes unternahm.

1949 wurde Armstrong beim Mardi Gras von New Orleans auch zum King of the Zulus gewählt. Der Mardi Gras wird von weißen Privatklubs veranstaltet, die sich fest in der Hand der alten reichen Familien der Stadt befinden. Für dieses Festival werden prächtige Festwagen gebaut, auf denen gewöhnlich eine »Königin« mitfährt, die unter den Debütantinnen des jeweiligen Klubs ausgewählt wird. Der Klub der Zulus wurde Anfang des Jahrhunderts von schwarzen Arbeitern als gesellige Vereinigung *und* als Begräbnisverein gegründet – eine für New Orleans typische Einrichtung. Der Klub veranstaltete irgendwann ebenfalls einen Mardi-Gras-Festzug als Parodie auf den Festzug der Weißen. In den Wagen fuhren Könige und Königinnen aus der schwarzen Arbeiterklasse – Träger, Kellner und Domestiken. Unter den Schwarzen von New Orleans war es eine große Ehre, King of the Zulus zu werden.

Durch die Ernennung Armstrongs zum King of the Zulus brach der Klub mit seiner eigenen Tradition. Nie zuvor hatte man eine berühmte Persönlichkeit gewählt und auch nie jemanden, der nicht in der Stadt wohnte. Louis war hocherfreut und spielte seine Rolle vorzüglich. Der Gewählte muß sich das Gesicht schwarz färben, wobei die Augen weiß umrandet werden. Er trägt eine lange schwarze Perücke, eine Krone, einen roten, mit Schaumünzen besetzten Samtumhang, außerdem schwarze Hosen und einen afrikanischen Grasrock. Armstrongs Königin war Bernice Oxley, eine Kartenabreißerin am städtischen Theater. Beim Umzug saß Armstrong auf einem Thron, trank Champagner und warf Kokosnüsse in die Menge am Straßenrand. Das Bild von diesem Armstrong ging durch alle Zeitungen Amerikas.

Die Jazz-Fans und die Führer der Schwarzen warfen Armstrong vor, er habe sich in aller Öffentlichkeit zum Narren machen lassen. Armstrong interessierte das nicht im geringsten, sondern er war stolz darauf, zum King of the Zulus gewählt worden zu sein. Ihm hatte die ganze Sache großen Spaß gemacht.

Diesem Ereignis folgte ein großer Presserummel. *Time* brachte eine Titelgeschichte über Armstrong, was soviel hieß wie: Dieser Mann ist wichtig in der Unterhaltungsbranche. Der Artikel war zehn Spalten lang und erging sich in romantischen Details über seine Jugend – seine ärmliche Kindheit in der Jane Alley, in der Besserungsanstalt und in den Honky-Tonks. In den Radiostationen, Zeitungs- und Zeitschriftenredaktionen erfuhr man durch diesen *Time*-Beitrag, daß Armstrong auch gute Interviews geben konnte.

1949 war Armstrong ein wirklich großer Star geworden. Allein sein Name genügte nun, um ein riesiges Publikum zu mobilisieren. Er war kein Jazz-Musiker mehr, noch nicht einmal ein echter Musiker – sondern eben ein Star. In den fünfziger Jahren trat er in neun abendfüllenden Filmen und in einigen Kurzfilmen auf. Jedes Jahr war er in sechs bis acht der berühmtesten Fernsehshows zu Gast. Seine Klubauftritte wurden regelmäßig von Radiosendern übertragen, und er wurde praktisch bei jedem Auftritt von den Zeitungen interviewt.

Die mageren Jahre des Schallplattengeschäfts waren ebenfalls vorüber. 1946 brachte ihn Glaser zu Victor. Ein Aufnahmeverbot der Gewerkschaften schränkte Armstrongs Arbeit allerdings erheblich ein, so daß er 1949 zur Decca zurückkehrte. Bis 1954 machte er ausschließlich für diese Firma Aufnahmen. Später setzte Glaser durch, daß er produzieren konnte, wann und mit wem er wollte. Dennoch arbeitete Decca auch weiterhin viel mit Armstrong zusammen, wobei Gabler als Produzent fungierte. Daneben begann Armstrong, auch für Columbia, Verve und andere Firmen zu arbeiten. Seine öffentlichen Auftritte bestritt er fast immer mit den All Stars. Aufnahmen machte er jedoch auch mit anderen Ensembles: mit großen Studioorchestern unter Sy Oliver und Gordon Jenkins, mit den All Stars, die um eine kleine Saxophon-Section verstärkt wurden, und mit Sängern wie Louis Jordan und Ella Fitzgerald.

Die Besetzung der All Stars änderte sich im Laufe der Zeit. 1951 verließen Hines und Teagarden die Band. Teagarden, der in Freundschaft ging, sagte: »Louis braucht mich nicht. Er machte seine Sache schon gut, lange bevor ich auftauchte. Und ich möchte gern eine eigene Band haben. Ich habe mit Louis darüber gesprochen, und er versteht meine Haltung.«[2] Die Trennung von Hines hingegen verlief nicht so harmonisch. Offenbar ging es um die Höhe der Gage. Immerhin war Hines seit Jahren selbst ein Star. Armstrongs Reaktion: »Hines und sein Ego, Ego, Ego. Wenn er gehen will, dann zum Teufel mit ihm. Natürlich ist er gut, aber wir brauchen ihn nicht. Wir haben jetzt Joe Sullivan. Pops ist gut am Piano. Earl Hines und seine großartigen Ideen. Wir kommen auch ohne Mr. Earl Hines zurecht. Mich stört mehr, daß Jack geht. Dieser Teagarden, Mann, der ist für mich wie ein Bruder.«[3]

Von diesem Zeitpunkt an änderte sich die Besetzung häufig. Um 1954 stabilisierte sich die Gruppe jedoch wieder. Jetzt war der Posaunist Trummy Young dabei, der sich in der Jimmie Lunceford Band einen Namen gemacht hatte, außerdem der Pianist Billy Kyle, der im Teddy-Wilson-Stil spielte und bei den Musikern sehr geschätzt war. Am Schlagzeug saß Barrett Deems. Bigard und Shaw spielten weiterhin mit, und natürlich war Velma Middleton noch immer mit von der Partie. Edmond Hall, ein Musiker aus New Orleans, der bei vielen Kritikern als einer der besten Swing-Klarinettisten seiner Zeit galt, trat im Herbst 1955 an die Stelle Bigards. Auch in der Rhythmusgruppe kam es zu einigen Umbesetzungen, ansonsten aber blieb die Zusammensetzung der Gruppe im wesentlichen bis Ende 1957 erhalten, als Hall die Band verließ und durch Peanuts Hucko ersetzt wurde. Im Sommer 1958 bestand die Band aus Young, Kyle, Hucko und zwei weniger bekannten Musikern, Mort Herbert am Baß und Danny Barcelona am Schlagzeug. Im Sommer 1960 kehrte Bigard zurück. Kurz darauf starb Velma Middleton. Ihren Platz übernahm die Sängerin Jewell Brown. Im Frühjahr 1961 trat Joe Darensbourg an Bigards Stelle, und Billy Cronk und Arvell Shaw wechselten am Baß. Diese Besetzung blieb bis 1964 unverändert.

Schließlich ging auch Trummy Young, Armstrongs wichtigste Stütze. Er wurde durch »Big Chief« Russell Moore ersetzt. Mitte der sechziger Jahre kam es zu weiteren Veränderungen. So traten 1965 der Posaunist Tyree Glenn und der Klarinettist Buster Bailey in die Band ein. Mit ihnen hatte Armstrong in der Fletcher Henderson Band zusammengearbeitet. Billy Kyle, der länger als ein Jahrzehnt bei den All Stars gewesen war, wurde krank, und bald nachdem er ausgeschieden war, starb er. Bailey starb im folgenden Jahr, und Joe Muranyi wurde sein Nachfolger. Die letzte Besetzung von Armstrongs All Stars bestand aus Marty Napoleon, Tyree Glenn, Danny Barcelona, Joe Muranyi und Buddy Catlett am Baß.

Bemerkenswert ist nicht, daß es Umbesetzungen gab, sondern daß es im Grunde nur wenige waren. In Jazz-Gruppen finden Wechsel ziemlich häufig statt: Entweder wird das Miteinander langweilig, oder man gerät aneinander, oder andere Angebote sind lukrativer. Bei den All Stars zu spielen, war nicht das reine Vergnügen. Armstrong spielte gern Einzelauftritte, eine Vorliebe, die niemand in der Band mit ihm teilte, da man ständig unterwegs war. Außerdem hatte Armstrong ein sehr kleines Repertoire – er spielte die gleichen Stücke Abend für Abend immer wieder in derselben Manier. Kein Wunder also, daß die Musiker die Lust verloren. Trotzdem blieben einige von ihnen zehn Jahre lang in der Band, und drei von ihnen starben sozusagen im Sattel.

Die Gagen waren natürlich gut. Die Arbeit konnte man nicht gerade als aufregend bezeichnen, aber es war ein guter Job. Außerdem kamen die Musiker auch solistisch zur Geltung: Armstrong stellte sie bei jedem Konzert heraus – vor allem deshalb, um eine Verschnaufpause zu haben. Die Musiker wurden auch bekannter, als sie es außerhalb der All Stars je geworden wären. Wichtiger ist vielleicht, daß es eine relativ harmonische Gruppe war. Glaser suchte die Musiker stets selbst aus und war äußerst wählerisch. Er wollte keine Schwierigkeiten. Jeder Neuling mußte sich ärztlich untersuchen lassen, denn Drogenabhängigkeit war zum Beispiel unerwünscht. Zuverlässigkeit zählte für Glaser mehr als Talent, wenngleich alle Bewerber gute Musiker sein mußten. Außerdem legte Glaser Wert darauf, daß die Gruppe rassisch gemischt war. Da mag die ehrenwerte Absicht mitgespielt haben, gegen die Rassentrennung anzugehen, aber sicher ging es auch darum, über ein paar weiße Musiker das weiße Publikum zu erreichen. Dann war da natürlich noch Louis: ein Einzelgänger. Er hatte keinen engeren Kontakt zu den Musikern seiner Band und verbrachte seine Zeit entweder in der Garderobe, wo er Besucher empfing, oder im Hotelzimmer, wo er aß, schlief und Musik hörte. Reisen mit ihm waren angenehm. Meist war er gutgelaunt und immer zu Scherzen aufgelegt. Solange die Musiker sich auf ihre Arbeit konzentrierten und sie so verrichteten, wie Louis es wollte, war es leicht, mit ihm zusammenzuarbeiten. Nur wenn er Widerstand spürte, kam es zu Reibereien.

Danny Barker, ein Gitarrist aus New Orleans und das ausgeprägteste schriftstellerische Naturtalent, dem ich unter Jazz-Musikern begegnet bin, hat Jason Berry eine wundervolle Beschreibung von Armstrong im Umkleideraum gegeben:

»Er sitzt da in seiner Unterwäsche mit einem Handtuch auf dem Schoß, einem anderen um die Schultern und dem bekannten weißen Taschentuch auf dem Kopf. Seine Lippen hat er mit Salbe eingecremt. Er sieht aus wie ein Minstrel-Man, du weißt . . . , und er lacht wie immer. Da sind zum Beispiel zwei Nonnen oder ein Mann, der gerade aus dem Zuchthaus entlassen worden ist, oder ein Blinder, ein Rabbi oder ein Priester. Manchmal sind auch zwei Polizisten oder Detektive da oder ein Richter. Aus allen möglichen Schichten kommen sie und versammeln sich in seiner Garderobe, und er redet mit ihnen allen. ›Schwester Soundso, kennst du Slick Sam dort drüben? Ein alter Freund von mir.‹ Daraufhin begrüßt die Nonne Slick Sam, einen Zuchthäusler, der schon neunmal gesessen hat. ›Slick Sam, das da drüben ist Rabbi Goldstein, auch ein Freund von mir, ein guter und frommer Mann. Schwester Margaret, kennst du Rabbi Goldstein? Amelia, das ist Rosie, die gute alte Rosie, die vor Jahren einmal mit mir in einer Show gearbeitet hat. Sie war sehr gut und hat keinen Fehler gemacht.‹ Für jeden hat er ein aufmunterndes Wort. Und immer sind auch ein paar Kinder da, weiße und farbige. All diese Menschen . . . schauen ihn an, als sei er ein kostbares Juwel.«[4]

Mittlerweile hatte Armstrong für seine Auftritte eine Programmfolge entwickelt, die er bis zum Ende seines Lebens beibehielt. Er begann stets mit einem bekannten Dixieland-Stück

– etwa *Indiana* oder *Muskrat Ramble* –, dann folgten ein oder zwei seiner eigenen Songs wie *When It's Sleepy Time Down South* oder *Someday You'll Be Sorry*. Danach hatte jeder Musiker seinen Soloauftritt. Den Abschluß bildeten ein paar seiner neuesten Hits. Der genaue Programmablauf wurde vorher nie festgelegt, aber es waren fast immer die gleichen Stücke.

Armstrongs erster Hit war *Blueberry Hill*, ein Stück, das dem Westernsänger Gene Autry zugeschrieben wird. Es ist jedoch fast identisch mit dem Song *Little Mohee*, der Anfang der vierziger Jahre ein großer Erfolg gewesen war. Armstrong konnte sich daran noch erinnern und nahm das Stück, so Milt Gabler, deshalb auf. Die Melodie ist äußerst einfach, und vom Text her ist es eine anspruchslose Schnulze. Armstrong nahm *Blueberry Hill* am 6. September 1949 als Rückseite für *That Lucky Old Sun* mit Big Band und Chor auf. Aber *Blueberry Hill* schlug besser ein. Die Aufnahme landete im November 1949 auf der Hitliste des *Billboard* unter den ersten hundert und schaffte für kurze Zeit sogar den vierundzwanzigsten Platz, bevor sie wieder von der Liste verschwand. Damit war bewiesen, daß Armstrong immer noch Hits produzieren konnte, was Decca veranlaßte, nach anderem, ähnlich romantischem Material zu suchen. Milt Gabler sagte: »Wir ließen Louis die Hits spielen, da er daraus eine völlig eigene Version machte.« Bei den Plattenfirmen war das gängige Praxis: Wenn zum Beispiel Tony Bennett mit *That Lucky Old Sun* ein Hit gelungen war, brachten die anderen Firmen diesen Song mit ihren eigenen Stars heraus. Armstrong eignete sich für diese Strategie besonders gut, weil seine Version immer stark vom Original abwich. Laut Gabler habe man Tony Bennett nicht irgendeinen Sänger entgegensetzen können, sondern eben nur Armstrong.

Armstrong spielte jedoch nicht nur die Hits anderer nach, sondern produzierte auch eigene Titel, die von anderen Sängern aufgegriffen wurden. Gabler behauptete, etwa fünfundsiebzig Prozent der Decca-Titel ausgewählt zu haben, doch seien auch viele von Armstrong vorgeschlagen worden. »Louis mochte Popsongs. Er hörte sie im Radio, auf Reisen, und wenn ihm ein Song gefiel, nahm er ihn in seine Show auf.« Glaser und Gabler wollten möglichst viele Hits mit Armstrong landen, denn dann konnte Glaser in den Klubs höhere Gagen verlangen.

Die meisten Musiker – und natürlich auch die Jazz-Musiker – lieben Musik über alles und haben oft einen erstaunlich weitgesteckten, manchmal schon recht unkritischen Geschmack. Armstrong machte da keine Ausnahme. Auf Reisen schleppte er stets mehrere Radios und Tonbandgeräte mit sich herum. Als später seine Gesundheit schlechter wurde und er unter Schlafstörungen litt, ließ er nachts ununterbrochen ein Tonband laufen, um besser schlafen zu können. Auch zu Hause hörte er viel Musik oder nahm stundenlang Musik auf. Bei seinem Tod hinterließ er ein gewaltiges Bandarchiv mit einem bunten musikalischen Allerlei.

Außer seinen eigenen Aufnahmen (sogar den allerersten) hörte er gern Opern, Konzertstücke und Schlager in Aufnahmen von gewöhnlichen Unterhaltungsorchestern. Armstrong war nicht gerade ein Jazz-Freak, und wahrscheinlich wußte jeder Jazz-Fan mehr über diese Musik als er. Er mochte schöne, gefällig gespielte Melodien. Deshalb mußte man ihn auch nicht überreden, kommerzielle Stücke zu spielen: Sie gefielen ihm ohnehin.

Nach dem Erfolg von *Blueberry Hill* ließ Decca Armstrong eine ganze Reihe schwülstiger Songs aufnehmen, gewöhnlich mit großem Studioorchester oder mit den All Stars. 1950 brachte Decca *La Vie En Rose* zusammen mit *C'est Si Bon* heraus, im folgenden Jahr *A Kiss To Build A Dream On* und *I Get Ideas*, 1952 *Kiss Of Fire* und *I'll Walk Alone*, 1953 *Ramona* und *April In Portugal*. Diese rein kommerziellen Aufnahmen verkauften sich überaus gut und verschwanden dann ebenso schnell wieder vom Markt.

Auch in den fünfziger Jahren nahm Armstrongs Ruhm noch zu. Im Juli 1950, als er seinen angeblich fünfzigsten Geburtstag feierte, widmete ihm *Down Beat* eine ganze Zeitschriftennummer mit Berichten über den Anfang seiner Karriere und Beiträgen von anderen Musikern. 1952 wählten ihn die Leser dieses Magazins zur »wichtigsten musikalischen Persönlichkeit aller Zeiten«[5]. Duke Ellington belegte den zweiten, Glenn Miller den vierten und Bach den siebten Platz. 1953 kam es zu einer katastrophalen Tournee mit Benny Goodman. Die beiden Stars stritten sich so sehr, daß Goodman sich schließlich weigerte, weiter mit Armstrong zu spielen. Sie redeten nicht mehr miteinander, und auch Goodmans Manager John Hammond war verärgert. Im folgenden Jahr hatte Armstrong nach einem Bericht im *Down Beat* in Japan einen »Bombenerfolg«. Eine jubelnde Menschenmenge begrüßte ihn, und man bot ihm die höchsten Garantiesummen an, die es je bei einem Konzert in Japan gegeben hatte. 1954 veröffentlichte Armstrong seine Jugenderinnerungen unter dem Titel *Satchmo. My Life in New Orleans*. Das Buch erhielt überwiegend gute Kritiken.

Die größte Publicity brachte ihm jedoch ein Vorfall mit politischem Hintergrund. 1954 hatte der Oberste Bundesgerichtshof im Rechtsstreit *Brown* gegen *Erziehungsausschuß* (Board of Education) die Rassentrennung an den Schulen für ungesetzlich erklärt. In den folgenden Jahren versuchten die Schwarzen, die Rassenintegration auch tatsächlich durchzusetzen. Im Herbst 1957 wurden die nach wie vor nur von Weißen besuchten Schulen in Little Rock, Arkansas, von den Behörden aufgefordert, schwarze Schüler aufzunehmen. Als die schwarzen Eltern ihre Kinder zum Unterricht bringen wollten, wurden sie von einer johlenden weißen Menge empfangen. Einige Weiße bespuckten die schwarzen Kinder. Der Gouverneur Orville Faubus trat weiter für die Rassentrennung ein. Die Vorfälle von Little Rock wurden tagelang in den Medien behandelt.

Zu dieser Zeit war Armstrong gerade auf Tournee im Westen der USA. Am 18. September, als der Konflikt von Little Rock seinen Höhepunkt erreichte, hielt er sich in Grand Forks, North Dakota, auf. Auf einem Fernsehgerät in der Garderobe sah er, wie der weiße Mob sich johlend auf eine Handvoll schwarzer Kinder stürzte. Ein junger Reporter der Lokalzeitung kam in die Garderobe, um das übliche Interview nach dem Konzert zu machen. Louis ließ eine Schimpfkanonade gegen die amerikanische Regierung los. Präsident Eisenhower habe »keinen Schneid«, und »wenn die Regierung zuläßt, daß meine Leute im Süden so behandelt werden, soll sie sich zum Teufel scheren«. Dem jungen Reporter war sofort klar, daß er einen Glücksgriff getan hatte. Die Zeitung bat Armstrong, die Zitate zu bestätigen, was er gerne tat. Daraufhin erschien das Interview in ganz Amerika. Laut *Down Beat* »ging diese verbale Explosion um die ganze Welt«[6]. Wenig später schickte Eisenhower Bundestruppen nach Little Rock, um die Rassenintegration an den Schulen gewaltsam durchsetzen zu lassen. Es besteht gewiß kein Grund zu der Annahme, daß Eisenhower durch das Armstrong-Interview zum Eingreifen veranlaßt wurde, aber bestimmt spielte der Vorfall eine Rolle.

Die Geschichte ist bezeichnend für Armstrong. Ein cleverer Mann hätte sich nur gegenüber der *New York Times* geäußert oder eine offizielle Presseerklärung abgegeben, um die größtmögliche Breitenwirkung zu erzielen. Armstrong hingegen brachte in der momentanen Erregung seine Wut zum Ausdruck und dachte nicht einen Augenblick daran, daß er seine größte Story einem Provinzblättchen überließ, wo sie schon am nächsten Tag hätte »gestorben« sein können.

Es gab natürlich auch kritische Stimmen. Der bekannte Kolumnist Jim Bishop bezeichnete Armstrong vor dem Hintergrund dessen, was Amerika für ihn getan habe, als einen undankbaren Gesellen.[7] Die Universität Alabama sagte ein Armstrong-Konzert ab. Und auch die militanten Schwarzen waren seltsamerweise nicht sonderlich begeistert. Sammy Davis, Jr., beschimpfte Armstrong in einer Fernsehshow: »Man kann nicht seine Meinung zur Rassentrennung oder -integration äußern und dann vor rassisch getrenntem Publikum auftreten . . . Jahrelang erschienen ständig Berichte über Louis Armstrong in den Zeitungen. Die Reporter wären jederzeit bereit gewesen, ihm Gehör zu schenken, wenn er etwas wirklich Wichtiges zu sagen gehabt hätte, aber er hat nie etwas gesagt. Und jetzt das. Ich glaube einfach nicht, daß er ehrlich ist. Wenn er es ehrlich meint, warum hat er es dann nicht schon vor Jahren gesagt? Er ist doch nicht auf die Befürworter der Rassentrennung angewiesen.«[8]

Joe Glaser entgegnete: »Wenn Sammy Davis, Jr., auf sich aufmerksam machen will, indem er Louis Armstrong denunziert, soll er das tun. Wen interessiert schon Sammy Davis, Jr.?«[9]

Davis' Meinung ist so leicht nicht von der Hand zu weisen. Natürlich hätte Armstrong schon in den vorangegangenen Jahren zu Fragen des Rassismus Stellung beziehen können, ohne seiner Karriere sonderlich zu schaden. Mitte der vierziger Jahre, als die Zeit der Big Bands zu Ende war und er mit den All Stars einen neuen Anfang machte, hätte Armstrong eine solche Äußerung nicht wagen können. Außerdem existierte die Bürgerrechtsbewegung damals noch nicht. Eine eindeutige Stellungnahme zu jener Zeit hätte nicht nur die Auftritte im Süden und auch an vielen Orten im Norden unmöglich gemacht, sondern auch über das Schicksal der All Stars entschieden, noch bevor sie überhaupt bekannt geworden wären. Erst um 1952 war Armstrongs Position so gefestigt, daß er sich eine eindeutige politische Aussage leisten konnte, ohne seine Karriere aufs Spiel zu setzen. Seine Stellungnahme kam zwar reichlich spät, aber so spät, wie viele glaubten, auch wieder nicht. Zu dem, was Sammy Davis, Jr., Armstrong vorwarf, ist noch anzumerken, daß er *immer* vor rassisch getrenntem Publikum gespielt hatte, außer in den Black and Tans der zwanziger Jahre und in den allerletzten Jahren.

Jedenfalls schadete der Vorfall seiner Karriere nicht. Später äußerte Armstrong sich noch gelegentlich zu Rassenproblemen. Während des Marsches nach Selma sagte er zu dem Zeitungskolumnisten Ralph Gleason: »Wenn Jesus schwarz wäre und mitmarschierte, würden sie ihn schlagen.«[10] Und 1959 erzählte er *Jet*, einem schwarzen Klatschmagazin, er träte deshalb nicht in New Orleans auf, weil gemischte Bands dort noch immer verboten seien. »Ich gehe nicht nach New Orleans zurück, um mich von den Weißen in meiner Heimatstadt verprügeln zu lassen. Es ist mir egal, ob ich New Orleans je wiedersehe oder nicht.«[11]

Louis bemühte sich, in Fragen des Rassismus keine schlafenden Hunde zu wecken. Larry L. King, der ihn für *Harper's Magazine* interviewte, schrieb 1967: »Er war nicht gerade erpicht darauf, sich zu den Bürgerrechten zu äußern. Als ich ihm gegenüber das Thema zum erstenmal erwähnte, während er sich zwischen den Shows in einer winzigen Garderobe in Atlantic City abtrocknete, begann er plötzlich zu schnarchen. Beim nächstenmal sagte er nur: ›Bei allen Rassen gibt es gute und schlechte Menschen. Zu Jack Teagarden – er ist ein Weißer aus Texas wie du – sagte ich immer: Ich bin ein Schwarzer und du bist ein Weißer. Wir haben die gleiche Seele – also laß uns zusammen spielen.‹« Eines Tages habe er sich dann »von selbst zu diesem Thema geäußert«. Bei dieser Gelegenheit gab Armstrong King die schon zitierte Beschreibung, was es früher bedeutete, im Süden als Schwarzer auf Tournee zu gehen.[12]

Alle Schwarzen aus Armstrongs Generation, die im Showbusiness tätig waren, hatten auf ihrem Weg zum Erfolg große

Schwierigkeiten gehabt. Wie Armstrong waren sie weniger militant als viele der jüngeren schwarzen Entertainer. Es kam also nicht überraschend, daß die Regierung der Vereinigten Staaten von Amerika ihn zum Sonderbotschafter des guten Willens ernannte. 1956 forderte Präsident Eisenhower vom Kongreß fünf Millionen Dollar für den Kulturexport, den die Sowjetunion so erfolgreich praktizierte. Die eine Hälfte des Geldes sollte für Handelsmessen verwendet werden, die andere Hälfte der Vermittlung amerikanischer Kultur in der Welt dienen. Dazu *Down Beat*: »Berichte aus dem State Department deuten darauf hin, daß die Nachfrage nach Jazz in der Welt ständig wächst.«[13]

Die Berichte mochten stimmen, aber die Aussage war dennoch unaufrichtig. Während der Amtszeit der Regierung Eisenhower hatten die militanten Schwarzen ständig Druck auf die lokalen, staatlichen und nationalen Institutionen ausgeübt, die Rassenschranken zu beseitigen. Mit Hilfe von Sitzstreiks, Protestmärschen und Prozessen hatte man versucht, die Universitäten des Südens für schwarze Studenten zu öffnen, der schwarzen Bevölkerung Zutritt zu den Restaurants zu verschaffen und ihnen das Wahlrecht zu sichern. Zur gleichen Zeit versuchte die amerikanische Bundesregierung und vor allem ihr unnachgiebig antikommunistischer Außenminister John Foster Dulles, die jungen Nationen in Afrika und Asien vor dem Kommunismus zu retten. Die Russen und ihre Verbündeten hatten wegen der in Amerika nach wie vor bestehenden Rassentrennung in Asien und Afrika erhebliche Propagandavorteile. Dem Außenministerium war nicht entgangen, daß schwarze Jazz-Musiker sich in dieser Gegenkampagne als Aushängeschild hervorragend eigneten.

Das wohlwollende Auge des Außenministeriums fiel jedoch nicht gleich auf Armstrong, möglicherweise wegen seiner Bemerkung zu Little Rock. Aber die Beamten dort wußten von den enthusiastischen Reaktionen, die er in Europa, Südamerika, Japan und anderswo ausgelöst hatte. 1960 schickte ihn die Regierung erstmals auf eine dieser Goodwill-Tourneen, die ihn vor allem nach Afrika führten.

Zweifellos diente Louis Armstrong der amerikanischen Außenpolitik dazu, das rassistische System in den USA zu beschönigen, ein System, dem er kaum zustimmen konnte. Armstrong hat sich nie öffentlich zu diesem Widerspruch geäußert. Was er dabei empfand, läßt sich nur mutmaßen. In politischer Hinsicht war er kein besonders versierter Mensch, aber er war auch nicht so naiv, daß er die Absichten des Außenministeriums nicht hätte durchschauen können. Für ihn waren vermutlich zwei Dinge ausschlaggebend: Zum einen bestand sein Publikum seit einiger Zeit überwiegend aus Weißen; die weißen Plattenkäufer und Filmbesucher hatten ihn reich und berühmt gemacht, weshalb er sich diesem Publikum verbunden fühlte. Andererseits hatten viele Schwarze, vor allem junge Schwarze, ihn und seine Musik nicht nur im Stich gelassen, sondern ihn wegen seiner Zurückhaltung in der Rassenfrage sogar häufig öffentlich angegriffen. Armstrong fühlte sich durch die Angriffe der militanten Schwarzen verletzt. Er war gegen die Rassentrennung und unterstützte alle Bemühungen um ihre Aufhebung, aber er brachte keine Sympathie für jene Gruppen auf, die ihn ständig wegen seines Onkel-Tom-Spielens angriffen.

Über seine Tourneen rund um die Welt berichteten Tages- und Wochenzeitungen. Die Reisen lieferten gute Stories. Bilder von Armstrong, der mit exotisch gekleideten afrikanischen Staatsoberhäuptern tafelte, der Trompete spielte, während Eingeborene auf der Landebahn eines Flughafens tanzten – solche Bilder machten sich in der Presse gut. Dem Radio- und Fernsehproduzenten Edward R. Murrow erschien dieses Material so interessant, daß er 1955 begann, von den Tourneen Filmaufnahmen zu machen. Der daraus entstandene Film, in dem Armstrong viel erzählt, wurde zu einer einstündigen Fernsehshow mit dem Titel *Salute to Satch* zusammengeschnitten, 1957 im Fernsehen gesendet und später in den Kinos unter dem Titel *Satchmo the Great* gezeigt. Etwa um die gleiche Zeit, im Dezember 1956 und im Januar 1957, stellte Milt Gabler eine vier Plattenalben umfassende Autobiographie – *Satchmo. A Musical Autobiography* – mit Neuaufnahmen der bekanntesten Stücke Armstrongs zusammen. Die Aufnahmen gingen bis zum *Dippermouth Blues* zurück. In den zehn Jahren seit dem Konzert in der Carnegie Hall war Louis Armstrong zu einem der meistgefeierten Amerikaner in der ganzen Welt aufgestiegen.

Jetzt gelangen ihm auch öfter Hits. Auf *Blueberry Hill* folgte *Mack The Knife* aus der *Dreigroschenoper* von Bertolt Brecht und Kurt Weill. Die *Dreigroschenoper* stand in den fünfziger Jahren und Anfang der sechziger lange Zeit auf dem Spielplan eines Theaters in Greenwich Village. Die Idee, *Mack The Knife* mit Armstrong zu produzieren, stammte wohl von George Avakian, dem Manager von Columbia. Die Idee war gut: Armstrong hatte seine Jugend in einer Halbwelt verbracht, die jener der *Dreigroschenoper* stark ähnelte. Die Aufnahme entstand am 28. September 1955. Am 11. Februar 1956 kam sie im *Billboard* auf Platz sechzig, am 17. März auf Platz zwanzig und fiel dann zurück, blieb aber fast zwei Monate lang unter den ersten Hundert.

Es muß Armstrong gewurmt haben, daß andere Sänger mit *Blueberry Hill* und *Mack The Knife* mehr Erfolg hatten als er. Fats Domino landete mit *Blueberry Hill* seinen größten Erfolg und Bobby Darin mit *Mack The Knife*.

Armstrongs größter Triumph stand jedoch noch aus. 1963 bereitete man am Broadway Thornton Wilders Stück *The Matchmaker* (Die Heiratsvermittlerin) in einer Musical-Fassung vor. Die Show sollte *Hello Dolly* heißen, und man suchte einen Sänger für den Titelsong. Milt Gabler berichtete, ein Mann namens Jack Lee vom Morris-Musikverlag habe Louis Armstrong vorgeschlagen. »Er ging zu Glaser, den er seit Jahren kannte, und machte den Termin fest. Joe war froh, daß Armstrong wieder einen Schlager singen konnte, der mit Sicherheit von den Rundfunkstationen ausgestrahlt wurde. Er wußte nicht, was aus der Sache werden würde, nahm aber das Geld für die Session und schloß einen Vertrag über Tantiemen ab.«

Am 3. Dezember 1963 holte Lee Armstrong ins Studio. Bei der Aufnahme wurden die All Stars durch eine Streichergruppe verstärkt. Gabler erinnerte sich: »Jack Lee ging zu seinem Boß, Sidney Kornheiser, und fragte ihn: ›Wer macht Schallplatten mit Louie?‹ Und der antwortete: ›Dave Kapp.‹ Dave Kapp hatte meines Wissens noch keine einzige Platte mit Louie produziert. Er hatte seine eigene Plattenfirma namens Kapp Records. Jack nahm das Band, ging zu Kapp Records, und Dave sagte: ›Louie? Natürlich.‹ So bekam Kapp die Aufnahme und nicht ich.«

Cork O'Keefe berichtete, Glaser habe den Hit sofort gerochen. O'Keefe war zufällig in Glasers Büro, als die ersten Platten eintrafen. Glaser spielte O'Keefe die Aufnahme vor, lief zwischendurch aufgeregt im Büro herum und brüllte: »Hör dir das an, Cork, es ist ein verdammter Hit.«

Glaser behielt recht. *Hello Dolly* wurde am 2. Februar 1964 im *Billboard* die Nummer sechsundsiebzig. Das Stück kletterte immer weiter nach oben, bis es am 9. Mai die Spitze erreichte und *Can't Buy Me Love* von den Beatles vom ersten Platz verdrängte. Kapp hatte, als dieser Erfolg sich abzeichnete, Armstrong und die All Stars sofort wieder ins Studio geholt und ein komplettes Album mit Armstrong-Standards aufgenommen, darunter *Blueberry Hill* und *A Kiss To Build A Dream On*. Das Album wurde ein Renner und erreichte am 13. Juni 1964 Rang eins der *Billboard*-Hitliste.

Weder die Single- noch die Langspielplatte blieb länger als eine Woche ganz oben, aber es war eine Apotheose: Einen kurzen Augenblick lang hatte Louis Armstrong, der Junge aus dem Ghetto von New Orleans, den Gipfel der amerikanischen Unterhaltungsmusik-Branche erklommen. Seine Platten liefen dauernd im Radio, sein Gesicht tauchte regelmäßig in Fernsehsendungen auf – er trat in der *Mike Douglas Show* auf, der *Ed Sullivan Show* und der *Bell Telephone Hour*, den größten Shows ihrer Zeit. Von nun an wirkte er jedes Jahr in einem Film mit. Als man sich in New Orleans entschloß, die kleine Hütte in der Jane Alley, in der er geboren worden war, als Gedenkstätte einzurichten, war das sein vielleicht größter Triumph. Doch während die Jazz-Fans sich über die Ausführung des Plans noch Gedanken machten und herumstritten, walzte eine Planierraumpe die ganze Gegend nieder, darunter auch Armstrongs Geburtshaus.

Der letzte Auftritt

Nach dem Erfolg von *Hello Dolly* verschlechterte sich Armstrongs Gesundheitszustand zusehends. Angesichts der Belastungen, denen sein Körper ständig ausgesetzt war, blieb er im Grunde erstaunlich lange gesund. Alkohol hatte er nie viel getrunken, von einigen Sauftouren in der Jugend einmal abgesehen. Gewöhnlich trank er einen oder zwei Whiskeys nach der Vorstellung. Anfangs hatte er viel geraucht, gab dies später jedoch ganz auf. Seit Ende der zwanziger Jahre rauchte er täglich Marihuana; allerdings fand Dr. Gary Zucker, einer seiner Ärzte, keinerlei Anzeichen, daß ihm das irgendwie geschadet hätte.

Die größte Belastung für seinen Körper war seine Ernährung. Armstrong war mit dem Essen der armen Leute im Süden aufgewachsen, das hauptsächlich aus Reis, Bohnen, Würsten, Schweinefleisch und durchwachsenem Speck bestand. Er ernährte sich noch lange so, obwohl er sich längst anderes Essen hätte leisten können. Später aß er gern chinesisch und war »nie ein Freund von Steaks«, so Lucille Armstrong. Seine Nahrung war reich an Kohlehydraten, Cholesterin und Salz. Außerdem aß er in der Regel zu viel: Meist litt er unter Übergewicht, manchmal fünfzig bis sechzig Pfund, was für einen relativ kleinen Menschen eine Menge ist. Von Zeit zu Zeit fastete er und nahm dabei sehr rasch ab. Aber schon bald war das alte Gewicht wieder erreicht.

Trotz der Mahnungen seiner Ärzte ließ Armstrong sich nicht von den ungesunden Ernährungsgewohnheiten abbringen. Erst als es im Grunde schon zu spät war, begann er, auf den Rat von Dr. Zucker hin die Etiketten auf Dosen und Flaschen zu beachten. Zeit seines Lebens schwor Armstrong auf Hausmittel. Mayann hatte ihm beigebracht, daß er gesund bliebe, wenn er sich regelmäßig innerlich reinige. Deshalb glaubte er, alles zu sich nehmen zu können, solange er seinen Körper von Zeit zu Zeit entschlackte. Also nahm er viele Abführmittel, meist ein pflanzliches Präparat namens Swiss Kriss, das er auch unter seinen Freunden und Verwandten mit dem Eifer eines Konvertiten empfahl.

Natürlich ist es nicht einfach, sich richtig zu ernähren, wenn man ständig auf Tournee ist und nach den Auftritten außer Imbißläden keine Restaurants mehr geöffnet haben – in kleineren Städten gab es gewöhnlich nicht einmal Imbißläden. Aber ab 1950 hätte Armstrong sich leicht jedes von ihm gewünschte Essen beschaffen können. Außerdem reiste er mit einem Diener, der ausschließlich für sein leibliches Wohl zu sorgen hatte. Diesem hätte er jederzeit seine diesbezüglichen Wünsche auftragen können. Armstrong war im großen und ganzen ein sehr disziplinierter Mensch. Ärztlichen Rat nahm er allerdings nicht zur Kenntnis.

Zu den Ernährungsproblemen kamen noch die Strapazen der langen Reisen. Wie Milt Gabler berichtet, besorgte Glaser Armstrong einmal eine besondere Limousine mit allen Bequemlichkeiten, während die anderen Musiker mit dem Bus fahren mußten; schließlich hatte er bei den Konzerten die meiste Arbeit zu leisten. Doch Armstrong mochte derartige Privilegien nicht. Also benutzte er auch weiterhin den Bus, und ein paar seiner Musiker fuhren in der komfortablen Limousine. Armstrong konnte zu jeder Zeit und in jeder Situation schlafen, wenn er das brauchte. Trotzdem waren die vielen Jahre in Bussen, Zügen und Flugzeugen, mit den Zeitverschiebungen und anderen Belastungen, nicht spurlos an ihm vorübergegangen. In den fünfziger Jahren war Armstrong im mittleren Alter. Seit fünfundzwanzig Jahren spielte er überwiegend strapaziöse One-Nighter. Und er mochte sie. 1957 erzählte er dem Autor David Halberstam: »Diese One-Nighter sind gar nicht so übel . . . Ich spiele sie, weil ich die Musik liebe. Ich könnte mühelos in New York mein Auskommen finden. Aber mir macht es nichts aus zu reisen. In den kleinen und größeren Städten trifft man sein Publikum. Und das ist es, was ich will, das Publikum. Ich möchte den Applaus hören . . . Ich bin ein Musiker, und ich muß immer noch spielen.«[1]

Armstrong litt unter zwei chronischen Krankheiten: an einer leichten Form von Diabetes, die allerdings seine Lebensweise nicht stark beeinträchtigte, und an chronischer Bronchitis – wahrscheinlich, weil er jeden Abend die verrauchte Luft in

Dance Halls, Cabarets und Theatern eingeatmet hatte. Dennoch blieb er – abgesehen von seinen Lippen- und Kehlkopfproblemen – bis zum Alter von sechzig Jahren in außerordentlich guter gesundheitlicher Verfassung. Sein größtes Problem waren die Magengeschwüre, die erstmals 1947 auftraten und ihm zwei oder drei Jahre lang immer wieder zu schaffen machten. 1950 hatte sich sein Zustand so verschlechtert, daß man schon von einer Operation sprach; schließlich trat aber doch eine Besserung ein.

Ernsthaft erkrankte Armstrong zum erstenmal, als er schon über Sechzig war. Im Juni 1959 sollte er auf dem Festival von Gian-Carlo Menotti in Spoleto, Italien, auftreten. Von Rom aus traf er am 22. Juni etwa um die Mittagszeit am Festspielort ein. Glücklicherweise begleitete ihn, wie zu dieser Zeit häufig auf Auslandsreisen, Dr. Alexander Schiff, der jahrelang Arzt der New York State Boxing Commission gewesen war. Dr. Schiff kannte Glaser, der sich für das Boxgeschäft interessierte, und die beiden Männer waren Freunde geworden. Ende der fünfziger Jahre hatte Lucille sich Sorgen gemacht, Louis oder ein anderes Bandmitglied könnte in einem fremden Land erkranken. Um Sprachschwierigkeiten aus dem Weg zu räumen und eine ärztliche Versorgung nach amerikanischem Standard sicherzustellen, bat sie Glaser, einen Arzt mit auf die Reisen zu schicken. Glaser beauftragte Dr. Schiff, der bis zu Armstrongs Tod bei den Tourneen immer mit dabei war.

Schiff berichtet von einem gemeinsamen Mittagessen mit Pasta und Bier. Anschließend sei Armstrong in das ziemlich muffige Schloß gegangen, wo alle untergebracht waren, während Schiff und Louis' Diener, »Doc« Pugh, sich zu einem Stadtbummel aufmachten. Um drei oder vier Uhr morgens wurde Schiff von Pugh geweckt. Er sei zu Armstrong geeilt und habe ihn kniend und sich am Bett festhaltend vorgefunden. Schiff glaubte zunächst, Armstrong bete. In Wirklichkeit hatten sich Louis' Lungen mit Wasser gefüllt, und seine Knöchel waren angeschwollen. Schiff untersuchte ihn und ließ ihn sofort ins nächste Krankenhaus bringen. Im Krankenwagen sagte Armstrong: »Ich weiß gar nicht, warum man mich ins Krankenhaus bringt. Mir geht es doch gut.«

Es ging ihm keineswegs gut: Er hatte einen schweren Herzanfall erlitten. Schiff teilte dem Krankenhauspersonal mit, daß Armstrong auf Penicillin allergisch reagiere, weshalb er stets andere Antibiotika bei sich hatte. Schiff verbrachte den folgenden Tag im Krankenhaus und kehrte gegen Mitternacht ins Schloß zurück, um ein wenig zu schlafen. Kurz darauf erhielt er aus dem Krankenhaus die Nachricht, Armstrongs Temperatur sei auf vierzig Grad gestiegen. Schiff fuhr zum Krankenhaus zurück, gerade noch rechtzeitig, um zu verhindern, daß man Armstrong trotz des ausdrücklichen Hinweises Penicillin spritzte.

Die Nachricht von Armstrongs Krankheit erschien auf den Titelseiten vieler Zeitungen. Das Krankenhaus wurde von Reportern belagert. Zunächst war die Rede von einem Herzinfarkt, und man sprach davon, Louis liege im Sterben. Schiff dementierte und meldete eine Lungenentzündung, schon um künftige Vertragspartner nicht zu verunsichern. Nach Gary Zucker, der später Armstrongs EKG prüfte, war es ein Herzinfarkt.

Genesungswünsche von Staatsmännern und Fans aus aller Welt trafen im Krankenhaus ein. Die Reporter drückten sich in den Fluren herum und versuchten herauszufinden, wie krank Armstrong tatsächlich war. Doch Armstrong war wütend darüber, daß er überhaupt im Krankenhaus lag. Am 29. Juni, nach nur einer Woche Bettruhe, setzte er seine Entlassung durch. Man riet ihm, sich zu schonen; statt dessen besuchte er in Rom Bricktops Nachtklub und blieb dort bis zum frühen Morgen. Bald darauf flog er in die USA zurück, da er an einem Mammut-Jazz-Jamboree im Lewisohn Stadion teilnehmen wollte, wie er das oft getan hatte. Die Organisatoren hatten wegen des Infarkts Armstrongs Auftritt gar nicht für möglich gehalten und Wild Bill Davison mit dem Johnny Dankworth Orchestra engagiert. Gegen Ende des Konzerts kam Armstrong unter dem tosenden Applaus des verblüfften Publikums auf die Bühne und spielte fünfzehn Minuten lang mit dem Johnny Dankworth Orchestra, nur zehn Tage nach seinem schweren Herzinfarkt – es war mehr als tollkühn.

Nach dem Herzinfarkt von Spoleto stabilisierte sich Armstrongs Gesundheit nicht mehr. Zucker verordnete ihm entwässernde Mittel, und im Rahmen einer Abmagerungskur wurde er auf salzlose Diät gesetzt. Armstrong hielt sich jedoch nicht streng an die Diät, wie es notwendig gewesen wäre, und lebte auch sonst nicht so umsichtig, wie man es ihm dringend angeraten hatte. Dennoch blieb er während der nächsten Jahre relativ gesund und konnte auch ziemlich regelmäßig auftreten. Aber unter der scheinbar gesunden Oberfläche zeigten sich schon Risse.

1964 wurde Armstrong wegen einer Venenerkrankung an den Beinen ins Krankenhaus eingeliefert. Er hatte schon lange mit Krampfadern zu kämpfen gehabt. Jetzt waren Entzündungen und Blutgerinsel hinzugekommen, die eine Operation erforderlich machten.

Ab Mitte der sechziger Jahre litt Armstrong unter einer chronischen Herzerkrankung, die Kurzatmigkeit zur Folge hatte, so daß er kaum noch Trompete spielen konnte – was er ohnehin nur noch selten tat. Außerdem zwang ihn dies beim Singen zu sehr kurzen Phrasen, die ihm zwischendurch häufige Atempausen erlaubten. Allmählich verschlimmerte sich sein Zustand derart, daß Dr. Schiff Louis im September 1968 in Dr. Zuckers Praxis brachte. Armstrongs Körper war angeschwollen, und er schnappte nach Luft. Zucker diagnostizierte Herzschwäche und riet dringend zu einem Krankenhausaufenthalt. Armstrong weigerte sich jedoch entschieden, die Diagnose zu akzeptieren. »Er rannte aus meiner Praxis.«

Zucker erklärte dieses Verhalten als die typische Reaktion von Menschen, die sich plötzlich mit dem Tod konfrontiert sehen. Sie verdrängen es, weigern sich, zu glauben, was sie hören, und bestehen darauf, wie gewohnt weiterzuleben. Armstrong reagierte allerdings ziemlich extrem. Niemand weiß genau, wo er sich während der nächsten beiden Wochen aufhielt, oder was er tat. Offenbar war er in Harlem, um unter den Leuten zu sein, bei denen er sich am wohlsten fühlte. Wahrscheinlich ging er essen, würfelte auf der Straße und ließ sich von seinen alten Fans in der einfachen schwarzen Bevölkerung bewundern und feiern. Es war wie ein letztes Aufbegehren, das Armstrong beinahe das Leben gekostet hätte. Nach ungefähr zwei Wochen war sein ganzer Körper derart aufgedunsen, daß er kaum noch gehen konnte. Nur mit Mühe konnte er die Schuhe anziehen. So kam er, erschrocken, verschüchtert und reumütig, in Gary Zuckers Praxis zurück. Zucker wies ihn sofort auf die Intensivstation des

Beth Israel Krankenhauses ein. Das schwache Herz pumpte nicht mehr genügend Blut durch den Körper, wodurch die Nierentätigkeit beeinträchtigt wurde. Zucker verabreichte Armstrong starke Dosen an Entwässerungsmitteln, und innerhalb von zwei Wochen hatte sich Armstrongs Zustand wieder etwas stabilisiert. »Nun wurde ihm allmählich klar, daß er fortan sehr vorsichtig leben mußte. Von diesem Zeitpunkt an war er ein sehr verständiger und geduldiger Patient«, sagte Zucker. »Er kam zu jedem Termin, zu dem ich ihn bestellte. Er wurde zu einem echten Freund, war sehr vernünftig, sehr philosophisch. Er begann, über seine Jugend zu reden, und es entwickelte sich ein richtiges Gespräch zwischen uns.«

Aber auch jetzt hielt Armstrong seine Diät immer noch nicht so sorgsam ein, wie er es hätte tun müssen. Im Februar 1969 lag er wieder im Krankenhaus, auch diesmal wegen Herz- und Nierenproblemen. Allerdings sprach er nun nicht mehr so gut auf die Behandlung an und konnte das Krankenhaus erst im April wieder verlassen. Er gönnte sich immer noch keine Ruhepause. Dazu Zucker: »Er betonte in einem fort, Musik zu machen sei für ihn das Wichtigste. Wenn er keine Musik mehr machen könne, verlöre das Leben seinen Sinn für ihn. Was auch immer geschähe, er wolle weiterhin Musik machen.« Zucker schloß eine Art Vertrag mit Armstrong. »Ich würde alles tun, damit er auftreten konnte, notfalls durch Abstriche in der Behandlung.«

Irgendwann im Laufe des Krankenhausaufenthalts im Jahre 1969 mußte ein Luftröhrenschnitt gemacht werden, um Armstrongs Lungen zu reinigen. Zucker war sehr unschlüssig, da er befürchtete, Armstrongs Stimme könnte Schaden nehmen. Zufällig war Dr. Moses Nussbaum, heute Chef der Kopf- und Halschirurgie am Beth Israel Hospital, anwesend. Nussbaum war damals noch ziemlich jung. Später gestand er Zucker: »Der Tag, an dem ich bei Louis Armstrong den Luftröhrenschnitt durchzuführen hatte, war einer der beängstigendsten in meinem ganzen Leben.« Die Operation verlief erfolgreich.

Für Armstrong waren die Auftritte so wichtig, daß er bereit war, dafür zu sterben. Bis 1969 hatte er jede nur mögliche Ehrung erfahren. Seine Musik galt als einer der Meilensteine des Jazz, und er war auf der ganzen Welt zu einem der beliebtesten Entertainer seiner Zeit geworden. Aber all das reichte ihm nicht.

Immer mußte noch ein weiteres Konzert über die Bühne gehen, vor noch größerem Publikum und mit noch mehr Applaus.

An einem Freitag im Frühling, Armstrong erholte sich noch im Beth Israel Hospital, traf Cork O'Keefe zufällig Joe Glaser. Glaser erzählte O'Keefe, er werde Armstrong am Abend besuchen und ihn zu überreden versuchen, weniger zu spielen oder vielleicht sogar ganz aufzuhören. O'Keefe galt in der Musikszene als vernünftig und ehrlich. Deshalb forderte Glaser ihn auf, ihn zu begleiten. »Cork, wenn ich Louie damit komme, fange ich an, zu brüllen und zu schreien, und dann fängt er auch an, zu brüllen und zu schreien.« Aber O'Keefe war auf dem Weg zur Westküste und konnte nicht mitkommen. Er schlug Glaser vor, den Besuch bei Armstrong um ein paar Tage zu verschieben. Sie trennten sich, und am frühen Abend erlitt Glaser einen Schlaganfall. Der Hausmeister fand ihn in verwirrtem Zustand im Aufzug. Er wurde ebenfalls ins Beth Israel Hospital gebracht.

Glaser lag im Koma. Obwohl die Ärzte und Lucille dies Louis gegenüber verschwiegen, fand er es dennoch heraus. Lucille berichtet: »Tyree Glenn und Dizzy Gillespie kamen ins Krankenhaus. Louie sollte eigentlich keinen Besuch empfangen. Als er Tyree Glenn und Dizzy sah, sagte er: ›Ich freue mich, daß ihr kommt.‹ Sie sagten: ›Wir sind gekommen, um für Joe Glaser Blut zu spenden.‹ Darauf Louie: ›Blut für Joe Glaser? Warum das?‹ – ›Joe Glaser ist todkrank und liegt direkt um die Ecke, im gleichen Krankenhaus wie du.‹ Es war das Schlimmste, was sie Louie hatten erzählen können. Louie fragte den diensthabenden Arzt, ob es stimme, was er gehört habe. Und als ich ihn besuchte, begann er, mich auszufragen. Ich sagte ihm also: ›Offenbar hatte Dr. Zucker seine Gründe.‹ Joe Glaser lag auf der Intensivstation. Louie bestand darauf, ihn im Rollstuhl besuchen zu dürfen.«

Als Armstrong zurückkehrte, war er fassungslos. »Ich habe ihn besucht, und er hat mich nicht erkannt«, sagte er zu Lucille, die später dazu anmerkte: »Louie hat selten kranke Menschen gesehen. Er wußte nicht, daß Joe im Koma lag. Ich glaube nicht einmal, daß Louie überhaupt wußte, was ein Koma ist. Wahrscheinlich dachte er, Joe hat geschlafen.«

Glaser wachte aus dem Koma nicht mehr auf und starb am 4. Juni 1969. Wie Armstrong hatte auch er sich zeitlebens falsch ernährt: vor allem von Eiscreme, Schokolade und Kuchen.

Glaser hinterließ sein Unternehmen seinen Angestellten, wobei der größte Anteil (zwanzig Prozent) Oscar Cohen zufiel, heute Präsident der Associated Booking Company. Armstrong vererbte er seinen Verlag International Music. Außerdem ging bei Glasers Tod jenes Vermögen in Louis' und Lucilles Besitz über, das er für sie verwaltet hatte. Dave Gold, der Vizepräsident und Schatzmeister von Glasers Büro, sagte: »Wegen des einzigartigen Verhältnisses zwischen Glaser und den Armstrongs waren wir der Meinung, den Armstrongs das Verfügungsrecht über diesen Besitz zu geben statt Verhandlungen zu führen.« Die Firma bestellte unabhängige Rechnungsprüfer, wobei Lucille stärker als Louis an den wichtigen Entscheidungen beteiligt war.

Offen bleibt nur die Frage, wieviel Glaser von Armstrongs Gagen für sich behielt. Dave Gold meinte, die Firma habe nur die bei Agenturen üblichen fünfzehn Prozent genommen. Der Rest wurde Armstrong auf ein Konto überwiesen, von dem man seine Fixkosten bezahlte, unter anderem die Reisekosten und andere Ausgaben für die Band, außerdem die Steuern, die Hypothek für das Haus in Corona, die privaten Ausgaben von Louis und Lucille usw. Glaser hatte auch Geld in Sparkonten angelegt, die den Armstrongs nach seinem Tod überschrieben wurden.

Lucille war der Ansicht, Glaser habe fünfzig Prozent genommen, was ihrer Ansicht nach aber fair gewesen sei, da er für Armstrong eine ganze Menge mehr getan habe, als ein Manager hätte tun müssen. Andere Informanten aus der Musikindustrie sind der Meinung, Glaser habe fünfzig Prozent *und* fünfzehn Prozent vom restlichen Geld als Agentenhonorar einbehalten. Ich selbst vermute – und dies ist wirklich nicht mehr als eine Vermutung –, daß Glaser Armstrong anfangs so wenig wie nur möglich gab und nach Begleichung der Kosten für die Band alles andere für sich behielt. Zu jener Zeit, als alles bar bezahlt wurde, war das nicht ungewöhnlich. Der Veranstalter bezahlte einen Prozentsatz der vereinbarten Gage im voraus, und Glaser oder ein Beauftragter, der mit der Band reiste, kassierte den Rest des Geldes nach dem Konzert. Oft wurde die Summe verringert, wenn das Konzert schlecht besucht war. Niemand führte Buch, niemand zahlte Steuern. Und Armstrong hatte nicht die leiseste Ahnung, welche Gage die Band tatsächlich erhielt. Außerdem hätte er, wie viele andere schwarze Bandleader, von seinem weißen Boß nie eine Abrechnung verlangt. Es ist kaum anzunehmen, daß Glaser diese Situation nicht ausgenutzt hat. Doch als sich im Laufe der Zeit zwischen Glaser und Armstrong eine Freundschaft entwickelte, das Geschäft immer besser lief und Rechtsanwälte und Buchhalter eingeschaltet wurden, stellte man Armstrongs Finanzen wahrscheinlich auf eine solidere Basis, und möglicherweise nahm Glaser ab diesem Zeitpunkt einen etwas geringeren Anteil für sich. Doch all das ist reine Spekulation.

Glasers Tod hatte Armstrong zutiefst erschüttert. Sie waren zwar nie innige Freunde gewesen, hatten aber durchaus eine emotionale Beziehung zueinander gehabt. Der Tod von Glaser, der über dreißig Jahre lang sein Beschützer gewesen war, hielt Armstrong jedoch nicht davon ab, weiterhin auftreten zu wollen. Kaum war er im Frühjahr aus dem Krankenhaus entlassen worden, ging er auf Tournee. Allerdings mußte er jetzt auf seine körperlichen Gebrechen Rücksicht nehmen. Nur ein paar Töne auf der Trompete und das Singen strengten ihn dermaßen an, daß er oft in eine Art Sprechgesang verfiel. Er wußte, das Ende konnte jeden Augenblick kommen. Aber er sang immer noch, und immer noch kam das Publikum. Eine fast magische Kraft zog die Leute an.

Aus Anlaß seines vermeintlich siebzigsten Geburtstags fand in Hollywood eine große Party statt, zu der 6700 Fans kamen und bei der Hoagy Carmichael durchs Programm führte. Die Geburtstagstorte war vier Meter hoch. Armstrong hatte zwar Probleme mit den Nieren, aber er sang trotzdem: *When It's Sleepy Time Down South*, *Blueberry Hill* und *Hello Dolly*. Die Fans schenkten ihm einen weißen Schaukelstuhl. »So alt bin ich doch noch gar nicht«, sagte er. Er erzählte Witze, schnitt Grimassen und amüsierte sich.

Anfang 1971 hatte sich sein gesundheitlicher Zustand schon wieder bedenklich verschlechtert. Dr. Zucker wollte ihn erneut ins Beth Israel Hospital einweisen, doch Armstrong weigerte sich. Glasers Büro hatte ihm ein zweiwöchiges Engagement im Empire Room des Waldorf Astoria besorgt, wo er um jeden Preis auftreten wollte. Warum ihm gerade an diesem Engagement so viel lag, hat er nie gesagt. Er kannte illustre Räumlichkeiten zur Genüge, und für eine Absage hätte jedermann Verständnis gehabt. Aber die alte Besessenheit ließ ihn nicht los.

Zwei Wochen vor diesem Termin kam Armstrong in Zuckers

Praxis. Er rang nach Luft, obwohl er nur im Behandlungsstuhl saß. Zucker sagte zu ihm: »›Louie, du könntest auf dem Podium tot umfallen.‹ Armstrong antwortete: ›Doc, das ist in Ordnung, es ist mir egal.‹ Und dann in einer Art freudiger Erregung: ›Doc, Sie verstehen das nicht. Mein ganzes Leben, meine ganze Seele, mein ganzer Geist drängt danach, das Hoooorn zu blaaaasen.‹ Dann saß er einen Augenblick lang in sich selbst versunken da und durchlebte offenbar im Geist das Gefühl, wie es ist, wenn er sein Horn zu bläst. ›Ich habe Termine, und die Leute warten auf mich. Ich muß es tun, Doc, ich muß es einfach tun.‹«

Man vereinbarte, daß Armstrong im Hotel einen Raum für sich und Lucille erhalten und nur zur Show erscheinen sollte. Nach dem Auftritt sollte er sich sofort wieder ins Beth Israel Hospital begeben. Am Abend der Premiere besuchten ein paar Leute aus Glasers Büro die Show, darunter auch Joe Sully, der für das Engagement zum Teil verantwortlich war. Unter den Gästen bemerkte Sully einen Fernsehkommentator, der regelmäßig über Premieren dieser Art unmittelbar nach der Vorstellung berichtete. Also schlug Sully vor, nach der ersten Show in Armstrongs Zimmer zu gehen und sich anzuhören, was der Kritiker zu sagen hätte.

Sully berichtete: »Wir gingen hinauf, und dieser Bursche verriß die Show nach Strich und Faden.« Armstrong hörte schweigend zu. Dann drehte er sich ganz niedergeschlagen zu Sully um und sagte: »Du wirst mich doch auch weiter vermitteln, Joe, hmm?« Nach all dem Lob, den Hits, den Auftritten vor Monarchen, nach all den Preisen, den Tausenden von Zeitungsberichten, den Features in *Life*, der Titelgeschichte in *Time*, den Artikeln in Jazz-Magazinen, nach Dutzenden von Filmen, unzähligen Fernsehauftritten, Tausenden von Radiosendungen, nach all dem hatte Louis Armstrong immer noch so wenig Selbstvertrauen, daß er sich durch eine einzige voreilige Kritik eines obskuren Kommentators, die fünf Minuten später niemanden mehr interessierte, völlig demoralisieren ließ. Armstrong empfand tatsächlich so. Die Wunde aus seiner Kindheit war trotz aller Erfolge nie verheilt.

Dies war Armstrongs letzter öffentlicher Auftritt. Unmittelbar nach Ende der Show kehrte Louis ins Beth Israel Hospital zurück, wo Gary Zucker ihn wieder einigermaßen auf die Beine brachte.

Am 5. Mai wurde er entlassen. Er fühlte sich besser, war aber immer noch schwach. Zucker meinte, es ginge ihm nicht besser, er habe nur gerade noch einmal überlebt.

Armstrong glaubte jedoch, es ginge ihm besser, und er brannte darauf, wieder zu spielen und auf Tournee zu gehen. Am 5. Juli bat er Alexander Schiff, die Band zu einer Probe zusammenzuholen. Zufrieden und zuversichtlich legte er sich schlafen. Am frühen Morgen des 6. Juli wachte Lucille mit dem sicheren Gefühl auf, daß irgend etwas nicht in Ordnung war. Sie rief sofort Dr. Zucker an. Dieser holte Dr. Schiff ab, und die beiden rasten durch die um diese Zeit noch ruhigen Straßen von New York nach Corona. Als sie ankamen, war Louis Armstrong tot. Als Todesursache wurde Nierenversagen infolge von Herzstillstand festgestellt.

Armstrongs Tod überraschte niemanden, und Lucille zeigte sich einigermaßen gefaßt. Sie hatte nun alle Hände voll zu tun. Beileidsbekundungen aus aller Welt trafen ein. Präsident Nixon sagte: »Mrs. Nixon und ich teilen die Trauer von Millionen von Amerikanern über den Tod von Louis Armstrong. Das Genie und der überragende Geist dieses Architekten einer amerikanischen Kunstform und Künstlers von Weltrang bereicherten und beglückten unser aller Leben.«[2] *Down Beat* brachte einen Bericht unter dem Titel: »Einer der größten Männer des 20. Jahrhunderts ist tot.«[3] In allen großen Zeitungen erschienen Leitartikel, sogar in der sowjetischen *Iswestija*.

Am Donnerstag, dem 8. Juli, wurde der Leichnam Armstrongs auf Wunsch des amerikanischen Präsidenten am National Guard Armory an der 66th Street und der Park Avenue aufgebahrt. Fünfundzwanzigtausend Trauergäste kamen, um Abschied zu nehmen. Das Begräbnis fand am folgenden Tag im kleinen Corona Congregational Center statt und wurde vom amerikanischen Fernsehen übertragen. Armstrong war zwar nie Kirchgänger gewesen, aber er hatte ausdrücklich darum gebeten, dort eine kirchliche Begräbnisfeier für ihn abzuhalten. An den Beisetzungsfeierlichkeiten nahmen viele berühmte Leute teil, deren Anwesenheit zwar ehrenvoll war, die jedoch mit dem lebenden Louis Armstrong kaum etwas zu tun gehabt hatten. Niemals wäre er als Gast in den Häusern dieser Leute willkommen gewesen, selbst als er schon jene Platten aufgenommen hatte, auf die sich sein letzter und höchster Ruhm gründete. Dick Cavett war da, Gouverneur Nelson Rockefeller und Bürgermeister John Lindsay. Den Sarg trugen Bing Crosby, der Armstrong nie in sein Haus eingeladen hatte, Pearl Bailey, Frank Sinatra, Ella Fitzgerald, der Kolumnist Earl Wilson, Johnny Carson, David Frost und Dizzy Gillespie. Der Jazz-Pianist Billy Taylor hielt eine Ansprache, Peggy Lee sang das »Vaterunser«, und der Diskjockey Fred Robbins hielt die Grabrede. Armstrong hatte mit den meisten dieser Leute Kontakt gehabt und mit vielen von ihnen gelegentlich zusammengearbeitet, aber es waren sicherlich nicht die Leute, die das an ihm liebten, was in seinen besten musikalischen Werken zu spüren ist. Dennoch war es eine würdige Feier. Das Zeremoniell war einfach gehalten, und auf Lucilles Bitte hin hatte man auf Musik verzichtet, abgesehen vom gesungenen »Vaterunser« – obwohl man sagte, Louis hätte sich eine New-Orleans-Jazz-Band gewünscht. Die bekam er auch, allerdings in seiner Vaterstadt, wo ein Gedächtnisgottesdienst mit fünfzehntausend Teilnehmern stattfand.

Lucille Armstrong, eine angenehme, energische Frau Ende Sechzig, lebt noch heute in jenem Haus in Corona, das sie vor rund vierzig Jahren für sich und ihren Ehemann gekauft hat. Das Viertel ist inzwischen stark heruntergekommen, aber das Haus befindet sich in gutem Zustand – es wirkt beinahe wohlhabend –, und es ist natürlich voll von Erinnerungen an Armstrong. Lucille spricht von Louis in der Gegenwartsform. Sie wird oft eingeladen zu kommen, wenn von Armstrong und seinem Leben die Rede ist. Louis' Vetter Clarence wohnt in der East Bronx in jenem Haus, das Louis vor Jahrzehnten für ihn gekauft hat. Armstrongs Schwester Beatrice lebt noch in New Orleans und wird nach wie vor Mama Lucy genannt. Und natürlich lebt auch der Geist Louis Armstrongs weiter. Seine wichtigen Plattenaufnahmen aus den zwanziger und dreißiger Jahren sind heute wesentlich leichter zu bekommen als zur Zeit seines Todes, und die weniger guten geraten allmählich in Vergessenheit. Eine neue Generation, die ihn nie selbst erlebt hat, hört nun Armstrong. So wird es wohl auch mit der nächsten und der übernächsten Generation sein, und niemand vermag vorauszusagen, wie viele Menschen sich an seiner Musik noch erfreuen werden.

Die Aufnahmen der All Stars

Die Aufnahmen Armstrongs seit 1947, von der Auflösung seiner Big Band bis zum Zeitpunkt seines Todes, stellen uns vor einige Probleme. Es gibt ungefähr 436 »offizielle« Aufnahmen und außerdem eine Vielzahl Mitschnitte, die erst später veröffentlicht wurden. Davon sind rund 130 mit verschiedenen Studiobands gemacht worden, etwa 125 mit den All Stars und ungefähr 140 mit anderen Künstlern wie Ella Fitzgerald, Duke Ellington und Dave Brubeck.

Decca nahm Armstrong meist mit einer großen Studioband auf und ließ ihn die gängigen Schlager jener Jahre singen. Bei Columbia hingegen bevorzugte man jazzorientierte Aufnahmen. Und Verve brachte ihn gewöhnlich mit anderen großen Namen heraus, wobei eine Combo den Rahmen lieferte. Milt Gabler produzierte für Decca allerdings auch die aus vier Alben bestehende *Musical Autobiography*, die einige der besten Aufnahmen Armstrongs aus dieser Zeit enthält.

Aber alle diese »offiziellen« Aufnahmen bilden nur einen kleineren Teil. Daneben wurde eine große Menge Material aus Filmen, Radio- und Fernsehsendungen und auch von Klubauftritten veröffentlicht. Ich schätze, daß insgesamt mindestens eintausendfünfhundert Aufnahmen in verschiedenen Zusammenstellungen auf Dutzenden von Labels rund um die ganze Welt publiziert worden sind. Viele dieser Aufnahmen sind immer wieder neu aufgelegt und anders zusammengestellt worden. Hans Westerberg unterzog sich der Mühe, das gesamte, auf Tonträgern dokumentierte Werk Armstrongs zu ordnen und zu identifizieren. Er bezeichnete diese Arbeit als »Alptraum eines Diskographen«. Die Schallplattenfirmen haben nicht nur Aufnahmen vermischt, die zu verschiedenen Zeiten entstanden sind, oft haben sie auch Aufnahmen verwechselt, und in einigen Fällen wurden sogar Teile von verschiedenen Aufnahmen zusammengeschnitten, die gar nicht zusammengehören. Die meisten dieser

Platten sind entweder nicht mehr im Handel – oder nur in bestimmten Ländern erhältlich – oder nur schwer zu finden. Außerdem befindet sich vermutlich in den Archiven der Schallplattenfirmen, Radio- und Fernsehsender sowie privater Sammler noch einmal die gleiche Menge an Aufnahmen von Armstrong aus diesem Zeitraum, die noch nie an die Öffentlichkeit gelangten.

Es wäre eine Lebensaufgabe, dieses Material allein zu Studienzwecken zusammenzutragen. Glücklicherweise ist ein großer Teil der wichtigsten Aufnahmen noch im Handel erhältlich. Die ersten Konzerte, die *Musical Autobiography*, die populärsten Hits, die Remakes der King-Oliver-Stücke sowie die Stücke von W.C. Handy und Fats Waller findet man in den meisten Fällen mit ein wenig Geduld.

Die Studioaufnahmen sind meist etwas besser als die Mitschnitte von Live-Auftritten. Trotz der weitverbreiteten Vorliebe für Live-Konzerte enthalten nur wenige dieser Platten wirklich besseres Material als die besten Studioaufnahmen. Die Annahme, Jazz-Musiker spielten um vier Uhr morgens in einem verrauchten Nachtklub besser als im Studio, hat sich bisher noch nicht bestätigt. Zumindest bei Armstrong ist das mit Sicherheit so. Vor vielen begeisterten Fans spielte er nachlässiger und suchte oft bei hohen Tönen Zuflucht, um den Applaus seiner Fans herauszukitzeln. Außerdem war Armstrong auf Tourneen oft müde, überarbeitet und einfach gezwungen, ohne Tiefgang oder Gefühle zu spielen. Er wußte mit seinen Kräften zu haushalten. Lucille Armstrong meinte hierzu:

»Wenn Louie in ein Haus kam, wo ihm zu Ehren eine Party stattfand, suchte er sich einen Stuhl, setzte sich hin und stand erst wieder auf, wenn es Zeit war zu gehen. Er ging nie herum, um den Anwesenden die Hand zu schütteln. Vor Auftritten ging er nie aus und aß auch nie vorher, sondern grundsätzlich erst danach. Wir brachten viele Leute aus ihrem gewohnten Rhythmus, weil sie bis ein oder zwei Uhr morgens aufbleiben mußten, nur um Louie etwas zu essen zu machen. ›Niemand ißt zu einer bestimmten Zeit. Ich kann doch nicht dauernd auf die Uhr schauen, damit ich rechtzeitig zum Essen komme‹, sagte er.«

Die Rückkehr Armstrongs zu kleineren Besetzungen vollzog sich, wie wir schon hörten, nach und nach und nicht nach irgendeinem Plan. Die von Feather für das französische Swing-Label produzierten Titel, auch die Filmmusiken zu *New Orleans* und die Aufnahmen von Konzerten, die in der ersten Hälfte des Jahres 1947 stattfanden, entstanden mit ad hoc zusammengestellten Gruppen. Erst ab Oktober 1947 machte Armstrong als Louis Armstrong and the All Stars Aufnahmen, obwohl es auch schon vorher Sessions mit kleinen Bands gegeben hatte.

Wie schon erwähnt, liefen Armstrongs Auftritte mit den All Stars bald nach einem festen Schema ab, weshalb sich die Konzertmitschnitte ziemlich gleichen. So gibt es zahllose Versionen von *Muskrat Ramble*, *Indiana*, *Black And Blue*, *When It's Sleepy Time Down South*, *Struttin' With Some Barbecue* und natürlich von seinen jeweils größten Hits. Je nach Stimmung und Einschätzung des Publikums änderte Armstrong das Programm ab. Das Kernrepertoire aber blieb stets gleich. Im letzten Jahr seines Lebens spielte er viele Stücke in etwa noch so wie ungefähr fünfundzwanzig Jahre zuvor beim Town-Hall-Konzert.

Armstrong scheint einige Monate gebraucht zu haben, um sich wieder auf eine kleine Band einzustellen. Bei den Zwölf- oder Vierzehn-Mann-Bands hatte er viel und mit großer Kraft im hohen Register blasen müssen. Deshalb blieb er zunächst auch in den kleinen Bands bei dieser Spielweise. Beim Konzert in der Carnegie Hall am 8. Februar 1947 spielte er zeitweise wieder recht gut. Mouse Randolph, der Trompeter der Edmond Hall Band, die Armstrong in der ersten Hälfte des Konzerts begleitete, übernahm das Solo im *Tiger Rag* und ein weiteres im *St. Louis Blues*, wohl weil Armstrong im Verlauf des Konzerts Schwierigkeiten mit seiner Lippe bekam. Hier wird auch ganz klar, daß er nicht mehr die Flexibilität früherer Zeiten besaß. In dem relativ langsamen Stück *Save It Pretty Mama* tastet er zweimal unbeholfen nach Sechzehntelnoten. Dennoch gibt es in *Confessin'* sehr schöne Stellen mit ein paar neuen Ideen. Im *Dippermouth Blues* gelingt Armstrong der Oliver-Chorus gut, und in *Mahogany Hall Stomp* spielt er eine hervorragende Variation seines berühmten Solos, diesmal mit dem Cup-Dämpfer anstelle des Spitzdämpfers, den er gewöhnlich benutzte. Der Alla-breve-Teil von *Lazy River* swingt sehr leicht. Armstrong verzögert die Töne hier ebenso gekonnt wie auf den Aufnahmen der Hot Five. Und sein Gesang ist immer ein Genuß.

Den Jazz-Fans gefiel das Town-Hall-Konzert vom 17. Mai besonders gut. Die Big Band war endgültig aufgelöst, und allein schon die All-Star-Besetzung – mit Teagarden, Sid Catlett, Peanuts Hucko und Hackett – hätte ein großes Publikum zu begeistern vermocht. Für die Jazz-Fans glich dieses Konzert der Heimkehr des verlorenen Sohns, und die gemachten Aufnahmen enthalten tatsächlich einige ausgezeichnete Passagen. Teagarden ist in Bestform, er spielt ein meisterhaftes Solo in seinem Paradestück *St. James Infirmary*. Armstrong musiziert im ganzen Konzert souverän und sauber. Zweifellos hatte die Zwangspause infolge der Magengeschwüre seinen Lippen gutgetan. Seine Attacke ist messerscharf, sein Ton weich, und in *Save It Pretty Mama* spielt er einen Schlußchorus, der ein Musterbeispiel an Einfachheit ist, zugleich aber auch majestätisch über dem Ensemble schwebt wie zu seinen besten Zeiten.

Die interessantesten Aufnahmen dieses Konzerts sind wahrscheinlich vier Quartettversionen von alten Hot-Five-Stücken, die Armstrong hier nur mit der Rhythmusgruppe spielt. *Big Butter And Egg Man* leidet am Ende etwas an Highnote-Akrobatik, ist aber ansonsten gelungen. Im ersten seiner beiden Chorusse benutzt Armstrong zwei lange, gewundene Phrasen (Takt neun bis sechzehn), die sich stark von dem unterscheiden, was er früher an der betreffenden Stelle gespielt hat. Die neue Version von *Cornet Chop Suey* swingt enorm; gäbe es nicht schon die erste Fassung, würde sie zweifellos zu Armstrongs wichtigsten Aufnahmen zählen. Und *Dear Old Southland* ist hier besser als die frühere Aufnahme, voller blue notes und von unglaublicher Schärfe. Bei diesem Konzert gab es zwei Vorstellungen, eine am frühen Abend und eine um Mitternacht. Die Besucher müssen wohl mit dem Gefühl nach Hause gegangen sein, der alte Louis, dessen Schallplatten sie einst regelrecht verschlungen hatten, sei auferstanden.

Am 10. Juni ging Armstrong für Victor ins Studio, um vier Stücke mit Musikern überwiegend aus dem Kreis um Eddie Condon einzuspielen. Unter ihnen war Jack Teagarden, der bei diesen Aufnahmen viele Soli spielt, mit Armstrong zwei Duette singt und ausgezeichnet musiziert. Eines der beiden Duette ist eine Neuaufnahme von *Play Me the Blues*. Als *Jack Armstrong Blues* wurde es zu einem Standardstück der All Stars, solange

Jack Teagarden in der Band spielte. Armstrong gelingen vier ausgezeichnete Chorusse, und vor allem im zweiten hat er einige originelle Ideen. Am besten ist er im Einleitungsteil von *Someday You'll Be Sorry*, einer Eigenkomposition. Auf dieser Aufnahme spielt er sie ohne Ausschmückungen, plaziert aber die einzelnen Noten sehr gekonnt und erreicht dadurch eine mustergültige Prägnanz. Besonders im achten, neunten und zehnten Takt verdichtet und dehnt Armstrong die Melodie, als wolle er demonstrieren, welch große Wirkung mit kleinen Mitteln zu erreichen ist.

Wenige Tage später, beim einstündigen Radiomitschnitt vom Konzert anläßlich der Premiere des Films *New Orleans* im Winter Garden Theatre, ist Armstrong immer noch in Bestform. Die Band ist fast die gleiche wie beim Town-Hall-Konzert, und auch hier spielt Teagarden wundervoll. Die Glanzstücke: *Muskrat Ramble* und *Way Down Yonder In New Orleans*, letzteres mit zwei Solochorussen von Armstrong, sind sehr hot gespielt. Der erste der beiden Chorusse ist ganz hervorragend – einfallsreich und aus jenen langen auf- und absteigenden Figuren bestehend, die früher so charakteristisch für seine Melodiebildung waren. Die Einleitungsphrase dauert fast sechs Takte, und die mittleren acht Takte füllt Armstrong mit nur zwei Figuren. Nach Teagardens Posaunensolo spielt Armstrong einen weiteren Chorus, in dem er zur sparsameren Spielweise der Big-Band-Zeit zurückkehrt.

Leider folgte diesem vielversprechenden Anfang des ersten Konzerts der All Stars nichts Gleichwertiges mehr. Armstrong absolvierte die Auftritte routinemäßig: schnelle Stücke wie *Tiger Rag* und *I Got Rhythm*, lange Gesangsnummern mit Standards und neuen populären Hits, Featurestücke für die anderen Musiker und schließlich die Auftritte von Velma Middleton.

Der Mitschnitt eines Konzerts in der Symphony Hall in Boston am 30. November 1947 vermittelt einen guten Eindruck. Ein paar Momente sind ausgezeichnet: Armstrong spielt und singt eine leidenschaftliche und bewegende Version von *Black And Blue*, bläst ein ausgezeichnetes Solo im *Royal Garden Blues* und in *On The Sunny Side Of The Street*, eine schöne Leadstimme mit Spitzdämpfer. Velma Middleton singt drei Titel, und die anderen Musiker werden in der üblichen Weise solistisch herausgestellt. Armstrong spielt zwei Drittel der Zeit nicht mit. Der Gesamteindruck von dem Konzert ist jedoch eher enttäuschend.

Nach 1952, als Hines und Teagarden die All Stars verließen, sank die Qualität der Band merklich. Diese beiden Musiker, Meister ihres Instruments, waren nicht zu ersetzen. Natürlich gab es in den nächsten Jahren viele gute Musiker bei den All Stars, aber sie waren eher solide Profis als »All Stars«. Und selbst die besten von ihnen erlagen nach und nach der tödlichen Monotonie der ständig wiederholten Klischees.

1954 nahm Columbia eine Reihe von Titeln von W.C. Handy mit Armstrong auf. Kommerziell – nicht künstlerisch – war dieses Album ein Erfolg, und Columbia versuchte es 1955 noch einmal mit Stücken von Fats Waller, die unter dem Titel *Satch Plays Fats* herauskamen. Dieses Album ist besser als das erste. Armstrong gelingt in *Blue Turning Grey Over You* ein wunderschöner Anfangschorus mit Spitzdämpfer, beinahe ohne Verzierungen, ein klassisches Beispiel für meisterhafte Themenpräsentation. Nach seinem Gesangschorus spielt er ein einfaches, aber interessantes Instrumentalsolo. (Dieses Solo stammt eindeutig aus einer anderen Aufnahne und wurde hineingeschnitten.) Das Stück ist sehr langsam, und je langsamer Armstrong damals spielte, um so besser war er. Er hatte dann Zeit für die Gestaltung, und die Lippen wurden weniger strapaziert.

Meiner Meinung nach sind von allen im Handel erhältlichen Aufnahmen der All-Star-Zeit jene vier Alben am besten, die bei Decca unter dem Titel *Satchmo. A Musical Autobiography of Louis Armstrong* erschienen. Auch diese Titel sind nicht ohne Schwächen, aber im großen und ganzen ist ihr Niveau recht hoch. Verantwortlicher Produzent dieser Aufnahmen war Milt Gabler, ein sensibler und versierter Jazz-Fan. Er ließ Armstrong Titel aus seiner besten Zeit aufnehmen, Titel, mit denen er vertraut war: einige Stücke aus dem Oliver-Repertoire, ein paar Blues-Nummern mit Gesangssolisten, einige Stücke der Hot Five und ein paar frühe Big-Band-Aufnahmen. Bei einigen dieser Neuaufnahmen spielt Armstrong besser als auf den Originalen.

Abgesehen von sechs älteren, mäßigen Konzertmitschnitten entstanden die Aufnahmen bei mehreren Sessions im Dezember 1956 und im Januar 1957. Die Produktionen sind wohl deshalb so gut gelungen, weil Gabler darauf bestand, daß Glaser die Band für die Studiotermine freihielt, als handle es sich um Konzerte. Die Band kam also nicht frühmorgens müde vom letzten Auftritt ins Studio, sondern ausgeruht um sieben Uhr abends und mußte dann auch nur jeweils drei Stunden arbeiten. Gabler berichtet, die All Stars hätten während der Aufnahmen viel Spaß gehabt. Wahrscheinlich ist die hohe Qualität auch darauf zurückzuführen, daß ein großer Teil der Titel nicht »abgespielt« war. Armstrong hatte *Lazy River* und *When You're Smiling* im Laufe der Jahre allzuoft gesungen, aber Stücke wie *King Of The Zulus* oder *Court House Blues* mit ziemlicher Sicherheit seit den zwanziger Jahren nicht mehr vorgetragen.

Die Titel des Albums sind durch kurze Kommentare verbunden, die Leonard Feather nach Angaben von Gabler schrieb. Diese Kommentare wärmen die bekannten Geschichten über Armstrong wieder auf, und in einigen Fällen sind sie sogar unzutreffend. So sagt Armstrong, das erste mit Piano aufgenommene Duett sei *Dear Old Southland* gewesen, obwohl er das berühmte *Weather Bird* anderthalb Jahre früher aufgenommen hatte.

Besonders gelungen sind vier Blues-Stücke mit Velma Middleton, bei denen Armstrong – wie bei früheren Blues-Aufnahmen – hauptsächlich begleitet. Velma Middleton müht sich redlich, das Eigentümliche der Originale zu treffen, was ihr auch besser als erwartet gelingt. Armstrong spielt die Begleitstimmen mindestens ebensogut wie bei den früheren Aufnahmen, in einigen Fällen sogar besser. Sein Einleitungschorus zu *See See Rider* (ursprünglich mit Ma Rainey aufgenommen) ist voller schmerzlicher blue notes, und im siebten und achten Takt von Velma Middletons erstem Chorus spielt er eine wunderschöne Phrase. Das Remake von *Reckless Blues* (das Original nahm Armstrong im Januar 1925 mit Bessie Smith auf) ist eines der besten mir bekannten Beispiele für gute Blues-Begleitung. Mit diesen vier Aufnahmen bewies Armstrong, daß er auch im Alter von fast sechzig Jahren immer noch ein Meister des Blues war.

Gelungen ist auch *King Of The Zulus*. Armstrong wiederholt die komischen Einlagen der früheren Version, ohne daß dies peinlich wirkt. Er spielt leidenschaftlich, wild und bewegt sich meist im oberen Register – hier entspricht das sogar einmal seiner Stimmung. Eine wundervolle Aufnahme, frisch, mit viel Gefühl und überraschenden Einfällen. Beim *Potato Head Blues* hält Armstrong sich stärker an die frühere Version; nur die berühmte Breaksequenz bringt ein paar neue Ideen. Darauf folgt ein schönes, swingendes Solo in der Mittellage, das leichter wirkt als im Original.

Gut sind ferner *Everybody Loves My Baby*, *Two Deuces*, *I Can't Believe That You Are In Love With Me* und *Memories Of You*. Neben zahlreichen schönen Stellen gibt es natürlich auch Schwächen: Zu oft nimmt Armstrong zur hohen Lage Zuflucht, und an einigen Stellen scheinen seine Lippen zu ermüden. Meist spielt er jedoch mit dem Feuer und der Leidenschaft früherer Zeiten, mit Jazz-Feeling und sehr swingend. Seine Erfindungsgabe übertraf immer noch die aller anderen Musiker in seiner Umgebung. Wenn man sich diese Platten anhört, beginnt man nachzudenken, was alles hätte sein können, wenn . . .

Diese Aufnahmeserie bildet den Abschluß eines kreativen Lebenswerks. Danach folgt kaum noch etwas Erwähnenswertes. Der Herzinfarkt 1959 in Spoleto und Armstrongs allgemein schlechter Gesundheitszustand hatten seine Möglichkeiten stark eingeschränkt. Die chronische Herzerkrankung zehrte so sehr an den Kräften, daß er sich ab Mitte der sechziger Jahre durch seine Engagements regelrecht durchmogeln mußte. Er hätte sich zur Ruhe setzen, seine Memoiren schreiben und bei festlichen Anlässen als Ehrengast teilnehmen sollen. Aber das lag Armstrong nicht. Seine letzten Studioaufnahmen machte er im August 1970 mit einer Country-Music-Gruppe in Nashville, und noch im Februar 1971, vier Monate vor seinem Tod, las er für eine Aufnahme ein Gedicht von Clement Moore: »The Night Before Christmas«. Bis zu seinem letzten Konzert im Waldorf Astoria hatte er noch mehrere Fernsehauftritte. Ab April 1971 wurde es still um ihn.

Das Genie

Wenn wir auf Armstrongs Karriere zurückblicken, springen zwei Punkte sofort ins Auge. Da ist einmal sein außergewöhnlich starker Einfluß auf die Musik des 20. Jahrhunderts. Die gesamte populäre Musik unserer Zeit ist von Armstrong geprägt. Und da ist zum anderen Armstrongs langsamer künstlerischer Abstieg in den letzten beiden Dritteln seiner Karriere. Hätte er nach seiner zweiten England-Tournee im Jahre 1933 zu spielen aufgehört, wir würden in künstlerischer Hinsicht nicht viel vermissen. Zwar beeinflußte er in den dreißiger Jahren die Jazz-Musiker seiner Zeit, insbesondere die Trompeter, doch spätestens ab 1938 galt unter anderem Roy Eldridge als Vorbild des Trompeternachwuchses. Dizzy Gillespie zum Beispiel hat Armstrong nie als sein wichtigstes Vorbild angesehen. Armstrongs künstlerischer Einfluß beruhte vor allem auf seiner Arbeit mit der Henderson-Band, mit den Hot Five und den Big Bands, mit denen er für OKeh und Victor Aufnahmen machte. Außerdem war nur noch ein halbes Dutzend Decca-Mitschnitte, die er unter eigenem Namen produzierte, für den Jazz von Bedeutung, und von diesen entstand die Hälfte im Laufe einer einzigen Aufnahmesession im Januar 1938. Dazu gehören die berühmten Aufnahmen von *Jubilee*, *I Double Dare You* und *Struttin' With Some Barbecue*.

Doch noch im Jahre 1957, als er seine *Musical Autobiography* aufnahm, spielte Armstrong Jazz bester Qualität und konnte sich mit jedem anderen lebenden Jazz-Musiker durchaus messen. Sein Ansatz war zwar schwach, und er sprühte auch nicht mehr so von Ideen wie einst, aber er spielte immer noch wundervoll – wenn er wollte. Offenbar kam das nicht so häufig vor. Ich kenne keinen anderen amerikanischen Künstler, der sein Talent derart vergeudete wie Armstrong. Warum tat er das?

Meiner Meinung nach gibt es dafür zwei Gründe, einen milieubedingten und einen charakterlichen. Armstrong wuchs in einer Umgebung auf, in der ein Künstler nicht als außergewöhnlich begabter Mensch galt, mit einer Verpflichtung dem Talent gegenüber. Wir kennen diese Einstellung seit den Anfängen der europäischen Romantik. Der schwarze Amerikaner der Jahrhundertwende lebte in einer völlig anderen Welt. Er hatte keine Zeit für Kunst, da achtzig Prozent seines Lebens mit Arbeit und Schlaf ausgefüllt waren. Die restliche Zeit verbrachte er entweder in der Familie und in der Gemeinschaft, oder er vergnügte sich. Bücher las er keine, weil er Analphabet war, und in Theater, Konzerte und Kunstgalerien ging er nicht, weil man ihm dort den Zutritt verwehrte. Die einzige Kunstform, die er praktizierte, war die Musik, meist auf sehr niedrigem Niveau.

Ein eigenständiges Phänomen der Subkultur der schwarzen Amerikaner war die Figur des Entertainers, die es schon vor Armstrong gab. Die weiße Gesellschaft akzeptierte den Schwarzen als Sänger und Tänzer, aber nicht als Künstler. Deshalb konnten die Schwarzen im Showbusiness jene Rolle spielen, die man ihnen in der sogenannten hohen Kunst verweigerte. In Armstrongs Jugend hatte diese Rolle bereits Tradition – im Minstrel Man mit seiner Komik. Sie beruhte auf dem Klischee vom dümmlichen Schwarzen.

Bei Armstrong kam noch jenes fatale Mißverständnis hinzu, demzufolge der Jazz von Anfang an ein Zweig der Unterhaltungsindustrie war. Jazz-Musiker arbeiteten nicht in Konzertsälen, sondern in Cabarets und Theatern, und sie dachten nicht wie Konzertvirtuosen, sondern wie die Leute vom Showbusiness.

Armstrong sah seinen Beruf anders als die gelehrten weißen Jazz-Fans der dreißiger Jahre. Das Wort Jazz benutzte er kaum, und der Begriff Kunst war ihm absolut wesensfremd, jedenfalls in dem Sinne, wie die damaligen Jazz-Schriftsteller ihn verwendeten. Für ihn gab es das Problem des künstlerischen Ausverkaufs nicht. Er wollte unterhalten, dem Publikum gefallen und tat damit genau das, was die schwarze Subkultur seiner Zeit ihn gelehrt hatte.

Natürlich vermag jeder Mensch, sich in gewissem Maß von seinem subkulturellen Herkommen zu befreien. Doch Armstrong war auf Grund seiner schlechten Schulbildung von vornherein benachteiligt. Er war gefangen in den Verhaltensmustern, die er in seiner Jugend erlernt hatte. So verstand er nie, warum man seine Vorliebe für hohe Töne, seine Zirkusnummern und die guten alten Onkel-Tom-Stücke kritisierte. Erwarteten diese Kritiker wirklich, er solle seinem Publikum untreu werden? Dieses Publikum hatte ihn reich und berühmt gemacht, und es liebte ihn.

Doch nicht nur subkulturelle Einflüsse formten Armstrong. Nicht minder entscheidend war das Milieu seiner Kindheit. Er war in materieller und emotionaler Hinsicht arm aufgewachsen. Als Kind hatte er stets gerade soviel, wie ein Kind zum Überleben braucht. Dann entdeckte er bei seinen ersten Auftritten im Sunset Café, daß er ein großes Publikum zu unterhalten vermochte, daß die Leute sich nach ihm drängten, daß sie lachten, applaudierten, trampelten und immer wieder Zugaben forderten. Jetzt hatte er etwas ganz Eigenes gefunden, und bis zu seinem Tod hielt er wie besessen daran fest. Hier lag der Grund, daß er, der Schüchterne und Unsichere, sich jedem möglichen Rivalen stellte. Er wollte das Erreichte um keinen Preis verlieren.

Das Buhlen um die Gunst des Publikums erklärt manches: Armstrongs Hang zum Showbusiness, zur Onkel-Tom-Figur und seinen unstillbaren Hunger nach Applaus. Folglich war es vollkommen unsinnig, von ihm eine anspruchsvolle künstlerische Konzeption oder Weltanschauung zu erwarten. Sein angebliches künstlerisches Versagen ist also ganz anders zu interpretieren.

Im 20. Jahrhundert setzte sich, vor allem in den Vereinigten Staaten, die Auffassung durch, ein Künstler müsse vor allem sich selbst gegenüber wahrhaftig bleiben und dürfe sich nicht nach dem Publikumsgeschmack richten. Diese Ansicht wurde in unserem Jahrhundert so vorherrschend, daß das Wort Kunst soviel bedeutet wie »nicht kommerziell«. Im Laufe der Zeit wurde schließlich alles suspekt, was auch nur den Anschein des Populären hat.

Künstler früherer Zeiten strebten offen nach Ruhm und Ehre. In ihren Augen gehörte das zur menschlichen Natur. Viele der Großen waren sehr populär: Händel, Dickens, Byron, Tolstoi, Watteau und viele andere. Es stimmt wohl, daß Kunst um ihrer selbst willen geschaffen werden soll. Andererseits gab und gibt es immer wieder Auftragswerke, deren Schöpfer durch ihre Darstellungsweise bestimmte Ideen ausdrücken und bestimmte Gefühle beim Publikum wecken sollten. Also zerstört offenbar die Einbeziehung des Publikums allein ein Kunstwerk noch nicht.

Im *Dr. Faustus*, Thomas Manns Studie über einen Komponisten, läßt der Autor den Erzähler in folgender Passage seine eigenen Ansichten zu diesem Thema wiedergeben:

»Wir sprachen von der Vereinigung des Avancierten mit dem Volkstümlichen, von der Aufhebung der Kluft zwischen Kunst und Zugänglichkeit, Hoch und Niedrig, wie sie einmal von der Romantik, literarisch und musikalisch, in gewissem Sinne geleistet worden, worauf dann wieder eine tiefere Trennung und Entfremdung denn je zwischen dem Guten und dem Leichten, dem Würdigen und dem Unterhaltenden, dem Fortschrittlichen und dem allgemein Genießbaren das Schicksal der Kunst geworden sei. War es Sentimentalität, daß es die Musik – und sie stand für alles – mit wachsender Bewußtheit verlangte, aus ihrer Respektvereinsamung zu treten, Gemeinschaft zu finden, ohne gemein zu werden, und eine Sprache zu reden, die auch der musikalisch Unbelehrte verstand . . .?«[1]

Von diesem Standpunkt aus gesehen schadete Armstrongs »kommerzielle Ader« seiner Kunst nicht, sondern förderte sie eher. Der *West End Blues* zum Beispiel sollte nicht belehren, sondern unterhalten. Das eigentliche Problem war also nicht, daß Armstrong den Beifall des Publikums suchte, sondern wie er es tat. Oder anders ausgedrückt, der größte Teil seiner Musik der späteren Jahre entsprach in nur geringem Maße seinen tatsächlichen Fähigkeiten.

Gemessen an seinem Talent, hat Armstrong nur wenig erreicht und dennoch einen großen Einfluß auf die Musik des 20. Jahrhunderts ausgeübt. Seine Musik traf die beiden ersten Generationen von Jazz-Musikern wie ein Keulenschlag und verwirrte sie so sehr, daß sie zunächst nicht begriffen, was sich alles verändert hatte. Diese neuen Horizonte sind auf vier Aspekte in Armstrongs Spielweise zurückzuführen, von denen jeder für sich genommen ihn schon zu einer bedeutenden Gestalt des Jazz gemacht hätte.

Zunächst war da sein technisches Können – der volle, reine Ton, die starke Höhe, die saubere Attacke und die Geschwindigkeit, mit der er komplizierte Passagen zu spielen vermochte. Die moderne Blechblastechnik wurde in den dreißiger und vierziger Jahren unseres Jahrhunderts von den amerikanischen Dance-Band-Musikern entwickelt, wobei Armstrongs Einfluß nachweislich sehr groß war. Als Armstrongs Karriere begann, waren viele technische Finessen, die heute als selbstverständlich gelten, noch unbekannt. Einige Kollegen kamen ihm auf dem einen oder anderen Gebiet gleich: Jabbo Smith hatte eine gute Höhe, Joe Smith einen wundervoll reinen Ton, und Trompetenvirtuosen wie B.A. Rolfe vermochten schnelle Passagen mit großer Präzision zu spielen. Armstrong beherrschte dies alles jedoch gleich gut, und seine Technik ließ andere Musiker nur staunen.

Dann war da Armstrongs swingendes Spiel. Er konnte die abgedroschenste Melodie ganz einfach spielen und dabei mehr swingen als eine ganze Jazz-Band.

Der dritte Aspekt war sein unermeßlicher Ideenreichtum, seine erstaunliche Fähigkeit, neue, eingängige Melodien zu erfinden. In diesem Punkt hat er im Jazz nicht seinesgleichen. Die meisten dieser brillanten Einfälle hatte er im Augenblick des Spiels; andere entwickelte er über Monate oder Jahre hinweg während seiner Auftritte. Nur wenige Musiker haben einen solchen Fundus an melodischem Material geschaffen wie Louis Armstrong.

Schließlich ist noch von jener schwer faßbaren Qualität Armstrongs zu reden, die ich »Präsenz« nennen möchte. Sie gibt uns das Gefühl, einem Menschen zuzuhören oder uns mit ihm zu unterhalten, der aus seiner Seele spricht und tiefe Einsichten über sich selbst, sein Leben und das menschliche Dasein im allgemeinen zum Ausdruck bringt.

Jeder gute Jazz-Musiker besitzt die eine oder andere dieser Qualitäten, und es gibt ein paar wenige, die sie alle in sich vereinigen. Benny Goodman konnte swingen wie Armstrong, Bix Beiderbecke war ein außergewöhnlich begabter Melodienerfinder, Lester Young sprach so klar zu uns wie Armstrong, und viele Trompeter waren – abgesehen vom Ton – technisch ebenso versiert wie er. Aber kein anderer Musiker – nicht einmal das einsame Genie Charlie Parker – vereinte all diese Vorzüge im gleichen Maße wie Armstrong. Und genau das ist es, was ein Genie ausmacht: daß einem einzigen Menschen so viele Dinge so ausgezeichnet gelingen.

Darüber hinaus kam Armstrong die Gunst des Augenblicks zu Hilfe. Als er zum erstenmal auf Oliver und Henderson traf, war die Frage, wie Jazz zu spielen sei, noch völlig ungeklärt. Zwei grundlegende Richtungen bildeten sich damals heraus. Die eine war der sogenannte symphonische Jazz, wie ihn Paul Whiteman, George Gershwin, Irving Berlin und die Dance Bands spielten. Diese Musik war größtenteils festgelegt oder arrangiert. Im Unterschied zur älteren Tanzmusik standen dabei jedoch nicht die Streicher, sondern die Holzbläser im Vordergrund. Wichtiger war aber, daß sie das rhythmische Konzept des Ragtime und dessen Weiterentwicklung durch die Original Dixieland Jazz Band verwendete. Die andere Richtung entwickelte sich aus der Musik der New-Orleans-Jazz-Bands und wurde von den Original Dixielanders und den Gruppen um Oliver, Noone und den Imitatoren aus dem Norden beeinflußt.

Niemand wußte zu sagen, welcher Weg der »richtige« war. Die weißen Musiker und die Intellektuellen, die über Musik schrieben, glaubten natürlich an den symphonischen Jazz und hielten den New-Orleans-Stil für eine primitive Variante. Die Oliver-Band und die New Orleans Rhythm Kings widerlegten diese Ansicht, und um 1923/24 dämmerte es weißen wie schwarzen Musikern, daß dieser Art von Jazz die Zukunft gehörte. Aber noch war nichts entschieden.

Dann kamen die ersten Schallplatten von Armstrong heraus, und auch die letzten Zweifel schwanden. In kürzester Zeit wußte jedermann, daß Jazz so und nicht anders gespielt werden mußte. Armstrongs Art zu spielen war die einzig richtige. Von diesem Augenblick an war seine Spielweise wegweisend für die gesamte weitere Entwicklung.

Die einzige andere stilbildende Richtung in der Anfangszeit des Jazz war die Musik der Original Dixieland Jazz Band, die ihrerseits die New Orleans Rhythm Kings, Beiderbecke und die übrigen weißen Musiker des Mittelwestens beeinflußte. Diese Entwicklung hatte schon vor Armstrongs ersten Aufnahmen eingesetzt und fand ihre Fortsetzung in der Dixieland-Bewegung der vierziger Jahre sowie in den zahlreichen Revivals, die Dixieland und New-Orleans-Jazz bis in unsere Zeit hinein erlebten und noch erleben. Doch auch dieser Entwicklungsstrang wurde von Armstrong beeinflußt. Bei Musikern wie Wild Bill Davison, Bobby Hackett und Humphrey Lyttelton finden sich vor allem in den Soli starke Anklänge an Armstrongs Spielweise.

Natürlich hat Armstrong den Jazz nicht erfunden. Wahrscheinlich hat er wie die meisten jungen Musiker zunächst einmal Vorbilder imitiert, die er bewunderte – was sich allerdings nur vermuten läßt. Der Jazz war aus einem rhythmisch weiterentwickelten Ragtime entstanden, der formal auf dem Marsch aufbaute und Elemente des Blues verwendete. Armstrong schuf aus dieser Mischung eine neue Art Musik, die mit Märschen nur noch wenig gemein und sich vom Ragtime völlig gelöst hatte.

Wie die Musik heute wohl klingen würde, wenn Armstrong nie gelebt hätte, diese Frage ist sicherlich faszinierend, auch wenn wir sie nicht beantworten können. Folgende These möchte ich aufstellen: 1925 und 1926, als Armstrongs Einfluß zu wachsen begann, wurde der alte New-Orleans-Stil durch die musikalisch differenziertere, komplexere und arrangierte Musik der Big Bands verdrängt – durch die Musik von Whiteman, Goldkette, Henderson, Ellington und vielen anderen weniger bekannten Bands. Das heißt, die symphonischen Jazz-Orchester begannen, sich in den Dance Halls und Theatern durchzusetzen. Unter dem Einfluß des Ragtime und der New-Orleans-Bands hatten diese Big Bands eine Jazz-Rhythmik entwickelt, die nach den Maßstäben der New-Orleans-Bands zwar etwas steif wirkte, für die Tänzer jedoch neu und aufregend war. Die Big Bands arbeiteten auch in klanglicher Hinsicht mit dem, was von den Musikern aus New Orleans entwickelt worden war: mit Dämpfern, verschluckten Tönen und ähnlichem. Außerdem gewährten sie Solisten mehr Raum. Für diese Bands, über die die Intellektuellen um 1925 schrieben, interessierten sich die meist jungen Tanzfans und die Mehrzahl der Musiker. Man sah schon ein neues Zeitalter komponierter Musik anbrechen. 1927 galt Duke Ellingtons *Black And Tan Fantasy* als Beweis für diese Ansicht.

Dann kam Louis Armstrong, und es spielte keine Rolle mehr, was die Intellektuellen und Arrangeure dachten oder wollten. Die Musiker selbst erzwangen die Veränderung, weil sie nicht bereit waren, ihr Leben in Big Bands zu verbringen und jeden Abend bloß schwarze Punkte zu lesen. Sie wollten das tun, was Armstrong tat. Armstrong war allerdings nicht der einzige, der solchen Einfluß auf die Jazz-Musiker jener Zeit ausübte. Die Pianisten sahen in Earl Hines ihr Vorbild, die Klarinettisten in Sidney Bechet, die Blechbläser in Oliver. Ende der zwanziger Jahre galt Armstrong jedoch als Vorbild aller. Selbst wer Bechet bewunderte, wie Buster Bailey und Johnny Hodges, dachte unweigerlich auch an Armstrong, da er das Leitbild dieser beiden Musiker gewesen war.

Unter den Musikern zweifelte niemand an Armstrongs Bedeutung. Dazu Dizzy Gillespie: »Louis? Er ist der Anfang der Trompete im Jazz.« Stan Kenton: »Louis Armstrong ist der Vater des modernen Jazz, daran besteht kein Zweifel.« Sun Ra: »Sein Beitrag zum Jazz ist unermeßlich, und sein Beitrag zur gesamten Musik ist in seinem ganzen Ausmaß noch nicht abzusehen.« Und der Arrangeur Oliver Nelson: »Ohne ihn wäre das, was wir heute amerikanische Musik nennen, nicht entstanden.«[2] Armstrongs zentrale Rolle in der Entwicklung des Jazz ist klar und meiner Meinung nach unwiderlegbar. Aber wie steht es mit seinem Einfluß auf die übrige Musik des 20. Jahrhunderts?

Abgesehen von der sogenannten E-Musik, der komponierten Musik der Konservatorien, läßt sich die Musik des 20. Jahrhunderts in eine Reihe fließend ineinander übergehender Kategorien einteilen: Rock, Folk, Country and Western, Chicago Blues usw. Alle diese Richtungen sind miteinander verwandt und bilden eher eine Art Spektrum als klar abgrenzbare Bereiche.

Eine der Hauptquellen all dieser Musikrichtungen ist der Jazz. So basiert der größte Teil der Standardmusik, die zur Untermalung von Filmen dient und in Fernsehshows, Supermärkten, Aufzügen und Arztpraxen gespielt wird, direkt auf dem Big-Band-Swing der dreißiger Jahre, den Henderson, Ellington und ähnliche Bands geschaffen haben. Einer der wichtigsten Grundpfeiler des Rock, der vorherrschenden Musikströmung der zweiten Hälfte unseres Jahrhunderts, ist der Jazz. Und einer der Vorläufer des Rock war eine Musik, die wir heute als Rhythm and Blues bezeichnen. Irwin Stambler, der Herausgeber der *Encyclopedia of Pop, Rock and Soul*, schreibt: »Man kann durchaus sagen, daß sich aus dem Rhythm and Blues in den fünfziger Jahren in Amerika der Rock und in England der Skiffle entwikkelte. Der frühe Rock war eine Mischung aus Rhythm and Blues und Country Music.«[3] Der Rhythm and Blues hat seine Wurzeln im Jazz und im Blues und wurde in den vierziger Jahren als eine Art kommerzieller Jazz für die städtischen Schwarzen entwikkelt. Manchmal hatte diese Musik einen typischen Jazz-Beat, manchmal aber auch den etwas steiferen Shuffle-Beat. Zu den bekannteren Musikern des Rhythm and Blues gehörten T-Bone

Walker, Big Jay McNeely und Arthur Crudup, der Johnny Otis[4] zufolge einen starken Einfluß auf Elvis Presley ausübte.

Die wichtigste Gestalt des Rhythm and Blues der vierziger Jahre war der Saxophonist Louis Jordan, der 1938 die Gruppe Louis Jordan and His Tympany Five gründete. Diese Formation war nicht nur eine der erfolgreichsten schwarzen Bands jener Zeit, die auch ein beachtliches weißes Publikum anzog, sondern sie wurde auch zum Vorbild für viele ähnliche schwarze Gruppen. Stambler schreibt: »Jordan spielte eine wichtige Rolle bei der Entstehung des Rhythm and Blues der fünfziger Jahre. Deshalb kann man Louis [Jordan] als Vorläufer des Rock 'n' Roll ansehen.«[5] Fats Domino, ein Kreole aus New Orleans und einer der Rhythm-and-Blues-Stars, sagte: »Ich war verrückt nach ihm und hörte ihm abendelang zu.«[6]

Das Vorbild für Louis Jordans Band war eine andere Gruppe, die für das schwarze Publikum produzierte, vor allem für den schwarzen Jukebox-Markt: die längst vergessenen Harlem Hamfats. In der zweiten Hälfte der dreißiger Jahre waren ihre Platten in fast allen Musikautomaten der Lokale für Schwarze zu finden. Die Hamfats wurden in Chicago von einem schwarzen Musikunternehmer namens J. Mayo »Ink« Williams ins Leben gerufen, der mit zwei Blues-Musikern vom Mississippi Aufnahmen machen wollte, mit Joe und Charlie McCoy. Als Begleitband engagierte er eine Jazz-Band unter der Leitung des Trompeters Herb Morand. Dazu Paige van Vorst, der sich mit der Geschichte der Hamfats beschäftigt hat: »Dieser Gruppe gelang es, den New-Orleans-Jazz und den Mississippi-Delta-Blues zu verschmelzen, und dabei entstand etwas, das man als Vorläufer des Rhythm and Blues betrachten kann.«[7] Somit war der Jazz das rhythmische Bein, auf dem der Rhythm and Blues stand, und daraus entwickelte sich in den fünfziger Jahren der Rock und alles, was darauf folgte. »Rock und Soul haben ihre Wurzeln in früheren Musikarten wie dem Blues und dem Big-Band-Swing und sogar im Jazz und im Ragtime.«[8]

Armstrongs Platz innerhalb dieses Stammbaums ist erstaunlich leicht zu bestimmen. Der Leiter der Hamfats, Herb Morand, war ein Kreole aus New Orleans, dessen Vorbild Armstrong war, wie die Aufnahmen von *Lake Providence Blues*, *Jam Jamboree* und der erste Hit der Gruppe, *Oh Red*, zeigen. Außerdem versuchte er, Armstrongs Gesangsstil zu imitieren, so in *Tempo De Bucket*. Der Bassist der Gruppe, John »Joe« Lindsey, hatte unter Zilmer Randolphs Leitung in Armstrongs Bands mitgewirkt, und der Klarinettist Odell Rand spielte im Stil der Kreolen aus New Orleans. So läßt sich eine direkte Verbindung von Armstrong über Herb Morand und Jordan zum Rhythm and Blues der fünfziger Jahre und weiter über Bill Haley and the Comets bis zu Elvis Presley herstellen.

Außerdem wirkte Jordan in einer von Armstrongs Big Bands mit. Die Beatles begannen als Pausenband bei Konzerten von Traditional Jazz Bands, welche vielfach Stücke der Hot Five nachspielten. Erstaunlicherweise wurden sogar die Country-Musiker von Armstrong beeinflußt. Stambler weist darauf hin, daß Jimmy Rodgers, der allgemein als Vater der Country Music gilt, dem Blues eine Menge verdankte. 1930 wurde er von Armstrong bei einem seiner Hits, *Blue Yodel No. 9*, begleitet. Bing Crosby, der bekannteste Sänger der dreißiger Jahre, gehörte zu den Weißen, die regelmäßig das Sunset Café besuchten, um Armstrong zu hören. Hoagy Carmichael, einer der wichtigsten Komponisten im goldenen Zeitalter des amerikanischen Schlagers, war ein Verehrer Armstrongs und machte Aufnahmen mit ihm. Fats Waller wurde durch Armstrongs Erfolg mit *Ain't Misbehavin'* animiert, selbst zu singen. Den wichtigsten Trompetern der Big-Band-Ära (Bunny Berigan, Harry James und Cootie Williams) galt Armstrong als Vorbild. Im Grunde ist der gesamte Solostil der Big Bands von Armstrong beeinflußt worden.

Natürlich hat Armstrong den Jazz insgesamt mitgestaltet. Welch ein Genie er war, wird klar, wenn man bedenkt, wie geringfügig die Einflüsse waren, denen *er* ausgesetzt war. Er übernahm einiges von Oliver, vielleicht auch etwas von Buddy Petit und anderen Musikern, die er in seiner Jugend gehört hatte. Direkte Einflüsse lassen sich jedoch kaum nachweisen. Vor ihm gab es niemanden, auf den er sich hätte stützen können. Letztlich entwickelte er sich aus sich selbst. Selbst wenn Armstrong für niemanden zum Vorbild geworden wäre und sein Werk keinen Einfluß ausgeübt hätte, bliebe immer noch seine Musik – jener brillante Sound, die magischen Melodien, das ungemein swingende Musizieren, seine Stimme, die die Freuden und Leiden des Lebens besang. Allein das wäre mehr als genug.

Anmerkungen

Zitate im Text ohne Quellenangaben stammen aus Interviews, die der Autor im Jahre 1982 durchgeführt hat.

Folgende Abkürzungen werden im gesamten Text verwendet: »Rutgers« bezieht sich auf die Transkriptionen mündlicher Berichte, die im Institute of Jazz Studies at Rutgers University archiviert sind. »Tulane« bezieht sich auf mündliche Berichte im William Hogan Ransom Archive of Jazz at Tulane University. Dort werden die Transkriptionen zusammen mit anderem Material, wie Zeitungsausschnitten, in Hängeordnern gesammelt. Dagegen sind an der Rutgers University die mündlichen Berichte von den Hängeordnern getrennt, in denen Zeitungsausschnitte und anderes Material aufbewahrt werden. Im Gegensatz zu den mündlichen Berichten bezeichne ich dieses Material in den beiden genannten Institutionen als »Rutgers Hängeordner« und »Tulane Hängeordner«.

New Orleans

1. Louis Armstrong: *Swing That Music*. London, New York: Longmans, Green 1936. Ferner: *Satchmo. My Life in New Orleans*. Englewood Cliffs: Prentice-Hall 1955.
2. Persönliche Mitteilung.
3. Thomas Marc Fiehrer: *Louisiana's Black Heritage*. New Orleans: Louisiana State Museum 1979.
4. William Ivy Hair: *Carnival of Fury*. Baton Rouge: Louisiana State University Press 1976, S. 69.
5. Pops Foster: *Pops Foster*. Berkeley: University of California Press 1971, S. 13.
6. Hair.
7. Martin Williams: *Jazz Masters of New Orleans*. New York: Da Capo 1979, S. 2.
8. Henry Kmen: *The Music of New Orleans*. Baton Rouge: Louisiana State University Press 1966.
9. Nat Shapiro und Nat Hentoff: *Hear Me Talkin' to Ya*. New York: Dover 1966, S. 3.
10. Foster, S. 15 f.

Sex und Rassismus

1. Hair, S. 14.
2. Ibid.
3. Foster, S. 65.
4. Hair, S. 88.
5. *Harper's*, November 1967.
6. Edward Laroque Tinker: *Creole City*. New York: Longmans, Green 1953.
7. Jack V. Buerkle und Danny Barker: *Bourbon Street Black*. New York: Oxford University Press 1973, S. 10.
8. Al Rose: *Storyville, New Orleans*. Tuscaloosa: University of Alabama Press 1974.
9. Blue Book Faksimile.
10. Foster, S. 37.

Die Kindheit

1. *Satchmo*, S. 25.
2. *Harper's*, November 1967, S. 66.
3. *Satchmo*, S. 25.
4. Armstrong nennt sie in *Satchmo* May Ann, in Richard Merymans *Louis Armstrong* (New York: The Eakins Press 1971) hingegen Mary Ann. Auf seinem Einberufungsbescheid steht May. Sie wird fast immer Mayann genannt.
5. Jonathan Foose, Tad Jones und Jason Berry: *Up from the Cradle. A Musical Portrait of New Orleans, 1949-1980*. (Unveröffentlicht.)
6. Persönliche Mitteilung.
7. Tulane.
8. Tulane.
9. *Satchmo*, S. 7. Bei Meryman (S. 7) bezeichnet er sie allerdings als Janes Alley, verwechselt sie aber mit dem Ort, wo er aufwuchs, im Unterschied zu dem, wo er geboren wurde.
10. Meryman, S. 7.
11. Donald Marquis: *The Search for Buddy Bolden*. Baton Rouge: Louisiana State University Press 1978. Dort findet sich eine ausgezeichnete Beschreibung der ersten Jazz-Lokale von New Orleans.
12. Rose, S. 178.
13. Lee Collins: *Oh Didn't He Ramble*. Urbana: University of Illinois Press 1974, S. 9.
14. *Satchmo*, S. 17
15. Covertext, *Louis Armstrong*, RCA Victor VPM 6044.
16. *Satchmo*, S. 22.
17. Ibid., S. 27.
18. Rutgers.
19. Zur Frage nach dem Verhältnis zum Vater gibt es viel Literatur. Siehe Henry Biller, David B. Lynn, Mavis Hetherington u. a.
20. Rutgers.
21. Rutgers.
22. Richard O. Boyer: *New Yorker*, 8. Juli 1944.

Die Besserungsanstalt

1. Dieser lag an der Ecke Conti Street/Rosedale Drive zwischen dem heutigen Time Saver und dem Fire Department Communications Building.
2. Foose u.a.
3. Persönliche Mitteilung.
4. John Chilton: *A Jazz Nursery*. London: Bloomsbury Book Shop 1980.
5. Collins, S. 16 f.
6. *Satchmo*, S. 34.
7. Arthur Hodes: *Selections from the Gutter*. Berkeley: University of California Press 1977, S. 70.
8. James Lincoln Collier: *The Making of Jazz*. Boston: Houghton Mifflin 1978, S. 299.
9. Rutgers, Nr. 2, S. 14.
10. *Satchmo*, S. 41.
11. Foose u.a.
12. *New Orleans Times-Picayune*, 22. August 1962.

Die Geburt des Jazz in New Orleans

1. Collier, S. 61; hier findet sich eine umfassendere Darstellung der Entstehung des Jazz.
2. Anon., zitiert nach G.W. Cable: *The Century Magazine*, Februar 1886.
3. John W. Blassingame: *Black New Orleans*. Chicago: University of Chicago Press 1973, S. 140.
4. Rudi Blesh und Harriet Janis: *They All Played Ragtime*. New York: Oak Publications 1971.
5. Brief an Rufus C. Harris, Tulane Hängeordner.
6. Tulane.
7. Rutgers, Nr. 3, S. 17.
8. Rutgers, S. 31.
9. Foster, S. 73.
10. Chris Goddard: *Jazz Away from Home*. London: Paddington Press 1979.
11. Covertext, *New Orleans Rhythm Kings*, Milestone M-47020.

12. Michael Ullman: *Jazz Lives.* Washington, D.C.: New Republic Books 1980, S. 18.
13. Alan Lomax: *Mister Jelly Roll.* Berkeley: University of California Press 1950, S. 84.
14. Sidney Bechet: *Treat It Gentle.* New York: Da Capo Press 1975, S. 52.

DER LEHRLING

1. Entgegen der weitverbreiteten Ansicht benutzten die ersten Jazz-Bands weder Tuba noch Banjo, sondern Kontrabaß und Gitarre. Armstrong äußert sich in diesem Sinne in einem Interview, das auf Mark56 Records veröffentlicht wurde. Diese Aussage wird durch eine repräsentative Fotoauswahl von zwölf Jazz-Bands untermauert, auf denen keine Tubas oder Banjos zu sehen sind. Banjo und Tuba waren Modeinstrumente, die zwischen 1918 und 1928 von Jazz- und Dance Bands benutzt wurden.
2. Hodes, S. 120.
3. Tulane.
4. Hodes, S. 120.
5. Shapiro und Hentoff, S. 22.
6. Tulane.
7. Shapiro und Hentoff, S. 48.
8. Ibid., S. 46.
9. Meryman, S. 16.
10. Tulane.
11. *Jazz Record*, nicht identifizierbarer Zeitungsausschnitt im Rutgers Hängeordner.
12. Rutgers, S. 8.
13. Bechet, S. 176.
14. Meryman, S. 21 f.
15. Ibid.
16. *Record Changer*, August 1947.
17. Nicht identifizierbarer Zeitungsausschnitt, Rutgers Hängeordner.

DER PROFI

1. H.O. Brun: *The Story of the Original Dixieland Jazz Band.* Baton Rouge: Louisiana State University Press 1960.
2. Harold F. Gosnell: *Negro Politicians.* Chicago: University of Chicago Press 1935, S. 15.
3. Gilbert Osofsky: *Harlem. The Making of a Ghetto.* New York: Harper and Row 1963.
4. Curtis Jerde, Mitteilung.
5. Shapiro und Hentoff, S. 49.
6. Nach Chilton riet ein Arzt Ory, »in einem feuchten Klima zu leben«, was aber kaum zutreffen kann; ich vermute, daß der Setzer das Wort »weniger« vor »feuchtem« vergaß.
7. Tulane Hängeordner.
8. Marable: *Jazz Record*, März 1946.
9. Catalano, nicht identifizierbarer *Down-Beat*-Artikel, Rutgers Hängeordner.
10. *Record Changer*, Februar 1952.
11. Dewey Jackson, in Hodes, S. 210.
12. *Jazz Record*, März 1946.
13. Ibid.
14. Tulane Hängeordner.
15. Interviewbemerkung von George Hoefer, Rutgers Hängeordner.
16. Foster, S. 106.
17. Williams, S. 183.
18. Interview des Autors.
19. Richard M. Sudhalter und Philip R. Evans: *Bix, Man & Legend.* New Rochelle: Arlington House 1974, S. 39.
20. *Record Changer*, Juli/August 1950.

CHICAGO

1. Herbert Asbury: *Gem of the Prairie.* New York: Knopf 1940.
2. Allan H. Spear: *Black Chicago. The Making of a Negro Ghetto.* Chicago: University of Chicago Press 1967, S. 191.

3. Spear, S. 24.
4. Otis Ferguson: *The Otis Ferguson Reader*. Highland Park: December Press 1982, S. 31.
5. Programmheft zum Spirituals to Swing Concert, 1938.
6. Foster, S. 65.
7. Erle Waller: *Chicago Uncensored*. New York: Exposition Press 1965, S. 45.
8. Ibid., S. 61.
9. Ibid.
10. Ibid.
11. Brief an den Autor.
12. *Record Changer*, November 1947.
13. Walter C. Allen: *Hendersonia*. Highland Park: Jazz Monographs 1973, Nr. 4, S. 63.
14. Die Zeitungen der Schwarzen und die Fachblätter für das Showbusiness der zwanziger Jahre enthalten unzählige Berichte über Radiosendungen mit Jazz-Bands. Der *Chicago Defender*, 7. Mai 1927, berichtet, daß Clarence Williams im New Yorker Rundfunk auftrat. Die gleiche Zeitung berichtet am 23. März 1927 von einer Radioübertragung aus dem Savoy in Chicago mit Carroll Dickerson und Louis Armstrong; *Variety*, 21. Januar 1925, ferner über eine Radiosendung mit Leroy Smith, die zweimal wöchentlich aus Connies Inn übertragen wurde. Siehe auch Allen: *Hendersonia*, S. 114.
15. *Melody Maker*, September 1932.
16. Dave Peyton: *Chicago Defender*, 17. September 1927.
17. Hammond: *Melody Maker*, November 1931.
18. Hammond: *Melody Maker*, Dezember 1932.
19. S. Frederick Starr: *Red & Hot. The Fate of Jazz in the Soviet Union*. New York: Oxford University Press 1983, S. 102.
20. Ibid.
21. Ferguson, S. 31.
22. Chris Albertson, Begleitheft zu einer Schallplattenserie mit Aufnahmen von Louis Armstrong (Time-Life, 1978), S. 15.
23. *Satchmo*, S. 180.
24. Shapiro und Hentoff, S. 103.
25. *Saturday Review of Literature*, 4. Juli 1970.
26. Albertson, Time-Life-Broschüre, S. 13.
27. *Satchmo*, S. 186.
28. Meryman, S. 30 f.
29. Ibid., S. 31.
30. Roland Gelatt: *The Fabulous Phonograph*. New York: Collier Books 1977, S. 191.
31. Im Country Music Museum in Nashville, Tennessee, gibt es eine kleine Sammlung dieser frühen Schallplattenkataloge.
32. *Chicago Defender*, 2. März 1923.

Die Creole Jazz Band

1. Im allgemeinen geht man davon aus, daß die frühen Jazz-Bands vor allem in den auch bei Militär-Bands üblichen Tonarten spielten: G, C, F, B, Es, As, D-Moll, G-Moll und C-Moll. Ist ein Stück in der falschen Geschwindigkeit aufgenommen worden, entsteht beim Abhören der Schallplatte der Eindruck, es sei in einer selteneren Tonart gespielt worden. Gewöhnlich läßt sich aber feststellen, welche Tonart tatsächlich gespielt und ob die Aufnahme zu langsam oder zu schnell aufgenommen wurde.
2. Dave Peyton: *Chicago Defender*, 1. Dezember 1928.
3. Tulane Hängeordner.
4. Robert Bowman: *The Question of Improvisation and Head Arrangement in King Oliver's Creole Jazz Band*. Magisterarbeit, York University, Toronto 1982. Bowman entdeckte vier Grundcharakteristika in Armstrongs Begleitung bei Oliver: »ein harmonisches Ostinato, das

durch wiederholte halbe Noten und Viertelnoten entsteht«; »Fills an den Enden von Phrasen, die sich gewöhnlich aus schnellen Achteln und Sechzehnteln zusammensetzen«; »Parallelharmonisation mit Oliver, gewöhnlich eine Terz oder Quart tiefer« und »eine Art Gegenmelodie zu Olivers Lead«.

5. Es ist nicht immer leicht zu entscheiden, wann Armstrong und wann Oliver spielt. Walter C. Allen und Brian Rust haben die Aufnahmen sorgfältig analysiert, und ich schließe mich ihren Ergebnissen im wesentlichen an. Das Spitzdämpfersolo in *Sweet Lovin' Man*, das ihrer Ansicht nach von Armstrong stammt, würde ich keinem von beiden mit Sicherheit zuordnen. Andererseits schreiben Allen und Rust Oliver den viertaktigen Break zu, der Armstrongs Solo auf der Paramount-Version vom *Riverside Blues* abschließt. Ich sehe allerdings keinen Grund zu der Annahme, warum Armstrong nicht auch den Break gespielt haben sollte. Die Soli in *Riverside Blues*, *Chimes Blues* und *Froggie Moore* stammen zweifellos von Armstrong. Ohne Zweifel spielt er auch den Ensemblechorus, der Olivers berühmtem Solo über den *Dippermouth Blues* vorangeht, außerdem die Breaks in *Tears*, zwei Breaks in *I Ain't Gonna Tell Nobody*, die Duetteinleitung zum *Krooked Blues* und einen Break und ein Duett mit der Klarinette auf *Working Man's Blues*.
6. Shapiro und Hentoff, S. 209.

New York

1. Interviewaufzeichnung, wahrscheinlich von George Hoefer, Rutgers Hängeordner.
2. Lil Hardin-Armstrong hat immer gesagt, sie sei 1918 nach Chicago gezogen; in den Unterlagen der Fisk University wird sie aber nicht nach dem ersten Halbjahr 1916 geführt.
3. *Down Beat*, 1. Juni 1951.
4. Nicht identifizierbare Zeitungsausschnitte, Rutgers Hängeordner.
5. Albertson, Time-Life-Broschüre, S. 15.
6. Shapiro und Hentoff, S. 101.
7. Albertson, Time-Life-Broschüre, S. 15.
8. Rutgers, Nr. 7, S. 4.
9. Rutgers, S. 12.
10. Undatierter Artikel aus *Down Beat*, Rutgers Hängeordner.
11. Shapiro und Hentoff, S. 185.
12. Rutgers, S. 6.
13. *Record Changer*, Juli/August 1950.
14. Albertson, Time-Life-Broschüre, S. 15.
15. Näheres siehe Collier, S. 57, 177 ff.
16. Allen: *Hendersonia*, S. 113 f.
17. Shapiro und Hentoff, S. 202.
18. *New York Times Sunday Magazine*, 2. März 1930.
19. *New York Times*, 22. September 1924.
20. Osofsky, S. 121.
21. *Variety*, 14. Oktober 1925.
22. *Variety*, 21. Januar 1925.

Fletcher Henderson

1. Allen: *Hendersonia*, S. 125.
2. *Record Changer*, Juli/August 1950, S. 15.
3. Ibid., S. 6.
4. Leonard Feather: *From Satchmo to Miles*. New York: Stein and Day 1974, S. 32.
5. Stanley Dance: *The World of Earl Hines*. New York: Charles Scribner's Sons 1977, S. 49.
6. Rutgers, Nr. 2, S. 38.
7. Williams, S. 266.
8. *Harper's*, November 1967.
9. Hodes, S. 85.
10. *Amsterdam News*, 28. Januar 1925.

11. *New York Age*, 4. April 1925.
12. *Variety*, 16. September 1925.
13. Shapiro und Hentoff, S. 206.
14. Ibid.
15. Ibid., S. 213.
16. Allen: *Hendersonia*, S. 134.
17. Sudhalter und Evans, S. 100 f.
18. Max Jones und John Chilton: *Louis*. London: Studio Vista 1971, S. 208.
19. Ibid., S. 211.
20. Radiointerview: *Louis Armstrong Talks about Louis Armstrong*. Mark56 Records.
21. Hodes, S. 83.
22. *Record Changer*, Juli/August 1950, S. 15.

Der Blues-Begleiter

1. Chris Albertson: *Bessie*. New York: Stein and Day 1972.
2. *Record Research*, November/Dezember 1956.
3. Williams, S. 107.
4. Ibid., S. 111.
5. Williams war Talentsucher und Organisator von Aufnahmesessions für OKeh. Selbst wenn er bei dieser Firma nicht unter Vertrag stand, wäre es unklug von ihm gewesen, unter eigenem Namen bei einer anderen Firma Aufnahmen zu machen.
6. Gunther Schuller: *Early Jazz*. New York: Oxford University Press 1968, S. 263.
7. Frank Driggs, Begleitheft zu *The Fletcher Henderson Story*. CBS 66423.
8. *Variety*, 7. Oktober 1925.
9. Shapiro und Hentoff, S. 205.
10. Stanley Dance: *The World of Duke Ellington*. New York: Charles Scribner's Sons 1970, S. 104.
11. Ibid., S. 95.
12. Bud Freeman: *You Don't Look Like a Musician*. Detroit: Balamp Publishing 1974, S. 14.
13. Dicky Wells: *The Night People*. Boston: Crescendo Publishing 1971, S. 33.
14. Shapiro und Hentoff, S. 185.
15. Albertson, Time-Life-Broschüre, S. 16.

Der Entertainer

1. Asbury, S. 339.
2. Frederic M. Thrasher: *The Gang*. Chicago: University of Chicago Press 1936.
3. Ibid., S. 445.
4. Dance: *The World of Earl Hines*, S. 47.
5. Rutgers, Nr. 4, S. 23.
6. *New Yorker*, 2. Januar 1965.
7. *Chicago Defender*, 26. Februar 1927.
8. *Chicago Defender*, 14. Mai 1927.
9. *Chicago Defender*, 7. November 1925.
10. Albertson, Time-Life-Broschüre, S. 25.
11. Jones und Chilton, S. 92.
12. Rutgers, Nr. 4, S. 44.
13. *Ebony*, August 1954.
14. Foster, S. 162.
15. Albertson, Time-Life-Broschüre, S. 25.
16. Dance: *The World of Earl Hines*, S. 45.
17. Milt Hinton: *Jazz Journal*, November 1981.
18. Rutgers, S. 589.
19. Rutgers, S. 58.
20. Freeman, S. 15.
21. Dance: *The World of Earl Hines*, S. 45.
22. Ibid., S. 194 f.
23. *Chicago Defender*, 23. Januar 1926.
24. Rutgers, Nr. 2.
25. *Chicago Defender*, 9. Oktober 1926.
26. *Chicago Defender*, 19. Juni 1926.
27. Es ist schwierig, allein anhand der Aufnahmen zu sagen, wann Armstrong vom Kornett zur Trompete wechselte. Mitte bis Ende der zwanziger Jahre trat das neue elektrische Aufnahmeverfahren allmählich an die Stelle des akustischen. Auf

Grund der Weiterentwicklungen in der Aufnahmetechnik ist der Sound der Hot Five bei jeder Session anders. (Nur die erste Session wurde akustisch aufgenommen, alle anderen elektrisch.) Man vermutet, daß Armstrong bei den Sessions im Mai 1927 zum erstenmal Trompete spielte. Diese Platten wurden unter dem Titel Louis Armstrong and His Hot Seven veröffentlicht. Ich schließe mich dieser Ansicht an. Doch hat Armstrong mit ziemlicher Sicherheit schon bei früheren Live-Auftritten gelegentlich die Trompete benutzt.

28. *Record Changer*, Juli/August 1950, S. 21.
29. *Chicago Defender*, 30. Juli 1927.
30. *Chicago Defender*, 6. August 1927.
31. *Chicago Defender*, 19. Mai 1926.
32. *Chicago Defender*, 19. Mai 1928.
33. Shapiro und Hentoff, S. 110 f. Singleton bestätigt diese Geschichte, meint aber, sie habe sich im Metropolitan Theatre zugetragen.
34. *Down Beat*, 15. Juli 1965.
35. Asbury, S. 242.
36. *Chicago Defender*, 2. März 1929.

Die Aufnahmen der Hot Five

1. Ich habe alle Hot-Five-Aufnahmen auf Tonarten überprüft, um die korrekte Geschwindigkeit festzustellen.
2. Im Sterberegister von Cook County findet sich keine Eintragung für May Armstrong. Nach Aussage von Louis in PM (13. Juni 1947) starb seine Mutter 1927. Die Session, bei der der *Savoy Blues* aufgenommen wurde, fand am 13. Dezember 1927 statt.
3. Es handelt sich hier um Duette von Jelly Roll Morton und King Oliver, die im Dezember 1924 für Autograph aufgenommen wurden. Diese Firma experimentierte mit dem neuen elektrischen Aufnahmeverfahren und hatte mit Mortons Band im September zwei Stücke aufgenommen, die technisch aber nicht ganz einwandfrei waren. Wahrscheinlich versuchte man es dann mit den Duetten, um festzustellen, ob es mit einem kleineren Ensemble besser funktionierte.
4. John Wilson, Time-Life-Broschüre, S. 38.
5. Rutgers, Nr. 3, S. 52.
6. Wilson, Time-Life-Broschüre, S. 38.
7. Ibid.

Der Scheideweg

1. *Phonograph Monthly Review*, November 1929.
2. *Phonograph Monthly Review*, April 1930.
3. *Disques*, September 1932.
4. Joe Sully, zitiert nach einem Interview mit dem Autor.
5. *Life*, 15. April 1966.
6. Rutgers, Nr. 3, S. 99.
7. Foster, S. 165.
8. Rutgers, Nr. 4, S. 41.
9. Rutgers, Nr. 2, S. 58.
10. Ibid.
11. Ruby Braff, zitiert nach einem Interview des Autors mit Marshall Brown.
12. *Reporter*, 2. Mai 1957.
13. *Chicago Defender*, 16. März 1929.
14. Shapiro und Hentoff, S. 281.
15. Meryman, S. 38.
16. Rutgers, Nr. 4, S. 25. Die Details dieses Zeitraums in Armstrongs Karriere sind von einigen Beteiligten unterschiedlich dargestellt worden.
17. Osofsky, S. 135.
18. Ibid.
19. Ibid., S. 182.
20. *Variety*, 13. März 1929.
21. Marshall W. Stearns: *Die Story vom Jazz*. München: Süddeutscher Verlag 1959.

22. *New York American*, 21. Juni 1929.
23. *New York Evening Journal*, 21. Juni 1929.
24. Fats Waller, *Here 'Tis*, Jazz-Archive-Aufnahme JA-7.
25. *New York Times*, 21. Juni 1929.
26. *New York Age*, 29. Juni 1929.
27. *Chicago Defender*, 10. August 1929.
28. *Variety*, 3. April 1929.
29. *New York Age*, 12. Oktober 1929.
30. Rutgers, Nr. 4, S. 28.
31. Rutgers, Nr. 4, S. 30.
32. Rutgers, Nr. 4, S. 34.
33. Ibid.
34. Rutgers, Nr. 4, S. 41.
35. Rutgers, Nr. 4, S. 37.

Schwierigkeiten und Unruhe

1. *Chicago Defender*, 15. Februar 1930.
2. *Chicago Defender*, 22. September 1928.
3. Wilson, Time-Life-Broschüre, S. 42.
4. *Variety*, 12. November 1930.
5. David Meeker: *Jazz in the Movies*. New Rochelle: Arlington House 1977.
6. Dance: *The World of Earl Hines*, S. 146.
7. Waller, S. 48.
8. John Hammond: *John Hammond on Record*. New York: Summit Books 1977, S. 105.
9. *Variety*, 19. November 1930.
10. Ralph Berton: *Remembering Bix*. London: W. H. Allen 1974, S. 389.
11. Jones und Chilton, S. 124. Einige Diskographen sind der Ansicht, neben Louis Armstrong habe auch Lil auf Jimmy Rogers' *Blue Yodel No. 9* mitgespielt. Die Aufnahme entstand 1930 in Hollywood, was bedeutete, daß sie zu diesem Zeitpunkt noch mit Louis zusammenlebte. Wahrscheinlicher ist jedoch, daß Lil auf der Rogers-Aufnahme nicht mitspielt.
12. *Saturday Review*, 25. September 1971.
13. Ibid.
14. Nat Hentoff und Albert J. McCarthy: *Jazz*. New York: Da Capo Press 1975, S. 177.
15. Rutgers, Nr. 2, S. 14.
16. Lil Armstrong behauptete, *Struttin' With Some Barbecue*, *Got No Blues*, *Two Deuces*, *Hotter Than That*, *I'm Not Rough* und andere Stücke komponiert zu haben. Der Termin, wann ihr von einem Gericht diese Rechte zugesprochen wurden, ist heute nicht mehr festzustellen. Wie ich schon anmerkte, ist es bei vielen Jazz-Stücken schwierig, den Komponisten eindeutig zu identifizieren. Ich vermute, daß Lil deshalb vor Gericht gewann, weil Louis erst gar nicht um sein Recht zu kämpfen versuchte.
17. Interview des Autors.
18. *Harper's*, November 1967.
19. Rutgers, Nr. 1, S. 61.
20. Rutgers, Nr. 1, S. 73.
21. *New York Age*, 20. Februar 1932.
22. Der genaue Entstehungstermin dieser Filme ist fraglich. Möglicherweise wurden sie zur gleichen Zeit in Fort Lee, New Jersey, gedreht. Standfotos aus *Rhapsody in Black and Blue* zeigen Mike McKendrick, was darauf hindeutet, daß die Filme im Januar oder Februar 1932 entstanden sind.
23. Meryman, S. 39.
24. *Melody Maker*, Februar 1932.

Die ersten Big-Band-Aufnahmen

1. Freeman, S. 9.
2. Wilder Hobson: *American Jazz Music*. New York: W.W. Norton 1939, S. 120.
3. Rudi Blesh: *Shining Trumpets*. London: Cassell 1949, S. 387.

4. Sidney Finkelstein: *Jazz. A People's Music*. New York: Da Capo Press 1975, S. 162.
5. Covertext, *Louis Armstrong V.S.O.P.*, Epic EE 22019.
6. *Chicago Defender*, 23. Januar 1937. Scoville Browne erwähnt eine Polypen-Operation.
7. *Esquire*, März 1954.
8. *New Orleans*, April 1977.
9. Ibid.

EUROPA

1. Robert Goffin: *Jazz. From the Congo to the Metropolitan*. New York: Da Capo Press 1975, S. 82 f.
2. Ibid., S. 139.
3. *Down Beat*, 26. August 1946.
4. *Melody Maker*, 24. März 1934.
5. Interview des Autors mit Harry Gold und Harry Francis, zwei englischen Musikern, die seit den zwanziger Jahren in London arbeiteten.
6. *Down Beat*, 26. August 1946.
7. Unveröffentlichtes Manuskript, S. 114.
8. *Harper's*, April 1926.
9. Einige Beispiele für Darrells Ansichten in der *Phonograph Monthly Review*: Mortons *Black Bottom Stomp* und *The Chant* sind »zwei knackige Aufnahmen« (Dezember 1926); Clara Smith ist eine »große Blues-Sängerin« (April 1927); Armstrongs Gesangschorus in *Hotter Than That* »übertrifft alles in dieser Art, was ich je gehört habe« (März 1928); Armstrongs Trompetenspiel in *Muggles* und *Knockin' A Jug* ist »so gut wie immer« (September 1929); in *Some Of These Days* »hält Louis Armstrong unverändert seinen Standard« (November 1929); Ellingtons *Black And Tan Fantasy* ist »ungewöhnlich interessant . . . Die haben Klangfülle, gute Intonation und ausgefallene Instrumentationseffekte. Diese Aufnahme unterscheidet sich von anderen dadurch, daß sie Extreme vermeidet, denn die Kunststücke, die äußerst originell und packend sind, werden sehr musikalisch und kunstvoll ausgeführt. Ein Stück, das man sich anhören sollte.« (Juli 1927) Darrell unterliefen einige Fehler. So gefiel ihm Armstrongs Trompetenspiel in *Hotter Than That* nicht. Sein Urteil wurde mit der Zeit jedoch sicherer, und im April 1930 schrieb er: »Der Star bei OKeh ist Louis Armstrong, dessen Orchester ohne die geringste Einbuße an Genialität und Individualität einen brillanten Erfolg nach dem anderen hat.« Natürlich kannten die amerikanischen Musiker und Jazz-Fans diese Platten; aber niemand in Europa und auch kaum sonst jemand in Amerika rezensierte sie bei ihrem Erscheinen so aufmerksam wie Darrell.
10. *Melody Maker*, November 1929. Eine Durchsicht aller Ausgaben des *Melody Maker* aus dem Jahre 1935 zeigt, daß die Zeitschrift damals hauptsächlich an amerikanischen Dance Bands interessiert war, nicht am Jazz. Sie veröffentlichte immer wieder schlechte Kritiken über die frühen Jazz-Aufnahmen: Mortons Platte mit *The Chant* und *Black Bottom Stomp* war nach Ansicht des *Melody Maker* »armselige Unterhaltung« (Januar 1927); Armstrongs Gesang auf *Georgia Bo Bo* wurde als »aufdringlich und unmusikalisch« bezeichnet (Mai 1927); Henderson und Ellington werden des »groben Spiels« bezichtigt, »obwohl man ihnen rhythmisches Gefühl zugestehen muß« (September 1927). Im Mai 1927 entdeckte das Blatt »Bix Bidlebeck«, der »ein echter Amateur ist – zumindest ist er ein reicher Mann, der nur zum Vergnügen spielt.

Wie viele große Artisten ist er etwas verrückt.« Der Autor hatte allerdings keine einzige Aufnahme von Beiderbecke gehört.

11. *New York Times*, 4. September 1932, S. IX, 6:1.
12. Einige Aspekte des Phänomens erfaßt Panassié in *Hot Jazz* ziemlich gut, aber das Wesen des Ganzen wird bei ihm nie so recht klar. Panassiés Darstellung des Ursprungs des Jazz ist eine romantische Erzählung von schwarzen Hafenarbeitern, die zu ihrem eigenen Trost Stücke wie den *St. Louis Blues* singen. Offenbar hat er nie Aufnahmen der Oliver Creole Jazz Band gehört. Er schreibt: »Nach dem Krieg lösten sich einige weiße Musiker von King Olivers Einfluß, um eine musikalischere und verfeinerte Version des Hot Jazz zu schaffen.« (S. 28) In Wirklichkeit war es natürlich genau umgekehrt. Außerdem behauptet er, der Hot-Stil habe sich 1926 entwickelt (S. 38), womit er die gesamte New-Orleans-Tradition außer acht läßt. Er schreibt, Beiderbecke sei von Joe Smith und Armstrong beeinflußt worden (S. 66); Beiderbekkes Vorbild war jedoch Nick LaRocca, und er nahm schon Platten auf, bevor er Smith oder Armstrong auch nur ein einziges Mal gehört hatte. Panassié behauptet auch, Beiderbecke habe das Kornett in den Jazz eingeführt, während die »Schwarzen sich an die Trompete hielten«; in Wirklichkeit spielten jedoch alle frühen schwarzen Jazz-Musiker Kornett. Außerdem beschreibt er Ereignisse, die er selbst nicht miterlebt hat, und kritisiert Aufnahmen, die er nicht kannte. Im gesamten Buch wimmelt es von diesen und ähnlichen Irrtümern. Die Bücher von Goffin enthalten ebensolche Irrtümer und sind für die Forschung völlig unbrauchbar, weil er Szenen, Dialoge und Ereignisse ohne den geringsten realen Anhaltspunkt erfindet.
13. *Metronome*, Juli 1947.
14. *Melody Maker*, Juli 1932.
15. Ibid.
16. Jones und Chilton, S. 138.
17. *Melody Maker*, August 1932.
18. Jones und Chilton, S. 134.
19. Interview des Autors.
20. *Melody Maker*, Dezember 1932.
21. *Melody Maker*, August 1932.
22. *Melody Maker*, Dezember 1932.
23. Goffin, S. 126.
24. Ibid., S. 127.
25. Milton Mezzrow und Bernard Wolfe: *Really the Blues*. New York: Dell Publishing 1946, S. 250.
26. Interview des Autors mit Scoville Browne.
27. *Sun*, New York, undatierter Zeitungsausschnitt, Tulane Hängeordner.
28. Hammond, S. 105.
29. Interview des Autors mit Lucille Armstrong.
30. *Melody Maker*, 24. Januar 1934.
31. *Melody Maker*, 5. Mai 1934.
32. *New York Herald*, 11. November 1934.
33. Interview des Autors mit Arthur Briggs.
34. *Melody Maker*, 2. Februar 1935.
35. *Melody Maker*, 26. Januar 1935.
36. *Melody Maker*, 2. Februar 1935.
37. Goddard.
38. *Melody Maker*, 16. Februar 1935.

Der Star

1. Max Gordon: *Live at the Village Vanguard*. New York: St. Martin's Press 1980, S. 79.
2. Ibid., S. 80.
3. Dance: *The World of Earl Hines*, S. 49.

4. Aussagen von Zeugen, die ungenannt bleiben wollen, deuten darauf hin, daß Glaser in einen Mord verwickelt war, aber ich habe niemanden gefunden, der das ausdrücklich bestätigen konnte.
5. Meryman, S. 45.
6. Interview des Autors mit Scoville Browne.
7. Gordon, S. 81.
8. Rutgers, Nr. 2, S. 85.
9. Foster, S. 159 f.
10. *Harper's*, November 1967.
11. *Louisiana Weekly*, 23. Januar 1936.
12. *Down Beat*, 15. Juli 1965.
13. Kritik unbekannter Herkunft, Rutgers Hängeordner.
14. *Down Beat*, 15. Dezember 1939.
15. Albertson, Time-Life-Broschüre, S. 25.

DER WEG IN DEN KOMMERZ

1. Covertext, *Louis Armstrong: Rare Items*. Decca DL 9225.
2. Sudhalter und Evans, S. 192.
3. *Life*, 15. April 1966.
4. Interview des Autors mit Joe Sully.
5. Interview des Autors.
6. *Down Beat*, nicht identifizierbarer Artikel, Rutgers Hängeordner.
7. Bechet, S. 176.

DIE ALL STARS

1. Dizzy Gillespie mit Al Fraser: *To Be Or Not to Bop*. Garden City: Doubleday and Co. 1979, S. 295.
2. Ralph J. Gleason: *Celebrating The Duke*. New York: Delta 1976, S. 52.
3. *Down Beat*, 15. Juli 1965.
4. *Down Beat*, 4. März 1947.
5. Jones und Chilton, S. 175.
6. *Time*, 1. September 1947.
7. *Down Beat*, 24. September 1947.
8. *Down Beat*, 3. Dezember 1947.
9. Interview des Autors mit Dr. Alexander Schiff.

DIE APOTHEOSE DES LOUIS ARMSTRONG

1. *Down Beat*, 1. Juli 1949.
2. *Down Beat*, 26. August 1949. Teagarden blieb nach der Ankündigung, er werde gehen, noch ein Jahr in der Band.
3. *Down Beat*, 22. Februar 1952.
4. Barkers Interview mit Jason Berry.
5. *Down Beat*, 31. Dezember 1952.
6. *Down Beat*, 31. Oktober 1957.
7. *Down Beat*, 6. Februar 1958.
8. Nicht identifizierbarer Artikel, datiert auf Dezember 1959, Rutgers Hängeordner.
9. Ibid.
10. Gleason, S. 35.
11. *Jet*, 26. November 1959.
12. *Harper's*, November 1967.
13. *Down Beat*, 11. Januar 1956.

DER LETZTE AUFTRITT

1. *Reporter*, 2. Mai 1957.
2. *Down Beat*, 16. September 1971.
3. Ibid.

DAS GENIE

1. Thomas Mann: *Doktor Faustus*. Frankfurt/M.: S. Fischer Verlag 1980, S. 431.
2. *Down Beat*, 9. Juli 1970.
3. Irwin Stambler: *Encyclopedia of Pop, Rock and Soul*. New York: St. Martin's Press 1974, S. 11.
4. Ibid., S. 133 f.
5. Ibid., S. 280.
6. Foose u. a.
7. Covertext, *Harlem Hamfats*, Polylyric Records.
8. Stambler, S. 11.

Louis-Armstrong-Diskographie

Hans-Jochen Mundt

Louis Armstrongs Schallplattenaufnahmen lassen sich grob in drei Sektionen unterteilen: die zwanziger Jahre mit Louis als Solisten, die Aufnahmen der späten zwanziger und der dreißiger Jahre mit Orchester und die Aufnahmen mit den All Stars.

Als jahrelanger Sammler von Armstrong-Platten habe ich versucht, alle Aufnahmen, soweit ich sie in Geschäften finden konnte, möglichst vollständig aufzuführen.

Im ersten Teil der Diskographie finden Sie Armstrongs nach Jahreszahlen geordneten Schallplatten. Die Titel, die in Großbuchstaben angegeben sind (z.B. LOUIS ARMSTRONG PLAYS W.C. HANDY, SATCH PLAYS FATS, SATCHMO THE GREAT), sind auch heute noch aller Voraussicht nach im Handel erhältlich. Dagegen wurden Einspielungen zusammengefaßt, wenn sie auf mehreren Plattenproduktionen zu finden sind (z. B. die Hot-Five-Periode, Decca-Orchestereinspielungen, die Verve-Produktion).

Schallplatten, die Sie unbedingt besitzen sollten, sind mit einem Stern * gekennzeichnet. Darüber hinaus finden Sie, wenn möglich, die Nennung des Originallabels, Angaben zur Besetzung und andere wichtige Hinweise.

Im zweiten Teil der Diskographie werden die von Louis Armstrong auf Schallplatten eingespielten Stücke in alphabetischer Reihenfolge aufgeführt. Neben der Jahresangabe der Erstaufnahme gibt es einen Hinweis, unter welcher Position der jeweilige Titel im ersten Teil zu finden ist. Weitere Aufnahmedaten werden in Klammern genannt, wobei ein Jahr für mehrere Aufnahmen stehen kann.

Auf Doubletten wurde möglichst verzichtet. Deshalb gleich ein Rat vorab: Es gibt immer wieder Platten von Armstrong, die Stücke aus einer größeren Zeitspanne bieten. Dabei fehlen sehr oft genaue Aufnahmedaten und Besetzungsangaben. Sicherlich für den Gelegenheitskäufer eine feine Sache, der ernsthaft Interessierte sollte sie jedoch auslassen.

Hinzu kommt, daß Armstrong-Platten immer wieder auslaufen und durch andere »Neuveröffentlichungen« ersetzt werden – oft auf einem anderen Label und in anderen Zusammenstellungen. Wertvolle Hilfe bieten daher Spezialversender und Plattengeschäfte mit großem Jazz-Angebot.

Viele Aufnahmen gibt es auch auf Tonbandkompaktkassetten. Das Angebot ist bei uns sehr unübersichtlich; eventuell vorhandene Angaben empfiehlt es sich mit der vorliegenden Zusammenstellung zu vergleichen.

Dasselbe gilt für Compact-Discs. Bisher sind nur wenige lieferbar (z. B. PORGY AND BESS), die sich aber mit den aufgeführten Schallplattentiteln decken. Das Angebot wird ständig zunehmen.

Mein Dank gilt Freunden und Gesprächspartnern »aus der Szene«, die mich immer wieder beraten haben. Ohne sie wäre die Aufstellung in der nun vorliegenden Form wohl nicht zustande gekommen.

Köln, im August 1987

Enstehungsjahr Einspielungen Plattentitel *Originallabel* Besetzungsangaben	Bemerkungen
1923 * 1. Louis Armstrong And King Oliver *Gennett, OKeh, Columbia, Paramount* Neben »Papa Joe« und Louis sind u. a. zu hören: Honoré Dutrey (tb.), Johnny Dodds (cl.), Lil Hardin (p.), Baby Dodds (dr.)	Stücke mit Louis Armstrong und King Oliver gibt es auf verschiedenen Veröffentlichungen. In *Chimes Blues* spielt Louis sein erstes Solo überhaupt auf Platte. Siehe auch unter King Oliver; Besetzungsangaben beachten.
1924 2. Louis Armstrong In New York *Paramount, Gennett, Regal* Josephine Baker – Alberta Hunter – (voc.) mit den Red Onion Jazz Babies: Louis Armstrong (cnt.), Aaron Thompson (tb.), Buster Bailey (cl.), Lil Hardin (p.), Buddy Christian (bjo.) oder mit Sidney Bechet (cl., ss.), Charlie Irvis (tb.). Trixie Smith mit ihren Down Home Syncopators (u. a. mit Fletcher Henderson) sowie das Orchester Fletcher Henderson	Louis spielt in Begleitbands für die Blues-Sängerinnen Alberta Hunter und Trixie Smith sowie im Orchester von Fletcher Henderson (vier Stücke).
1923-1925 3. Louis Armstrong And Fletcher Henderson *Vocalion, Columbia, Paramount* Im Orchester von Fletcher Henderson wirken u. a. mit: Don Redman (as.), Coleman Hawkins (ts.), Kaiser Marshall (dr.)	Gemeinsame Aufnahmen von Fletcher Henderson und Louis Armstrong sind schwer zu bekommen. Sie erscheinen aber immer wieder auf »Neuveröffentlichungen« und verschiedenen Plattenzusammenstellungen.
1924-1925 * 4. Louis Armstrong With Clarence Williams' Blue Five *OKeh* Neben dem Bandleader Clarence Williams (p.) wirken mit: Sidney Bechet (ss., cl.), Buster Bailey (ss., cl.), Charlie Irvis (tb.), Buddy Christian (bjo.)	Eine wunderschöne Platte, die man ganz einfach haben muß. Eventuell längeres Warten lohnt auf jeden Fall. Herrliche Combo-Einspielungen.

1924-1929 5. RARE RECORDINGS OF THE TWENTIES *OKeh* Louis begleitet in jeweils unterschiedlicher kleiner Besetzung mit namhaften Interpreten des Jazz (u. a. Clarence Williams'Blue Five, Fletcher Henderson, Earl Hines) die Blues-Sängerinnen der damaligen Zeit	In der Serie AIMEZ VOUS LE JAZZ sind vier LPS erschienen, auf denen Louis namhafte Blues-Sängerinnen begleitet. Insgesamt handelt es sich um Aufnahmen von *Early In The Morning* bis *How Do You Do It This Way:* u. a. Sippie Wallace, Chippie Hill, Clara Smith, Hociel Thomas.
1925 6. Louis Armstrong And Bessie Smith *Columbia* Louis wird u. a. assistiert von: Fred Longshaw (p.) und auch Fletcher Henderson (p.)	Louis hat insgesamt neun Titel mit der »Empress of Blues« eingespielt. Vielleicht haben Sie Glück und erhalten diese auf einer LP oder Doppel-LP, ohne die gesamten Einspielungen von Bessie Smith (in Kassette) kaufen zu müssen.
1925-1927 7. YOUNG LOUIS – THE SIDEMAN *Vocalion-Brunswick* U. a. mit den Bands von Fletcher Henderson, Erskine Tate, Lil Hardin, Jimmy Bertrand, Jimmy Noone	Louis ist als Sideman, Begleiter, angegeben – aber er zeigt seinen Mitspielern, was eine Harke ist.
1925-1928 * 8. Louis Armstrong With His »Hot Five« And His »Hot Seven« *OKeh* »Hot Five« mit Kid Ory (tb.), Johnny Dodds (cl.), Lil Hardin-Armstrong (p.), Johnny St. Cyr (bjo.). Bei der »Hot Seven« stießen Pete Briggs (tuba) und Baby Dodds (dr.) dazu	Insgesamt handelt es sich um dreiundsechzig Aufnahmen, die mit *My Heart* beginnen und mit *Muggles* (da nannte sich die Gruppe bereits Savoy Ballroom Five) enden. Billigangebote sind hier fast ebenso zu empfehlen wie teuere Platten. An ihnen kann kein Freund Armstrongscher Musik vorbei.
1928-1929 9. Louis Armstrong And Savoy Ballroom Five And Orchestra *OKeh* Savoy Ballroom Five mit Fred Robinson (tb.), Don Redman (cl., as., voc.), Earl Hines (p.), Mancy Cara (bjo.), Jimmy Strong (cl., ts.), Zutty Singleton (dr.). Bei den Orchesteraufnahmen stießen Homer Hobson (tr.), Bert Curry, Crawford Washington (ts.), Carroll Dickerson (vln.) und Gene Anderson (p.) für Earl Hines dazu. Erstes Zusammentreffen mit Jack Teagarden (tb.) bei *Knockin' A Jug*	Die Nachfolge der bisherigen Besetzungen sowie allererste Big-Band-Aufnahmen unter eigenem Namen. Auch diese Veröffentlichungen gibt es auf mehreren Labels.

1928-1930 10. LOUIS AND THE BIGBANDS 1928-1930 *OKeh, Columbia* Orchesteraufnahmen u. a. mit Joe Turner oder Buck Washington (p.), Bernard Addison (g.) und Willie Lynch (dr.)	Einspielungen mit kleinen Ensembles und mit seinem Orchester. Diese Platte enthält viele Doubletten zu Nr. 9.
1930-1932 11. Louis Armstrong And His Orchestra *OKeh, Odeon* In diese Zeit fällt u. a. auch die allererste Aufnahme mit Lionel Hampton (vib., dr.) in *I'm A Ding Dong Daddy*	Aufnahmen von Armstrong mit eigenem Orchester und anderen Orchestern (Les Hite, Zilmer Randolph). Auch diese Aufnahmen sind gleich auf mehreren Veröffentlichungen erhältlich.
1932-1933 12. LOUIS ARMSTRONG (1932-1933) und LOUIS ARMSTRONG (1933) *Victor* Aufnahmen und Orchestereinspielungen mit verschiedenen Besetzungen – u. a. mit Louis Jordan (as.), Charlie Green (tb.), Chick Webb (dr.), Zilmer Randolph (tr.), »Budd« Johnson (ts.), Teddy Wilson (p.). Charlie Beal (p.) ersetzt Teddy Wilson auf der zweiten Platte	Die ersten Aufnahmen für RCA, bei der Armstrong zunächst für zwei Jahre unter Vertrag war. Sie zeigen Louis als Trompeter von Format; wie in den nachfolgenden Aufnahmen sticht er allerdings von den Begleitorchestern und Mitspielern allzu deutlich ab. Ob der Untertitel der beiden Platten »Satchmo's Greatest« – vol. I und II – immer zutrifft, kann zumindest bezweifelt werden. Aber es sind schon manche Volltreffer dabei.
1933-1934 13. LOUIS ARMSTRONG – EUROPEAN TOUR 1933-1934 Mit ihm spielt eine acht Mann starke Band	Die allerersten Live-Aufnahmen entstanden bezeichnenderweise in Europa, und zwar bei Konzerten in Kopenhagen, Stockholm und Paris.
1935-1942 14. LOUIS ARMSTRONG – COMPLETE RECORDED WORKS 1935-1942 *Decca* Verschiedene Orchesterbesetzungen – u. a. mit namhaften Interpreten des Jazz wie Henry Allen (tr.), Jimmy Archey (tb.), Sidney Bechet (cl., ss.), Red Callender (b.), Jimmy Dorsey (cl.), Pops Foster (b.), J. C. Higginbotham (tb.), Charlie Holmes (as.), Albert Nicholas (cl.), Wilbur DeParis (tb.), Luis Russell (p.), Paul Barbarin, Sidney Catlett oder Zutty Singleton (dr.)	Insgesamt zehn Langspielplatten mit 121 Aufnahmen. Die Platten sind Geschmackssache. Kritiker gehen nicht allzu sanft mit ihnen um. Viele meinen, außer Armstrong sei nicht viel Nennenswertes zu hören. Das ist gewiß bei vielen Aufnahmen der Fall, aber Louis entschädigt für alles. Ein Tip: Louis' Aufnahmen in kleiner Besetzung mit Sidney Bechet – insgesamt vier Titel (u. a. *Perdido Street Blues*). Den Kritikern zufolge sind seine Aufnahmen mit kleiner Besetzung besser, weil die Konkurrenz unter den Musikern größer ist.

1937-1940 15. Louis And The Mills Brothers *Decca* Die Mills Brothers waren zu viert; neben ihnen und Louis spielt noch Norman Brown (g.)	Als die Platte herauskam, war der Produzent ganz stolz, »endlich eine Lücke zu schließen«. Sie zeigt Louis einmal ganz anders: Seine Begleitung des Gesangs- und Instrumentalquartetts verdient besondere Beachtung. Die Platte ist nicht immer leicht zu bekommen.
1938 * 16. Louis In The Thirties Auf der ersten Plattenseite ist eine Jam Session mit Jack Teagarden (tb.), Bud Freeman (ts.), »Fats« Waller (p.), Al Casey (g.), Slick Jones (dr.). Die Rückseite enthält Soundtracks und Broadcasts der Jahre 1932 bis 1942	So heißt die Platte, die mir vorliegt. Sie gibt es aber nicht mehr. Die Session auf Seite eins wird immer wieder veröffentlicht und ist nach einigem Suchen zu haben. Es lohnt sich bestimmt, denn sie gilt unter Kennern als die Vorstufe zur späteren Abkehr Armstrongs von der Big-Band-Besetzung. Nach meiner Kenntnis handelt es sich um einen Broadcast vom 19. Oktober 1938.
1943-1944 * 17. Louis Armstrong – The Bigband 1943/44 Diese Platte hat leider keine Besetzungsangaben.	Diese Platte, die unter Rarities No. 50 erschien, bringt wirklich mitreißende Big-Band-Einspielungen. Sie gehören zu dem besten Material, das Armstrong in größerer Besetzung aufgenommen hat. Es sind zwar viele Titel aus seiner Decca-Zeit zu hören, aber Louis ist jederzeit in toller Form. Auch die Begleitung ist hier nicht nur bloßes »Beiwerk«.
1943-1947 18. Downbeat With Louis Armstrong Louis Armstrong And His Orchestra – *»Armed Forces Radio Service 1943/44«* Louis Armstrong And His Orchestra 1944-1945 Louis Armstrong – The Immortal Live Sessions 1944/47 Louis Armstrong – His Immortal Concert Series. Jazz of World War Two Louis spielt mit verschiedenen Orchesterbesetzungen: u. a. mit Dexter Gordon (ts.) und auf Platte vier mit kleiner Besetzung (u. a. mit Jack Teagarden)	Diese vier Platten stehen für die Zeit, in der Louis nicht im Plattenstudio war. Radiosendungen waren der Hintergrund zu diesen Platten, die natürlich für Sammler echte »Collector's items« sind. Sie sind nicht immer zu bekommen; die eine oder andere gibt es immer wieder in »Neuveröffentlichungen«. Ein Blick in Billigkisten führt oft zum Ziel.

1933-1946-1947-1948
19. LOUIS ARMSTRONG SINGS THE BLUES
* LOUIS ARMSTRONG – JULY 4, 1900/JULY 6, 1971
Victor
Aufnahmen von 1933 mit Orchester, 1946 dto., 1947 mit kleiner Besetzung – u. a. mit Vic Dickenson (tb.), Barney Bigard (cl.), Leonard Feather (p.), Allen Reuss (g.), Red Callender (b.), George Ballard (dr.) und Kid Ory (tb.), Charlie Beal (p.), Bud Scott (g.), Minor Hall (dr.) sowie Bobby Hackett (tr.), Jack Teagarden (tb.), Peanuts Hucko (cl.), Ernie Caceres (bs., cl.), Johnny Guarnieri (tp.), Cozy Cole (dr.)

Zu Beginn der ersten Platte gibt es einige Überschneidungen mit Victor-Aufnahmen aus dem Jahr 1933; dann folgen RCA-Aufnahmen aus Louis' zweiter Vertragszeit mit seinen Hot Six, Dixieland Seven und den All Stars.
Platte zwei ist eine Doppel-LP mit Titeln ebenfalls von 1933, und dann folgen weitere Aufnahmen mit den nebenstehend aufgeführten Besetzungen. Diese Platten sind nicht zuletzt wegen der kleinen Besetzungen (besonders der mit Jack Teagarden) sehr zu empfehlen.

1946
* 20. NEW ORLEANS – ORIGINAL MOTION PICTURE SOUNDTRACK
Giants of Jazz
Louis spielt mit Kid Ory (tb.), Barney Bigard (cl.), Charlie Beal (p.), Bud Scott (g.), Red Callender (b.), Zutty Singleton (dr.). Ferner u. a. Billie Holiday (voc.) und eine Orchesterbesetzung

Diese wunderschönen Aufnahmen – insgesamt dreiundzwanzig – wurden für den Film *New Orleans* aufgenommen, der am 26. April 1947 in New Orleans uraufgeführt wurde. Mehrere Stücke gibt es in doppelter, jeweils unterschiedlicher Interpretation. Sehr zu empfehlen.

1947
* 21. LOUIS ARMSTRONG LIVE AT CARNEGIE HALL
Zuerst folgen Aufnahmen mit der Big Band – im zweiten Teil mit kleiner Besetzung. U. a. mit Mouse Randolph (tr.), Henderson Chambers (tb.), Edmond Hall (cl.), Charles Barman (p.), Johnny Williams (b.), James Crawford (dr.) und Lucky Thompson (ts.), Sidney Catlett (dr.), Billie Holiday (voc.)

Ein wahrhaft denkwürdiges Dokument, weil dieses Konzert (auf einer Doppel-LP) die endgültige Entscheidung zugunsten der All-Star-Besetzung brachte. Louis spielt in der zweiten Konzerthälfte mit der Band von Edmond Hall.
Insgesamt sind zehn Titel mit der Big Band, fünfzehn mit kleiner Besetzung zu hören. Gleichzeitig wurde der Grundstock zu einem ab dann oftmals wiederkehrenden Konzertrepertoire gelegt.

AN EVENING WITH SATCHMO AND HIS FRIENDS

Enthält viele Doubletten, aber einige zusätzliche Aufnahmen aus diesem Konzert (*Solid Sam, Ain't It The Truth* z. B.).

1944-1950 22. LOUIS ARMSTRONG – NEW ORLEANS MASTERS VOLUME TWO *Swinghouse* Big-Band-Aufnahmen und Aufnahmen in kleiner Besetzung. Letztere u. a. mit Barney Bigard (cl.), Arvell Shaw (b.), Cozy Cole (dr.) und Jack Teagarden (tb.)	Eine Auswahl von Live-Aufnahmen von verschiedenen Anlässen und Auftritten in den USA. Diese Platte, wenn auch recht bunt in der Zusammenstellung, ist ein eindrucksvolles Dokument.
1947 * 23. LOUIS ARMSTRONG AT TOWN HALL *Victor* Es spielen mit Louis : Bobby Hackett (tr.), Jack Teagarden (tb.), Peanuts Hucko (cl.), Dick Cary (p.), Bob Haggart (b.), George Wettling (dr.)	Armstrongs erstes »offizielles« Auftreten mit eigener All-Star-Besetzung in der New Yorker Town Hall. Die Kritiker waren begeistert. Diese Doppel-LP enthält insgesamt zwanzig Titel. Es gibt mehrere Fassungen; passen Sie deshalb auf, daß Sie diese (fast komplette) Doppel-LP des Konzertes bekommen.
1947 24. LOUIS ARMSTRONG AND THE ORIGINAL ALL STARS *Fanfare Records* Louis spielt in der Town-Hall-Besetzung wie bei Nr. 23. Auf der Rückseite ersetzen Barney Bigard (cl.), Earl Hines (p.), Arvell Shaw (b.) und Sidney Catlett (dr.) die bisherigen Musiker	Seite eins: NBC-Live-Broadcasts vom Konzert im Wintergarden Theatre, New York, anläßlich der Aufführung des Films *New Orleans*; Seite zwei: Aufnahmen aus dem Chicagoer Jazz-Klub Blue Note. Das Programm ist der Town-Hall-Doppel-LP sehr ähnlich; *Basin Street Blues, High Society* sind aber »neu«.
1947 * 25. SATCHMO LIVE AT SYMPHONY HALL *Decca* Besetzung: Jack Teagarden (tb.), Barney Bigard (cl.), Dick Cary (p.), Arvell Shaw (b.), Sidney Catlett (dr.), Velma Middleton (voc.)	Nachdem Armstrong wieder zur Decca zurückgekehrt war, machte er in leicht veränderter Town-Hall-Besetzung Aufnahmen, die auf einer Doppel-LP (komplett?) vorliegen. Dies bedeutete den endgültigen Durchbruch der All-Star-Besetzung. Das Repertoire unterscheidet sich deutlich vom Town-Hall-Konzert. Die Kritiker streiten noch immer, welches wohl das bessere war.
1939-1947-1949-1958 26. LOUIS ARMSTRONG – UN IMMORTALE DEL JAZZ Die Besetzungen sind recht unterschiedlich, aber hochinteressant. U. a. wirken mit: Lionel Hampton (vib.) mit Benny Goodman Orchestra, Edmond Hall All Stars, Earl Hines (p.) und die All Stars sowie Dizzy Gillespie (tr.)	Diese italienische Platte gibt es immer wieder in Billigkisten. Sie bringt Louis in vielseitiger Manier zu Gehör, wie man den Besetzungsangaben unschwer entnehmen kann. Das Titelangebot dieser Platte gibt es auch auf verschiedenen anderen Plattenpressungen.

1947-1949-1950 27. MEMORIAL LOUIS ARMSTRONG U. a. mit Orchesterbesetzung aus den Jahren 1949 und 1950 sowie in kleiner Combo-Besetzung mit Jack Teagarden (tb.), Pee Wee Russell (cl.), Eddie Condon (g.), Jack Lesberg (b.), George Wettling (dr.)	Hier hören wir Louis in verschiedenen Konzertauszügen und Broadcasts – z. B. Bing Crosby Show, Winter Garden Concert, Eddie Condon TV-Show.
1947-1948-1949 28. LOUIS ARMSTRONG ALL STARS – VOL. II LOUIS ARMSTRONG AND THE ALL STARS THE ALL STARS IN PHILADELPHIA 1948-49 LOUIS ARMSTRONG ALL STARS PHILADELPHIA AUGUST 7 & 9, 1949 Besetzung: Jack Teagarden (tb.), Barney Bigard (cl.), Earl Hines (p.), Arvell Shaw (b.), Sidney Catlett (dr.), Velma Middleton (voc.)	Diese vier LPS unterschiedlicher Herkunft stehen für die Aufnahmen aus Philadelphia. Jede Platte hat elf bis vierzehn Titel mit jeweils identischer Besetzung. Sie unterstreichen die oft geäußerte Meinung, daß diese Besetzung die beste aller All-Star-Gruppen war.
1948 29. LOUIS ARMSTRONG – INTEGRAL NICE CONCERTS 1948 1948-1949-1950 REMINISCIN' WITH LOUIS Besetzung wie bei Nr. 28. Bei den TV-Shows tritt Louis mit Big Band und All-Star-Gruppe – mit Cozy Cole (dr.) für Sidney Catlett – auf	Zwei LPS mit einem Repertoire von *Panama* bis *Chinatown My Chinatown* – insgesamt dreiundzwanzig Interpretationen, vier davon in jeweils zwei Fassungen. Weitere Aufnahmen von den Konzerten in Nizza; dazu TV-Spots mit in letzter Zeit nicht eingespielten Titeln.
1949 30. LOUIS ARMSTRONG AND HIS ALL STARS *Swinghouse* All-Star-Besetzung mit Cozy Cole (dr.) für Sidney Catlett	Konzertmitschnitte vom Hollywood Empire, Los Angeles. Bekanntes Material hält sich mit neuem die Waage. Eine gute Live-LP in der Tradition der ersten All-Star-Konzertaufnahmen von 1947.
1949-1950 31. LOUIS ARMSTRONG/ BING CROSBY ON STAGE BING CROSBY & LOUIS ARMSTRONG HAVIN' FUN Louis singt mit Bing Crosby – kleine Combo-Begleitung u. a. mit Jack Teagarden (tb.), Joe Venuti (vln.), Nick Fatool (dr.) und Orchester Scott Trotter	Zwei Platten mit einigen gleichen Titeln, aber unterschiedlichen Fassungen von Louis und Bing. Mir liegen die Fassungen von Windmill und Sound Rare vor. Bei letzterer handelt es sich um »Entertaining Live Broadcasts«.

1950
* 32. Louis Armstrong And The All Stars – New Orleans Function

1950-1957
Louis Armstrong And The All Stars – Old Favorites 1950-1957
Decca
Trummy Young (tb.) löst Jack Teagarden ab, Edmond Hall (cl.) Barney Bigard, Billy Kyle (p.) Earl Hines, Kenny John und Barrett Deems (dr.) kommen für Cozy Cole

Zwei Studio-LPs, die Zusammenstellungen ehemaliger Singles und Singles EPs bringen. Beide Platten gehören zum Standardrepertoire einer Jazz-Plattensammlung, auch wenn Sie bisher kein eingefleischter Armstrong-Fan geworden sein sollten.

1951-1953-1954-1957-1959-1962-1968
33. Louis Armstrong In Canada
Dogwood

* Satchmo In Pasadena
Decca
Louis Armstrong »Live« In Yokohama
Mahogany Hall Stomp
Twelfth Street Rag
Besetzung der ersten und zweiten Platte sind identisch (Teagarden, Bigard, Hines, Shaw, Cole, Middleton), bei der dritten lösen Trummy Young (tb.), Billy Kyle (p.), Milt Hinton (b.) und Kenny John (dr.) die bisherigen Kollegen ab. Auf den Platten vier und fünf spielen die All Stars in unterschiedlicher Besetzung

Die erste (kanadische) Platte ist eine Doppel-LP. Die zweite gilt vielfach als Klassiker unter Armstrongs Konzertaufnahmen. Aufnahmen der ersten gibt es immer wieder – allerdings ohne genaue Angaben – auf Billigangeboten. Sie stehen an Qualität dem Pasadena-Konzert in nichts nach.
Die Platten vier und fünf beinhalten Konzertausschnitte von mehreren Anlässen und Orten über eine größere Zeitspanne und sind nicht minder interessant. Sie ermöglichen nämlich einen guten Überblick über die Qualität der jeweiligen Besetzungen der All Stars durch die Jahre.

1946-1949-1950-1951-1952-1953-1955-1958 34. Ella & Louis A Merry Christmas With Good Old Satch Louis Armstrong – Satchmo's Serenades The One And Only Louis Armstrong Louis Armstrong Skokiaan Satchmo Sings *Decca* Louis und Ella Fitzgerald (voc.) singen mit verschiedenen Begleitbands (u. a. denen von Bob Haggart, Sy Oliver und Toots Camarata). Dasselbe gilt für Louis alleine auf den anderen fünf Platten; hie und da ist er aber auch mit den All Stars zu hören.	Weitere Studioaufnahmen – Zusammenstellungen ehemaliger Single-Produktionen. Die erste Platte ist eine reine Jazz-Platte, die übrigen fünf sind eher für das breite, nicht unbedingt aus Jazz-Puristen bestehende Publikum gedacht. Das Repertoire reicht von *The Frim Fram Sauce* (mit Ella) über *C'est Si Bon* bis *White Christmas*.
1954/1952 35. Satchmo *History of Jazz Series* Auf Seite zwei spielt Louis mit Russ Philip (tb.), Barney Bigard (cl.), Joe Sullivan (p.), Dale Jones (b.), Cozy Cole (dr.)	Seite eins bringt ein Interview mit Jack Cullen, CKNW, Vancouver, und auf Seite zwei ist Louis u. a. mit Joe Sullivan aus zwei Auftritten 1952 in Vancouver zu hören.
1954 36. The Best Of Louis Armstrong's All Stars In Concert, vol. I and vol. II *Rarities* All-Star-Besetzung mit Trummy Young (tb.), Barney Bigard (cl.), Marty Napoleon (p.), Milt Hinton (b.), Cozy Cole (dr.), Velma Middleton (voc.)	Dieses gelungene Konzert erschien auf Doppel-LP auf Rarities Records, stammt aus Ithaca (New York) und bringt insgesamt zweiundzwanzig Titel. Manche davon sind sogar »neu«. Ein empfehlenswerter Konzertmitschnitt.
1954 37. Louis Armstrong And His All Stars *Storyville* All-Star-Besetzung mit Barrett Deems und Kenny Jones (dr.), sonst wie bei Nr. 36	Zwei Konzertmitschnitte aus San Francisco zu Beginn und gegen Ende dieses Jahres. Die Platte bringt mit Ausnahme von zwei Stücken (*Auld Lang Syne, Shadrack*) bereits bekanntes Konzertmaterial.

1954 * 38. LOUIS ARMSTRONG PLAYS W. C. HANDY 1955 * SATCH PLAYS FATS AMBASSADOR SATCH 1955-1956 SATCHMO THE GREAT *Columbia* All-Star-Besetzung mit Barney Bigard oder Edmond Hall (cl.), Arvell Shaw (b.), Barrett Deems (dr.) mit Kommentaren von Edward R. Murrow. Alternative Takes zu den Platten eins und zwei auf CBS 450981 1 und 450980 1	Die erste Platte ist Louis' erste Original-LP und gehört zusammen mit der zweiten zu den besten Studioeinspielungen von ihm überhaupt. Stücke wie *Beale Street Blues, Chantez – Les – Bas* oder *Black And Blue, Ain't Misbehavin'* sind absolute Knüller. Die dritte bringt einen kurzen Konzertmitschnitt aus Amsterdam – ansonsten, entgegen den Angaben, nur Studiosessions mit nachträglich eingeblendetem Beifall (!). Sie ist ebenfalls recht ordentlich, weil sie Louis so bringt, wie er vielen noch in Erinnerung ist (u. a. mit erster Aufnahme von *The Faithful Hussar*). Die vierte schließlich ist die Musik aus dem gleichnamigen Film und bringt Louis und seine All Stars auf großer Tournee durch Europa, Afrika und die USA. Bewegend seine Einspielung des *St. Louis Blues* mit Symphonieorchester unter Leitung von Leonard Bernstein. Hier stoßen »festes Arrangement« und Solistik des Jazz deutlich aufeinander. Ein bemerkenswertes Tondokument.
1955 39. LOUIS ARMSTRONG AT THE CRESCENDO *Decca* Besetzung wie bei den oben vorgestellten Platten mit Barney Bigard (cl.)	Mitschnitt eines Live-Auftritts in dem bekannten Klub. Die Atmosphäre bekommt Armstrong und den All Stars blendend, und entsprechend ist ihre Spiellaune. Insgesamt dreiundzwanzig, gut gemischte Programm-Nummern, die wir aus bisherigen Konzertaufnahmen kennen. Dennoch, diese Platte ist ebenfalls empfehlenswert.
1955 40. SATCHMO IN STOCKHOLM 1956 LOUIS ARMSTRONG AND HIS ALL STARS *Gene Norman Presents* Unveränderte All-Star-Besetzung mit Edmond Hall (cl.) für Barney Bigard	Beide Platten – letztere eine Doppel-LP – zeigen Louis und die All Stars in guter Spiellaune in Europa und im Pasadena Civic Auditorium. Kenner ziehen die Aufnahmen von 1951 an gleicher Stelle vor (siehe Nr. 33), weil ihrer Ansicht nach die »Frontline«, vor allem aber die Rhythmusgruppe besser besetzt war. Man kann sich dieser Meinung prinzipiell anschließen. Platte eins bringt zehn, die Doppel-LP sechzehn Stücke zu Gehör. Das Programm kennen wir bereits von vorherigen Platten.

1954-1955-1956-1961-1966
* 41. Louis Armstrong – Rare Performances Of The 50' And The 60'

Zwei Doppel-LPs. Die erste ist noch nicht lange auf dem Markt und ein besonderer Geheimtip. Sie enthält Columbia-Singles aus jener Zeit, aber auch bisher unveröffentlichte Aufnahmen. *St. Louis Blues* mit Leonard Bernstein kommt als Doublette. Wenn Sie diese Aufnahme haben möchten, verzichten Sie auf »Satchmo the Great« (siehe Nr. 38) und nehmen diese hier.
Platte zwei ist eine Live-Platte mit sechsundzwanzig Titeln vom Konzert in Chicago. Das Programm ist bekannt, Louis spielt aber in guter Form.

1956
Louis
Columbia
Louis spielt auf Platte eins mit den All Stars in leicht sich ändernder Besetzung, singt u. a. mit Lotte Lenya (siehe Coverphoto) und spielt auch mit Dave Brubeck (p.).
Auf Platte zwei übernimmt Dale Jones (b.) den Platz von Arvell Shaw

---

1956
42. Louis Armstrong's All Stars In Concert 1956
Jazzzz Records
Besetzung wie auf Nr. 41

»A set of classic performances by the master . . .«, so beginnt der Covertext dieser Live-Platte. Der Ort ist nicht angegeben, aber die Platte befriedigt auch so.

1956-1957
* 43. Satchmo – A Musical Autobiography Of Louis Armstrong
Decca
Louis spielt hauptsächlich in folgender All-Star-Besetzung: Trummy Young (tb.), Edmond Hall (cl.), Squire Gersh (b.), Barrett Deems (dr.). Erweitert wird diese Formation gelegentlich u. a. durch Lucky Thompson (ts.) und Everett Barksdale (g.)

Zuerst kamen diese vier LPs, auf denen Louis die wichtigsten Titel seiner Laufbahn als Meister des Jazz aufgenommen hat, als prachtvolle Kassette heraus. Die Nachauflage war schon weniger aufwendig. Dann gab es diese wichtigen Aufnahmen auf Doppel-LPs oder vier Einzel-LPs zu kaufen. Kürzlich erschien wieder eine Kassetten-Edition. Wie auch immer, diese Platten müssen Sie haben.
Louis ist in Topform. Zwischen den einzelnen Stücken erzählt er, von Billy Kyle am Piano begleitet, von den wichtigsten Stationen seines Lebens und den Umständen, die zur jeweiligen Originalaufnahme führten. Insgesamt achtundvierzig Titel, sechs davon sind ältere Aufnahmen aus früheren All-Star-Zeiten bei Decca, u. a. *My Monday Date* (1951) und *Basin Street Blues* (1954).

1956-1957 44. LOUIS ARMSTRONG 4. 7. 1900/6. 7. 1971 *Verve, MGM, Polydor* Louis singt und spielt mit Bing Crosby, Oscar Peterson (p.), Ella Fitzgerald, dem Russell Garcia's Orchester, den All Stars u. v. a.	Zunächst in verschiedenen Einzelveröffentlichungen auf zehn LPs erschienen, dann zeitweise in Kassette (siehe Titel) zusammengefaßt, jetzt wieder in zahlreichen, bunt zusammengestellten (auch Billig-) LPs erhältlich: Louis' Einspielungen für das Verve-Label. Besonders zu empfehlen sind davon seine Platten mit dem Oscar Peterson Quartett und Ella Fitzgerald (u. a. zwei LPs *Porgy And Bess*).
1951-1957-1958 * 45. LOUIS ARMSTRONG & JACK TEAGARDEN ARMSTRONG AND HIS ALL STARS Louis in verschiedenen All-Star-Besetzungen unter Mitwirkung von Jack Teagarden	Einige Aufnahmen der ersten Platte (z. B. die aus dem Jahre 1951) hatten wir schon. Wer sich besonders für die oft gelobte Partnerschaft zwischen Armstrong und Teagarden interessiert, ohne gleich mehrere Platten kaufen zu wollen, dem sei diese empfohlen. Mir liegt eine Pressung aus Italien (Joker) vor. Neu – und absoluter Höhepunkt: eine Session mit Gerry Mulligan (bars.), George Shearing (p.), Lionel Hampton (vib.) und Gene Krupa bei *St. Louis Blues*. Platte zwei bringt sehr gute All-Star-Aufnahmen der Jahre 1956 und 1957 in der bekannten Besetzung. Auch diese Zusammenstellung erschien auf Joker.
1957 46. LOUIS ARMSTRONG ON THE ROAD *Fairmont Records* All-Star-Besetzung mit Squire Gersh (b.)	Meines Wissens Louis' erste Platte in Stereo. »No other recordings, to the best of our knowledge, have more presence or succeeded in capturing Louis' brilliant sound more effectively than the two-record set«, heißt es im Covertext. Das galt bis zu jenem Jahr auf jeden Fall. Louis ergänzt sein bisheriges Konzertrepertoire durch seine beiden Nummern aus dem Film *High Society* (*Now You Has Jazz, High Society Calypso*).
1958 * 47. LOUIS AND THE GOOD BOOK *Decca* Louis singt und spielt mit den All Stars – mit gelegentlichen Auswechselungen – und dem Sy Oliver Chor	Ein bewegendes und zu Herzen gehendes Album. Louis singt und spielt berühmte Spirituals. Seine Stimme ist voller Gefühl und Anteilnahme. Wer etwas von Armstrongs wahrem Wesen erfahren will, sollte sich diese Platte zulegen, und zwar nicht nur zu Weihnachten,

1959-1960 48. THE DEFINITIVE ALBUM BY LOUIS ARMSTRONG * LOUIE AND THE DUKES *Audio Fidelity* LOUIS ARMSTRONG AND THE DUKES OF DIXIELAND – SWEETHEART *Chiaroscuro* Louis und die Dukes of Dixieland (u. a. mit den Assunto Brothers on tp., tb., bjo.)	Armstrong war nie zuvor so gut und klar zu hören. Vorbildliche Aufnahmen in brillantem Stereo-Sound. Aufnahmen – sogenannte Alternative Takes –, die ursprünglich wegen belangloser Unreinheiten nicht veröffentlicht werden sollten, liegen auf Platte drei vor. Wenn Sie sich lediglich für eine Platte entscheiden wollen, empfehle ich die zweite. Aber es fällt schwer.
1959 * 49. SATCHMO PLAYS KING OLIVER *Audio Fidelity* All-Star-Besetzung mit Peanuts Hucko (cl.)	Louis' Hommage an »Papa Joe«. Er spielt in blendender Form (hervorragende Aufnahme- und Tonqualität) viele Stücke, die er zuvor nicht mit King Oliver aufgenommen hatte. Eine meiner Lieblingsplatten von Louis.
1960 50. LOUIS ARMSTRONG'S ALL STARS – OREGON STATE FAIR, 1960 *International Association of Jazz Record Collectors (iajrc)* Louis Armstrongs All Stars wieder mit Barney Bigard (cl.) und Danny Barcelona (dr.)	Konzertmitschnitt von der Oregon State Fair, u. a. mit guten Solostükken von Barney Bigard (*China Boy*), Billy Kyle (*Pennies From Heaven*) und Danny Barcelona (*Stompin' At The Savoy*).
1961 51. THE REAL AMBASSADORS *Columbia* Die All Stars mit Dave Brubeck (p.), dem Gesangstrio Lambert, Hendricks, Ross und Carmen McRae (voc.)	»An Original Musical Reproduction by Dave and Iola Brubeck.« Louis singt und spielt völlig neues Material, das sich von den zuletzt sich ständig wiederholenden (Konzert-) Aufnahmen wohltuend und erfrischend abhebt.
1961 52. LOUIS ARMSTRONG TALKS ABOUT LOUIS ARMSTRONG *George Garabedian Production*	Louis erzählt in einem Radiointerview von seinem Leben, seinen Begegnungen und Erfahrungen sowie seiner Musik.
1961 * 53. THE GREAT REUNION *Roulette* Die All Stars mit Duke Ellington (p.) anstelle von Billy Kyle	Die Aufnahmen von Armstrong und Ellington gab es einzeln, dann als Doppel-LP und nun wieder separat. Louis ist sichtlich inspiriert und bläst wie in seinen besten Tagen. Übrigens: Barney Bigard (in den zwanziger Jahren und später Mitglied des Orchesters von Duke Ellington) »reuniert« ebenfalls mit dem Duke.

1962 54. Louis Armstrong's All Stars *Storyville* Louis Armstrong Live Recording Louis Armstrong – New Orleans Function Die All Stars mit Joe Darensbourg (cl.), Billy Cronk (b.) und Jewell Brown (voc.)	Platte eins und drei stehen für Armstrongs Konzerttournee von 1962, die ihn auch zu uns (u. a. nach Stuttgart) führte. Diese Platten sind Konzertmitschnitte aus den USA. Platte zwei erstand ich in Warschau. Bei ihr bezweifle ich das Aufnahmedatum und die Besetzungsangaben. Mein Tip: 1967, Konzert in Juan-Les-Pins, Frankreich. Siehe Besetzungsangaben unter Nr. 60. Die Titelauswahl ist, wenn man von der Erkennungsmelodie *When It's Sleepy Time Down South* absieht, völlig verschieden.
1963-1965 55. Louis Armstrong – Hello Dolly! *MCA* Louis – Mame *Kapp* Louis Armstrong – Singin' N' Playin' *Nippon Columbia* Louis ist mit den All Stars – u. a. mit »Big Chief« Russell Moore oder Tyree Glenn (tb.), Buster Bailey (cl.), Buddy Catlett (b.) und Marty Napoleon (p.) – zu hören	Die Titel der ersten beiden Platten waren nach *Mack The Knife* ganz große Erfolge in den Hitparaden. Sie taten Armstrong sichtlich wohl, denn er verstand sich stets in erster Linie als Unterhalter, der ganz einfach Freude vermitteln wollte. Einige neue Stücke wechseln sich auf diesen beiden Platten mit bereits bekannten ab. Die dritte (eine japanische) kam erst kürzlich auf den deutschen Markt und gibt 1959 als Aufnahmejahr an. Das kann nicht stimmen, denn meiner Meinung nach ähnelt sie der Platte Nr. 54, 2. Das Programm ist bekannt, die Besetzung die gleiche – es gibt aber viele bessere Live-Platten von Louis als diese.
1965 56. Louis Armstrong At The Friedrichstadt-Palast In East Berlin *Black Jack* Louis Armstrong In Prague *Panton* Louis Armstrong In Eastern Europe Die All Stars mit Eddi Shu (cl.), Tyree Glenn (tb.), Arvell Shaw (b.) und Jewell Brown (voc.)	Daß Louis und seine Musik auch vor Grenzen nicht halt machen, dafür sprechen die ersten beiden Platten. Die dritte gibt es immer wieder auf verschiedenen Labels, und es ist mehr als fraglich, ob ihre Aufnahmen aus Osteuropa stammen. Ich tippe auf Frankreich (ebenfalls Juan-Les-Pins, 1967; Besetzungsangaben unter Nr. 60). Das Titelrepertoire ist unterschiedlich, aber natürlich kennen wir es bereits von früheren Plattenveröffentlichungen.

1965 57. THE BEST LIVE CONCERT – LOUIS ARMSTRONG *Festival* Besetzung wie bei Nr. 56	Es ist natürlich nicht das »beste« Live-Konzert von Armstrong. Aber es ist schon erstaunlich, was Louis mit seinen 65 (oder mehr?) Jahren im Palais des Sports in Paris zu Gehör bringt. Auch diese Doppel-LP gibt es immer wieder auf Einzel-LPs (mit entsprechend irreführenden Angaben, wenn sie überhaupt zu finden sind).
1967 58. PORTRAIT OF LOUIS ARMSTRONG Angaben zur Besetzung fehlen auf der Platte. Louis spielt und singt mit den All Stars (Nr. 60) und Orchesterbegleitung	Neue Titeleinspielungen (u. a. *What A Wonderful World, Hellzapoppin'*) von Louis. Mir liegt eine holländische Pressung auf Probe vor, aber verschiedentlich habe ich Titel dieser Platte auch auf anderen Labels gesehen.
1968 59. LOUIS ARMSTRONG – DISNEY SONGS THE SATCHMO WAY *Buena Vista* Louis Armstrong mit Orchester Toots Camarata	Louis singt hier in der Begleitung des Orchesters von Toots Camarata, mit dem er bereits früher auf Platten zu hören war. Diese Platte ist Geschmackssache. In einer Armstrong-Plattensammlung hat sie natürlich ihren Platz.
1967-1968 60. LOUIS ARMSTRONG AND HIS ALL STARS LOUIS ARMSTRONG GREATEST HITS RECORDED LIVE *Brunswick* Die All Stars mit Tyree Glenn (tb.), Joe Muranyi (cl.), Marty Napoleon (p.), Buddy Catlett (b.), Danny Barcelona (dr.)	Zwei Live-Doppel-LPs. Die erste ist eine italienische Platte mit einigen neuen Titeln vom Konzert in Frankreich (darunter *I Love Paris*). Die zweite ist Armstrongs allerletzte Live-Aufnahme mit achtzehn Titeln; es fehlen allerdings genauere Angaben. Nach meiner Information stammen sie aus einer BBC-TV-Show von einem Konzert in London. Louis spielt einige Titel neu (u. a. *Talk To The Animals, The Gypsy In My Soul*).
1970 61. LOUIS AND HIS FRIENDS *Flying Dutchman* Vokalaufnahmen von Louis mit großem Orchester unter der Leitung von Oliver Nelson mit zahlreichen Mitwirkenden der Jazz-Szene (u. a. Bobby Hackett, Miles Davis, George Wein, Leon Thomas, Chico Hamilton, Ornette Coleman)	Louis ist auf dieser Platte mit modern arrangierten Titeln zu hören. Er besingt völlig neues Material (z. B. *We Shall Overcome*) und wird von vielen namhaften Vertretern des Jazz unterstützt. Ein vorgezogenes »Geburtstagsfestival« zum Siebzigsten.

1970 62. LOUIS »COUNTRY & WESTERN« ARMSTRONG *Avco Embassy* Louis singt und wird von der Nashville Rhythm Section begleitet	Armstrongs allerletzte Platte. Auch hier fehlt – verständlicherweise – sein Trompetenspiel. Sie schließt den Reigen seines vielfältigen Schaffens und unterstreicht nochmals seine Hauptanliegen: Freude zu vermitteln, Freunde zu finden.

AUF NACHFOLGENDEN PLATTEN IST LOUIS ARMSTRONG EBENFALLS (TEILWEISE) ZU HÖREN

1929 63. SATCHMO STYLE – SATCHMO HIMSELF/COPYIN' LOUIS *OKeh*	Acht Orchesteraufnahmen mit Louis aus jener Zeit, acht von Jack Purvis und seinem Orchester.
1934 64. TOOTIN' THROUGH THE ROOF, VOL. II *Brunswick*	Eine Plattenseite mit Louis und Orchester, eine mit Bobby Hackett und Buck Clayton aus dem Jahre 1945.
1937 65. BUNNY/LOUIE *Shoestring*	Drei je fünfzehnminütige Radiosendungen. Zwei mit Bunny Berigan und eine mit Louis Armstrong.
1944 * 66. THE HISTORICAL JAM SESSION – ESQUIRE METROPOLITAN OPERA HOUSE Louis spielt mit der Esquire-Band mit Jack Teagarden, Barney Bigard, Coleman Hawkins (ts.), Art Tatum (p.), Al Casey (g.), Oscar Pettiford (b.), Sidney Catlett (dr.) und Billie Holiday (voc.)	Louis spielt auf dieser Doppel-LP acht Stücke (von insgesamt fünfundzwanzig) beim berühmten ersten *Esquire*-Konzert. Daneben hören Sie Aufnahmen der anderen *Esquire*-Umfrage-Gewinner aus dem Jahre 1944. Diese Platte gab und gibt es immer wieder auf verschiedenen Pressungen.
1945 67. 2ND ESQUIRE CONCERT *For Discriminate Collector* Louis spielt mit J. C. Higginbotham (tb.), Sidney Bechet (cl., ss.), James P. Johnson (p.), Richard Alexis (b.), Paul Barbarin (dr.) und in einer ersten »three way jam session« mit Benny Goodman und Duke Ellingtons Orchester	1945 trafen sich aus gleichem Anlaß (siehe Nr. 66) wieder die Gewinner der *Esquire*-Umfrage. Auf dieser Doppel-LP ist Louis fünfmal (von insgesamt dreißig Aufnahmen) mit der Jazz-Elite zu hören.

1947 68. LOUIE AND LU *Fairmont Records* Louis spielt mit Wild Bill Davison (tr.), Albert Nicholas (cl.), George Brunis (tb.), Art Hodes (p.), Danny Barker (g.), Pops Foster (b.), Baby Dodds (dr.)	Louis ist mit sieben Stücken auf Seite eins dieser Platte zu hören. Wunderschöne Einspielungen.
1949 69. LOUIS ARMSTRONG AT THE EDDIE CONDON FLOOR SHOW, VOL. I AND II Louis spielt u. a. mit Wild Bill Davison (tr.), Cutty Cutshall (tb.), Peanuts Hucko (cl.), Ernie Caceres (bars.), Joe Bushkin (p.), Eddie Condon (g.), Jack Lesberg (b.), George Wettling oder Sidney Catlett (dr.)	Auf diesen beiden Platten (insgesamt fünfundzwanzig Stücke) ist Louis vierzehnmal vertreten – in Bestform, versteht sich. Die Floor Show war eine beliebte Fernsehsendung der NBC.
1944-1946-1949-1951-1952-1956 70. THE FAMOUS DUOS *Decca* Louis singt und spielt mit Louis Jordan, Ella Fitzgerald, Gary Crosby, Billie Holiday, Dorothy Dandridge, Bing Crosby, Velma Middleton (voc.) und Orchesterbegleitung	Diese Zusammenstellung auf einer Doppel-LP bringt Armstrong mit Partnern in insgesamt zwanzig Aufnahmen.
1956 71. LOUIS ARMSTRONG AND HIS ALL STARS/DUKE ELLINGTON AND HIS ORCHESTRA *Columbia* All-Star-Besetzung des Jahres 1956, wie wir sie schon mehrfach hatten (mit Dale Jones, b.)	Seite eins gehört Louis mit bemerkenswerten Aufnahmen vom Newport-Jazz-Festival 1956. Man kann über Trummy Young (tb.) sagen und schreiben, was man will, aber auch hier wird deutlich: Er hält Louis stets ganz schön auf Trab.
1956 72. LIVE UNRELEASED HIGHLIGHTS FROM 1956, 1958, 1963 *Columbia*	Auf dieser Doppel-LP mit Mitschnitten von verschiedenen Newport-Jazz-Festivals ist Louis mit den All Stars und der Newport International Jazz-Band (darunter Albert Mangelsdorff, tb.) mit insgesamt vier Stücken zu hören.
1958 73. THE FIVE PENNIES *Dot* Louis spielt mit Danny Kaye (voc.), Red Nichols (tp., cnt.) and Big Band – u. a. mit Eddie Miller (ts.) und Shelly Manne (dr.)	Diese Platte habe ich als einzige nicht und suche sie seit Jahren vergebens. Louis spielt in dem gleichnamigen Film mit Danny Kaye und trägt daraus fünf Stücke auf der Platte vor.

1960 74. WE HAVE ALL THE TIME IN THE WORLD Louis spielt mit den All Stars und mit dem Orchester Duke Ellington	Die Platte bringt Armstrong u. a. mit Originalaufnahmen zum Film *Paris Blues*. *Battle Royal* (Part I und II) ist dabei ein Highlight besonderer Art: Louis spielt gewaltig gegen das gesamte Orchester von Duke Ellington an – und gewinnt natürlich.
Zu guter Letzt: 1924-1925-1935-1937-1938-1941 75. THE WORLD'S GREATEST TRUMPET PLAYER VOL. I *King Akwa Records* Louis ist auf dieser Platte mit verschiedenen Besetzungen zu hören – u. a. mit Ma Rainey (voc.), dem Orchester Fletcher Henderson, Clara Smith (voc.) sowie seinem eigenen Orchester	Auf diese Platte stieß ich kürzlich durch Zufall: Herausgeber und Produzent ist Hans-Georg Klauer, der u. a. an einem mehrbändigen Werk über Louis Armstrong arbeitet. Diese Platte war kein großer Erfolg, und so wird es auch keine weiteren Volumes geben. Sie ist aber der Beweis dafür, daß viel unveröffentlichtes Plattenmaterial noch in den Archiven liegt. Sie bildet somit einen würdigen Abschluß dieser Zusammenstellung.

Have Your Chill, I'll Be Here When Your Fever Rises	1925, Nr. 2
Hawaiian Hospitality	1937, Nr. 14
Heah' Me Talkin' To Ya	1928, Nr. 9 (1939)
Heebie Jeebies	1926, Nr. 8 (1947, 1949, 1957)
Heigh Ho	1968, Nr. 59
Hello Brother	1967, Nr. 58
Hello Dolly	1963, Nr. 54 (1964, 1965, 1967, 1968, 1970)
Hellzapoppin'	1967, Nr. 58
Hep Cat's Ball	1940, Nr. 14
He's A Son Of The South	1933, Nr. 12
Hesitating Blues	1954, Nr. 38
Hey Lawdy Mama	1941, Nr. 14
Hey, Look Me Over	1963, Nr. 55
High Society	1923, Nr. 1 (1933, 1947, 1949, 1954, 1956, 1957)
High Society Calypso	1955 (Auf Capitol-Single: 1960)
Hip Hip Hooray	1943, Nr. 18
His Father Wore Long Hair	1970, Nr. 61
Hobo, Can't You Ride This Train	1932, Nr. 12 (1956)
Home	1931, Nr. 11 (1957)
Honey Do	1933, Nr. 12
Honey Don't You Love Me Anymore	1933, Nr. 12
Honeysuckle Rose	1938, Nr. 16 (1949, 1955)
Honky O' Trash	1949, Nr. 28
Hot Time In The Old Town Tonight	1959, Nr. 49
Hotter Than That	1927, Nr. 27 (1957)
How Come You Do Me Like You Do	1924, Nr. 3
How Do You Do It This Way	1929, Nr. 5
How High The Moon	1947, Nr. 25 (1951, 1956)
How Long Has This Been Going On	1957, Nr. 44
Hurdy Gurdy Man	1936, Nr. 14
Hustlin' And Bustlin' For Baby	1933, Nr. 12
I Ain't Going To Give No One None Of My Jelly Roll	1959, Nr. 48
I Ain't Gonna Play No Second Fiddle	1925, Nr. 6
I Ain't Gonna Tell Nobody	1923, Nr. 1
I Ain't Got Nobody	1929, Nr. 63 (1959)
I Am Beginning To See The Light	1961, Nr. 53
I Am Gonna Gitcha	1926, Nr. 8
I Believe	1947, Nr. 19 (1970)
I Can't Afford To Miss This Dream	1953, Nr. 34
I Can't Believe That You Are In Love With Me	1930, Nr. 10 (1956)
I Can't Give You Anything But Love	1926, Nr. 5 (1929, 1938, 1943, 1944, 1947, 1949, 1957)
I Come From A Musical Family	1936, Nr. 14
I Cover The Waterfront	1933, Nr. 13 (1941)
I Cried For You	1947, Nr. 25 (1948)
I Cried Last Night	1948, Nr. 29
I Didn't Know Until You Told Me	1961, Nr. 51

London Cafe Blues	1923, Nr. 1
Lonesome	1961, Nr. 41
Lonesome, All Alone And Blue	1926, Nr. 5
Lonesome Blues	1926, Nr. 8
Lonesome Hours	1926, Nr. 5
Lonesome Lovesick	1925, Nr. 5
Lonesome Weary Blues	1926, Nr. 5
Long Gone	1954, Nr. 38
Long, Long Ago	1941, Nr. 14
Long Long Journey	1946 (Auf RCA-Single EP)
Love Is Here To Stay	1957, Nr. 44
Love Me Or Leave Me	1951, Nr. 33
Love Walked In	1938, Nr. 14
Love You Funny Thing	1932, Nr. 11
Loveless Love	1954, Nr. 38
Lovely Weather We're Having	1947, Nr. 19
Lover	1947, Nr. 25 (1949, 1951)
Lover Come Back To Me	1965, Nr. 57
Lovesick Blues	1926, Nr. 5
Low Land Blues	1925, Nr. 5
Lucy Long	1925, Nr. 7
Lyin' To Myself	1936, Nr. 14
Mabel's Dream	1923, Nr. 1
Mack The Knife	1954, Nr. 41 (1955, 1956, 1957, 1962, 1965, 1968)
Mahogany Hall Stomp	1929, Nr. 9 (1933, 1936, 1946, 1947, 1949, 1956, 1957)
Makin' Whopee	1957, Nr. 44
Mama's Back In Town	1956, Nr. 41
Mame	1965, Nr. 55 (1967, 1970)
Manda	1924, Nr. 3
Mandy Lee Blues	1923, Nr. 1
Mandy, Make Up Your Mind	1924, Nr. 3 (1957)
Manhattan	1956, Nr. 41
Margie	1953, Nr. 33 (1954, 1956)
Marie	1940, Nr. 15
Maybe It's Because	1949, Nr. 34
Maybe You'll Be There	1948, Nr. 28
Me Neenyah	1925, Nr. 3
Melancholy	1927, Nr. 7
Memories Of You	1930, Nr. 11 (1956, 1965)
Memphis Blues	1954, Nr. 38 (1956)
Mess Katie Mess	1926, Nr. 5
Mexican Swing	1938, Nr. 14
Mighty River	1933, Nr. 12
Millenberg Joys	1946, Nr. 20 (1948)
Miller's Cave	1970, Nr. 63
Mining Camp Blues	1925, Nr. 2
Mississippi Basin'	1933, Nr. 12
Moments To Remember	1955, Nr. 34
Money Blues	1925, Nr. 3
Mood Indigo	1961, Nr. 53

Red Sails In The Sunset	1935, Nr. 14
Remember Who You Are	1961, Nr. 51
Rhythm Saved The World	1936, Nr. 14
Riverside Blues	1923, Nr. 1 (1957)
Rock My Soul	1958, Nr. 47
Rockin' Chair	1929, Nr. 63 (1939, 1944, 1947, 1949, 1950, 1951, 1954, 1956, 1957, 1970)
Rocky Mountain Moon	1957, Nr. 44
Roll 'Em	1947, Nr. 21
Room Rent Blues	1923, Nr. 1
Rose Room	1949, Nr. 28 (1951, 1955)
Rosie	1968, Nr. 60
Royal Garden Blues	1947, Nr. 23 (1948, 1949, 1950, 1955, 1965)
Running Bear	1970, Nr. 62
Russian Lullaby	1950, Nr. 32
San Francisco	1965, Nr. 57
Santa Claus	1925, Nr. 5
Santa Claus Blues	1924, Nr. 2 (1925)
Satchelmouth Swing	1938, Nr. 14
Save It Pretty Mama	1928, Nr. 8 (1939, 1947)
Savoy Blues	1927, Nr. 8 (1939)
Savoyager's Stomp	1928, Nr. 8
Screamin' The Blues	1924, Nr. 5
See See Rider	1957, Nr. 43
Shadrack	1938, Nr. 14 (1947, 1954, 1958)
Shanghai Shuffle	1924, Nr. 3
Shanty Boat On The Mississippi	1939, Nr. 14
She's The Daughter Of A Planter From Havanna	1937, Nr. 14
Shimme-Sha-Wabble	1946, Nr. 20
Shine	1930, Nr. 11 (1932)
Shipwrecked Blues	1925, Nr. 5
Shoe Shine Boy	1935, Nr. 14
Short But Sweet	1965, Nr. 55
Since I Fell For You	1947, Nr. 25 (1949)
Since Love Had It's Way	1961, Nr. 51
Sincerely	1955, Nr. 34
Sit Down You're Rockin' The Boat	1949, Nr. 31 (1950)
Sittin' In The Dark	1933, Nr. 12
Sittin' In The Sun	1953, Nr. 34
Six Foot Four	1956, Nr. 41
Skid-Dat-De-Dat	1926, Nr. 8
Skip The Gutter	1928, Nr. 8
Skokiaan	1954, Nr. 34
Slender, Tender And Tall	1943, Nr. 17 (1944)
Snafu	1946 (Auf RCA-Single EP)
Snag It	1957, Nr. 43
Snake Rag	1923, Nr. 1
Snowball	1933, Nr. 12
So Little Time	1938, Nr. 14

So Long Dearie	1965, Nr. 55
Sobbin' Blues	1923, Nr. 1
Sobbin' Hearted Blues	1925, Nr. 6
S.O.L. Blues	1927, Nr. 8
Solid Sam	1947, Nr. 21
Solitude	1935, Nr. 14 (1961)
Some Of These Days	1929, Nr. 9 (1956)
Some Sweet Day	1933, Nr. 12
Somebody Stole My Break	1936, Nr. 14
Someday You'll Be Sorry	1944, Nr. 18 (1947, 1948, 1949, 1953, 1955, 1956, 1957, 1959, 1961, 1964)
Something Tells Me	1938, Nr. 14
Sometimes I Feel Like A Motherless Child	1958, Nr. 47
Song Of The Islands	1930, Nr. 63 (1956)
Song Of The Vipers	1934, Nr. 13
South	1960, Nr. 48
South Rampart Street Parade	1958 (Auf mfp 2 M 146-1327/1)
Southern Stomps	1923, Nr. 1
Special Delivery Blues	1926, Nr. 5
Squeeze Me	1925, Nr. 5 (1955)
St. James Infirmary	1928, Nr. 9 (1932, 1947, 1948, 1949, 1959, 1962, 1965, 1968)
St. Louis Blues	1925, Nr. 6 (1929, 1932, 1933, 1934, 1936, 1937, 1947, 1948, 1949, 1951, 1954, 1955, 1956, 1957, 1958, 1959)
St. Peter's Blues	1926, Nr. 5
Stardust	1931, Nr. 11 (1951)
Stars Fell On Alabama	1947, Nr. 25 (1956)
Static Strut	1926, Nr. 7
Steak Face	1947, Nr. 25 (1948, 1952)
Stomp Off, Let's Go	1926, Nr. 7
Stompin' At The Savoy	1944, Nr. 21 (1947, 1949, 1951, 1952, 1955, 1957, 1959, 1960, 1965, 1968)
Stormy Weather	1957, Nr. 44
Storyville Blues	1947 (Auf Dalph 2/1969)
Struttin' With Some Barbecue	1927, Nr. 8 (1938, 1944, 1947, 1948, 1949, 1951, 1954, 1955, 1956, 1959, 1965)
Sugar	1946, Nr. 19 (1954)
Sugar Foot Strut	1928, Nr. 8
Sugarfoot Stomp	1925, Nr. 3
Summer Song	1961, Nr. 51
Summertime	1957, Nr. 44
Sun Showers	1937, Nr. 14

Personen- und Ortsregister